Uni-Taschenbücher 35

UTB

Eine Arbeitsgemeinschaft der Verlage

Birkhäuser Verlag Basel und Stuttgart
Wilhelm Fink Verlag München
Gustav Fischer Verlag Stuttgart
Francke Verlag München
Harper & Row New York
Paul Haupt Verlag Bern und Stuttgart
Dr. Alfred Hüthig Verlag Heidelberg
Leske Verlag + Budrich GmbH Opladen
J. C. B. Mohr (Paul Siebeck) Tübingen
C. F. Müller Juristischer Verlag – R. v. Decker's Verlag Heidelberg
Quelle & Meyer Heidelberg
Ernst Reinhardt Verlag München und Basel
K. G. Saur München · New York · London · Paris
F. K. Schattauer Verlag Stuttgart · New York
Ferdinand Schöningh Verlag Paderborn · München · Wien · Zürich
Eugen Ulmer Verlag Stuttgart
Vandenhoeck & Ruprecht in Göttingen und Zürich

Einführung in die politische Wissenschaft

Herausgegeben
von Wolfgang Abendroth und Kurt Lenk

Sechste Auflage

Francke Verlag München

ISBN 3-7720-1266-3

Sechste Auflage 1982

Einbandgestaltung: A. Krugmann, Stuttgart

VORWORT ZUR ERSTEN AUFLAGE

Die vorliegende Einführung in die wissenschaftliche Politik ist aus den Erfahrungen der Lehr- und Forschungstätigkeit des Marburger Instituts für wissenschaftliche Politik hervorgegangen. Sie will versuchen, den Studierenden und denjenigen Lesern, die Problemstellung, Methoden und Arbeitsergebnisse der politischen Wissenschaft kennenlernen wollen, den Zugang zu den wichtigsten Fragestellungen und Komplexbereichen zu erleichtern, die eine objektivierte Erkenntnis des politischen Willens – und Machtbildungsprozesses der Gegenwart möglich machen. Deshalb stellt die vorliegende Einführung nicht darauf ab, die Technik wissenschaftlicher Arbeit zu vermitteln, wie sie in manchen anderen Einführungen in das Studium der politischen Wissenschaft im Mittelpunkte steht. Sie unternimmt vielmehr, einen systematischen Überblick über die wichtigsten Gebiete politikwissenschaftlicher Forschung zu gewähren. Sie hat sich dabei darauf beschränkt, die Unterdisziplinen der politischen Theorie und der innenpolitischen Strukturanalyse darzustellen, weil die Erörterung der internationalen Beziehungen und der Außenpolitik deren Kenntnis voraussetzt, wenn sie fruchtbar sein soll, aber darüber hinaus weitergehende Analysen notwendig machen würde, die eine selbständige Darstellung erfordern.

Das vorliegende Buch versteht sich als eine Einführung in das Studium, nicht als Lehrbuch. Seine Beiträge wollen also zum Studium der dargestellten Einzelprobleme und zur Auseinandersetzung mit der in ihnen angewendeten Methode und mit den dabei herangezogenen Fakten anregen, nicht aber die Urteilsbildung des Lesers vorwegnehmen. Sie sind ausnahmslos von Mitarbeitern des Marburger Instituts für wissenschaftliche Politik geschrieben, auch soweit sie inzwischen an anderen Universitäten tätig sind. So ist in allen Beiträgen der gemeinsame Ansatz gewahrt, der politische Wissenschaft als eine Sozialwissenschaft versteht, die sich mit auf Erhaltung oder Veränderung der gesellschaftlichen Gesamtverfassung gerichteter Machtbildung beschäftigt. Auch die methodische Überlegung, daß politische Prozesse gesellschaftliche Widersprüche in deren geschichtlichem Verlauf zum Ausdruck bringen, ist allen Mitarbeitern dieser Einführung gemeinsam. Die Verfasser dieser Einführung - einer Gemeinschaftsarbeit von älteren Studenten, wissenschaftlichen Hilfskräften, Assistenten und Professoren - sind sich selbstverständlich darüber klar, daß es innerhalb der politischen Wissenschaft auch andere Positionen gibt, als sie der bisherigen Arbeit des Marburger Instituts für wissenschaftliche Politik zugrundeliegen. Sie glauben jedoch, daß demjenigen, der in einen Wissenschaftsbereich eindringt, mit einer lediglich ekklektischen Aufführung aller zur Zeit vorhandenen wissenschaftlichen Ausgangspositionen wenig geholfen wäre, sondern daß eine methodologisch und in den Problemstellungen im wesentlichen einheitliche Gesamtdarstellung die beste Grundlage für das kritische Eindringen in die methodologischen Diskussionen auch der eigenen Disziplin bildet.

Marburg und Erlangen, im März 1968

Wolfgang Abendroth Kurt Lenk

VORWORT ZUR ZWEITEN AUFLAGE

Für die zweite Auflage wurden die Literaturangaben neu bearbeitet. Der Text blieb unverändert - mit einer Ausnahme: das Kapitel IV D (S. 217 ff.) wurde wesentlich umformuliert.

Marburg und Erlangen, im April 1971

Wolfgang Abendroth Kurt Lenk

VORBEMERKUNG

Die hier vorgelegte «Einführung in die politische Wissenschaft» entstand aus der Zusammenarbeit von Mitarbeitern des Soziologischen Instituts und des Instituts für wissenschaftliche Politik der Universität Marburg. An der Abfassung und Diskussion der Manuskripte waren beteiligt:

Lisa Abendroth, Wolfgang Abendroth, Joachim Bergmann, Hans Manfred Bock, Eberhard Dähne, Barbara Dietrich, Hanno Drechsler, Rüdiger Griepenburg, Uwe Henning, Jörg Kammler, Friederun Karsch, Kurt Kliem, Reinhard Kühnl, Kurt Lenk, Franz Neumann, Siegfried Pausewang, Lothar Peter, Ingrid Schmiederer, Rolf Schmiederer, Ursula Schmiederer, Karl Hermann Tjaden. Einzelne Manuskripte redigierten Jörg Kammler, Siegfried Pausewang und Ursula Schmiederer. Die Schlußredaktion des Manuskriptes lag bei Professor Dr. Wolfgang Abendroth.

ABKÜRZUNGEN

AöR	Archiv des öffentlichen Rechts
BGHSt	Entscheidungen des Bundesgerichtshofes in Strafsachen
BGHZ	Entscheidungen des Bundesgerichtshofes in Zivilsachen
BVerfG	Entscheidungen des Bundesverfassungsgerichts
DRiZ	Deutsche Richterzeitung
GG	Grundgesetz für die Bundesrepublik Deutschland vom 23. Mai 1949
Köln. Z.	Kölner Zeitschrift für Soziologie und Sozialpsychologie
JW	Juristische Wochenschrift
MEW	Marx, Karl/Engels, Friedrich, Werke, Berlin 1955 ff.
PVS	Politische Vierteljahresschrift
RGSt	Entscheidungen des Reichsgerichts in Strafsachen
RGZ	Entscheidungen des Reichsgerichts in Zivilsachen
VfZ	Vierteljahreshefte für Zeitgeschichte
VVdSt	Veröffentlichungen der Vereinigung der deutschen Staatsrechtslehrer
WRV	Verfassung des Deutschen Reiches vom 11. August 1919
ZfS	Zeitschrift für Sozialforschung

I

GEGENSTAND UND METHODE DER POLITISCHEN WISSENSCHAFT

[JÖRG KAMMLER]

Die politische Wissenschaft ist gegenwärtig mehr noch als andere sozialwissenschaftliche Disziplinen darauf verwiesen, den ihr spezifischen Gegenstand, die diesem adäquaten Methoden und schließlich den die Forschung und ihre Ergebnisse organisierenden Theoriebegriff zu fixieren. Die Vielfalt der Bestimmungen und Definitionen auf dem Hintergrund spezifischer Traditionen wissenschaftlichen oder philosophischen Denkens einerseits, das wissenschaftstheoretisch weitgehend unreflektierte Fortfahren in der aktuellen Detailforschung andererseits kennzeichnen das Dilemma vor allem der westdeutschen politischen Wissenschaft, die zwar seit ihrer Reorganisation nach 1945 ständig um Standortbestimmung und Abgrenzung von verwandten Wissenschaften bemüht ist, deren wissenschaftstheoretische Selbstverständigung jedoch bislang kaum das Stadium artikulierter Auseinandersetzung erreicht hat. Um eine rationale Auseinandersetzung zwischen verschiedenen Konzeptionen von politischer Wissenschaft zu ermöglichen, scheint es daher besonders notwendig, den Zusammenhang von Gegenstandsbestimmung und Wissenschaftsbegriff deutlich zu machen. Darauf zielt der folgende Versuch, das dieser Einführung zugrunde liegende Verständnis politischer Wissenschaft als praktisch-kritischer Wissenschaft von politisch-sozialer Herrschaft zu umreißen und von bestimmten, in der gegenwärtigen Diskussion relevanten Gegenpositionen abzuheben.

Konstitutiv für politische Wissenschaft ist die Analyse der Bedingungen politischer Macht, ihrer konkreten Erscheinungsformen und der in ihnen wirksamen Entwicklungstendenzen. Gegenstände der Forschung sind vor allem die Beziehungen zwischen politischer Macht und Gesellschaft; die institutionelle Verfestigung politischer Macht in öffentlicher Herrschaft, besonders im modernen Staat; das politische Verhalten, besonders der Prozeß der politischen Willensbildung; die auf Herrschaft und politische Praxis bezogenen Theorien und Ideologien.

Politische Wissenschaft im hier verstandenen Sinn erschöpft sich dabei nicht in empirischer Deskription und Analyse der Fakten und Faktenzusammenhänge, ebensowenig in deren phänomenologischer Reduktion auf ihr «Wesen». Sie ist an einer kritischen Theorie der Gesellschaft orientiert, die «die Menschen als die Produzenten ihrer gesamten historischen Formen zum Gegenstand [hat]. Die Verhältnisse der Wirklichkeit, von denen die Wissenschaft ausgeht, erscheinen ihr nicht als Gegebenheiten, die bloß festzustellen und nach den Gesetzen der Wahrscheinlichkeit vorauszuberechnen wären. Was jeweils gegeben ist, hängt nicht allein von der Natur ab, sondern auch davon, was der Mensch über sie vermag ... Die rationale Durchdringung der Prozesse, in denen die Erkenntnis und der Gegenstand sich konstituieren, ihre Unterstellung unter die Kontrolle des Bewußtseins verläuft daher nicht im rein geistigen Bezirk, sondern fällt mit dem Kampf um bestimmte Lebensformen in der Wirklichkeit zusammen. Wenn die Aufstellung von Theorien im traditionellen Sinn einen gegen andere wissenschaftliche und sonstige Tätigkeiten abgegrenzten Beruf in der Gesellschaft ausmacht und von historischen Zielsetzungen und Tendenzen, in die ein solches Geschäft verflochten ist, selbst gar nichts zu wissen braucht, folgt die kritische Theorie in der Bildung ihrer Kategorien und allen Phasen ihres Fortgangs ganz bewußt dem Interesse an der vernünftigen Organisation der menschlichen Aktivität, das aufzuhellen und zu legitimieren ihr selbst auch aufgegeben ist. Denn es geht ihr nicht bloß um Zwecke, wie sie durch die vorhandenen Lebensformen vorgezeichnet sind, sondern um die Menschen mit allen ihren Möglichkeiten» (Horkheimer, *Philosophie*, S. 177).

Als kritisch-praktische Wissenschaft von den politischen Strukturen und Prozessen der Gesellschaft gewinnt politische Wissenschaft ihr Selbstverständnis und die Einheit ihres Gegenstandes im Bezug auf Gesellschaft als historisch sich entwickelnde Totalität, in der Herrschaftsstrukturen, Bewußtseinsformen und Strukturen der gesellschaftlichen Reproduktion nicht beziehungslos nebeneinanderstehen, sondern als Ausdrucksformen menschlicher Praxis notwendig zusammenhängen und sich im historischen Prozeß bedingen.

Politische Wissenschaft, so verstanden, ist nicht mehr frei in der Wahl und der Konstruktion ihrer Begriffe, da sie diese als abhängig vom geschichtlich-gesellschaftlichen Gesamtprozeß und durch ihn strukturiert begreift. Diese historische Wissenschaft von der Gesellschaft steht ihrem Gegenstand nicht isoliert gegenüber, sondern weiß sich einbezogen in die Gesellschaft als historische Totalität und wird durch die in ihr wirksamen gesellschaftlichen Interessen bedingt, wie auch das Interesse des Wissenschaftlers an seinem Gegenstand auf die Gesellschaft zurückwirkt. «Wenn aber mit Notwendigkeit situationsgebundene Erfahrungen auch in den streng wissenschaftlichen Erkenntnisansatz mit eingehen, müssen die erkenntnisleitenden Interessen unter Kontrolle gebracht, als objektive Interessen legitimiert werden, es sei denn, man wolle den Prozeß der Rationalisierung willkürlich abbrechen» (Habermas, *Theorie*, S. 177).

Ein derartiges Verständnis des Verhältnisses von Wissenschaft und ihrem Gegenstand steht in scharfem Gegensatz zur – allerdings zumeist nur implizierten, selten ausformulierten – Theorie einer empirisch-analytischen politischen Wissenschaft. Diese beschränkt sich auf die empirische Sammlung und analytische Ordnung politisch-sozialer Erfahrungsgegebenheiten, auf die vermeintlich vorurteilsfreie Beschreibung und Erklärung der Wirklichkeit. Der Gegenstand, die historische Gesellschaft, zerfällt in eine unendliche Fülle isolierter Einzelheiten. Die empirisch-analytische Theorie geht davon aus, daß die wissenschaftlichen Kategorien sich der partialisierten Wirklichkeit bis zur Identität angleichen können, wenn es nur gelingt, komplizierte Zusammenhänge aufzulösen und das subjektive Interesse am Gegenstand im Erkenntnisprozeß auszuschalten. Vorbild ist das naturwissenschaftliche Verhältnis zum Gegenstand, Gesellschaft wird zum bloßen Objekt, das sich vom Objekt der Natur nur durch Komplexität und Umfang unterscheidet, dessen empirisch-analytischer Aufarbeitung jedoch prinzipiell nichts im Wege steht. Implizites Wissenschaftsziel ist also ein System empirisch erfaßter und kausal verknüpfbarer Fakten, in das die Gesellschaft als Materialmasse bruchlos eingeht. Der konsequente Empirismus verzichtet sogar auf erklärende Theorie überhaupt. Theorie reduziert sich für ihn auf «das aufgestapelte Wissen in einer Form, die es zur möglichst eingehenden Kennzeichnung von Tatsachen brauchbar macht» (Horkheimer, *Theorie*, S. 245). Strenge Erfahrungswissenschaft kann in der Variante analytischer Theorie empirische Regelmäßigkeiten fixieren und durch Feststellung der Funktions- und Abhängigkeitsverhältnisse zwischen sozialen Größen Wissen über die Gesellschaft sozialtechnisch verwendbar machen, ebenso wie naturwissenschaftliches Wissen die Natur verfügbar macht. Die aktuelle Verwertung des Wissens interessiert dabei nicht, sie fällt nicht mehr unter die Kompetenz bloß empiristischer Wissenschaft. «Durch ihren Verzicht auf erklärende Theorie, an der sich wenigstens noch die Geister scheiden könnten und die es verhindern würde, daß sich Ideologien ungestört der Tatsachen bemächtigen, können empiristische Ermittlungen ... unbeabsichtigt eine ideologische Funktion in der Gesellschaft erhalten. Ihre Ergebnisse werden als wissenschaftliche Bestätigung dessen ausgegeben, was bestimmte Interessen oder Vorurteile für wahr haben wollen» (Fijalkowski, S. 90).

In beiden Varianten muß strikte empirische Wissenschaft von der Gesellschaft – und eine an ihr sich orientierende politische Wissenschaft – ihren Gegenstand verfehlen. Der politisch-soziale Gesamtzusammenhang geht weder in der Summe beschreibbarer Einzelheiten, noch in einem berechenbaren Funktionssystem auf. Als geschichtliche Totalität bedingt er noch die Wahrnehmungsstruktur und die Begriffsbildung des vermeintlich voraussetzungslosen, vorurteilsfreien Wissenschaftlers, dessen subjektives Interesse an der Gesellschaft sich – nun jedoch irrational und unkontrolliert – in seiner wissenschaftlichen Tätigkeit durchzusetzen droht, gerade weil es aus ihr verbannt und die Forschungsmotivation selber nicht genannt und rational begründet wird.

Kritisch gegenüber einer empirisch-analytischen Wissenschaftskonzeption verhält sich auch jene politische Wissenschaft, die sich in der Tradition antiker Philosophie als Teil der praktischen Philosophie begreift. In der Wendung gegen eine «deskriptiv-analytische Wissenschaft von der Politik» und eine «systematische Wissenschaft von den Gesetzen des Politisch-Sozialen» unternimmt sie den Versuch, die klassische Lehre von der Politik neu zu beleben und für moderne politische Wissenschaft und ihren Gegenstand fruchtbar zu machen.

«Die Konzeption einer praktischen Wissenschaft von der Politik gewinnt den Horizont ihres Forschens nicht aus dem Ziel der Beschreibung von Geschehenem, sondern aus der Frage, was im Licht des Möglichen und wünschbar Guten geschehen solle und könne», sie bezieht «ihre letzten Ziele prinzipiell aus einer Reflexion über das Wohl des Ganzen. Im kritischen Bedenken und Vordenken politischen Handelns soll also wissenschaftliche Arbeit dem Wohl des Gemeinwesens und seiner Menschen dienen ... Politisch ist potentiell hierbei alles, was das Wohl des politischen Verbandes und seiner Menschen berührt» (Oberndörfer, S. 19).

Ethik und Politik vermittelnd, orientiert sich diese Konzeption an den griechischen Begriffen der Praxis als des guten, tugendhaften Handelns und der Polis als des gerecht geordneten Gemeinwesens, das tugendhaftes Handeln ermöglicht. Für sie ist der spezifische Bereich politischen Handelns «der Bereich verbindlicher, mit Auctoritas und Potestas ausgestatteter Entscheidungen, welche die Stiftung und Erhaltung von Ordnung, Frieden und Sicherheit zum Ziele haben» (Bergsträsser, S. 222).

Derart verstandene politische Wissenschaft analysiert die politisch-soziale Wirklichkeit auf die Möglichkeit der Verwirklichung jener «guten Ordnung», die der moralisch-geistigen Natur des Menschen gemäß ist (Oberndörfer, S. 21).

Der Charakter dieser Wissenschaftskonzeption ist gekennzeichnet durch die Orientierung an Theorie in den Kategorien einer politischen Ethik, an der sich die Beurteilung sowohl des subjektiven politisch bezogenen Handelns als auch der politisch-sozialen Ordnung bemißt. «Die Realität des Politischen steht immer unter einem sittlichen Anspruch, auch ihre Erkenntnis ist nur möglich durch eine das sittliche Urteil berücksichtigende Brechung» (Hennis, S. 19). Die analytische Erforschung der Wirklichkeit orientiert dabei über konkrete Möglichkeiten subjektiver Praxis und allgemeiner Ordnung, die Umsetzung in die Normen einer politischen Ethik wird durch philosophische Reflexion besorgt. Deren Bestimmungen bleiben jedoch wesentlich abstrakt und statisch: Auf dem Hintergrund scheinbar zufällig wechselnder historischer Inhalte und Konstellationen wird das, was als «tugendhaftes Leben» und «gute Ordnung» gilt, zwar von der Geschichte geprägt, seine Verwirklichung hängt jedoch letztlich von der in der Kontemplation gewonnenen Entscheidung des Menschen ab. Der Tendenz nach dominieren daher anthropologische Setzungen und traditionale Ordnungsvorstellungen, die in der freien Reflexion «über die Zeit» zum «ursprünglichen Sinn», zum «Wesen» des Politischen (der politischen Ordnung, der politischen Institutionen, des politischen Handelns) hypostasiert werden (Hennis, S. 18ff.). Das «Wesen» der gegebenen politischen Ordnung sowie die Erfordernisse ihrer Ausgestaltung enthüllen sich nicht in der Analyse ihrer Bedingungen und Funktionen, sondern in der moralphilosophischen Besinnung auf das der politischen Ordnung des Gemeinwesens Aufgegebene. Die Beziehung von Herrschaft und Gesellschaft wird tendenziell formalisiert zur abstrakten Beziehung von notwendiger politischer Ordnung und Gemeinwesen, dem Konflikt gesellschaftlicher Interessen wird das Interesse am Gemeinwohl entgegengehalten. Dieses Denken wahrt seine Stringenz nur durch die Abstraktion vom Prozeß der gesellschaftlichen Reproduktion, der als «Reich der Notwendigkeit» aus dem Modell einer praktisch-ethischen Wissenschaft herausfällt Daß politische Herrschaft, ihre konkrete historische Gestalt, ihre Funktion für die Gesellschaft und ihr Wandel notwendig vom Prozeß der gesellschaftlichen Arbeit abhängt, daß sich also dort das Problem von Herrschaft in der Auseinandersetzung konkreter gesellschaftlicher Interessen entscheidet, geht in diese Konzeption nicht ein.

Der Analyse und Kritik, die ihre Begriffe an der geschichft lichen Auseinandersetzung von Herrschaft in der Gesellschatgewinnt, wird willkürliche Fixierung auf das Phänomen der Macht vorgeworfen. Dabei wird übersehen, daß die Abhängigkeit der Politik von der Wirtschaft Gegenstand, nicht etwa Programm dieser politischen Wissenschaft ist. Die praktisch-philosophische Wissenschaft von der Politik enthüllt ihr Dilemma gerade dort, wo sie die an kritischer Gesellschaftstheorie orientierte politische Wissenschaft entscheidend zu treffen glaubt. Dieser wird vorgeworfen, sie erfasse «Gesellschaft nur als eine den Menschen seinem Selbst, das heißt den in ihm angelegten guten Eigenschaften entfremdende Macht», sie könne daher «in der Regel über die bloß negative Kritik am ‹Bestehenden› zu einer inhaltlich konkreten Bestimmung des Wünschbaren und Möglichen nicht vordringen». Ihr «utopisches Zielbild» sei «der sich unabhängig von geschichtlicher, politisch-sozialer Verformung frei entfaltende Mensch und die dem letzteren entsprechende Gemeinschaftsform – die ‹befreite Gesellschaft›, eine Gesellschaft ohne politische Herrschaft und soziale Kontrollen» (Oberndörfer, S. 22f.). Die Aufhebbarkeit der Herrschaft oder des politisch-sozialen Zwangs werde jedoch «einfach apodiktisch behauptet». Ein «Gemeinwesen ohne politische Herrschaft und ohne politisch-sozialen Zwang, und sei es auch nur in versteckter, indirekter Form» sei aber «nicht denkbar, da menschliches Sein immer politisch-sozial durchprägt wird und erst in dieser Durchprägung ein Menschliches wird ...» (Oberndörfer, S. 23, Anm. 19).

Der an Marx und seiner Methode orientierte Versuch, «endlich das Augenmerk der Menschen auf die gespenstische Eigenlogik ihrer Verhältnisse zu richten, auf diese Pseudophysis, die sie zur Ware macht und zugleich die Ideologie mitliefert, sie seien bereits mündige Subjekte» (Alfred Schmidt, *Der Begriff der Natur in der Lehre von Marx*, Frankfurt/M. 1962, S. 32), dieser Versuch, den konkreten Prozeß gesellschaftlicher Reproduktion, der allerdings ganz konkret angebbare Zwänge und Entfremdungen produziert, in seiner Anatomie bloßzulegen, um seine bewußte Gestaltung durch nunmehr erst wirklich politisch werdende, d.h. Geschichte entscheidende soziale Praxis der Menschen allererst zu ermöglichen, wird notwendig mißverstanden von einer Wissenschaft, deren Kategorien den entscheidenden Entwicklungszusammenhang menschlicher Praxis, den Prozeß gesellschaftlicher Arbeit, nicht reflektieren. Da sie diesen Bereich als letztlich irrelevant für die Bestimmung des Politischen auffaßt, muß die philosophisch-politische Wissenschaft die nicht zuletzt aus diesem Bereich resultierende Herrschaft, die auch für sie von Zwang nicht zu lösen ist, als unaufhebbar «natürlich» behaupten. Da sie die sich frei bestimmende, d.h. endlich auch den Prozeß ihrer Reproduktion rational organisierende Gesellschaft nicht denken kann, bleibt gerade ihr Denken auf die existente politisch-soziale Herrschaft fixiert. Dagegen faßt eine gesellschaftskritische, die politisch-soziale Totalität der Gesellschaft dialektisch verstehende politische Wissenschaft Geschichte und Politik als Produkte der gesellschaftlichen Praxis der Menschen auf. Herrschaft und Zwang sind für sie nicht schicksalhaft mit der Gesellschaft ein für allemal gegeben, sondern vom Menschen gesellschaftlich produziert.

Vom *historischen* und *gesellschaftlichen* Charakter des Politischen ausgehend, versteht sie politische Praxis als spezifische soziale Praxis, Herrschaftsinstitutionen als Institutionen einer bestimmten Gesellschaft. Politische Herrschaft wird für sie faßbar in der politischen Organisation einer konkreten historischen Gesellschaft. Verbietet es der Rekurs auf die Gesellschaft, politische Strukturen und Prozesse in einer wie immer bestimmten Sphäre des Politischen abstrakt zu fixieren, so macht er es notwendig, den ökonomischen Reproduktionsprozeß und die aus ihm resultierende Struktur der Gesellschaft als die Basis politisch-sozialer Machtverteilung ebenso wie die auf sie bezogene Praxis einzelner oder sozialer Gruppen in die kritische Analyse der politischen Wissenschaft einzubeziehen. Indem die Begriffe und analytischen Kategorien aus der historischen Bewegung des gesellschaftlichen Prozesses selber gewonnen werden, wird der Vermittlungszusammenhang zwischen den Formen politischer Herrschaft, gesellschaftlicher Reproduktion und gesellschaftlichen Bewußtseins in seiner historisch jeweils modifizierten Notwendigkeit erst sichtbar. Herrschaftsstrukturen sind der Gesellschaft nicht mehr äußerlich, sondern erweisen sich als im spezifisch strukturierten Prozeß gesellschaftlicher Reproduktion und – von daher bedingt – im Bewußtsein der Gesellschaftsmitglieder verankert.

Politik läßt sich nunmehr in ihren realen Widersprüchen verstehen. Sie enthüllt ihren kontroversen Charakter im historischen Konflikt angebbarer, auf Herrschaftserhaltung oder Herrschaftsaufhebung gerichteter Tendenzen. In den Herrschaftsstrukturen und ihrem Wandel reproduziert sich dabei die Auseinandersetzung sozialer Gruppen und ihrer Interessen. Politische Aktionen und Institutionen führen zurück auf Interessenkonflikte, die notwendig aus dem gesellschaftlichen Reproduktionsprozeß hervorgehen.

Ziel der Forschung ist jedoch nicht ein die Ergebnisse empirischer Analyse organisierendes System funktionaler Abhängigkeiten. Politische Wissenschaft, die sich selber als Moment in dem von ihr analysierten Prozeß begreift und ihre kritische Aufgabe anerkennt, durchbricht diesen System- und Theoriebegriff, allerdings nicht dadurch, daß sie über empirische Forschung und deren Ergebnisse hinweggeht oder sich in ihren Aussagen der Falsifizierbarkeit entzieht. Indem sie der dialektischen Bewegung der historischen Auseinandersetzung um Herrschaft folgt und Herrschaftsstrukturen sowie deren reaktive Deutung im menschlichen Bewußtsein auf die soziale Praxis der Menschen zurückführt, löst sie die gleichsam natürlich scheinende Selbständigkeit politisch-sozialer Gebilde auf. Als Produkte menschlicher Aktivität im Prozeß ihrer Veränderung begriffen, enthüllen sie auch ihre Veränderbarkeit. Der Hinweis, in welcher Richtung sie verändert werden sollen, folgt aus dem Widerspruch, in den diese verdinglichten Beziehungen zwischen Menschen zu konkreten menschlichen Interessen geraten. In diesem Vorgang artikuliert sich ein auf die Zukunft gerichtetes, aber von der realen Erfahrung der gegenwärtigen Gesellschaft ausgehendes Interesse an der rationaleren Einrichtung der Gesellschaft.

Da die Gesellschaft, entgegen dem aus der empiristischen Analyse folgenden Verständnis, in der dialektischen Reflexion den Charakter eines bloßen Objekts jenseits der denkenden und handelnden Subjekte verliert und in der Vermittlung von Objekt und Subjekt begriffen wird, muß die subjektive Erfahrung und die aus ihr resultierende Stellungnahme zur Gesellschaft als «objektiv», d.h. für die Erkenntnis der Gesellschaft und eine rationale Konzeption ihrer Umgestaltung relevant angesehen werden. Wenn Subjektivität einerseits in ihrer gesellschaftlichen Bedingtheit, wenn das Subjekt der bisherigen Geschichte weitgehend als «Personifikation ökonomischer Kategorien» (Karl Marx, Das Kapital = *MEW* 23, S. 8) identifiziert wird, es andererseits in Bewußtsein und Handeln diese Verdinglichung immer wieder durchbricht, kann die Verwirklichung der freien Subjektivität nur in den Kategorien gesellschaftlicher Praxis der Menschen gedacht werden. Um die freie Selbstbestimmung des Menschen zu ermöglichen, ist es notwendig, daß die Menschen selbst bewußt die Gesellschaft bestimmen. «In der bürgerlichen Epoche wurde die Wirklichkeit der Vernunft zu der Aufgabe, die das freie Individuum leisten sollte. Das Subjekt war die Stätte der Vernunft: von ihm aus sollte die Objektivität vernünftig werden. Die materiellen Daseinsverhältnisse ließen der autonomen Vernunft jedoch nur im reinen Denken und im reinen Wollen ihre Freiheit. Nun ist aber eine gesellschaftliche Situation erreicht worden, in der die Verwirklichung der Vernunft nicht mehr auf das reine Denken und Wollen beschränkt zu werden braucht. Wenn Vernunft die Gestaltung des Lebens nach der freien Entscheidung der erkennenden Menschen meint, so weist die Forderung der Vernunft nunmehr auf die Schaffung einer gesellschaftlichen Organisation, in der die Individuen nach ihren Bedürfnissen gemeinsam ihr Leben regeln» (Marcuse I, S. 109).

Rationalität erhält so im theoretischen Bezug auf einen Bereich der Erfahrung, der das menschliche Interesse an der zukünftigen Gesellschaft umschließt, einen anderen Sinn: sie ist nicht mehr, wie in der empirisch-analytischen Wissenschaft, auf empirisch überprüfbare wissenschaftliche Einzelaussagen beschränkt, sondern führt über die isolierte Feststellung von Tatbeständen hinaus. Eine Theorie, die in dieser methodischen Begrenzung wissenschaftlicher Erkenntnis auf Partikulares selber die bloße Reflexion der gesellschaftlichen Verhältnisse erblickt, in denen der begrenzten Rationalität von Teilbereichen die Irrationalität des gesellschaftlichen Reproduktionsprozesses im Ganzen korrespondiert, erhebt dagegen den Anspruch, «daß sich das Denken einen Begriff vom Ganzen der Gesellschaft und der Geschichte macht, daß es eine Totalität denkt, in der Subjekt und Objekt vermittelt sind. Der Begriff vom Ganzen der Gesellschaft und Geschichte wird gewonnen, indem im Besonderen der Gegenwart das Allgemeine einer vernunftgemäßen Gesellschaft gedacht wird. Die Eigenart dialektischer Gesellschaftstheorie und Gesellschaftskritik liegt also in der gedanklichen Antizipation einer befreiten Gesellschaft, in der die freie Entwicklung eines jeden die Bedingung für die freie Entwicklung aller geworden ist, sowie in der Auseinandersetzung mit den Widersprüchen der gegenwärtig wirklichen Gesellschaft» (Fijalkowski, S. 103).

Für eine an diesem Verständnis der politisch-sozialen Geschichte orientierte politische Wissenschaft ergibt sich notwendig ein Bezug zur politischen Praxis; nicht nur, weil diese ihren Gegenstand bildet, sondern weil der Bezug auf politische Praxis in die theoretische Reflexion einbezogen und damit konstitutiv für die wissenschaftliche Theoriebildung wird. Der sowohl in der strikt erfahrungswissenschaftlich als auch in der oben charakterisierten philosophisch ausgerichteten Position angelegte Dualismus von Sein und Sollen, Tatsache und Entscheidung wird in einer Wissenschaft in Frage gestellt, die auf sich selbst als – bedingtes und bedingendes – Moment des historischen Prozesses reflektiert. Aus der Erkenntnis, daß praktische Interessen notwendig in die Forschung und ihre Ergebnisse eingehen und diese ebenso notwendig in der Gesellschaft wirksam werden, folgt für die hier skizzierte Konzeption, daß erst dann, wenn die rationale Vermittlung des in der Wissenschaft sich ausdrückenden Interesses an der Gesellschaft mit den realen Interessen in der Gesellschaft gelingt, adäquate wissenschaftliche Erkenntnis wie auch rational angeleitete politisch-soziale Praxis möglich wird.

Politischer Wissenschaft, die von diesen Überlegungen ausgeht, kann es nicht mehr darauf ankommen, in der Trennung von empirischer Analyse des Faktischen und subjektiver Normsetzung entweder Herrschaft auf sich beruhen zu lassen oder abstrakte Positionen gegenüber dem Problem der Herrschaft zu fixieren. Ihr Anspruch geht vielmehr dahin, in der Auseinandersetzung um reale gesellschaftliche Herrschaft kritisch Stellung zu beziehen, unverbindliche Analyse oder bloße Kontemplation in praxisbezogene Kritik umzuwandeln. Ihre Kritik unternimmt sie bewußt in der praktischen Absicht, die Entscheidung der Auseinandersetzung rational zu beeinflussen. Die Rationalität des auf Verwirklichung drängenden Interesses bestimmt sich dabei objektiv am Ziel der Aufhebung von Herrschaft, die weder als anthropologisch notwendig noch als sozial unaufhebbar gelten kann und durch die Analyse ihrer historisch-sozialen Bedingungen den ideologischen Schein des Irreversiblen einbüßt.

Während die Verbannung der Interessenlegitimation aus der Wissenschaft durch die strikte Trennung von Analyse und Normierung tendenziell entweder zur positivistischen Hinnahme bestehender Herrschaftsverhältnisse oder zu einem auf Herrschaft nicht minder fixierten weltanschaulichen Dirigismus führt, identifiziert praxisbezogene gesellschaftskritische Wissenschaft in der Analyse etablierter Herrschaft auch die objektive Möglichkeit ihrer Aufhebung. Indem sie die Mechanismen blinder Notwendigkeit im politisch-sozialen Prozeß kritisiert, weist sie gleichzeitig auf die Möglichkeit der bewußten Realisierung von individueller Freiheit *in* der Gesellschaft hin, d.h. aber auf die Möglichkeit der bewußten Gestaltung menschlicher Geschichte. «Im Übergang von der gegenwärtigen zu einer zukünftigen Gesellschaftsform soll die Menschheit sich erstmals zum bewußten Subjekt konstituieren und aktiv ihre eigene Lebensform bestimmen. Wenn auch die Elemente der zukünftigen Kultur schon vorhanden sind, so bedarf es doch einer bewußten Neukonstruktion der ökonomischen Verhältnisse ... Ohne die Fortsetzung der theoretischen Anstrengung, die mit dem Interesse an einer vernünftig organisierten zukünftigen Gesellschaft die gegenwärtige kritisch durchleuchtet und anhand der in den Fachwissenschaften ausgebildeten traditionellen Theorien konstruiert, ist der Hoffnung auf eine grundlegende Verbesserung der menschlichen Existenz der Grund entzogen» (Horkheimer, *Theorie*, S. 284).

Praktisch-kritische politische Wissenschaft zielt dabei auf

eine politische Theorie, die die Befunde der Gesellschaftskritik integriert. Im Begriff der Demokratie gewinnt sie einen Leitbegriff für die Analyse der politisch relevanten Herrschaftsstrukturen der Gesellschaft. Ihr Demokratiebegriff unterscheidet sich jedoch scharf von dem der empirisch-analytischen politischen Wissenschaft. Diese abstrahiert aus der Realität demokratisch verfaßter Gesellschaften einen wesentlich formalen Begriff der Demokratie, der an der Zielvorstellung eines möglichst reibungslos und konfliktlos funktionierenden Systems institutionalisierter politischer Herrschaft orientiert ist. Diesem Ziel nähert sich die Wirklichkeit an, wenn politische Institutionen, Aktivitäten und Einstellungen in ihrem Zusammenspiel einem relativ statischen Set politisch-sozialer Spielregeln entsprechen. Die Vorstellung zeigt deutlich ihren Bezug auf den Bereich der Technik und der Organisation des ökonomischen Prozesses, ihre Vorbilder sind die Maschine und der moderne kapitalistische Betrieb.

Dagegen beschränkt sich der im Rahmen kritischer Theorie konzipierte Demokratiebegriff nicht auf eine politische Methode zur Stabilisierung einer Herrschaftsordnung, sondern richtet sich inhaltlich auf den gesamtgesellschaftlichen Prozeß, soweit dieser für politische Herrschaft Bedeutung gewinnt, so vor allem auf die Organisation des gesellschaftlichen Reproduktionsprozesses. Auf diesen als die soziale Basis der Herrschaftsordnung muß sich ein Begriff der Demokratie erstrecken, dessen Zentrum die Forderung nach materiell, d. h. gesellschaftlich verstandener Gleichheit ist, in der die Voraussetzung für die Realisierung und Sicherung von Freiheit im Sinne der selbstbestimmten Entfaltung aller Individuen in der Gesellschaft erblickt wird. Von der Vorstellung der Identität von Regierenden und Regierten ausgehend, erweitert sich dieser Begriff zum Postulat der Identität der gesellschaftlich Arbeitenden und derer, die die Gesellschaft in ihrer Entwicklung bestimmen.

Von dem so skizzierten theoretischen Bezug kritisch-praktischer politischer Wissenschaft auf politisch-soziale Herrschaft ergibt sich das Zentrum der hier vorgelegten Einführung: der Entwicklungszusammenhang von modernem Staat und bürgerlich-kapitalistischer Gesellschaft.

Diese Eingrenzung erscheint gerechtfertigt angesichts der qualitativen und quantitativen Veränderung in der Sphäre politischer Macht durch die Revolutionierung der gesellschaftlichen Produktivkräfte und Produktionsverhältnisse in der Entwicklung der kapitalistischen Gesellschaft. Der gegenwartsbestimmende Effekt dieses Prozesses bedarf keiner ausführlichen Erörterung: an der kapitalistisch organisierten gesellschaftlichen Reproduktionsform bestimmen sich alle anderen als «archaische» Residuen, Entwicklungsphasen oder in Auseinandersetzung mit ihr entwickelte Gegenformen.

Nur auf dem Hintergrund dieses ökonomisch-sozialen Prozesses und der mit ihm vermittelten politisch-historischen Entwicklung scheinen die aktuellen politischen Prozesse, die gegenwärtige Gestalt politischer Herrschaft und politischer Praxis, wie die Möglichkeiten ihrer zukünftigen Entwicklung adäquat erfaßt werden zu können.

Die Gliederung folgt zum einen der historischen Entwicklung, zum anderen systematischem Interesse. In den Modellen wird der Versuch unternommen, den Vermittlungszusammenhang von politischer Herrschaft, ökonomisch-sozialer Struktur und gesellschaftlichem Bewußtsein anhand der Analyse qualitativ unterschiedener, charakteristischer Entwicklungsphasen der kapitalistischen Gesellschaft und alternativer politisch-sozialer Entwicklungen in der Krise der spätkapitalistischen Gesellschaft aufzuzeigen. Das kommunistische Modell nimmt hier eine Sonderstellung ein, insofern es weniger die konkreten politischen Prozesse in der sowjetischen Gesellschaft und in den anderen, von kommunistischen Parteien beherrschten Staaten analysiert, als vielmehr die aus der Kritik der kapitalistischen Gesellschaft durch Marx und Engels entwickelte theoretische Konzeption des Kommunismus akzentuiert.

Im zweiten Teil soll in der Analyse der für die im Mittelpunkt stehende Entwicklung konstitutiven politischen Institutionen der generelle Befund der Modelle konkretisiert und die Abhängigkeit des dem Schein nach relativ starren Institutionsgefüges vom allgemeinen politisch-sozialen Prozeß im Struktur- und Funktionswandel der Institutionen nachgewiesen werden. Die Reflexion und Reproduktion politisch-sozialer Strukturen im gesellschaftlichen Bewußtsein sowie die Bedingtheit und Funktion politischen Verhaltens bilden den Gegenstand des abschließenden Teils. Ziel dieser Analyse ist es, die dem Schein nach zufälligen menschlichen Einstellungen und Verhaltensweisen gegenüber politischer Herrschaft mit Geschichte und Struktur des politisch-sozialen Ganzen zu vermitteln. Im Aufzeigen des politisch-gesellschaftlich Notwendigen in den weder willkürlich wechselnden noch statisch-«natürlichen» Formen politisch-sozialen Bewußtseins ist der Hinweis auf die Möglichkeit rationalen, d.h. nicht mehr durch Herrschaft deformierten Bewußtseins enthalten.

Literatur

BERGSTRAESSER, ARNOLD, «Wissenschaft in unserer Zeit», *VfZ* 6, 1958 S. 219ff.

BRACHER, KARL DIETRICH, «Wissenschafts- und zeitgeschichtliche Probleme der Politischen Wissenschaft in Deutschland», *Köln. Z.* 17, 1956, S. 447ff.

FIJALKOWSKI, JÜRGEN, «Über einige Theoriebegriffe in der deutschen Soziologie der Gegenwart», *Köln. Z.* 13, 1961, S. 88ff.

GABLENTZ, OTTO HEINRICH VON DER, «Politische Forschung in Deutschland», *Politische Forschung. Beiträge zum zehnjährigen Bestehen des Instituts für politische Wissenschaft*, hrsg. von O. Stammer, Köln und Opladen 1960, S. 153ff.

HABERMAS, JÜRGEN, *Theorie und Praxis. Sozialphilosophische Studien*, Neuwied 1963

– «Analytische Wissenschaftstheorie und Dialektik», *Logik der Sozialwissenschaften* hrsg. von Ernst Topitsch, Köln und Berlin 1965, S. 291ff.

HENNIS, WILHELM, *Politik und praktische Philosophie*, Neuwied 1963

HORKHEIMER, MAX, «Traditionelle und kritische Theorie», *ZfS* 6, 1937, S. 245ff.

– «Philosophie und kritische Theorie», *ZfS* 6, 1937, S. 625ff.

KROCKOW, CHRISTIAN GRAF VON, *Die Entscheidung*, Stuttgart 1958

MARCUSE, HERBERT, *Kultur und Gesellschaft*, 2 Bände, Frankfurt/M. 1965

MARX, KARL, *Grundrisse der Kritik der politischen Ökonomie (Rohentwurf)*, Berlin 1953

Mommsen, Hans, «Zum Verhältnis von politischer Wissenschaft und Geschichtswissenschaft in Deutschland», *VfZ* 10, 1962, S. 259ff.
Oberndörfer, Dieter (Hrsg.), *Wissenschaftliche Politik*, Freiburg i. Br. 1962
Oertzen, Peter von, «Überlegungen zur Stellung der Politik unter den Sozialwissenschaften», *Köln. Z.* 17, 1965, S. 503ff.

II
POLITISCHE WISSENSCHAFT ALS HERRSCHAFTSINSTRUMENT UND HERRSCHAFTSKRITIK – EIN DOGMENGESCHICHTLICHER ABRISS

[KURT LENK]

Der Beschäftigung mit der Geschichte politischer Theorienbildung stehen heute bei uns mannigfache Schwierigkeiten entgegen. Erwähnt seien davon nur zwei: einmal der nachhaltig spürbare Traditionsbruch, welcher in den politischen Wissenschaften durch zwölf Jahre nationalsozialistischer Herrschaft eingetreten ist. Zum andern aber eine nicht erst seit 1933 und nicht nur in Deutschland im wissenschaftlichen Bewußtsein wirksam gewordene Vorstellung, die davon ausgeht, daß in der Dynamik des ökonomisch-sozialen und politischen Lebens der Neuzeit eigentlich nur das als im engeren Sinne «real» gelten könne, was sich als unmittelbar gegenständliche Wirklichkeit darbietet. Entscheidend sei, so wird argumentiert, letztlich nur das, was in der praktischen Politik selbst geschehe. Demgegenüber sei politische Theorie bloße Abstraktion und damit unwirklich. Der sich aufgeklärt dünkende Pseudokonkretismus möchte daher alle Theorie ins Gebiet der Utopien – selbstredend im pejorativen Sinn! – verweisen.

In der Tat war das Nachdenken über die Formen des menschlichen Zusammenlebens bereits in seiner Frühzeit aufs engste mit der Frage nach einer besseren politischen Ordnung verbunden. Man hegte die Hoffnung, daß die staatlichen Einrichtungen gemäß den Gesetzen, die die Vernunft gebietet, gestaltet werden könnten. So hat es etwa in der politischen Philosophie des griechischen Altertums Ideen gegeben, die auf die Verwirklichung eines der Natur des Menschen gemäßen Staatswesens abzielten.

Der von Platon (427–347 v. Chr.) entworfene hierarchisch gegliederte Idealstaat (vgl. *Politeia*, *Politikos*, *Nomoi*) ist nur einer dieser utopischen Entwürfe aus der Frühzeit des politischen Denkens. Überblickt man die Theorien der neuzeitlichen bürgerlichen Aufklärungsbewegung bis zur Mitte des

19. Jahrhunderts, so wird man feststellen, daß sich normativ-utopische, d.h. auf ideale gesellschaftliche Verhältnisse abzielende Elemente in nahezu allen großen politischen Theorien finden, die nicht selten zu ihrer Verbreitung beigetragen haben. Die Naturrechts- und Staatsvertragslehren des 17. und 18. Jahrhunderts; die Idee der Menschenrechte; die Lehre von der Souveränität des Volkes; die Ideen der französischen Revolution und der von ihr direkt oder indirekt ausgelösten politischen Bewegungen: alle diese Elemente des politischen Denkens der Neuzeit wären ohne normative Implikationen überhaupt nicht vorstellbar. Die Reflexion der unauflösbaren Verflechtung und Amalgamierungsprozesse, welche diese politischen Vorstellungen mit der Praxis des politischen Handelns eingegangen sind, müßte davor bewahren, zwischen politischer Realität und den vielfältigen Formen ihres Bewußtwerdens eine eindeutige Trennungslinie zu ziehen, oder gar, wie es mitunter geschieht, einen realen politischen «Unterbau» der angeblich «irrealen» politischen Ideenwelt gegenüberzustellen. Freilich sieht sich der Historiker der politischen Ideengeschichte genötigt, zum Zwecke der Darstellung seinen Gegenstand von der Totalität der historisch-gesellschaftlichen und politischen Wirklichkeit abzuheben. Aber schon die bloße Einsicht, daß es eine allgemein verbindliche und ewig gültige politische Theorie auf Grund der Vorläufigkeit aller historisch gewordenen Phänomene nicht gibt und nicht geben kann, sollte die politische Wissenschaft davor bewahren, im Horizont der Alltagserfahrung des sog. gesunden Menschenverstandes zu verharren, der dazu neigt, die sinnlich wahrnehmbare Oberfläche der Gegenstandswelt als einzige Erfahrungsquelle wissenschaftlichen Denkens gelten zu lassen. Denn dies müßte sowohl in den soziologischen als auch in den politischen Wissenschaften zu einer unkritischen Verallgemeinerung partikulärer Sichtweisen führen, indem das Nähergelegene, Bekannte, in das Fernergelegene projiziert wird.

Alle «Theorie ist ein aus einem Erfahrungsapriori abgeleitetes Stenogramm des Teils der Wirklichkeit, den sie untersuchen will» (Romein S. 218), auch die politische. Ihr Objekt ist die konkrete – und das heißt stets materielle und bewußte –

Wirklichkeit der vergesellschafteten Menschen an einem bestimmten historischen Zeitpunkt. Dieser Gegenstand beinhaltet «Subjektives» und «Objektives» in einem. Ob das «Subjektive» – menschliches Wollen und Planen, politisches Handeln und Denken usw. – größere oder geringere Relevanz für den Gesamtprozeß des politischen Geschehens besitzt als das «Objektive» (etwa politische Institutionen wie Staat, Parlament, Parteien usw.), läßt sich nicht ein für alle Mal bestimmen, sondern hängt von der jeweiligen sozialen, ökonomischen, politischen und sozialpsychologischen Gesamtsituation ab, in welcher menschliches Handeln am Werk ist: «Die Ideen haben immer gerade so viel Macht als ihnen die Menschen leihen, denen sie inne wohnen. Daher ist eine Idee, welche, gleichviel ob richtig – oder unrichtig, ein ganzes Volk oder Zeitalter erfüllt, die realste aller politischen Mächte ...» (August Ludwig von Rochau, *Grundsätze der Realpolitik*, Stuttgart 1853, S. 28).

Da jede politische Wirklichkeit das Ergebnis des aktiven oder passiven Verhaltens der in ihr lebenden Menschen oder Gruppen ist, so kann auch dem «Objektiven» nur politische Relevanz zukommen, sofern es als subjektiv vermittelt vorgestellt wird. Beide, Subjektives und Objektives, erweisen sich dabei in der komplexen politischen Realität als miteinander vermittelte Momente eines Ganzen, auf das jeder Versuch theoretischer Erkenntnis gerichtet bleibt, wenngleich er stets die Mannigfaltigkeit des Gegenstandes notwendig vereinfacht und damit «einseitig» bleiben muß. Hieraus aber bereits einen Vorwurf gegen politisches Denken als solches abzuleiten, hieße, in eben jenem Sinne abstrakt bleiben, den man der Theorienbildung unterstellt. Denn hier käme es gerade darauf an, zu zeigen, worin diese Vereinfachung besteht und wie sie sich aus dem theoretischen Ansatz, in den bereits Erfahrungsgehalte der verschiedensten Art eingegangen sind, ergeben muß. Darüber hinaus müßte die kritische Analyse jene historischen Bedingungen aufsuchen, die den spezifischen Charakter der Einseitigkeit politischer Theoreme erst verständlich werden lassen. Hierbei wäre vor allem die häufig zu wenig beachtete doppelte Funktion ins Blickfeld zu rücken, welche vielen politischen Theorien zugekommen ist: nämlich sowohl Herrschaftsinstrument als auch

Kritik politischer Machtverhältnisse zu sein. Auf diese Doppelfunktion, die beiden, politischer Theorie und Gesellschaftstheorie, eigen ist, soll daher im folgenden kursorischen Überblick über einige Etappen des politischen Denkens der Neuzeit hingewiesen werden.

Politische Theorie kann kritisch oder apologetisch sein: kritisch, wenn ihre Kategorien die Bewegungsgesetze der politischen Realität ausdrücken, auf die sie sich beziehen und damit eine aufklärende und verändernde Funktion gewinnen, indem sie bestimmte Menschengruppen bei der Durchsetzung gesellschaftspolitischer Zielsetzungen motiviert; apologetisch, wenn die in einer politischen Theorie verwandten Kategorien an der Wirklichkeit vorbeigehen, indem sie ihre negativen Seiten verhüllen, idealisieren oder als unaufhebbar charakterisieren. Damit drücken sie in der Hauptsache das Selbstverständnis und die Bedürfnisse der jeweils herrschenden Schichten und Klassen aus, um so deren Macht behaupten oder erweitern zu helfen. Tritt der Erkenntniswert einer politischen Theorie derart gegenüber dieser apologetischen Funktion zurück, so kann man von einer «politischen Ideologie» sprechen. Die Korrelation von Erkenntniswert und ideologischer Funktion, die eine politische Theorie besitzt, führt je nach den historischen und gesellschaftlichen Bedingungen zu unterschiedlichen Resultaten: was vordem vorwiegend kritische Funktion besaß, kann zu einem späteren Zeitpunkt durchaus in Apologie umschlagen, während einer politischen Theorie, die weitgehend Ausdruck partikularer Gruppen-, Schicht- oder Klasseninteressen ist, dessenungeachtet zugleich kritische Funktionen zukommen können, sofern nur die partiellen Interessen in bestimmten geschichtlichen Entwicklungsstufen mehr oder weniger identisch mit dem gesellschaftlichen Gesamtinteresse einer Zeit sind. Die Geschichte der marxistischen Theorie bietet für derartige Umformungsprozesse ebenso Anschauungsmaterial wie die des Liberalismus.

Keine politische Theorie ist davor geschützt, in ihr Gegenteil verkehrt zu werden, wenngleich der kritische und analytische Charakter einer Theorie diese eher vor ihrer Benutzung zum Zwecke der Manipulation der Massen bewahrt als eine solche mit rational nicht auflösbaren Elementen, wie etwa die konservativ-romantische, die besonders in Deutschland wirksam werden konnte. Ferner sollte nicht übersehen werden, daß auch das Fehlen theoretischer Reflexion häufig politische Herrschaftsformen stabilisieren hilft, da diese dann ohne die Dauerkontrolle des Kritikvermögens politisch engagierter Intelligenz einen neuen Traditionalismus erzeugen können, der in der Regel umso zählebiger bleibt, je weniger er in das Licht kritischer Analysen gerät. In allen großen politischen Theorien der bürgerlichen Aufklärung sind Kritik und Apologie nahezu unauflöslich miteinander verbunden. Wenn heute die Grenzen dieser Entwürfe sichtbar werden, so bedeutet dies keineswegs, daß sie damit abgetan wären. Denn es besteht die Möglichkeit, daß gerade dann auch ihr kritisches Potential, ihre wahren Elemente, sich Geltung verschaffen.

Sollte es überhaupt einer Legitimation für die Beschäftigung mit politischer Theorie und ihrer Geschichte bedürfen, so bestünde sie nicht zuletzt in dem Hinweis, daß jedwedes politische Handeln sich seit je durch die Berufung auf bestimmte Normen, Werte und Ideale zu rechtfertigen gesucht hat. Dies gilt besonders für die autoritären Zwangs- und Terrorsysteme unseres Jahrhunderts, die es bezeichnenderweise niemals unterlassen, sich mittels pseudoplebiszitärer Techniken der Zustimmung von Bevölkerungsmehrheiten zu vergewissern, um sich demokratisch zu legitimieren.

1. Klassische Theorien

Den Beginn einer explizit-politischen Theorie in der europäischen Neuzeit kann man bei Niccolo Machiavelli (1469–1527) ansetzen. Es ist kennzeichnend für den ambivalenten Charakter, dem sich politische Theorie nie entziehen konnte, daß bereits Machiavellis in der politischen Theoriegeschichte der Neuzeit epochemachendes Denken ein eigentümliches Ineinander von kritischen und apologetischen Wirkungen hervorgerufen hat. Besonders die wechselnden Schicksale seines bekanntesten Werkes, *Der Fürst (Il Principe)*, liefern hierfür reiches Anschauungsmaterial. Während seine Schriften das Ziel verfolgen, auf der Grundlage exakter Beobachtungen des politischen Geschehens in den italienischen Fürstenstaaten seiner Zeit die längst praktizierten Methoden des Herrschaftsgewinns und ihrer Erhaltung darzustellen, wurde seine Lehre vom Wesen der Staatskunst in den darauffolgenden Jahrhunderten zumeist nur als die Ausgeburt eines moralisch verwerflichen «Machiavellismus» gewertet, später aber, etwa bei Hegel und Fichte, in seiner positiven Bedeutung für die illusionslose Erkenntnis der Gesetze des politischen Lebens gewürdigt. Schließlich diente sie der Rechtfertigung des politischen Handelns am Maßstab der Staatsräson.

Machiavelli sucht in seiner Gegenwart und beim Studium antiker Literatur die immer wiederkehrenden Grundzüge in den politischen Machtkämpfen. Er geht davon aus, daß in der menschlichen Geschichte sich alles wiederhole, «daß die handelnden Personen auf der großen Bühne der Welt, die Menschen, stets dieselben Leidenschaften haben, und also dieselbe Ursache stets dieselbe Wirkung hervorbringen muß» (*Politische Betrachtungen* I, Kap. 39). In seinen Analysen bemüht Machiavelli sich um ein rein technisches Verständnis der Politik. Sofern alles politische Handeln auf Machterwerb und Machterhaltung gerichtet bleibt, kann der Maßstab, an welchem er zu messen ist, allein der des erzielten Erfolgs sein. Der dem politischen Tun immanente Zweck ist dabei für ihn stets die Stabilisierung einer zentralen staatlichen Gewalt, deren Existenz Machiavelli als die Bedingung für die allgemeine Wohlfahrt der Bürger gilt. Hierin erweist er sich als Anwalt einer aufsteigenden bürgerlichen Gesellschaft, die einer starken staatlichen Zentralgewalt bedarf, um die Bewegungsfreiheit für Handel, Gewerbe und Verkehr zu ermöglichen.

Diesem Hauptziel sind alle Ratschläge Machiavellis untergeordnet. Bedeutsam ist seine Lehre vom zyklischen Wechsel der Regierungsformen. Wie vor ihm bereits Polybios, sieht Machiavelli einen naturgesetzlich entstehenden Kreislauf in der Aufeinanderfolge der verschiedenen Verfassungen und Regierungsformen. Danach führt die geschichtliche Entwicklung von der Monarchie über Tyrannei, Aristokratie und Demokratie zur Anarchie, aus der wiederum durch die Tatkraft einzelner

Individuen eine neue Monarchie entstehe. Hierauf beginne der Zyklus erneut. Keine Regierungsform sei ewig – für damalige Zeiten eine Feststellung von revolutionärer Bedeutung. Vielmehr trage jede den Keim ihres Zerfalls bereits von Anbeginn in sich: «So sinkt man stets vom Guten zum Übel und steigt vom Übel zum Guten. Denn die Tapferkeit («virtus») gebiert Ruhe, die Ruhe Müßiggang, der Müßiggang Unordnung, die Unordnung Verfall. Ebenso entsteht aus dem Verfall Ordnung, aus der Ordnung Tapferkeit, hieraus Ruhm und Glück» (*Schriften* IV, S. 268). Aus dieser Bestimmung wird bereits das primär psychologisch orientierte Verständnis des politischen Geschehens deutlich, das für die Frühstufe der politischen Theorie der bürgerlichen Aufklärung charakteristisch ist. Gerade hierin hat Machiavellis Lehre Schule gemacht. Die psychologische Fundierung des Verlaufsgesetzes der Geschichte der politischen Verfassungsformen basiert auf der Vorstellung von der Gleichförmigkeit des Geschehens, die dem streng kausalgesetzlichen Verlauf der Naturgeschichte, wie er zuerst von Galilei entwickelt worden war, entspricht.

Dieser Satz von der Konstanz der Gesetzmäßigkeiten politischen Handelns wird jedoch in seiner schematischen Anwendung auf die gesamte Menschheitsgeschichte insofern apologetisch, als hiernach jedwedes zukünftige Geschehen die bloße Verlängerung des vergangenen sein soll und daher im politischen Leben nichts Neues unter der Sonne auftreten könne. So notwendig auch immer eine derart psychologisch und anthropologisch fundierte Deutung des politischen Lebens für die spätere Systematisierung der politischen Theorie – bei Thomas Hobbes und Baruch Spinoza – sein mochte, so muß doch in ihr eines der wesentlichen ideologischen Elemente der politischen Theorie des bürgerlichen Zeitalters bis hin zum 18. und 19. Jahrhundert gesehen werden. Denn hier zeichnet sich eine strukturelle Tendenz des bürgerlichen Verständnisses von Gesellschaft und Geschichte ab, die die realen Bedingungen der Herrschaft der bürgerlichen Klassen nicht als historisch gewordene, sondern als schlechthin menschliche und damit als «ewige» auszugeben suchte. Die klassische politische Theorie hat sich erst seit Hegel und Marx von diesen Prämissen endgültig zu befreien vermocht und damit einem kritischen, historisch-dialektischen Verständnis der politischen Praxis vorgearbeitet, das sich schließlich vom jahrhundertealten Dogma der Konstantenanthropologie gelöst hat.

Die Rezeption Machiavellis und seines Machtstaatsdenkens war in der Regel dadurch charakterisiert, daß sie sich in der politischen Praxis mehr oder minder offen seiner politischen Einsichten bediente, die es in der Theorie zugleich zu widerlegen galt, um die Anwendungsmöglichkeit «machiavellistischer» Praktiken nicht zu gefährden. Denn ein Gedanke wie der, daß die Herrscher nur dann erwarten dürften, bei den Beherrschten Gehorsam zu finden, wenn diese an die «Wahrheit» irgendwelcher Formen des Glaubens oder Aberglaubens gebunden würden, kann in seiner Anwendung nur so lange zum erwünschten Erfolg führen, als sein Zynismus den Beherrschten selbst verborgen bleibt. Was bei Machiavelli noch mit der naiven Offenheit eines Renaissancemenschen erkannt und ausgesprochen wurde, trat später häufig hinter der Tendenz zur Verschleierung beliebiger Herrschaftsinteressen zurück.

Blieb das Werk Machiavellis fragmentarisch auch in dem Sinne, daß in ihm sich neben den Detailanalysen des politischen Lebens seiner Zeit nur vereinzelt allgemeine Betrachtungen über den Zusammenhang der gesellschaftlichen Bedürfnisse der Menschen und den Phänomenen der politischen Herrschaft finden, so erweitert Thomas Hobbes (1588–1679) in Anknüpfung an diese Prämissen seine Staatslehre zu einem System des aufgeklärten Despotismus. Sein Kernproblem ist die Frage, wie sich die Entstehung des Staates aus der Natur des Menschen herleiten lasse. Seine Antwort bildet die Lehre vom Staatsvertrag, die, mannigfach modifiziert, eines der zentralen Motive des politischen Denkens der bürgerlichen Aufklärung ist. Hierbei geht es Hobbes um eine methodische Begründung des Staatsbegriffs.

Den Staatsvertrag schließen die Menschen untereinander, um ihr Leben in relativer Sicherheit verbringen zu können. Als Träger der staatlichen Souveränität bevorzugt Hobbes den absoluten Monarchen, der zugleich Rechts- und Machtqualitäten repräsentieren soll Da dieser nur dann die Einheit der Souveränität garantieren könne, wenn er von allen übrigen Gewalten unabhängig sei, sieht Hobbes im absoluten Staat die beste aller möglichen Regierungsformen. Motiv seiner Rechtfertigung einer unbeschränkten Macht des Souveräns sind seine Erfahrungen während des Bürgerkrieges in England und der Fronde-Unruhen in Frankreich, die seine Überzeugung von der ungeselligen Natur des Menschen zu bestätigen schienen. Aus ihr wird die Notwendigkeit der völligen Einordnung der Individuen in die staatliche Gewalt abgeleitet. Deren höchste Aufgabe sieht er denn auch in der Aufrechterhaltung des Friedens nach innen, welche den Schutz der Bürger nach außen voraussetzt, zumal sich die Staaten untereinander in einem beständigen «Natur- und Kriegszustand» befinden. Sofern die Menschen den von ihnen als höchstes Gut betrachteten innerstaatlichen Frieden verwirklicht sehen wollen, müssen sie den Gesetzen gegenüber strengen Gehorsam üben. Dies bedeutet zugleich den Verzicht auf die Bekundung jeglicher Sonderinteressen und Parteiungen, die – als Staaten im Staate – die Gefahr der Anarchie und des Bürgerkrieges ständig heraufbeschwören: «Da es nun überdies richtig ist, daß die einzelnen Staaten gegeneinander sich in dem Natur- und Kriegszustand befinden, so handeln Fürsten, welche Parteiungen gestatten, ebenso als wenn sie den Feind in ihre Tore einließen: da dies gegen das Wohl der Bürger geht, geht es auch gegen die natürlichen Gesetze» (Hobbes, *Grundzüge*, 2. Teil, S. 215).

Staatswille und Wille des Herrschers werden mit dem Vertrag identisch: einmal zwischen allen Bürgern des Staates abgeschlossen, ist er unwiderruflich. Zwar sind die Herrscher Gott und der menschlichen Vernunft gegenüber für seine Einhaltung verantwortlich, doch können die Bürger selbst die Pflichterfüllung der Inhaber der Staatsgewalt nicht erzwingen, womit diese faktisch unkontrollierbar wird. Da die Menschen auf Grund ihres elementaren Selbsterhaltungstriebes dazu genötigt werden, ihr Dasein durch einen solchen Vertrag zu sichern, ist dieser zugleich das Prinzip der Staatlichkeit selbst. In dieser hypothetischen Setzung sieht Hobbes die einzige Möglichkeit, den Staat aus der menschlichen Natur herzuleiten Sein Gedanke, daß die Staatsgewalt nur solange Bestand haben könne, wie sie auch absolute Gewalt darstelle, ist die Konsequenz der Prämisse, daß die jeweils bestehende staatliche Ordnung zugleich auch stets die rechtmäßige sein müsse, weil allein ihre Existenz den perhorreszierten Naturzustand und die Anarchie ausschließt. Damit ist auch jegliches Recht auf Widerstand gegen die Staatsgewalt von vornherein negiert, da ein solcher Widerstand das Prinzip der Staatlichkeit: die Erhaltung des Friedens, gefährden würde. Diese Auffassung Hobbes' wurde u.a. von Carl Schmitt zur Legitimierung der faschistischen Staatstheorie herangezogen.

Die Lehre Machiavellis und das System von Hobbes begründen das Autoritätsprinzip im politischen Denken der Neuzeit. Da Macht nicht mehr - wie in den thomistischen Staatslehren - auf einen göttlichen Ursprung zurückgeführt werden kann, bedarf sie fortwährender Sicherung und einer Sanktionierung, die sich auf die unveränderliche Natur des Menschen beruft. Deshalb sind alle großen Staatskonzeptionen, vor allem aber jene von Hobbes, Locke und Rousseau, naturrechtlich fundiert. Allerdings weichen die inhaltlichen Bestimmungen dessen, was im einzelnen als «Natur» und «Naturzustand» begriffen wird, erheblich voneinander ab.

Die Vorstellung vom Naturrecht in seiner rationalen, streng individualistischen Form, wie sie bei Hobbes vorliegt, geht davon aus, daß die staatliche und rechtliche Ordnung des menschlichen Zusammenlebens aus der Vernunft der Menschen nicht ableitbar ist. Daher ist das natürliche Recht des einzelnen allein das der Selbsterhaltung. Im Naturzustand trachten die Menschen nach einer ungeregelten Befriedigung ihrer Bedürfnisse. Dabei müssen sie notwendig und fortwährend miteinander in Streit geraten.

Es herrscht Krieg Aller gegen Alle, ein Zustand, in welchem «der Vorsatz herrscht, Gewalt mit Gewalt zu vertreiben» (*Leviathan* I, 13). Da die Beendigung dieses kriegerischen Zustands nur in einem Reich des Friedens denkbar ist, in welchem eine von einer höchsten und unbeschränkten Souveränität garantierte Gesetzesordnung herrscht, plädiert Hobbes für das absolute Fürstentum. Der Souverän ist hier nicht Vertragspartner, sondern fiktiver Repräsentant der von allen

Bürgern auf die Staatsgewalt übertragenen natürlichen Rechte. Die staatliche Souveränität findet ihre Begründung und auch ihre Grenze allein in dem Zwecke des Vertrags: der Selbsterhaltung der Individuen. Diese aber liegt im eigenen Interesse eines jeden, wodurch naturrechtliches Gebot, menschlicher Einzelwille und Staatsräson als letztlich identisch erklärt werden.

So sehr Hobbes der Soziabilität des Menschen mißtraut, so wenig werden in seiner Theorie die staatlichen Gewalten ihrer wirklichen Beschaffenheit nach kritisch analysiert. Vielmehr ist hier bereits der Staat tendenziell als Gemeinwille höchstes Prinzip der Sittlichkeit, ähnlich wie bei Rousseau im 18. Jahrhundert und in der Hegelschen Staatslehre zu Beginn des 19. Jahrhunderts.

Diente die Hobbes'sche Theorie den Diktaturen seit Cromwell zu ihrer theoretischen Rechtfertigung, so darf die Staatsauffassung des einflußreichsten englischen Denkers, John Locke (1632–1704), als die geistige Grundlage sowohl der Revolution von 1688 und des damit in England eingetretenen Verfassungszustandes, als auch der amerikanische Unabhängigkeitserklärung von 1776 gelten. Nicht minder hat Lockes Theorie – über die Vermittlung durch Montesquieu – als ein wichtiges gedankliches Ferment der Französischen Revolution von 1789 gewirkt. Sein politisches Hauptwerk, die *Treatises of Government*, das bereits im Jahre 1680 entstand, jedoch erst ein Jahrzehnt später veröffentlicht wurde, begründet die liberale Naturrechtskonzeption, die mit ihren Ideen der Menschenrechte und der Gewaltentrennung zum politischen Programm der liberalen Demokratien gehört.

Auch Locke geht in seiner Staatstheorie von der Vorstellung eines Naturzustands und eines Vertrages aus. Allerdings ist hier der Souverän nicht, wie bei Hobbes, Träger der absoluten Gewalt, sondern kündbarer Vertragspartner des Volkes. Locke konstruiert, wenn er den Naturzustand schildert, das Bild einer relativ friedlichen Vorzeit, in der die Menschen frei und gleichberechtigt ihrer Arbeit nachgehen und Eigentum erwerben können. Wächst dieses an, so ergibt sich die Notwendigkeit zu seiner rechtlichen Sicherung, welche erst im Gesellschaftszustand möglich wird. Nicht etwa, wie in der Theorie von Hobbes, leisten hier die Menschen in einem Unterwerfungsvertrag Verzicht auf alle Rechte, um den Frieden im Staat zu garantieren, sondern ihre natürlichen Rechte auf Leben und Eigentum, sowie das auf persönliche Freiheit bleiben auch nach dem Ende des Naturzustandes bestehen. Der Staat ist für Locke das Resultat eines freien Entschlusses der vordem bereits miteinander im Tausch kommunizierenden Bürger, die lediglich nach einer dauerhaften Sicherung ihres Eigentums verlangen, wenn sie sich zum Vertragsschluß bereiterklären. Zwar werden im Staat selbst die ehedem unbegrenzten Freiheiten und Rechte der einzelnen zugunsten des Wohles der Gesamtheit eingeschränkt, doch dies bedeutet keinen Verlust, sondern eher Gewinn an Sicherheit und Freiheit.

Der Staat Lockes ist somit das vereinigte Privatinteresse aller Wirtschaftssubjekte, die sich bestimmten Spielregeln unterwerfen, damit ihre Wohlfahrt und damit die der bürgerlichen Gesellschaft erhalten bleibe. Er ist, wie für die herrschende Whigpartei, der der puritanische Locke sich zeit seines Lebens verbunden wußte, die zweckmäßige Institution der honnetten englischen Bourgeoisie und ihres unvermeidlichen Machtkompromisses mit den Feudalschichten, die den Schutz ihres Eigentums vor staatlicher Willkür forderten. Die besitzende Mittelklasse sah denn auch stets in Locke – und nicht etwa in dem als radikal und atheistisch geltenden Hobbes – ihren legitimen Interpreten.

Schon aus der unterschiedlichen inhaltlichen Bestimmung des Naturrechts bei Hobbes und Locke wird ersichtlich, daß nicht bloß das theologisch begründete Naturrecht des Mittelalters, sondern auch das rational abgeleitete des 17. Jahrhunderts und die Naturrechtsvorstellungen der Folgezeit die Programmierung und Legitimation verschiedenartiger, oft sogar einander konträrer Interessen erlaubten. «Die Proteusgestalt der menschlichen Natur nimmt unter der Hand eines jeden naturrechtlichen Denkers die Gestalt an, die er sich wünscht» (Welzel, S. 16). Dies ist der Grund, weshalb Vertreter einer positivistischen Ideologie – und Weltanschauungskritik, wie etwa im Gefolge Hans Kelsens der Heidelberger Soziologe

Ernst Topitsch, die Ideen der Menschenrechte und das Naturrecht als solches ihres Leerformelcharakters zu überführen suchen.

Während Locke von natürlichen Rechten des Menschen spricht, die vorstaatlich gegeben und im Gesellschaftszustand lediglich vom Staat und auf dem Rechtswege zu sanktionieren sind, war bei Hobbes der Rechtsgrund einzig und allein die gesetzte Ordnung des absoluten Staates. Die Etablierung der auf persönliche Freiheit und ökonomische Unabhängigkeit bedachten «moneyed interests», wie sie nach dem Ende der «Glorious Revolution» zustande gekommen war, ließ inzwischen das Streben nach erweiterter Autonomie privatwirtschaftlicher Rechte gegenüber staatlichen Gewalten aufkommen, dem die Theorie Lockes Ausdruck verleiht. In seiner Konstruktion des Naturzustandes verhalten sich nämlich die fleißig arbeitenden und von Natur aus geselligen Menschen bereits ganz so, wie die moralisch gesitteten Mittelschichten seiner Zeit. Diese bedürfen keines unbeschränkten staatlichen Zwanges mehr, um ihre Geschäfte zu besorgen, wohl aber des Schutzes. Vielmehr sind sie nun darauf bedacht, ihren Interessen im Parlament verstärkt Einfluß zu verschaffen.

Ganz anders bei Hobbes: sein Naturmensch ist der Egoist, vom bloßen Selbsterhaltungstrieb bestimmt und daher unvernünftig. Es ist die Erfahrung der konfessionellen, ökonomischen und politischen Kämpfe seiner Zeit, die sich hier in seiner Staatskonstruktion niederschlägt und ihn die menschliche Natur als eine von Grund auf asoziale und anarchische sehen läßt. Da für ihn Anarchie und politisches Chaos als ständige Bedrohung des Friedens im Staate gelten, muß ein absoluter, personhaft gedachter Staat durch gesetzliche Ordnung künstlich das erzeugen, dessen die Menschen von sich aus nicht fähig sind: die Einheit des Staatsganzen und damit die des Volkes. Alle Bürger werden insofern als gleichberechtigt eingeführt, als sie nach der fiktiven Vertragseingehung sämtliche politischen Willensregungen an den Herrscher abgetreten haben. Als einziger Repräsentant des Willens aller ist Hobbes' absolut souveräner Staat auch berechtigt, über die Gewissen und die Glaubensüberzeugungen der Bürger zu wachen, und, im Falle der Gefährdung des Friedens, mit unbeschränkter Gewalt gegen dissentierende Bürger einzuschreiten. In dieser theoretischen Rechtfertigung der absoluten Staatsgewalt, wie sie die Staatslehre von Hobbes liefert, wird die tatsächliche Gewalt des englischen Königshauses oder auch später des Lordprotektors im Commonwealth zur rechtlichen Autorität.

Im Vordergrund der Theorien Lockes und Montesquieus (1689–1755) steht hingegen viel weniger die Frage nach einer logischen Deduktion des Staates aus der Natur des Menschen als vielmehr jene nach den Grenzen und Funktionen der staatlichen Gewalt. Mit ihr ist zugleich die Frage nach der möglichen Sicherung der Individuen gegenüber jeglicher Willkür verbunden. Von hier aus wird die Verschränkung der außenpolitischen («foederalen») und exekutiven Gewalt, die von der Krone bestimmt werden, mit der ihnen übergeordneten legislativen Gewalt des «king in parliament» zum Problem; diese Überlegungen werden zum Ausgangspunkt des parlamentarischen Regierungssystems der englischen Oberklassen des 18. Jahrhunderts. Lockes Antwort zeigt ihn als den wichtigsten Vorläufer der ein Jahrhundert später – in Deutschland besonders von Immanuel Kant und Wilhelm von Humboldt – entwickelten Rechtsstaatslehren, welche in den liberalen politischen Strömungen und in den Verfassungskämpfen des 19. Jahrhunderts eine entscheidende Rolle spielten.

In seiner Lehre von den drei Gewalten des Staates und den ihnen entsprechenden Funktionen hat der französische Staatsdenker Charles de Secondat de Montesquieu das idealisierte englische Regierungssystem zum politischen Programm erhoben. Er unterscheidet die legislative, die exekutive und die richterliche Gewalt, welche einander die Waage halten sollen, wobei, den französischen Verhältnissen entsprechend, die richterliche Gewalt als Bedingung rechtsstaatlicher Ordnung und damit als Gewähr persönlicher Freiheit zum besonderen Problem wird. Sie soll, en quelque façon nul, den feudalen Klassen und der Kommerzialisierung in den französischen «Parlamenten» (= Obergerichte) seiner Zeit durch Abschaffung des Berufsrichtertums entzogen werden. Der *Geist der Gesetze* (*De l'esprit des lois*, 1748) steht nicht mehr in der Tradition der naturrechtsgebundenen Staatslehren, sondern es findet sich in ihm neben der Analyse des Absolutismus eine empirisch begründete Rechtfertigung des konstitutionellen Systems. Hermann Heller bemerkt treffend: «Hier wird zum ersten Mal wenigstens programmatisch der umfassende Versuch gemacht, den Staat und das politische Handeln aus der Totalität der konkreten natürlichen und gesellschaftlichen Umstände zu erklären» (S. 20). Als Anwalt der «noblesse de robe» will Montesquieu gegenüber der Zentralgewalt des absoluten Staates die Aristokratie als Zwischenglied zwischen König und Volk stärken, um auf diese Weise dem Absolutismus und jeglicher Fürstenwillkür Schranken zu setzen. Hierzu sollen die Gewaltenverschränkung und die Einrichtung zweier Kammern dienen, in welchen sich die Standesinteressen zu einem Kompromiß bereitfinden. Montesquieu ist insofern ein Schüler Lockes, als auch für ihn eine gemischte Verfassung, das «gouvernement modéré», das politische Ziel darstellt.

Dem gemäßigten Fortschrittsdenken der «Liberalen» Locke und Montesquieu tritt in Jean-Jacques Rousseau (1712–78) ein radikal-demokratischer Theoretiker entgegen. Er sieht im Volk selbst den Urheber aller Gesetze und wird mit seiner Lehre von der Volkssouveränität und der Theorie vom Gemeinwillen («volonté générale») zum geistigen Vater der Französischen Revolution. Besonders die Idee von der Volkssouveränität – obgleich sie Bestandteil fast aller modernen demokratischen Verfassungen geworden ist – gehört bis heute zu den umstrittensten Kategorien des politischen Denkens. Heller weist darauf hin, daß man die Lokalisierung der Souveränität im Volke nur dann zureichend verstehen könne, wenn man sie als polemisches Prinzip gegen die Herrschaftssouveränität faßt, wie Hobbes sie am eindeutigsten postuliert hat. Da für Rousseau die Souveränität des allgemeinen Volkswillens nicht übertragen werden kann «und sich das Staatsoberhaupt als ein kollektives Wesen nur durch sich selbst darstellen läßt» (Buch II, Kap. 1), muß es zur Ablehnung jeder Form der Repräsentativverfassung kommen. Daher sind für Rousseau Abgeordnete allenfalls Bevollmächtigte des Volkswillens und damit jederzeit abberufbar. Denn es könne stets nur Macht, nicht aber Souveränität delegiert werden. Die von Montesquieu empfohlene englische Verfassungsform mit ihrem Prinzip der Gewaltentrennung hält Rousseau wegen der Unteilbarkeit des Volkswillens für ein Gaukelspiel (vgl. *Vom Geist der Gesetze* Buch XI, Kap. 6 und *Gesellschaftsvertrag* Buch II, Kap. 2). Den Sinn des radikal-demokratischen Theorems vom allgemeinen Willen, der seiner Substanz und Qualität nach mehr sein soll als die bloße Summe der Einzelwillen («volonté de tous»), erkennt man nur, wenn man den allgemeinen Willen nicht als eine mystische Kategorie versteht, sondern als jene vom versammelten Volk vollzogene Äußerung seines politischen Willens, bei welchem letztlich das Gesetzgebungsmonopol liegt. Allerdings ist dieser Vorgang nur in territorial eng begrenzten Gemeinwesen denkbar (etwa in der antiken Polis oder in Genf, dem Heimatkanton Rousseaus). Mit dem Hinweis, daß im modernen Großflächenstaat schon technisch einem derartigen Willensbildungsprozeß Grenzen gesetzt sind, ist jedoch die Rousseausche Vorstellung noch nicht ad absurdum geführt. Denn mit der Formel vom allgemeinen Willen umschreibt Rousseau zugleich den normativen Gehalt demokratischer Selbstbestimmung freier Menschen. Nur dann besteht der Gesellschaftsvertrag zu Recht, wenn er zu einem demokratischen Gemeinwesen führt, das «mit der ganzen gemeinsamen Kraft die Person und das Vermögen jedes Gesellschaftsgliedes verteidigt und schützt und kraft dessen jeder einzelne, obgleich er sich mit allen vereint, gleichwohl nur sich selbst gehorcht und so frei bleibt wie vorher» (Buch I, Kap. 6). Die Mißverständnisse, denen Rousseaus politische Philosophie bislang ausgesetzt waren, lassen sich wohl kaum nur als Resultat von Interpretationsschwierigkeiten begreifen. Vielmehr mußte seit dem Schwund des revolutionär-aufklärerischen Charakters des Bürgertums, der dessen Furcht vor dem Verlust seiner Klassenprivilegien gegenüber dem Aufkommen der Arbeiterbewegungen in den industriell fortgeschrittenen Ländern ausdrückt, auch die demokratische Substanz des politischen Denkens mehr und mehr autoritätsgebundenen Vorstellungen weichen. Dieser Prozeß findet seine Entsprechung im allmählichen Wandel der liberalen politischen Richtungen, der in

Deutschland im 19. Jahrhundert - seit der Errichtung des zweiten deutschen Reiches - in nationalstaatliche Machtpolitik umgeschlagen ist, die sich schließlich auf sozialdarwinistische Ideologien stützte.

Den politischen Theorien des Absolutismus (Machiavelli, Hobbes) und jenen des Liberalismus und Konstitutionalismus (Locke, Montesquieu) und der Kleinproduzenten-Demokratie (Rousseau) ist das Bemühen gemeinsam, mittels deduktiver und induktiver Methoden eine rationale Interpretation der politischen Zusammenhänge und Prozesse zu geben, ungeachtet ihrer primär psychologischen (Machiavelli), naturrechtlichen (Hobbes, Locke, Rousseau) oder soziologischen Orientierung (Montesquieu). Ihre Rationalität entspringt der Notwendigkeit, sich als Anwalt der ökonomisch und politisch erstarkenden bürgerlichen Klasse gegenüber den fortwirkenden religiösen Traditionen zu behaupten, die eine Entsprechung von Monotheismus und Königtum postulieren. War der absolute Staat zunächst die Bedingung dieses Emanzipationsprozesses, so wurde er im Fortgang der historischen Entwicklung, - seit dem Sieg der «Glorious Revolution» - dessen Hindernis und deshalb Gegenstand der Kritik. Wie die Theorie des Absolutismus mit ihrer Forderung einer starken Zentralgewalt den retardierenden Elementen des überkommenen Ständestaats entgegensteht, so besitzt die konstitutionelle und liberale politische Theorie ihren |Widerpart in den absoluten Monarchien von der Zeit der Friedensschlüsse des 17. Jahrhunderts (Westfälischer Friede 1648; Pyrenäenfriede 1659) bis zur Französischen Revolution. Rousseau, einer der konsequentesten Theoretiker der bürgerlichen Aufklärung, intoniert jedoch bereits entscheidende Motive der demokratisch-egalitären Bewegungen des 19. und 20. Jahrhunderts.

Auch die Theorie des Konservatismus und die deutsche politische Romantik, welche besonders in den Jahrzehnten nach 1815 auf das gesellschaftliche Bewußtsein großer Teile der Gebildeten nachhaltigen Einfluß gewinnt, ist als eine Reaktionsform auf bis dahin herrschende Vorstellungen zu verstehen: den Rationalismus der bürgerlichen Aufklärung, den Reformationsgeist und die Ideale von 1789.

Die Erschütterungen der französischen Revolution finden besonders in dem Werk Edmund Burkes (1729–97) ihren Niederschlag. Es ist die erklärte Absicht seiner *Reflections on the Revolution in France* (1790), die «total revolution», – als welche er die Französische Revolution bezeichnet – in ihren sozialen Triebkräften und Auswirkungen zu erkennen und seine Mitbürger, vor allem jene, die das französische Vorbild nachzuahmen strebten, vor ihr zu warnen. Burke verharrt jedoch nicht in einer Kritik der Französischen Revolution, für die er den Rationalismus des 18. Jahrhunderts verantwortlich macht, sondern er legt zugleich die Prinzipien seiner Auffassung vom Staat dar. Dieser sei unendlich viel mehr als ein von Menschen erzeugtes Gebilde, nämlich die Gesamtheit aller lebenden und toten Geschlechter. Daher sei auch politische Freiheit allein auf den Fundamenten der staatlichen Ordnungsmächte: Familie, landbesitzende Aristokratie und Kirche möglich. Burke beruft sich bei seiner Kritik an den «political men of letters», den Trägern des Geistes der Revolution, auf die Erfahrung der Kontinuität im geschichtlichen Prozeß. Die Synthese von Bewahrung der überkommenen Ordnung mit ihrer Reform ist das Kernproblem seiner Theorie. Ihre breite Wirkung in England beruht nicht zuletzt darauf, daß die bürgerlichen Klassen Englands beginnen, die Gefährdung der eigenen sozialen Positionen durch das werdende industrielle Proletariat zu empfinden, sofern es sich die radikal-egalitäre Vorstellungswelt der demokratischen Revolution in Frankreich zu eigen macht. Ihr Siegeszug auf dem europäischen Kontinent beruht auf der Furcht aller sozialen Oberschichten außerhalb Frankreichs (einschließlich der gebildeten Schichten) vor der französischen Hegemonie.

2. Neuere Theorien

Das im Vergleich zu England und Frankreich relativ späte Aufkommen einer politischen Theorie in Deutschland ist eine Folge der sozialen und wirtschaftlichen Verhältnisse dieser Zeit. Deutschland ist bis zur Mitte des 19. Jahrhunderts ein vorwiegend agrarisch bestimmtes Land und bleibt industriell gegenüber seinen westlichen Nachbarn im Rückstand. Zwar gibt es auch hier in der politischen Theorie eine aufklärerische Tradition – erinnert sei nur an Johannes Althusius und Leibniz, der bereits in den siebziger Jahren des 17. Jahrhunderts in Europa Berühmtheit besaß, ferner an Samuel von Pufendorf oder an Christian Thomasius –, doch hat sie keinen den westlichen Vorbildern vergleichbaren Einfluß gewinnen können. Dem standen schon die territorialen Gegebenheiten im Wege, ganz abgesehen von der Fürstenherrlichkeit und -willkür, die das politische Bild weithin bestimmen. Erst der radikale, allen Zeitgenossen offenkundige Bruch mit der Vergangenheit, wie ihn die Französische Revolution wenigstens der Intention nach vollzieht, läßt die vom Traditionalismus geprägte geistige Haltung zur theoretischen Reflexion breiterer Schichten in der Form einer expliziten politischen Theorie werden. Sowohl der deutsche Idealismus als auch die politische Romantik sind von diesem Bruch mit der Welt des Absolutismus entscheidend motiviert. Hiervon zeugt der tiefe Einfluß, den Rousseau auf Kant hatte, ebenso wie die Rezeption der Gedankenwelt Edmund Burkes, wie sie vor allem Friedrich von Gentz (1764 bis 1832) und Adam Heinrich Müller (1779–1829) betrieben haben. Allerdings wird hierbei der konservative Charakter der Theorie Burkes zum eindeutig restaurativen, da in Deutschland der Wunsch nach Wiederherstellung einer vorrevolutionären, angeblich harmonischen feudalen Gesellschaftsordnung dominiert. Der damit verbundenen Vorstellung einer theokratischen Herrschaft, wie sie auch bei de Maistre (1753–1821) vorliegt, widerspricht Burkes Theorie über das Verhältnis von Freiheit und Autorität. Zwar ist der Staat auch bei ihm im göttlichen Willen verankert, doch bedarf es in der Realität ebenso des selfgouvernment seitens der Bürger, um politisches Leben im staatlichen zu ermöglichen. Bei Burke und in der deutschen romantischen Staatsphilosophie liegen die Wurzeln der politischen Vorstellungswelt der konservativen Strömungen des 19. Jahrhunderts, die vorwiegend ständisch-absolutistische Ziele verfolgten.

Die konservativ-romantische Staatsauffassung, die am

prägnantesten von Friedrich Julius Stahl (1802–61) vertreten wird, ist «Weltanschauung» im doppelten Sinne: zum einen ist sie passives und kontemplatives Denken – bei aller Polemik gegen den Rationalismus, der die hergebrachten politischen Institutionen als vernunftwidrige kritisch auflösen will und neue an deren Stelle fordert. Zum andern intendiert sie nicht bloß politische Theorie, da das Politische für sie nur die Außenseite eines eigentlichen höheren Seins ist, das sich allem begrifflichen Denken entziehe. Charakteristisch hierfür ist Adam Müllers Unterscheidung von «Staatsidee» und «Staatsbegriff».

Während die Legitimisten Frankreichs ihre Fürsprecher vor allem unter den gebürtigen Aristokraten, die dem Landadel angehören, finden, sind die deutschen Theoretiker der politischen Romantik vorwiegend Literaten. Zwar haben einige von ihnen, wie etwa Karl Ludwig von Haller, Friedrich von Gentz, Friedrich Julius Stahl und Ernst Ludwig von Gerlach politische Stellungen inne – doch bleiben sie auch dann Intellektuelle im fürstlichen Dienst. Wenn die konservativ-romantische Theorie sich auf die organisch gewachsenen Ordnungen beruft, so stellt dies eine Reaktion auf die Vertragslehren der Aufklärung und auf das individualistische Naturrecht dar. Mit der Betonung des Eigenrechts und der Eigentümlichkeit aller Lebenskreise und dem damit – etwa bei Fichte, der jedoch auch progressive Tendenzen vertritt – verbundenen Rekurs auf das Volkstum soll das, was rational nicht mehr geklärt wird und daher kaum zu rechtfertigen ist, erneut untermauert werden. Hierbei wird deutlich, daß die zentralen Kategorien des konservativen politischen Denkens erst dann als «Werte» erscheinen, sobald sie vom Industrialisierungsprozeß infrage gestellt werden. Die politische Romantik wendet sich einer stilisierten mittelalterlichen Vergangenheit zu und protestiert damit gegen Aufklärung und Liberalismus. Die feudale Ordnung mit ihren Ständen soll dadurch, daß sie im Konservatismus als die dem Monotheismus gemäße politische Herrschaftsform gefaßt wird, als «ewige» Ordnung ausgegeben werden.

Die den Kategorien der politischen Romantik – wie etwa «Organismus», «Volk», «Geschichte» – gemeinsame polemische Zielrichtung geht ferner gegen das aufklärerisch-humanistische

Streben nach Autonomie des Individuums, nach Rationalität und bewußter politischer Planung wie in jener Polemik Savignys gegen Thibaut, die den Ausgangspunkt der historischen Rechtsschule bildet. Die romantischen Theoretiker verfolgen zunächst noch nicht eine bewußt konservative politische Absicht. Auf Grund der objektiven Struktur ihrer theoretischen Aussagen jedoch bieten sie dem Konservatismus die besten Argumente. Denn dieser selbst ist ursprünglich gar nicht auf Argumentation aus; als Traditionalismus, einer vortheoretischen geistigen Haltung, wird er zum Konservatismus – als politischer Theorie – in Deutschland erst durch die Hilfe der romantischen Philosophen. Es entsteht eine Art Wahlverwandtschaft zwischen Traditionalismus, preußischem Adel und politischer Romantik, die noch bis zur Zeit des ersten Weltkrieges das politische Denken vor allem der beamteten Bildungsschichten weitgehend bestimmt.

Die Funktion des konservativ-romantischen Denkens wird dann deutlich, wenn man es dem liberalen gegenüberstellt: Für die konservative Theorie ist menschliche Freiheit nur in der Bindung an das Staatsganze denkbar. Ihre Berufung auf die Volksgeistlehre negiert die vom Liberalismus postulierten vorstaatlichen und damit unveräußerlichen Rechte des einzelnen. Der liberalen Rechtsgleichheit vor dem Gesetz stellt sie die Behauptung der Rechtmäßigkeit überkommener ständischer Privilegien entgegen. Konservatismus und politische Romantik sind daher ihrer innersten Natur nach antiparlamentarisch und parteienfeindlich. Auch außerhalb Deutschlands gibt es einzelne, aus Protest gegen den industriellen Kapitalismus und seine inhumanen Auswirkungen entstandene Strömungen; dieser Protest bleibt aber durch die Flucht in die Vergangenheit politisch weithin wirkungslos.

3. Marxismus und «soziale Frage»

Die entscheidende Umgestaltung der agrarischen Verhältnisse zur kapitalistisch-industriellen Produktionsform vollzog sich in Deutschland erst im letzten Drittel des vorigen Jahrhunderts.

Deren Gesetzmäßigkeiten haben, unter dem Einfluß der dialektischen Philosophie Hegels, Karl Marx (1818–1883) und Friedrich Engels (1820–1895) daher am englischen Gesellschaftsmodell entwickelt. Für die Geschichte des politischen Denkens sind vor allem die Lehre von der sozialen Gesetzmäßigkeit auf Grund des notwendigen Klassenkonflikts zwischen Proletariat und kapitalistischer Unternehmerklasse und die sich hieraus ergebende Revolutionstheorie bedeutsam geworden. Sie haben nicht nur die politikwissenschaftliche, sondern auch die soziologische Diskussion der Folgezeit weithin bestimmt.

Im Arbeitsprozeß, bei der tätigen Auseinandersetzung mit der Natur und ihrer Aneignung entwickeln die Menschen ihre Produktivkräfte, worunter sowohl die menschliche Intelligenz als auch die Gesamtheit aller technischen Mittel zur Produktion begriffen werden. Der Stand der Produktivkräfte bestimmt die jeweils herrschenden Produktionsverhältnisse, d.h. die aus der menschlichen Arbeit sich herleitenden sozialen Abhängigkeitsverhältnisse (= Klassenstruktur der Gesellschaft). Die Produktivkräfte sind in einem ständigen Wachstum begriffen und geraten dadurch immer erneut in Widerspruch zu den überkommenen Produktionsverhältnissen. An den revolutionären Knotenpunkten der gesellschaftlichen Entwicklung (wie z.B. zur Zeit der Französischen Revolution) sprengen die Produktivkräfte die Produktionsverhältnisse, wodurch die bis dahin ökonomisch und politisch unterdrückte Klasse zum Träger der geschichtlichen Bewegung wird.

Diese gesetzmäßige Abfolge der Klassenkämpfe in der menschlichen Geschichte ist jedoch kein Naturgesetz. Schon deshalb nicht, weil als einer der Hauptfaktoren der historischen Bewegung das menschliche Handeln und Bewußtsein wirkt, das sich keinem strengen Determinismus fügt.

Die Theorie des Marxismus ist primär Kritik der kapitalistischen Gesellschaft. Sie richtet sich auf deren immanente Widersprüche und sieht in ihnen Antagonismen, die über das gesellschaftliche und politische System der bürgerlichen Welt hinaustreiben. Das zentrale Problem ist der herrschende Widerspruch zwischen privater Aneignung und gesellschaftlicher Produktion.

Die politische Theorie des 19. Jahrhunderts hat sich überwiegend an Reformgedanken orientiert, die, unter Beibehaltung der bereits mindestens im Ansatz bestehenden kapitalistischen Grundlage der bürgerlichen Gesellschaft, den jeweiligen politischen Tagesforderungen Rechnung zu tragen versuchten. In diesem Bemühen um eine systemimmanente Lösung der «sozialen Frage» fanden sich die reformistischen und revisionistischen Strömungen des Sozialismus, Teile des Sozialliberalismus und einige Vertreter konservativer Gesellschaftsvorstellungen zusammen. Davon ist im wesentlichen nur der Revisionismus Eduard Bernsteins (1850–1932) nachhaltig im historischen Geschehen wirksam geworden, der der Sozialdemokratie vor allem mit seiner Schrift *Die Voraussetzungen des Sozialismus und die Aufgaben der Sozialdemokratie* (1899) die theoretischen Grundlagen lieferte, als ihre Praxis bereits «revisionistisch» war.

In all diesen Richtungen, die sich in Deutschland um die Jahrhundertwende finden, tritt die marxistische Konzeption vom Klassenkampf und der revolutionären Emanzipation des organisierten Proletariats für die praktische Entwicklung hinter der Forderung nach Detailreformen zurück. Zugleich aber finden sich, wie im revolutionären Syndikalismus, auch Gegenströmungen, die aber nicht, wie der Bolschewismus im zaristischen Rußland, politisch relevant werden konnten.

4. Politische Theorien im 20. Jahrhundert

Die politischen Theorien unseres Jahrhunderts sind außerordentlich mannigfaltig und knüpfen an heterogene Theoriegehalte der Vergangenheit an. Aus der Vielfalt der Richtungen und Strömungen seien deshalb hier nur einige besonders einflußreiche Autoren herausgegriffen.

Auffällig ist ein skeptischer Grundzug hinsichtlich der Aufklärungskategorien «Entwicklung» und «Fortschritt», der sich besonders in den einflußreichen Werken Gaetano Moscas (1858–1941) und Vilfredo Paretos (1848–1923) findet. Pareto unternimmt den Versuch, auf der Grundlage streng naturwissenschaftlicher Methodik eine Theorie des sozialen und politischen Handelns zu entwickeln, wobei es ihm vor allem auf eine empirisch haltbare Systematik zur Erklärung des alogischen sozialen Verhaltens der Individuen ankommt (*Trattato di Sociologia generale*, 2 Bde., Florenz 1916). Berühmt geworden ist sein Theorem von der «Zirkulation der Eliten».

Pareto stimmt Moscas Vorstellung zu, daß sich die Menschen zu allen Zeiten und in allen Gesellschaften in zwei Schichten aufteilen lassen: in eine zahlenmäßig große Unterschicht und in eine relativ kleine, aber politisch mächtige Oberschicht. Diese wiederum unterteile sich in eine regierende und eine nichtregierende Elite. Die Theorie vom Elitenkreislauf bezeichnet das Phänomen, daß Struktur und Zusammensetzung der jeweils herrschenden Schicht in einem steten Wandel begriffen sind. Da die Tatkraft der aristokratischen Oberschicht periodisch abnehme, werde es nötig, daß einzelne Mitglieder aus den Unterschichten zur herrschenden Klasse aufsteigen. In der Regel gehe ein solcher Kreislauf der Eliten langsam vor sich, so daß keine erheblichen Störungen im Gleichgewicht der Gesellschaft entstehen. Sobald aber die Oberschichten sich nicht mehr in genügendem Maße aus Individuen rekrutieren, die zur Gewaltanwendung und zur Behauptung ihrer politischen Macht entschlossen sind, könne es geschehen, daß die Unterschichten von sich aus neue Eliten hervorbringen. In diesem Falle sind nach Pareto die Bedingungen für das Entstehen von Revolutionen gegeben. Doch auch bei diesen Erhebungen bestätige sich das Gesetz, daß stets nur Wenige die Massen leiten. So stelle sich nach Beendigung revolutionärer Bewegungen der alte Dualismus zwischen Eliten und Massen wieder her, da jene allein über die nötigen Fähigkeiten verfügen, um politische Herrschaft behaupten zu können, während diese zum Gehorchen geboren seien.

Im Anschluß an diese Elitenkonzeption Moscas und Paretos hat Robert Michels (1876–1936) die erste ausführliche parteisoziologische Analyse vorgelegt (1911). Im Mittelpunkt steht das Problem des Verhältnisses von Führern und Funktionären einer Massenpartei zur Mitgliedschaft. Die Wahl seines Beispiels: die deutsche und italienische Sozialdemokratie sollte das Dilemma dieser Großorganisationen erweisen, das seiner Ansicht nach darin besteht, daß ihre demokratischen Zielsetzungen mit ihrem straffen, bürokratischen Aufbau der inneren Parteistruktur notwendig in Widerspruch geraten müssen.

Sein «ehernes Gesetz der Oligarchie» besagt, daß in Großorganisationen, wie etwa modernen Massenparteien, sich allmählich eine Tendenz zur Verselbständigung der Führer gegenüber den Geführten ergibt, die unumkehrbar sei. Weder hätten die Mitglieder die Voraussetzungen für eine wirkungsvolle Kontrolle ihrer Führer, noch seien sie in ihrer Mehrzahl willens, an diesem Vorgang etwas zu ändern. Schon deshalb nicht, weil die Mehrheit der Geführten in einer Großorganisation dieser die nämliche Gleichgültigkeit entgegenbringt wie der durchschnittliche Wähler den Parlamenten. So verwandelt sich die Vertretungsfunktion der Führer in eine Herrschaft der Delegierten über die Delegierenden. Berufsmäßige Politiker üben in den modernen Massenparteien eine Herrschaft aus, die zu einer Erstarrung der Parteieliten führen müsse.

Die Verabsolutierung dieser These von der notwendigen Oligarchiebildung und ihre Verwechslung mit einem «ehernen» Geschichtsgesetz führte zu der Auffassung, daß Demokratie eine unrealisierbare Wunschvorstellung sei, zumal dann, wenn im Hintergrund dieser Analyse die Vorstellung von Demokratie als einer unmittelbaren Herrschaft des Volkes steht. Wird diese zur einzigen Bestimmung des Demokratiebegriffes, so schlägt die kritische Intention der Michelsschen Theorie in Apologie um, weil dann die beobachteten Zustände zu einer festen Norm erstarren. In der Tat zeigt der Übergang Michels' – wie übrigens auch Paretos – zum Faschismus die möglichen Konsequenzen einer solchen Resignation. Dennoch haben die Untersuchungen Michels den politischen Wissenschaften und besonders der Soziologie des Parteiwesens bis heute entscheidende Impulse vermittelt.

Der bedeutendste deutsche Soziologe unseres Jahrhunderts, Max Weber (1864–1920), war zugleich auch einer der einflußreichsten Politikwissenschaftler. Die Grundlage seiner Theorie ist die Lehre von den verstehbaren Wechselwirkungen zwischen den Individuen. Ziel seiner Methode, die in seinen konkreten historischen Untersuchungen allerdings gesprengt wird, ist es, das soziale und politische Verhalten von Einzelmenschen und Gruppen in jeweiligen historischen Situationen zu verstehen, wobei Weber unter «Verstehen» das geistige Nachvollziehen zweckrational bestimmter Operationen im Bewußtsein handelnder Menschen begreift. Weber bejaht damit die Frage nach der Möglichkeit einer Methode, durch welche man individuelles Verhalten und politisches Handeln von Menschengruppen erkennen kann. Er erarbeitet der politischen Soziologie spezielle Methoden, mit deren Hilfe dann die soziale und politische Wirklichkeit auf die in ihr zur Geltung gelangenden verstehbaren subjektiven Sinngehalte hin untersucht werden. Gesellschaftliche und politische Veränderungen werden auf die Zusammenhänge zwischen subjektiver Motivation, objektivem Verhalten der Menschen und die ihm zugrundeliegenden Wertvorstellungen zurückgeführt, eine Methode, die in mancher Hinsicht derjenigen Paretos verwandt erscheint.

Bedeutsam für die politischen Wissenschaften ist Webers Lehre von den reinen Herrschaftstypen: er unterscheidet als die drei Grundtypen der Legitimation politischer Herrschaft: die traditionale, die charismatische und die rational-legale. Diese Herrschaftstypen sollen zur Erkenntnis der historisch auftretenden realen Herrschaftsformen dienen.

Die politischen Theorien der Gegenwart beschäftigen sich besonders intensiv mit den Zusammenhängen von moderner Massengesellschaft, demokratischen Institutionen, Parteien und totalitären Bewegungen. Die bisher vorliegenden Analysen beweisen, daß, zumindest von der Sache her, die Schranken wissenschaftlicher Arbeitsteiligkeit dort gegenstandslos werden müssen, wo es um die theoretische Aufarbeitung des zutage geförderten empirischen Materials geht. Dies gilt im gleichen Maße für methodologische Untersuchungen, die für die Grundfragen der politischen Wissenschaften ebenso relevant sein können wie für diejenigen der Soziologie. Zudem wäre es beim derzeitigen Stand der politikwissenschaftlichen Forschung in Deutschland verfrüht, feste Grenzziehungen vorzunehmen, da sich vielfach erst allmählich diese Wissenschaftsgebiete zu jenem Stand hin entwickeln, auf welchem sie sich etwa in den Vereinigten Staaten oder in Frankreich seit Jahren befinden. Da es sowohl in der politischen Theorie als auch in den mit empirischen Methoden arbeitenden politischen Wissenschaften noch keine allgemein verbindlichen methodischen Instrumente gibt, hat jeder derartige Versuch, Grenzpfähle zu markieren, ohnedies etwas Problematisches.

Die deutsche politische Wissenschaft hat seit dem Ende des letzten Weltkrieges kaum nennenswerte eigene theoretische Ansätze hervorgebracht, obgleich eine Vielzahl empirischer Einzelforschungen vorliegt, die durchaus eine Grundlage für theoretische Reflexion bilden könnten. Bislang finden sich noch keine Gesamtdarstellungen, die sich ausschließlich mit politischer Theorie beschäftigen, es sei denn, daß sie an frühere Theoreme anknüpfen, ohne sie wesentlich zu verändern. Ein großer Teil der einschlägigen Arbeiten ist jedoch der Aufarbeitung der Geschichte politischer Theorie gewidmet.

So wird es verständlich, wenn in methodischer Hinsicht im wesentlichen die theoretischen Arbeiten aus der Zeit der Weimarer Republik und Emigrationspublikationen vielen Autoren als Vorbild dienen. Die wachsende Bekanntschaft mit den Methoden und Ergebnissen der amerikanischen, englischen und französischen Forschung und der weitere Ausbau der politischen Wissenschaften an unseren Universitäten und Hochschulen berechtigt jedoch zu der Hoffnung, daß sich in den kommenden Jahren auch bei uns die politische Theorie wieder als eigenständige Forschungsrichtung entwickeln wird.

Literatur

Barth, Hans, *Der konservative Gedanke*, Stuttgart 1958

– *Die Idee der Ordnung. Beiträge zu einer politischen Philosophie*, Erlenbach-Zürich-Stuttgart 1958

Bergstraesser, Arnold/Oberndörfer, Dieter (Hrsg.), *Klassiker der Staatsphilosophie*, Stuttgart 1962 (Bibliographie)

Brecht, Arnold, *Politische Theorie. Die Grundlagen politischen Denkens im 20. Jahrhundert*, Tübingen 1961

BURKE, EDMUND, *Reflections on the Revolution in France*, London-New York 1960 (Everyman's Library No. 460)

CASSIRER, ERNST, *Vom Mythos des Staates*, Zürich 1949

FAUL, ERWIN, *Der moderne Machiavellismus*, Köln und Berlin 1961

GABLENTZ, OTTO HEINRICH VON DER, *Die politischen Theorien seit der amerikanischen Unabhängigkeitserklärung*, Köln und Opladen 1963

GIERKE, OTTO VON, *Das deutsche Genossenschaftsrecht* IV: Staats- und Korporationslehre der Neuzeit, Darmstadt 1954

HABERMAS, JÜRGEN, *Strukturwandel der Öffentlichkeit*, Neuwied 1962

– *Theorie und Praxis*, Neuwied 1963

HELLER, HERMANN, *Die politischen Ideenkreise der Gegenwart*, Breslau 1926

– *Staatslehre*, Leiden 1934

HOBBES, THOMAS, *Grundzüge der Philosophie*, 2. u. 3. Teil, Lehre vom Menschen – Lehre vom Bürger, Leipzig 1949

– *Leviathan*, Hamburg 1967

HOFMANN, WERNER, *Ideengeschichte der sozialen Bewegung des 19. und 20. Jahrhunderts*, Berlin ^{3}1970

HORKHEIMER, MAX, *Anfänge der bürgerlichen Geschichtsphilosophie*, Stuttgart 1930

HUGHES, H. STUART, *Consciousness and Society. The Reorientation of European Social Thought 1890–1930*, New York 1961

LANGE, MAX G., *Politische Soziologie*, Berlin 1964

LENK, KURT (Hrsg.), *Ideologie. Ideologiekritik und Wissenssoziologie*, Neuwied und Berlin ^{5}1971

– «*Volk und Staat*». *Politische Ideologien im 19. und 20. Jahrhundert*, Stuttgart 1971

LOCKE, JOHN, *Zwei Abhandlungen über die Regierung*, Frankfurt/M. 1967

LÖWITH, KARL, *Von Hegel zu Nietzsche. Der revolutionäre Bruch im Denken des neunzehnten Jahrhunderts*, Stuttgart ^{4}1958

LÜBBE, HERMANN, *Politische Philosophie in Deutschland*, Basel und Stuttgart 1963

LUKÁCS, GEORG, *Die Zerstörung der Vernunft*, Berlin (Ost) 1954

MACHIAVELLI, NICCOLO, *Gesammelte Schriften*, hrsg. von H. Floerke, 5 Bände, München 1925

MAIER, H. (Hrsg.), *Klassiker des politischen Denkens*, Band 2: Von Locke bis Max Weber, München ^{2}1969

MARCUSE, HERBERT, «*Theoretische Entwürfe über Autorität und Familie*. Ideengeschichtlicher Teil», *Studien über Autorität und Familie*, Paris 1936

– *Vernunft und Revolution. Hegel und die Entstehung der Gesellschaftslehre*, Neuwied 1962

MEINECKE, FRIEDRICH, *Die Idee der Staatsräson in der neueren Geschichte*, Werke I, München ²1960

MICHELS, ROBERT, *Zur Soziologie des Parteiwesens in der modernen Demokratie, Untersuchungen über die oligarchischen Tendenzen des Gruppenlebens*, Stuttgart 1957

MOMMSEN, WOLFGANG, «Edmund Burke und die französische Revolution», *Politische Ideologien und nationalstaatliche Ordnung. Festschrift für Theodor Schieder*, München und Wien 1968

MONTESQUIEU, CHARLES DE SECONDAT DE, *Vom Geist der Gesetze*, hrsg. von E. Forsthoff, 2 Bände, Tübingen 1951

MOSCA, GAETANO, *Die herrschende Klasse. Grundzüge der politischen Wissenschaft*, Bern 1950

PARETO, VILFREDO, *System der allgemeinen Soziologie*, hrsg. von G. Eisermann, Stuttgart 1962

PLESSNER, HELMUT, *Die verspätete Nation. Über die politische Verführbarkeit bürgerlichen Geistes*, Stuttgart 1959

RITTER, JOACHIM, *Hegel und die französische Revolution*, Frankfurt/M. 1965

ROHDEN, PETER RICHARD, *Die Hauptprobelme des politischen Denkens von der Renaissance zur Romantik*, Berlin 1925

ROUSSEAU, JEAN JACQUES, *Der Gesellschaftsvertrag oder Die Grundsätze des Staatsrechts*, Stuttgart 1964 (Reclam Nr. 1769/70)

SABINE, GEORGE H., *A History of Political Theory*, New York ³1951

SCHUMANN, HANS-GERD, *Edmund Burkes Anschauungen vom Gleichgewicht in Staat und Staatensystem*, Meisenheim/Glan 1964

STAHL, FRIEDRICH JULIUS, *Philosophie des Rechts*, 2 Bände, Heidelberg ³1954

STRAUSS, LEO, *Naturrecht und Geschichte*, Stuttgart 1956

TALMON, J. L., *Die Ursprünge der totalitären Demokratie*, Köln und Opladen 1961

– *Politischer Messianismus. Die romantische Phase*, Köln und Opladen 1963

– *Theorie und Soziologie der politischen Parteien*, hrsg. von K. Lenk und F. Neumann, Neuwied 1968 (Bibliographie)

WEBER, MAX, *Wirtschaft und Gesellschaft*, 2 Halbbände, Köln und Berlin 1964

WELZEL, HANS, *Naturrecht und materiale Gerechtigkeit*, Göttingen ⁴1962

III

MODELLE ÖFFENTLICHER HERRSCHAFT

A

DAS LIBERALE MODELL ÖFFENTLICHER HERRSCHAFT

[REINHARD KÜHNL]

1. Die Entstehung des Liberalismus

a) Gesellschaftliche Vorrausset ungen für das Entstehen des Liberalismus. – Die Sozial- und Wirtschaftsverfassung des Mittelalters wurde bestimmt von den adligen Grundbesitzern und einer dieser unterworfenen unfreien Bauernschaft einerseits und den in Gilden und Zünften korporativ gebundenen städtischen Handwerkern andererseits. Eine Staatsgewalt im modernen Sinne gab es nicht. Die Aufgaben von Verwaltung und Rechtsprechung waren auf die verschiedensten privilegierten Träger – Adel, Kirche, Städte u.a. – verteilt. Dieser Zersplitterung in eine Menge von unabhängigen Rechts- und Verwaltungseinheiten entsprach im wirtschaftlichen Bereich die Stadtwirtschaft.

Seit dem 13. Jahrhundert dringen mit dem Anwachsen des Fernhandels neue Elemente in dieses System. Der von den oberitalienischen Städten ausgehende frühe Finanz- und Handelskapitalismus und die Entstehung der Geld- und Kreditwirtschaft verlangten einen größeren Markt und damit größere Rechts- und Wirtschaftseinheiten. Diese neuen horizontalen ökonomischen Abhängigkeiten mußten die «auf Formen der geschlossenen Hauswirtschaft basierenden, vertikalen Abhängigkeitsverhältnisse des herrschaftsständischen Systems» (Habermas, *Strukturwandel*, S. 27) sprengen.

Im 16. Jahrhundert beginnt mit dem Verlagsystem der Sieg der kapitalistischen Wirtschaft über die Kleinwarenproduktion der städtischen Handwerker und der feudal gebundenen Landwirtschaft. Das Finanz- und Handelskapital bringt die alten Produktionsformen in Stadt und Land zunächst in Abhängigkeit und führt sie dann in Lohnarbeit über. Bisher war der Hersteller des Produkts auch sein Eigentümer; nun werden Hersteller und Verkäufer verschiedene Personen. Das Produkt wird Warenkapital, Mittel zum Gelderwerb. Arbeitskraft wird als Ware getauscht. Schließlich führt diese Entwicklung über die Manufaktur, begünstigt durch neue technische Erfindungen, zur Industrialisierung, durch die sich das wirtschaftliche Schwergewicht immer stärker in die Städte verlagerte, und treibt zur Beseitigung aller die Entwicklung der Wirtschaft hemmenden Reglementierungen.

Der Absolutismus konzentrierte vom 16. Jahrhundert ab die bisher verstreuten staatlichen Hoheitsfunktionen und schafft vermöge der nun entwickelten Geldwirtschaft durch Beamtenapparat und stehendes Heer eine kontinuierliche Staatstätigkeit, die dem ständigen Waren- und Nachrichtenverkehr, der im 17. Jahrhundert die Anfänge des Post- und Pressewesens hervorbringt, entspricht.

Die Enteignung der bisherigen Träger von Verwaltungsmacht, der Stände, durch den absoluten Fürsten ist eine «vollständige Parallele zu der Entwicklung des kapitalistischen Betriebs durch allmähliche Enteignung der selbständigen Produzenten» (Weber, S. 31). So wie der Verwaltungsbeamte nicht mehr Eigentümer des Geldes ist, das er ausgibt, so gehören dem Arbeiter nicht mehr die Produktionsmittel, mit denen er arbeitet. Beide «Betriebe», der Staat wie das privatkapitalistische Unternehmen, beanspruchen eine «streng rationale Organisation der Arbeit» (Weber, S. 34). Die Herrschaftsbeziehungen wandeln sich von persönlichen zu sachlichen, womit eine Scheidung von öffentlichem und privatem Bereich erst möglich wird. Die Sphären von Staat und Gesellschaft treten auseinander.

Das neue Wirtschaftssystem konnte nur funktionieren, wenn Rechtsordnung und Verwaltung berechenbar und verläßlich arbeiteten. So kommt es auf dem Festland zur formalen Rezeption des rationalen römischen Rechts; Kodifikationen – 1794 das Allgemeine Landrecht in Preußen, 1811 das Allgemeine Bürgerliche Gesetzbuch in Österreich – garantieren eine gewisse Rechtssicherheit im Sinne der Kalkulierbarkeit. In England wurde das gleiche Ziel erreicht, weil die praktische Gestaltung des Rechts in den Händen der Advokaten lag, die im Sinne ihrer «kapitalistischen Interessenten» (Weber, S. 34) arbeiteten.

Der soziale Träger dieser wirtschaftlichen Entwicklung ist das in den Städten konzentrierte Bürgertum, zu dem Händler, Bankiers und Manufakturisten mit den Beamten der landesherrlichen Verwaltung, die meist Juristen waren, und Gelehrten, Ärzten und Pfarrern verschmolzen waren (Habermas, *Strukturwandel*, S. 35). Diese «Bürgerlichen» mußten aus den verschiedensten Gründen über das absolutistische System hinausdrängen:

Obwohl der Adel durch die Söldnerheere seine militärische und durch das Beamtentum seine verwaltungstechnische Funktion verloren hatte, blieben die Standesschranken weiter bestehen. Da er auch keine Steuern zahlte, war er in den Augen des Bürgertums, das den Staatsapparat zu finanzieren hatte, ein parasitärer, sozial überflüssiger Stand.

Obwohl das Bürgertum im wirtschaftlichen Bereich alle wichtigen Positionen besetzt hatte, war es von der Führung in Staat und Kirche praktisch ausgeschlossen.

Der Absolutismus förderte zwar, um seine Einnahmen zu steigern, durch seine merkantilistische Wirtschaftspolitik die privatkapitalistischen Unternehmen, griff aber zugleich ständig reglementierend in den Wirtschaftsprozeß ein.

Die begrenzte formale Rechtsgleichheit des Absolutismus, die im Gegensatz zum ständischen Privilegiensystem steht, bedeutete politisch zunächst nur, daß alle Untertanen ohne Unterschied des Standes und der Geburt keine politischen Rechte gegenüber dem König besaßen und daß das Gesetz des Königs für alle galt. Die Gleichheit in negativer Hinsicht war damit hergestellt.

So formierte sich die bürgerliche Kritik an der feudalen Gesellschaftsverfassung wie am absolutistischen Staat, der ein Ausdruck des Klassengleichgewichtes zwischen Adel und Bürgertum war (Heller, *Staatslehre*, S. 136), das sich aber immer stärker zu Gunsten des Bürgertums verschob.

b) Geistige Vorbereitungstendenzen. – Der wirtschaftlichen Unfreiheit des Mittelalters entsprach die geistige. Die Autorität der Kirche, die die Autorität des Staates geistig abstützte, duldete keine Abweichung. Mit dem Zerfall der korporativen und feudalen Bindungen in der Wirtschaft aber bricht sich auch hier die Freiheit Bahn. Der geistige Ausdruck der aufstrebenden bürgerlichen Klasse ist die Aufklärung, die zur entscheidenden Waffe im Kampf gegen den weltlichen und geistlichen Adel, gegen den absolutistischen Staat und gegen die klerikale Bevormundung wird. Dem Prinzip der Tradition setzte die Aufklärung das Prinzip der Vernunft, dem Gottesgnadentum und den ständischen Privilegien das rationalistische Naturrecht entgegen, das jedem Menschen als solchem bestimmte natürliche Rechte zusprach. Jede Institution und jede staatliche Maßnahme hatte sich nun vor dem Richterstuhl der Vernunft zu rechtfertigen. Nicht mehr der Heilsplan Gottes oder der Ruhm des Monarchen sollte der Zweck des Staates sein, sondern das diesseitige Wohlergehen der Bürger. Die letzte Konsequenz dieser Auffassung mußte die Ausübung der politischen Macht durch die Bürger selbst sein.

Während die liberalen Wirtschaftstheoretiker – die Physiokraten, Adam Smith, Bentham, Ricardo – von der Realität der zunehmend kapitalistischen Wirtschaftsstruktur ausgehen konnten, waren die Staatstheoretiker auf Polemik und Konstruktionen angewiesen, wobei ihnen nur der englische Parlamentarismus einige Anhaltspunkte gab. Die Monarchomachen und Physiokraten glaubten noch, den Absolutismus, sofern er durch Vernunft begrenzt sei und sich an die Gesetze halte, beibehalten zu können (aufgeklärter Absolutismus), und Hobbes versuchte, rationalistisches Naturrecht und Vertragstheorie an Stelle des zerstörten Gottesgnadentums als Stütze für die absolute Monarchie zu benutzen. Aber Locke und Montesquieu formulieren in Interpretation der gesellschaftlichen Lage des damaligen England das Prinzip der Gewaltenteilung, womit auf dem Weg über die Legislative ein Mitspracherecht des Bürgertums bei der politischen Gestaltung proklamiert war. «Die Volkssouveränität schließt mit dem Absolutismus ein Kompromiß im Konstitutionalismus» (Heller, *Ideenkreise*, S. 49). Rousseau führt diese Entwicklung konsequent zu Ende und verkündet das Prinzip der Volkssouveränität' womit der Monarchie grundsätzlich der Kampf angesagt war.

In Deutschland wurden die Forderungen der Aufklärung von Pufendorf, Johannes Althaus, Christian Wolff und dann von Kant, Fichte und teilweise von Wilhelm von Humboldt vertreten, doch blieben diese Erörterungen wegen der ökonomischen und politischen Rückständigkeit Deutschlands abstrakter und von geringerer politischer Brisanz als in England oder Frankreich. «Das deutsche Naturrecht griff den Absolutismus als Staatsform nicht an. Es vernichtete ihn wissenschaftlich im Prinzip, ließ ihn aber in der Praxis unangefochten bestehen» (Stillich, S. 191f.).

Während etwa in England ein an der Praxis orientierter Utilitarismus herrscht, treten die gleichen politischen Ideen in Deutschland im Gewande des Idealismus auf, der der Lage einer aufsteigenden Schicht entspricht, die keine reale Macht hat und daher die Gewalt der Idee über die Realität proklamiert. Lessings «Emilia Galotti» und Schillers Jugenddramen sind der literarische Niederschlag der bürgerlichen Protestbewegung gegen Absolutismus und Privilegienstaat.

So bereiten sich in den drei Jahrhunderten von der Renaissance bis zur Französischen Revolution «die Entkirchlichung und Verdiesseitigung, der universale Individualismus und Liberalismus, die Voraussetzungen der egalitären Demokratie und der kapitalistischen Verkehrswirtschaft vor» (Heller, *Staatslehre*, S. 111).

c) Der politische Durchbruch. – In England reiften diese Konflikte in der 2. Hälfte des 17. Jahrhunderts wegen des wirtschaftlichen Entwicklungsvorsprungs zuerst heran, doch konnten sie hier, nach der Revolution von 1688, in evolutionäre Bahnen gelenkt werden, weil sich der englische Adel schon früh mit dem Großbürgertum zur «gentry» verschmolzen und weil der König das Parlament nicht zu besiegen vermocht hatte. So bildete sich die englische Ständevertretung im Laufe des 18. Jahrhunderts allmählich zu einem modernen Parlament um, das für die liberalen Theoretiker des Festlandes von Montesquieu bis Rotteck zum praktischen, wenngleich stark idealisierten und dabei oft überschätzten Vorbild wurde. Zwar waren hier Presse- und Meinungsfreiheit größer als in den absolut regierten Staaten des Festlandes, rechtsstaatliche Elemente waren in erheblichem Maße verwirklicht, und das Parlament besaß einen starken Einfluß auf die politischen Entscheidungen, doch war in dieser Versammlung nur die oberste Gesellschaftsschicht repräsentiert. Erst im Laufe des 19. Jahrhunderts wurde das Wahlrecht schrittweise auf das mittlere Bürgertum ausgedehnt und erst 1918 zum allgemeinen Wahlrecht ausgeweitet.

In Amerika wurden 1776 zum ersten Male die allgemeinen Menschenrechte verkündet; in Frankreich, wo die ständischen Schranken scharf betont wurden, bedurfte es der Revolution, um die geburtsständischen und kirchlichen Privilegien zu beseitigen und den dritten Stand als Nation zu etablieren. 1789 wurden die allgemeinen Menschen- und Bürgerrechte verkündet, 1791 wurde eine Repräsentativverfassung und 1793 bereits eine «extrem plebiszitäre Verfassung» (Ernst Fraenkel, *Die repräsentative und plebiszitäre Komponente im demokratischen Verfassungsstaat*, Tübingen 1958, S. 31) erlassen.

Obwohl diese Ereignisse von den Gebildeten, aber auch vom Kleinbürgertum und den Bauern in Deutschland stürmisch begrüßt wurden, vermochte hier das Bürgertum wegen der allgemeinen Zersplitterung im Reiche nicht, aus eigener Kraft das gleiche zu leisten. Im Westen des Reiches siegte die neue Ordnung mit der französischen Eroberung, worauf hier die wirtschaftlichen Energien sich enorm steigerten, allerdings mit der Niederwerfung Frankreichs wieder weitgehend gelähmt wurden.

In Preußen erstrebte die Reform des Freiherrn vom Stein von 1807/08 eine Anpassung an die moderne Entwicklung durch Beseitigung der geburtsständischen Schranken, Aufhebung der Leibeigenschaft der Bauern, bürgerlich-demokratische Selbstverwaltung, liberales Repräsentativsystem und allgemeine Wehrpflicht, konnte sich jedoch gegen den Widerstand des Feudaladels nur zeitweise und partiell durchsetzen. Mit der Niederlage des revolutionären Frankreich waren die liberalen Tendenzen in Deutschland für lange Zeit erstickt.

Obwohl das deutsche Bürgertum nur bescheidene Ansprüche erhob und neben der vor allem wirtschaftlich notwendigen Einheit Deutschlands sich mit dem konstitutionellen System begnügen wollte (vgl. Rotteck, Welcker, Dahlmann, Bluntschli), hielten die feudalen Kräfte an einem halb ständischen System fest und unterdrückten jede freiheitliche Regung. Verfassungen bestanden zum Teil, wurden aber von den Regierungen kaum beachtet. Nur in Süddeutschland, besonders in Baden, konnte sich der Liberalismus innerhalb dieses Systems einigermaßen entwickeln. Während sich der Aufstieg der kapitalistischen Unternehmerwirtschaft vollzog, während es in Frankreich und Belgien 1830/31 zu einem Kompromiß zwischen Königtum und bürgerlichem Parlamentarismus in Form der konstitutionellen Lösung kam und Frankreich 1848 noch darüberhinaus drängte, wurde die deutsche Revolution 1848 geschlagen. Immerhin wurde von der Nationalversammlung in der Paulskirche zum ersten Mal das Programm des deutschen Liberalismus umfassend formuliert und in einer Verfassung niedergelegt, die freilich nie Rechtskraft erlangt hat. Nun war der gesamte Westen liberal und trat in Gegensatz zum Osten (Österreich, Deutschland, Rußland). Die Diffamierung von Liberalismus und Demokratie als westlerisch-dekadent, die eine zu sozialpsychologischen Kompensationszwecken aufgebaute Umdeutung der objektiven politischen Rückständigkeit Deutschlands in ein besonders schätzenswertes «deutsches Wesen» darstellt, hat hier ihre Wurzel.

Als sich der Liberalismus in den 60er Jahren wieder zu regen begann, hatte sich seine Gestalt entscheidend gewandelt. Sein größerer Teil, die Nationalliberalen, war bereit, bei staatlichem Entgegenkommen in wirtschaftlichen Fragen den äußerlich konstitutionellen, dem Wesen nach aber militärisch-feudalen preußisch-deutschen Machtstaat zu akzeptieren. Während sich der wirtschaftliche Aufstieg des Bürgertums vollendete und Deutschland von einem Agrar- zu einem Industriestaat wurde, war seine politische Vertretung praktisch machtlos. Erst 1918 siegte in Deutschland der bürgerliche Parlamentarismus.

2. Das liberale Modell öffentlicher Herrschaft

Wenn auch die Methoden des Konfliktes und daher auch die geistige Ausgestaltung der liberalen Idee in den einzelnen Ländern je nach deren Eigenart verschieden waren und wenn auch die liberale Herrschaftsform nicht überall im gleichen Grade verwirklicht worden ist, so läßt sich doch ein System von Vorstellungen und Institutionen umschreiben, das den Liberalismus im Sinne eines realtypischen Modells kennzeichnet.

a) Die Organisation des Staates. – Die Stellung des Liberalismus zur Staatsgewalt erklärt sich aus der Kampfsituation, in der sich das aufstrebende Bürgertum gegenüber dem absolutistischen Staat befand. Um alle Energien im Bereich der Gesellschaft voll entwickeln zu können, mußte es für eine möglichst weitgehende Rationalisierung und rechtliche Beschränkung mit der Tendenz zur völligen Aufhebung der absolutistischen Staatsgewalt eintreten.

Die Aufklärung hatte die Legitimitätsgrundlage des mittelalterlichen Staates, den Glauben, daß die Staatsgewalt im Auftrage und im Namen Gottes zu handeln befugt sei, zerstört. Der Staat galt nun als eine menschliche Einrichtung, die ihre Legitimität vom Willen des Volkes ableitete und daher für dessen irdisches Wohl zu sorgen hatte. Der König stand nicht mehr als Beauftragter Gottes über dem Staat, sondern als Mandatar des Volkes im Staat, den er nicht mehr, wie irgendeinen Gutshof, als sein Eigentum behandeln konnte.

Konkret kam es für das Bürgertum zunächst darauf an, die Gesetzgebung selbst in die Hand zu bekommen, um durch diese Gewaltenteilung die fürstliche Macht zu schwächen. Diese konstitutionelle Lösung konnte freilich nur eine Übergangsstufe darstellen. Die innere Logik der liberalen Idee wie die gesellschaftliche Notwendigkeit mußten zur Unterwerfung der Exekutive unter die Volksvertretung und damit zur Beseitigung der Monarchie führen, um den Machtstaat in eine tendenziell von Gewalt freie Rechtsgemeinschaft überzuleiten. Das Parlament ist die zentrale Institution des liberalen Staates.

Das Parlament, obwohl aus dem Machtkampf zwischen Bürgertum und Absolutismus hervorgegangen, sollte der Idee nach selbst nicht den Charakter einer Gewalt haben; es sollte nicht Interessen und Wünsche, sondern es sollte Vernunft repräsentieren. In gewaltloser Weise, mit rationalen Argumenten, in öffentlicher Diskussion sollte gemeinsam das Allgemein-Vernünftige und Nützliche ermittelt werden. So wie aus dem freien Wettbewerb in der Wirtschaft sollte aus der freien Auseinandersetzung der Meinungen das allgemeine Beste entstehen.

Dieses Modell des Parlamentarismus setzt voraus, daß es im Parlament keine tieferen sozialen Interessengegensätze, sondern nur Meinungsverschiedenheiten gibt, die durch eine Diskussion zu überwinden sind. (Spätestens mit dem im Zuge der Industrialisierung entstehenden Proletariat sollten hier Schwierigkeiten entstehen, die auf dem Boden des liberalen Modells nicht mehr lösbar waren.)

Die konkrete Aufgabe des Parlaments besteht in der Kontrolle der Exekutive – im konstitutionellen System repräsentiert vom Königtum –, um zu verhindern, daß unberechenbare und willkürliche staatliche Eingriffe in den sozialen Bereich geschehen und damit das dem privaten Gewinnstreben des einzelnen überlassene Wirtschaftsleben gestört werden konnte. Die Exekutive sollte nur tätig werden auf Grund eines vom Parlament beschlossenen Gesetzes.

Es handelt sich also der Idee nach nicht um ein Gleichgewicht der Gewalten, sondern um ein Übergewicht der «höchsten Gewalt» (Locke), der gesetzgebenden Volksvertretung. Die Selbständigkeit der monarchischen Exekutive mußte nur als notwendiges Übel vorläufig akzeptiert werden, so lange in der Gesellschaft das Klassengleichgewicht zwischen Bürgertum und feudalen Schichten nicht entscheidend verändert war. Erst die parlamentarische Republik, in der die Volksvertretung auch die personelle Zusammensetzung der Exekutive bestimmt, entspricht voll der liberalen Idee.

Aus der Funktion des Parlaments ideell als des Repräsentanten des Allgemein-Vernünftigen und soziologisch als des Vertreters des Bürgertums folgen eine besondere Stellung des

Abgeordneten, eine bestimmte Qualifikation des Wählers und eine eigentümliche Struktur der Parteien.

Der Abgeordnete soll - im Gegensatz zu den Ständeversammlungen, die durch imperatives Mandat gebundene Interessenvertretungen der privilegierten Stände waren - Vertreter nicht einer bestimmten Gruppe, sondern des ganzen Volkes sein, ein Verlangen, das sich von den liberalen Verfassungen des 19. Jahrhunderts über die WRV (Art. 21) bis ins Bonner GG (Art. 38) findet. Die Abgeordneten sollen, von der Öffentlichkeit beauftragt und unter der ständigen Kontrolle der Öffentlichkeit diskutierend, das allgemeine Beste anstreben. Eine Einigung in öffentlicher Diskussion mittels gemeinsamer Orientierung am Gemeinwohl ist aber nur möglich, wenn man sich über die Grundlagen dessen, was als Gemeinwohl zu gelten hat, schon einig ist, d.h. wenn die soziale Zusammensetzung des Parlaments relativ homogen ist.

Diese Prämisse war dadurch gewährleistet, daß die Abgeordneten den Schichten von Besitz und Bildung entstammten und deren Interessen vertraten, weil auch nur diese Schichten das Wahlrecht hatten. So konnte es nicht zu Gegensätzen zwischen Besitzenden und Nichtbesitzenden kommen, sondern nur zu Meinungsverschiedenheiten zwischen Vertretern verschiedener Arten von Besitz, etwa zwischen Kapitalbesitz und Bodenbesitz oder zwischen Industrie- und Handelskapital. Die Rechtfertigung lag in der These, daß nur der Gebildete genügend Unbefangenheit von egoistischen Interessen und Einsicht in die allgemeinen Notwendigkeiten und daß nur der Eigentümer ein wahres Interesse an der Aufrechterhaltung der bürgerlichen Ordnung haben könne. Da die Besitzenden zugleich die Gebildeten waren - Besitz war Voraussetzung für die Möglichkeit der Bildung -, war die soziale Homogenität von Wählern und Abgeordneten gesichert.

Der Anspruch, daß diese Wähler und Abgeordneten die Interessen des Ganzen vertraten, konnte allerdings nur aufrecht erhalten werden, solange in der sozialen Realität gewährleistet war, daß jeder mit Tüchtigkeit und Fleiß diese Zulassungskriterien Besitz und Bildung erlangen konnte. In dem Maße, in dem einerseits dieser Anspruch infolge gesellschaftlicher Veränderungen um die Mitte des 19. Jahrhunderts unglaubwürdig wurde und in dem andererseits Nichtbesitzende in den Raum der politischen Öffentlichkeit eindrangen, das Wahlrecht verlangten und zum Teil wirklich erkämpften, mußte sich die Funktion des Abgeordneten verändern.

Nun standen sich in der Gesellschaft verschiedenartige Interessen unversöhnt gegenüber. Was «Gemeinwohl» war, konnte nicht länger als ausgemacht gelten. Um in dieser veränderten Lage die Vorherrschaft von Besitz und Bildung dennoch aufrecht zu erhalten, mußte die liberale Lehre erheblich modifiziert werden.

Parteien im Sinne fester Organisationen und einem den Abgeordneten verpflichtenden Programm waren mit dem liberalen Modell unvereinbar und angesichts der sozialen Homogenität der Parlamente zunächst auch nicht notwendig. Es handelte sich bei den Parteien zu Beginn – etwa im England des 18. Jahrhunderts – nur um Gruppen von Abgeordneten, die sich in ihren Anschauungen verwandt fühlten. Die deutsche Nationalversammlung von 1848/49 zeigte noch die gleiche Struktur.

Mit der fortschreitenden Ausdehnung des Wahlrechts wurde es nötig, «die Wähler durch Komitees zusammenzufassen, die in der Lage sind, ihnen die Kandidaten zu präsentieren» (Maurice Duverger, *Die politischen Parteien*, Tübingen 1959, S. 5). Diese relativ kleinen Komitees bleiben aber voneinander unabhängig und dezentralisiert. Leitung und Struktur der liberalen Parteien tragen einen stark persönlichen Charakter; im Zentrum steht der Abgeordnete, der mit den lokalen Honoratioren und seinen Wählern Kontakt hält und ihre Wünsche im Parlament vertritt. Ihr Ziel ist es nicht, ihre Mitgliederzahl zu vermehren, sondern angesehene Leute, die gesellschaftliche Elite zu vereinigen. Da die politische Tätigkeit ehrenamtlicher Nebenberuf ist, kommen als Abgeordnete nur Männer in Frage, die es sich leisten können, *für* die Politik zu leben, ohne *von* ihr zu leben, und die von ihren eigenen privaten Geschäften abkömmlich sind Formale Mitgliedschaft im Sinne einer besonderen Verpflichtung gegenüber der Partei und regelmäßigen Beitragszahlungen gibt es nicht. «Die wirkliche Macht wird von einer Gruppe ausgeübt, die sich um eine parlamentarisch führende Persönlichkeit bildet, und das innere Leben der Partei besteht in der Rivalität unter solchen kleinen Gruppen» (Duverger, S. 19) und nicht etwa in programmatischen Richtungskämpfen. Die Presse ist die «einzige permanente Institution» dieser Parteien (Habermas, *Strukturwandel*, S. 222), die praktisch nur im Parlament bestehen.

Dieser lockeren Parteistruktur entspricht das Mehrheitswahlsystem, das auf Persönlichkeiten und nicht auf Parteien abstellt und damit jede inhaltliche Bindung des Abgeordneten vermeidet.

Zwar ist der Abgeordnete in diesem Modell tatsächlich von seinen Wählern, vom Programm und von der – praktisch nicht vorhandenen – Parteibürokratie unabhängig, doch können die Entscheidungen dieser liberalen Honoratiorenparteien, die nicht durch Mitgliederbeiträge finanziert werden, leicht von privaten begüterten Spendern beeinflußt werden, da jede demokratische Kontrolle durch die Mitgliedschaft fehlt.

Der englische Parlamentarismus des 18. Jahrhunderts, auf dessen Boden sich die Parteien zuerst entwickeln, zeigt deutlich ihre politisch-historische Funktion. Hier war nicht mehr der Gegensatz von König und Parlament entscheidend, sondern der Antagonismus zweier Parlamentsgruppen, die nicht verschiedene soziale Interessen, sondern nur verschiedene Meinungen vertraten. Der König war gezwungen, sich auf eine dieser Gruppen zu stützen; die Opposition konnte an die Öffentlichkeit appellieren und damit Druck ausüben. Opposition, bisher nur durch Bürgerkrieg oder Fronde möglich, war damit zur gewaltlosen Dauerkontroverse gezähmt und durch Institutionalisierung im Parlament legal geworden. Die Funktion der Parteien bestand also in der lockeren Organisierung verschiedener Meinungen in Öffentlichkeit und Parlament über das, was dem allgemeinen Wohl dient. Dieses englische Modell wurde für alle bürgerlichen Rechtsstaaten zum Vorbild, auch als dann infolge der gesellschaftlichen Differenzierungen mehrere Parteien entstanden. In Frankreich begann die Bildung von Parteien mit der Revolution 1789, in Deutschland erst mit der Nationalversammlung 1848; vorher waren politische Vereinigungen hier verboten.

Mit dem Einbruch der handarbeitenden Massen in den politischen Raum mußten sich freilich Funktion und Struktur der Parteien erheblich verändern.

Rationalisierung politischer Herrschaft, die für das reibungslose Funktionieren des kapitalistischen Systems notwendig war, erschien nur dann gewährleistet, wenn die Geheim- und Kabinettspolitik des absolutistischen Staates, dessen Staatslehre in der Lehre von der Technik der Machtbehauptung und Machterweiterungen bestand (Machiavelli, Sarpi), der Kontrolle der Öffentlichkeit zugänglich gemacht wurde. Die Herrschaft der Öffentlichkeit und die Durchsetzung von Vernunft im politischen Bereich wurden als identisch angesehen (Kant).

So bedeutete es einen wesentlichen Schritt in der Entwicklung der englischen Ständevertretung zu einem modernen Parlament, als die Verhandlungen öffentlich und damit der «Oberaufsicht des Publikums» (Bentham) zugänglich wurden. Der Zusammenhang zwischen Abgeordneten und Wählern als Teilen ein und desselben Publikums war damit gewährleistet. Etwa zur gleichen Zeit setzt sich das Prinzip der Öffentlichkeit in Gerichtsverhandlungen durch. Dagegen leistete die Verwaltung – neben der Armee das wichtigste Machtinstrument jeder Exekutive – dem Prinzip der Öffentlichkeit wirksam Widerstand.

Die bürgerlichen Schichten verfolgten als kritisches Publikum die Verhandlungen des Parlaments und schufen sich in Zeitungen, Klubs und Diskussionszirkeln entsprechende Organe, denn «der öffentliche Gebrauch der Vernunft muß jederzeit frei sein» (Kant). Nur unter dieser Voraussetzung kann die Volkssouveränität realisiert werden.

Mit der Industrialisierung wurde der Druck von Zeitungen billiger, das Pressewesen nahm einen gewaltigen Aufschwung. Die Zeitungen wurden von «bloßen Nachrichtenpublikationsanstalten» zu «Kampfmitteln der Parteipolitik», der Verleger von «einem Verkäufer neuer Nachrichten zu einem Händler mit öffentlicher Meinung» (Habermas, *Strukturwandel*, S. 201).

Die öffentliche Meinung wird als einzige legitime Quelle der Gesetzgebung angesehen. Die Träger dieser öffentlichen Meinung aber waren Bürger, die dabei nicht aus ihrer Privatsphäre heraustraten. Es handelt sich um eine «Öffentlichkeit von Privatleuten» (Habermas, *Strukturwandel* S. 43), deren Ziel nicht die Übernahme der politischen Macht war, sondern – im Namen des Allgemein-Menschlichen – die Auflösung von Herrschaft überhaupt und deren Überführung in Moral und Vernunft.

Besitz und Bildung waren freilich erforderlich, um an der Öffentlichkeit – und d.h. zunächst am Kulturgütermarkt – aktiv teilnehmen zu können. Obgleich damit der Kreis der Zugelassenen auf eine Minderheit begrenzt wurde, so mußte er doch, Tüchtigkeit des einzelnen vorausgesetzt, prinzipiell allen offenstehen, wenn die Berufung auf das Allgemein-Menschliche glaubhaft sein sollte; denn «eine Öffentlichkeit, von der angebbare Gruppen eo ipso ausgeschlossen wären, ist nicht etwa nur unvollständig, sie ist vielmehr gar keine Öffentlichkeit» (Habermas, S. 100). Das Parlament verstand sich in dieser Phase durchaus als Teil des größeren diskutierenden Publikums: das Parlament als besonderer Ausschuß der bürgerlichen Öffentlichkeit, die Regierung als besonderer Ausschuß des Parlaments – das ist das zugrundeliegende Modell. (Erst später etablierte sich das Parlament institutionell als feste Gruppe mit dem Anspruch, das Publikum zu vertreten; erst damit entstand die neue Gestalt der bürgerlichen Repräsentation.) So wurde Öffentlichkeit praktisch zum Organisationsprinzip des liberalen Rechtsstaates. Die politisch fungierende Öffentlichkeit etablierte sich im Parlament als Staatsorgan. Sie sollte die Bedürfnisse der bürgerlichen Gesellschaft mit einer ihr entsprechenden Staatsgewalt vermitteln.

Das Prinzip der Öffentlichkeit war für das Bürgertum so lange ein geeignetes Instrument, als damit der Absolutismus wirksam bekämpft werden konnte. «In dem Maße, in dem nichtbürgerliche Schichten in die politische Öffentlichkeit eindringen und sich in den Besitz ihrer Institutionen setzen, an Presse, Parteien und Parlament teilhaben, wendet sich die vom Bürgertum geschmiedete Waffe der Publizität mit der Spitze gegen es selbst» (Habermas, S. 142). Dann mußte der Bereich des Sozialen selbst, besonders der Bereich der Güterherstellung, der bisher privater Autonomie überlassen blieb, zum Gegenstand öffentlicher Diskussion werden.

b) Die Rechtsordnung. – «Der Kapitalismus ... braucht ... ein Recht, das sich ähnlich berechnen läßt wie eine Maschine» (Weber, S. 20). Das Verhalten von Justiz und Verwaltung mußte kalkulierbar sein, wenn das Wirtschaftssystem störungsfrei funktionieren sollte.

Das hieß erstens, daß die ständische Rechtsungleichheit, die die freie Konkurrenz unmöglich machte, verschwinden mußte. Standesvorrechte, wie sie der Adel genoß, und Sonderbenachteiligungen, wie sie die Juden bislang erfahren hatten, waren mit dem Prinzip des bürgerlichen Rechtsstaates gleichermaßen unvereinbar.

Das hieß zweitens, daß die Staatsgewalt an allgemeine Gesetze gebunden werden mußte. Weder die Entscheidung «nach freier Willkür und Gnade», noch nach «unverbrüchlich heiliger, aber irrationaler Tradition» (Weber, S. 34) genügte diesen Anforderungen, sondern nur eine für alle gleiche, im voraus bestimmte generelle Norm. Die Herrschaft des Gesetzes als des Vernünftig-Allgemeinen sollte die auf auctoritas gegründete Herrschaft des Fürsten ablösen, voluntas in ratio überführt werden.

Die geistige Rechtfertigung des aufstrebenden Bürgertums war das rationalistische Naturrecht. «Wenn religiöse Offenbarungen und autoritäre Heiligkeit der Tradition und ihre Träger fortfallen», bleiben nur Normen, welche «kraft rein immanener Qualitäten legitim sind» (Max Weber, *Wirtschaft und Gesellschaft*, 2 Halbbände, Köln und Berlin 1964, S. 497), d.h. kraft ihrer Vernünftigkeit. Die Lehre von den natürlichen Rechten des Menschen eignete sich vorzüglich als Waffe gegen die hergebrachten Rechte der bisher herrschenden Klasse, hatte also in dieser Lage gegenüber dem positiven Recht eine revolutionäre Funktion. (Als das Bürgertum selbst an der Macht war, wurde das Naturrecht in der herrschenden Lehre sehr rasch von der historischen Rechtsschule abgelöst, aber von derjenigen Klasse aufgenommen, die jetzt – nun gegen das Bürgertum – um ihre Gleichberechtigung kämpfte, nämlich von der Arbeiterbewegung.)

Die Kodifikation des geltenden Rechts und damit die Bindung des Absolutismus an allgemeinen Normen war ein erster

Schritt zur Durchsetzung der Ziele des Bürgertums, die Vereinbarung von Verfassungen zwischen den Monarchen und der Volksvertretung ein weiterer, die Erstreitung der Gesetzgebungsbefugnis durch das Parlament ein dritter. Das Endziel aber war erst erreicht in einer Republik, in der Exekutive, Verwaltung und Justiz nur ausführende Organe des Willens der Volksvertretung waren; die gesamte staatliche Tätigkeit sollte sich darauf beschränken, Gesetze anzuwenden. Der Staat ist in der liberalen Konzeption der Diener der Gesellschaft, der durch Gesetze dafür zu sorgen hat, daß sich der einzelne frei entfalten kann, sofern er dabei nicht mit dem gleichen Freiheitsgebrauch aller anderen in Konflikt gerät.

Sollte das Gesetz diese Funktion erfüllen, so mußte es sich auf Regelungen des formalen Verkehrs der Individuen untereinander beschränken und durfte nicht versuchen, die private Sphäre, zu der auch der Bereich der Produktion und der Verteilung der Güter rechnete, inhaltlich in bestimmter Weise zu gestalten. Ein gesetzlicher Arbeiterschutz ist daher mit dem liberalen Modell unvereinbar, weil der Staat hier seine Ordnungsfunktion überschreiten und Gestaltungsfunktionen übernehmen würde.

Einen besonderen Rang bei der Sicherung der Privatsphäre nehmen hierbei die Grundrechte ein, die in den liberalen Verfassungen den ideologischen Kern darstellen. Diese Grundrechtskataloge stehen geistesgeschichtlich in der Tradition der Aufklärung, die jedem Menschen unabhängig von Stand und Rasse bestimmte angeborene Rechte zusprach (Menschenrechte) und – ausgehend vom einzelnen – den Staat als einen durch Vertrag gebildeten Verein von Individuen konstruierte. Soziologisch aber sind sie ganz konkret auf die Bedürfnisse des Bürgertums zugeschnitten, das freilich im Kampf gegen den Absolutismus seine Interessen mit den Interessen aller Menschen identifizierte.

So findet sich in den Grundrechten neben der Sicherung der Intimsphäre (persönliche Freiheit, Unverletzlichkeit der Wohnung) die Garantie der politischen Funktionen der Bürger (Freiheit der Meinung und der Rede, Vereinigungsfreiheit, Wahlrecht) und deren Institutionen (Presse, Parteien). Die liberalen Verfassungen enthalten – entgegen ihrem Anspruch auf Neutralität gegenüber der Gesellschaft – durchaus eine bestimmte Entscheidung im Sinne des Bürgertums. In der Garantie von Privateigentum, Vertrags-, Handels- und Gewerbefreiheit wird dies besonders deutlich.

Auch im Strafrecht mußte der Liberalismus die Durchsetzung neuer, humanerer Prinzipien anstreben. Der bis heute von den Konservativen vertretene und vom christlichen Staat herkommende Grundsatz, daß die Strafe eine Sühne für das begangene Unrecht sein müsse, mußte vom Liberalismus, dem es auf den Schutz der Gesellschaft vor Störungen ankam, bekämpft werden. Wer die bürgerliche Ordnung gestört hatte, blieb gleichwohl noch Mensch mit bestimmten Rechten. So forderte der Liberalismus ein Recht ohne religiöse Elemente; er trat gegen Folterungen und gegen die Todesstrafe auf und verlangte für Untersuchungs- wie für Strafgefangene eine menschenwürdige Behandlung. Eine volkstümliche Rechtspflege sollte durch Beteiligung von Laien und durch den Aufbau von Schwurgerichten gesichert werden.

Im internationalen Bereich mußte der Liberalismus zur Lehre von der Gleichberechtigung der Völker und zur Verneinung der Gewaltanwendung in den internationalen Beziehungen, d.h. zum Pazifismus kommen.

Der Liberalismus etabliert der Idee nach eine Rechtsordnung, die den Staat in eine tendenziell von Gewalt freie Rechtsgemeinschaft überführt, in der vor dem Gesetz alle gleich sind und in der sich jeder nach seinen Fähigkeiten frei entfalten kann.

c) Kultur. – Die ständische Gesellschaftsordnung «war gewissermaßen hineingebaut in den Dom der Kirche» (Stillich, S. 36). Das Bürgertum mußte daher deren Stützen, Kirche und Orthodoxie, ebenso bekämpfen wie den Ständestaat und den Absolutismus. (In geistigen Fragen liberal sein, heißt nämlich keineswegs, «gegen alle Überzeugungen tolerant sein, sondern vielmehr: intolerant sein gegen alle nicht auf Vernunft gestützten Urteile» (Stillich, S. 13).) Die Forderung nach unbeschränkter geistiger Freiheit, d.h. nach Glaubens-, Gewissens-,

Denk-, Lehr- und Forschungsfreiheit, ist eine der Hauptwaffen des Bürgertums gewesen. Die Entfaltung des Kapitalismus und die Entwicklung der modernen Wissenschaften, besonders der Naturwissenschaften, verlaufen parallel und bedingen sich gegenseitig. Die Erwerbsgrundlage bestimmte auch den Kulturbegriff der verschiedenen sozialen Klassen. Für die Konservativen sind Landwirtschaft und Krieg die großen Kulturhebel, für die Liberalen hängt Kultur von der Entwicklung von Industrie und Technik ab.

Konkret mußte der Liberalismus die Trennung von Staat und Kirche fordern. Die Kirche sollte, wie jeder andere private Verein, innerhalb ihrer Organisation frei bestimmen können und von den Beiträgen ihrer Anhänger, nicht aber von Steuergeldern leben. Die Schule sollte dem Zugriff der Kirche entzogen und für alle Staatsbürger zugänglich werden; sie sollte die Verstandeskräfte des freien Menschen und nicht mehr den Sinn für Gehorsam und Autorität entwickeln. Die Eheschließung wurde zur weltlichen, d.h. dem Staat obliegenden Angelegenheit, der Eid von seiner religiösen Formel befreit.

Freiheit der Eheschließung, Freizügigkeit, Ein- und Auswanderungsrecht und Gewerbefreiheit dienen mehr oder weniger deutlich den Interessen der industriellen Entwicklung. Freizügigkeit etwa begünstigte die Entwicklung der großstädtischen Industriezentren und setzte große Ströme von Arbeitern in Bewegung. Sobald das Bürgertum an der Macht beteiligt war, kam es auch in diesem Bereich zu einem teilweisen Umschwung: es blieb zwar religiös indifferent, arrangierte sich aber mit der Kirche, da es deren Wichtigkeit als Stütze der Herrschaft erkannt hatte. Auch hier wurde die liberale Tradition von der Arbeiterbewegung aufgenommen, die nun in der gleichen Lage war wie das Bürgertum in der Entwicklungsphase vorher. (Heute vollzieht etwa die SPD in ähnlicher Lage den gleichen Annäherungsprozeß an die Kirche.)

d) Die Wirtschaftsordnung. – Der Kapitalismus hatte die wirtschaftlichen Bindungen in Gewerbe und Handel (Zunftzwang) aufgelöst. Die enormen wirtschaftlichen Energien, die mit der freien Tausch- und Verkehrswirtschaft und neuen technischen Erfindungen frei wurden, veränderten die bisher agrarisch bestimmten europäischen Staaten immer stärker in Richtung auf Industrie- und Handelsstaaten. Diese Entwicklung hatte die ökonomischen Grundlagen der alten Stände zerstört und schließlich dem wirtschaftlich herrschenden Bürgertum auch die politische Macht oder wenigstens eine Beteiligung an ihr eingebracht.

Das Bürgertum hatte diesen Kampf gegen Adel und Absolutismus geführt im Namen der Menschheit, mit dem Anspruch, der Wohlfahrt aller, d.h. «dem größtmöglichen Glück der größtmöglichen Zahl» (Bentham) zu dienen, mit den Parolen von Freiheit und rechtlicher Gleichheit für alle Menschen. Das liberale Wirtschaftssystem sollte die Gewähr für eine Tauschmarktgesellschaft gleicher und freier Wirtschaftssubjekte bieten.

Schon die französischen Physiokraten hatten, mit besonderem Blick auf die Landwirtschaft, die Lehre entwickelt, daß das Individuum Herr über seine eigenen wirtschaftlichen Interessen sein müsse, damit eine harmonische Verteilung von Tätigkeit und Reichtum statthaben könne. Aufgabe des Staates sei, alle Hindernisse, die diesem ordre naturel entgegenstanden, zu beseitigen. Die englische Ökonomie bildete diese Theorie weiter und übertrug sie auf den industriellen Bereich. Die Wirtschaft würde sich gemäß natürlichen Gesetzen zum Wohle aller entfalten, wenn man sie sich selbst überließ. So soll der Staat mit der «Privatautonomie, mit Vertrags- und Gewerbe-, Eigentums- und Vererbungsfreiheit die Grundlagen einer Gesellschaft selbständiger Privateigentümer» (Habermas, *Student und Politik*, S. 19) garantieren. Wenn jeder nach seinem eigenen Gewinn strebte, ohne darüber mit anderen Absprachen zu treffen – d.h. unter der Bedingung der freien Konkurrenz–, sei zugleich dem Gemeinwohl am besten gedient.

In die durch die Geldwirtschaft kalkulierbaren Austauschbeziehungen gehen ausnahmslos alle Produkte und Produktionsmittel, namentlich auch alle körperlichen und geistigen Leistungen des Menschen ein. Dabei wird angenommen, daß sich alle Waren nach ihrem «Wert» austauschen, d.h. «nach dem zu seiner Herstellung notwendigen Arbeitsquantum» (Habermas, *Strukturwandel*, S. 101).

Diese Bedingungen sind aber nur erfüllt, «wenn jeder Anbieter seine Waren selber herstellt, umgekehrt jeder Arbeiter seine Produktionsmittel selber besitzt» (Habermas, *Strukturwandel*, S. 100). Die liberale Ökonomie setzt also eine Gesellschaft von Kleinwarenproduzenten voraus. «Die ökonomische Macht eines jeden Warenbesitzers wird innerhalb einer Größenordnung vorgestellt, in der sie auf den Preismechanismus keinen Einfluß nehmen, infolgedessen nie als Macht über andere Warenbesitzer wirksam werden kann» (Habermas, *Strukturwandel*, S. 94). Ein Ausgleich von Angebot und Nachfrage, d.h. ein krisenfreies Funktionieren der Wirtschaft sollte sich unter den angegebenen Bedingungen notwendig ergeben. «Die Warenproduktion ist subjektiv anarchisch, objektiv harmonisch» (Habermas, *Strukturwandel*, S. 101). Auch im internationalen Maßstab sollte ein harmonischer Interessenausgleich erfolgen, wenn durch Zollfreiheit und Freihandel die künstlichen Hindernisse für die natürlichen Wirtschaftsgesetze beseitigt seien.

Dem Anspruch nach sollte in diesem System jedermann die gleichen Chancen haben, mit Fleiß und Tüchtigkeit den Status eines Eigentümers zu erwerben und damit Zugang zu den Kriterien Besitz und Bildung zu erlangen, die den «Menschen» der liberalen Theorie, d.h. den wirtschaftlichen Unabhängigen und politisch Mündigen auszeichneten.

e) Der liberale Gesellschaftsbegriff. – Da das Bürgertum seinen Aufstieg nur im Kampf gegen die feudalen und korporativen Bindungen des Ständestaates und gegen den absolutistischen Polizei- und Militärstaat durchsetzen konnte, mußte es als Gegenposition einen extremen Individualismus proklamieren. Diese Wendung ist in der Philosophie wie in der Ökonomie in gleichem Maße nachzuweisen. Das Individuum und sein Wohlergehen sind der Ausgangspunkt aller Überlegungen und das Ziel jeder Politik. Staat und Gesellschaft werden von hier aus konstruiert.

Da der Mensch als von Natur aus gut und der Vervollkommnung fähig gilt, kommt es darauf an, ihm freie Entfaltungsmöglichkeiten zu bieten. Optimismus und Humanität gehören ebenso wie die Lehre von den natürlichen Rechten und der natürlichen Gleichheit der Menschen als Menschen zur Grundkonzeption des Liberalismus. Das Gesamtinteresse soll sich reibungslos aus der Summe der Einzelinteressen ergeben. Die Gesellschaft ist gleichsam nur ein Nebenprodukt, das dabei abfällt. Der Staat hat nur Existenzberechtigung, sofern er die Freiheit des Individuums schützt.

Solange das Bürgertum gegen die feudale Ordnung ankämpfte, d.h. solange es revolutionär war, behielt es diese Konzeption bei. Als jedoch der Aufstieg des Bürgertums vollzogen und mit der industriellen Arbeiterschaft eine Klasse entstanden war, die nun gegen das Bürgertum um seine Gleichberechtigung rang, wurde der Liberalismus den neuen Tatsachen entsprechend uminterpretiert, um die eigene Vormachtstellung rechtfertigen zu können und die Realisierung von Freiheit und Gleichheit für alle zu verhindern.

f) Das Modell des bürgerlichen Rechtsstaates. – Danach ergibt sich das folgende Modell des auf die Interessenlage des Bürgertums bezogenen liberalen Rechtsstaates: Rechtlich freie und gleiche Individuen regeln ihre Beziehungen untereinander, gleichgültig ob es sich um politische, ökonomische oder andere Fragen handelt, durch frei vereinbarte private Verträge. Diese Vertragsauffassung ist «dem Tauschvorgang frei konkurrierender Warenbesitzer nachgebildet» (Habermas, S. 89). Die Arbeitszeit wie die Ehe, Geschäftsbeziehungen wie Beschlüsse des Parlaments wie auch die Institution des Staates selbst sind das Ergebnis friedlicher Vereinbarungen zwischen juristisch gleichen Partnern.

Da jede staatliche Willkürhandlung das auf rationaler Kalkulation beruhende Wirtschaftssystem stören würde, soll das Moment der unberechenbaren persönlichen Entscheidung aus der Staatstätigkeit eliminiert werden. Nicht Menschen sollen herrschen, sondern Gesetze sollen gelten, d.h. generelle und abstrakte Normen, die mit der öffentlichen Meinung übereinstimmen und daher vernünftig sind. Veritas, non auctoritas facit legem. Wie die Gesetze des Marktes lassen sie keine Ausnahme zu: «sie sind objektiv, nämlich nicht von einzelnen zu manipulieren (der Preis entzieht sich der Beeinflussung jedes einzelnen Warenbesitzers); sie sind nicht an bestimmte einzelne adressiert (der freie Markt verbietet Sonderabsprachen)» (Habermas, *Strukturwandel* S. 95). Auch aus den zwischenstaatlichen Beziehungen soll jede Gewaltanwendung verschwinden, da Kriege prinzipiell vernunftwidrig sind. Stehende Heere sind nicht nur wirtschaftliche Verschwendung, sondern auch eine ständige Bedrohung des inneren wie des äußeren Friedens.

Im Innern hat der Staat lediglich die Aufgabe, allgemeine Regeln über den Verkehr der Privatleute untereinander aufzustellen – vergleichbar den Regeln des Straßenverkehrs – und deren Freiheit und Eigentum zu schützen, soll aber dem Inhalt der jeweiligen Vereinbarungen der Privatleute gegenüber neutral bleiben («Nachtwächterstaat»). Die bürgerliche Gesellschaft wird als Sphäre privater Autonomie etabliert, öffentliche Gewalt dem Bedürfnis der Privatsphäre untergeordnet. Nationale und konfessionelle Toleranz, Weltbürgertum und Pazifismus sind notwendige Konsequenzen. «Rechtssicherheit durch Berechenbarkeit» (Habermas, *Student und Politik*, S. 18) ist der Zweck der Gesetze, nicht aber soziale Gerechtigkeit. Diese soll vielmehr durch den Mechanismus des freien Marktes, der jedem die seiner Tüchtigkeit angemessenen sozialen Aufstiegschancen gewährt, von selbst entstehen.

Der liberale Rechtsstaat grenzt sich damit gleichermaßen vom absolutistischen Militärstaat, in dem der Fürst legibus solutus, d.h. ohne jede Bindung an irgendwelche Normen, entschied, wie vom sozialistischen Wohlfahrtsstaat ab, in dem der Staat durch gestaltenden Eingriff in die Gesellschaft soziale Gerechtigkeit erst herstellen soll.

Faktisch bedeutet «Herrschaft des Gesetzes» die Herrschaft der Volksvertretung, die unter den wachsamen Augen der Öffentlichkeit und im Auftrage des gesamten Volkes die Gesetze beschloß. Recht ist nur demokratisch erzeugtes Recht. Rechtsstaat bedeutet «parlamentarischen Gesetzgebungsstaat» (Carl Schmitt, *Legalität und Legitimität*, München 1932, S. 7) im Unterschied zum Regierungs- oder Verwaltungsstaat, deren Herrschaftsausübung nicht durch allgemeine Gesetze, sondern durch den persönlichen Befehl bzw. die für die jeweilige konkrete Lage getroffene Maßnahme charakterisiert ist.

Da die Harmonisierbarkeit aller Interessen und Meinungen und die objektive Feststellbarkeit des Gemeinwohls vorausgesetzt wurde, konnten die Beschlüsse des Parlaments beanspruchen, das Allgemein-Vernünftige zu repräsentieren. Das Parlament will daher nicht eine «Gewalt» im eigentlichen Sinne sein, sondern als Repräsentant der öffentlichen Meinung Vernunft darstellen, «Herrschaft» im herkömmlichen Sinne auflösen und Politik in Moral überführen.

Exekutive und Judikative waren auf die Ausführung bzw. Anwendung der vom Parlament beschlossenen generellen Normen beschränkt, wodurch die gesamte staatliche Tätigkeit «legal», d.h. zur neutralen Anwendung allgemeiner Normen wurde. Gesetzgebung und Verwaltung verhalten sich also zueinander wie allgemeiner und besonderer Wille, Ordnung und Tat. Kompetenzmäßigkeit und Justizförmigkeit, d.h. «rationale» Verwaltung und «unabhängige» Justiz garantieren die Berechenbarkeit staatlicher Tätigkeit.

Eine Ordnung, in der das Volk in gewaltloser und vernünftiger Weise seine Angelegenheiten in Freiheit selber ordnet und materielle Gerechtigkeit sich von selbst herstellen würde, schien damit gewährleistet.

3. Idee und Realität

Das Bürgertum hatte den Kampf gegen den Feudalismus im Namen der Menschheit geführt; es hatte die Privilegien des Adels bekämpft und die natürliche Freiheit und Gleichheit aller Menschen verkündet.

Dennoch wurde, als das Bürgertum die Staatsmacht oder wenigstens einen Anteil an ihr erkämpft hatte, keineswegs rechtliche Gleichheit voll realisiert. «Die liberale Demokratie entwickelte sich in einer durchaus hierarchisch gegliederten Gesellschaft. Die politische Willensbildung blieb faktisch der Oberschicht vorbehalten. Die reale Basis des liberalen Staates war niemals eine Ordnung konkurrierender Bürger mit gleichen Chancen, sondern eine stabile ... durch Bildung und Besitz gesicherte soziale Rangordnung» (Habermas, *Student und Politik*, S. 20). Daneben wirkten die feudalen Kräfte weiter mit. Die Kolonialvölker galten nicht als Menschen, die Sklaverei wurde gerechtfertigt (vgl. etwa Locke). Im eigenen Lande war das Recht politischer Mitgestaltung gebunden an den Zensus, d.h. an die Höhe der geleisteten Steuern, während Lohnarbeiter, die nur ihre Arbeitskraft zu verkaufen hatten, zwar der Vorteile der vom Parlament beschlossenen Gesetze teilhaftig waren, an deren Zustandekommen aber nicht mitwirken durften. Rousseau hat den Charakter des englischen Parlaments als Herrschaftsinstrument einer Klasse überzeugend nachgewiesen.

Da die Aufklärung die religiös-traditionalen Rechtfertigungsversuche hierarchisch gestufter Ordnungen radikal zerstört hatte, mußten für diese rechtlichen Differenzierungen Notwendigkeiten angeführt werden, die in der Gesellschaft selbst begründet waren. Danach kann nur der Besitzende ein Interesse an der Aufrechterhaltung der bürgerlichen Ordnung und nur der Gebildete Einsicht in das, was dem Wohle aller dient, haben. Mit dieser Begründung konnte Lohnarbeitern und Frauen das Wahlrecht verweigert werden, so wie heute Kinder und Unzurechnungsfähige kein Wahlrecht haben.

Die Gleichsetzung von Eigentümer und Menschen war aber nur solange mit den liberalen Prämissen vereinbar, als der Zugang zu den Kriterien Besitz und Bildung prinzipiell jedermann offenstand. Weil aber Besitz die Voraussetzung für die Möglichkeit der Bildung war, hängt die Glaubwürdigkeit des liberalen Anspruchs davon ab, ob die freie Wettbewerbswirtschaft wirklich jedem Tüchtigen die Chance gab, den Status des Eigentümers zu erwerben.

Nun waren zwar diese Bedingungen niemals – auch nicht in der ersten Hälfte des 19. Jahrhunderts – erfüllt; aber die liberalen Kategorien bezeichneten doch wirkliche soziale Tendenzen, und «immerhin war das liberale Modell der Wirklichkeit soweit angenähert, daß das Interesse der bürgerlichen Klasse mit dem allgemeinen Interesse identifiziert, der 3. Stand als Nation etabliert werden konnte» (Habermas, *Strukturwandel*,

S. 102). Im gleichen Maße jedoch, in dem sich aus der Gesellschaft der Kleinwarenproduzenten größere Betriebe auf industrieller Basis einerseits und eine Millionenmasse von Lohnarbeitern andererseits abspalteten, wurde dieser Anspruch unglaubwürdig. Von einer freien Konkurrenz zwischen Großbetrieben, die sich bald zu riesigen Konzernen zusammenschlossen, und Kleinunternehmen konnte keine Rede mehr sein. Viele handwerkliche Kleinbetriebe gingen ein.

Der Lohnarbeiter hatte nicht mehr die Chance, die der Handwerksgeselle bis dahin gehabt hatte, nämlich eines Tages selbst Eigentümer der Produktionsmittel zu werden, mit denen er arbeitete. Der formal freie Arbeitsvertrag zwischen juristisch gleichen Partnern, in dem der Arbeiter seine Arbeitskraft eintauschte gegen eine bestimmte Bezahlung, die frei und gemäß dem Gerechtigkeit erzeugenden Prinzip von Angebot und Nachfrage ausgehandelt wurde, war in Wirklichkeit ein Vertrag, bei dem der Arbeiter, der nur über seine Arbeitskraft verfügte, die Bedingungen – Arbeitszeit und Lohn – des wirtschaftlich übermächtigen Partners akzeptieren mußte, wenn er nicht verhungern wollte. Da das liberale Prinzip jeden Staatseingriff und damit jede Arbeiterschutzgesetzgebung, aber auch jeden Zusammenschluß von Arbeitnehmern verbot, weil damit die «freie Konkurrenz» gestört worden wäre, konnten die Arbeiter im Namen der Freiheit beliebig ausgebeutet werden.

Ihren theoretischen Niederschlag fand diese Entwicklung in der neuen liberalen These, die nicht mehr auf den friedlichen Wettbewerb mit gleichen Chancen für alle und größten Gewinn für die Gesamtheit abstellte, sondern auf den Kampf ums Dasein und der natürlichen Auslese der Tüchtigsten, wobei die Lehre Darwins vergröbert auf den gesellschaftlichen Bereich übertragen wurde. Die Tatsache der Klassengesellschaft wurde nun teilweise zugegeben, doch als Ergebnis der «natürlichen Ungleichheit» der Menschen gerechtfertigt.

Mit der Herausbildung tiefer sozialer Gegensätze in der Gesellschaft entfielen die wichtigsten Voraussetzungen der liberalen Lehre:

Ein objektiv feststellbares Gemeinwohl gab es nicht mehr.

Das Gewinnstreben der einzelnen Warenbesitzer war offenkundig nicht identisch mit dem Wohle aller.

Der besitzlose Lohnarbeiter hatte praktisch keine Chance, den Status eines Eigentümers zu erlangen.

Die Gleichheit der Kräfte - die Voraussetzung für ihre Freiheit, da diese sonst in ihr Gegenteil umschlagen mußte - war nicht mehr gegeben.

Eine freie Konkurrenz zwischen den Warenbesitzern existierte nicht mehr; große wirtschaftliche Unternehmungen konnten den Markt in erheblichem Maße beeinflussen.

Die liberale Idee war, wie Hegel schon deutlich sah, durch die soziale Entwicklung zur Rechtfertigungsideologie einer schlechten Wirklichkeit geworden.

Die Nichtbesitzenden mußten in dieser Lage darauf drängen, daß das Soziale selbst, d.h. der Bereich von Produktion und Konsumtion, öffentlich zur Diskussion gestellt wurde, weil nur hier die materiellen Voraussetzungen für die wirkliche Ausübung der Freiheit geschaffen werden konnten. Das war aber nur möglich, wenn diese Schichten zur «öffentlichen Meinung» Zugang erhielten; das Thema des 19. Jahrhunderts lautet daher: «Wahlreform».

Dieser Prozeß machte den liberalen Staatsbegriff unhaltbar: Der Staat kann sich nicht mehr mit generellen, inhaltlich neutralen Regelungen begnügen, sondern muß inhaltlich gestaltend in die gesellschaftliche Sphäre eingreifen, um soziale Gerechtigkeit, die der liberale Markt nicht herzustellen vermochte, selbst zu fördern. Auch der generelle Charakter des Gesetzes kann nicht mehr gewahrt werden, da nun ganz bestimmte Personengruppen und Situationen Adressaten von Gesetzen sind. Die sozialen Gegensätze dringen ins Parlament ein und formen es um: wo sich ehemals in öffentlicher Diskussion der Honoratioren das Allgemein-Vernünftige herstellte, treffen nun verschiedenartige soziale Interessen aufeinander. Aus lockeren Meinungsparteien werden straff organisierte Interessenvertretungen.

Um die politische und soziale Vorrangsstellung des Bürgertums gegenüber den Ansprüchen der nachdrängenden besitzlosen Handarbeitermassen auf Mitbestimmung verteidigen zu können, mußten die liberalen Prinzipien umgedeutet werden.

Das Naturrecht wird von der historischen Rechtsschule abgelöst. Die öffentliche Meinung, solange sie vom Bürgertum getragen war, mit Vernunft schlechthin identifiziert, wird nun eher als Gefahr für die Vernunft diskreditiert (J. St. Mill, Toqueville); nun wird Toleranz, d. h. Schutz der Minderheit, in die das Bürgertum zu geraten droht, vor der Mehrheit verlangt, die Mill mit «kollektiver Mittelmäßigkeit» und Treitschke gar mit den «Mächten der Dummheit, des Aberglaubens, der Bosheit und Lüge» gleichsetzt, denn die Ausdehnung des Wahlrechtes war im 19. Jahrhundert doch nicht zu verhindern. Mit der Repräsentationstheorie, die Rousseau als undemokratisch verworfen hatte, wurde nun die Selbständigkeit und Unabhängigkeit des Parlaments von seinen Wählern betont, da ein stärkeres unmittelbares Eindringen von Angehörigen der Unterklassen in das Parlament schon wegen deren beruflicher Unabkömmlichkeit zunächst nicht zu befürchten war: die Arbeiter wählten zunächst noch liberale Parteien, bevor sie sich selbst politisch organisierten. Das Parlament soll nun nicht länger unter der ständigen Kontrolle der Öffentlichkeit stehen, sondern es soll als der bevollmächtigte Sprecher, als Repräsentant des Ganzen auftreten dürfen.

Mit der Konzeption des Repräsentativsystems spaltet sich die liberale von der demokratischen Bewegung ab, mit der sie bis dahin identisch war. Das Publikum soll sich mit der Auswahl der geeigneten Personen aus der sozialen Elite begnügen und ihm alle sachlichen Entscheidungen überlassen. Öffentlichkeit soll nicht länger der Auflösung der Macht, sondern nur noch deren Teilung dienen. Später folgt sogar die Forderung nach einem starken Staat, der die Unternehmerinteressen nicht nur nach innen gegen die Arbeiterschaft verteidigen, sondern auch nach außen durch die Eroberung neuer Märkte (Imperialismus) fördern kann. (Es hat durchaus auch Liberale gegeben, die Staatseingriffe zugunsten der sozialen Schwächeren verlangten – der radikale Flügel der englischen Liberalen, die deutschen Kathedersozialisten – doch die Gesamttendenz vermochten sie nicht zu bestimmen, obwohl ihre Konzeptionen m Sinne der Aufrechterhaltung der Unternehmerwirtschaft waren.)

Zur Abwehr der Forderungen der Unterklassen hat das liberale Bürgertum in der zweiten Hälfte des 19. Jahrhunderts sogar zeitweise nicht nur auf seinen politischen Herrschaftsanspruch, sondern auf alle liberalen Prinzipien und Ideale verzichtet, wenn seine wirtschaftlichen Interessen gewahrt blieben. In Deutschland führte diese Lage zum Bündnis der Nationalliberalen mit dem halbfeudalen Militärstaat Bismarcks, in Frankreich zur Diktatur Napoleons III. Beide Experimente haben – freilich gegen den Willen der Machthaber – die Demokratisierung noch beschleunigt: das allgemeine und gleiche Wahlrecht, das Bismarck wie Napoleon III. im Vertrauen auf die ungebildete Landbevölkerung eingeführt haben, mußte sich auf die Dauer gesehen im demokratischen Sinne auswirken.

Alle diese Wendungen des Liberalismus bedeuten eine entschiedene Abkehr von den demokratischen Prinzipien, für die das Bürgertum einst – im eigenen Interesse – gekämpft hatte, deren Ausdehnung auf die handarbeitenden Massen aber nun abgelehnt wurde. Der konservative Staatstheoretiker Friedrich Julius Stahl hat das mit besonderem Blick auf die deutschen Verhältnisse treffend geschildert:

«Die liberale Partei behauptet den Gedanken der Gleichheit gegen den Adel, gegen alle Stände als solche, weil sie nach der Basis der Revolution keine organische Gliederung zugeben kann. Allein, soll die Gleichheit positiv durchgeführt werden, soll die Klasse der Besitzlosen dieselben Rechte mit ihr erhalten, dann gibt sie den Gedanken auf und macht politisch rechtliche Unterschiede zugunsten der Vermöglichen. Sie will Zensus für die Repräsentation, Kautionen für die Presse, läßt nur die Fashionablen in den Salon kommen, gewährt dem Armen nicht die Ehre und die Höflichkeit wie dem Reichen. Diese Halbdurchführung der Prinzipien der Revolution ist es, was die Parteistellung der Liberalen charakterisiert.» (*Die gegenwärtigen Parteien in Staat und Kirche*, Berlin 1863, S. 73)

So hatte sich in den europäischen Ländern von den 80er Jahren des 19. Jahrhunderts ab – nach außen sichtbar durch die

Abkehr vom Freihandel und die zunehmenden staatlichen Interventionen in die Wirtschaft – eine Staats- und Gesellschaftsstruktur herausgebildet, die zwar noch liberale Elemente enthielt, im Ganzen aber bereits einen Übergang zu einem qualitativ neuen Herrschaftssystem darstellte.

Literatur

CASSIRER, ERNST, *Die Philosophie der Aufklärung*, Tübingen 1932

FEDERICI, FEDERICO, *Der deutsche Liberalismus. Die Entwicklung einer Idee von Immanuel Kant bis Thomas Mann.* Zürich 1946

HABERMAS, JÜRGEN, *Strukturwandel der Öffentlichkeit*, Neuwied 1962

– *Student und Politik*, Neuwied 1961

HELLER, HERMANN, *Die politischen Ideenkreise der Gegenwart*, Breslau 1926

– *Staatslehre*, Leiden 1934

HORKHEIMER, MAX / ADORNO, THEODOR W., *Dialektik der Aufklärung*, Amsterdam 1947

KOFLER, LEO, *Zur Geschichte der bürgerlichen Gesellschaft*, Halle 1948

KÜHNL, REINHARD, *Formen bürgerlicher Herrschaft. Liberalismus und Faschismus*, Reinbek b. Hamburg 1971

LUKACS, GEORG, *Geschichte und Klassenbewußtsein*, Berlin 1923

MARX, KARL, «Zur Kritik der Hegelschen Rechtsphilosophie», *MEW* 1, S. 378ff.

– «Der achtzehnte Brumaire des Louis Bonaparte», *MEW* 8, S. 111ff.

– / ENGELS, FRIEDRICH, Die deutsche Ideologie = *MEW* 3

MOTTEK, HANS, *Wirtschaftsgeschichte Deutschlands*, 2 Bände, Berlin 1968 u. 1969

NEUMANN, FRANZ, *Demokratischer und autoritärer Staat*, hrsg. von H. Marcuse, Frankfurt/M. 1967

DE RUGGIERO, GUIDO, *Geschichte des Liberalismus in Europa*, München 1930

SCHMITT, CARL, *Die geistesgeschichtliche Lage des heutigen Parlamentarismus*, Berlin 1926

SCHUMPETER, JOSEPH, *Kapitalismus, Sozialismus und Demokratie*, Bern 1950

STILLICH, OSCAR, *Die politischen Parteien in Deutschland* II: Der Liberalismus, Leipzig 1911

WEBER, MAX, *Staatssoziologie*, Berlin 1956

B

DAS SOZIALSTAATLICHE MODELL ÖFFENTLICHER HERRSCHAFT

[JÖRG KAMMLER]

1. Vom liberalen zum Sozialstaat

a) Zum Begriff des Sozialstaates. – Der überwiegend schlagwortartige Gebrauch des Begriffes «Sozialstaat» erschwert seine sinnvolle Verwendung. Im hier gebrauchten Sinn bezieht er sich auf die Struktur öffentlicher Herrschaft in den demokratisch verfaßten, hochindustrialisierten spätkapitalistischen Gesellschaften vor allem Westeuropas, Skandinaviens und Nordamerikas.

Dabei spielt der Begriff auf die im System politischer Organisation und politischer Entscheidung erfolgte Vermittlung von Staat und Gesellschaft an und setzt sich damit gegen den bürgerlich-liberalen Staat ab, für den die Trennung dieser beiden Sphären konstitutiv war.

Damit zusammenhängend bezeichnet er – in der Variante Wohlfahrtsstaat – Vorhandensein oder Herausbildung von staatlich garantierten und mitverwalteten Systemen sozialer Sicherheit, die, bei unterschiedlicher Breite und Intensität der Eingriffe in den weiterhin privatkapitalistisch organisierten, oligopolistisch oder monopolistisch strukturierten Produktionsprozeß, zumindest eine Herabminderung der sozialen Risiken der Masse der abhängig Arbeitenden sowie die Gewährleistung eines gewissen Mindest-Lebensstandards intendieren.

Nicht zuletzt enthält dieser Begriff die Forderung, auf der Basis eines mit dem demokratischen Gedanken verbundenen, die liberale Begrenzung überwindenden Rechtsstaatsverständnisses nicht nur den Staat, sondern auch die Gesellschaft – und d.h. wesentlich den Prozeß der ökonomischen Reproduktion der Gesellschaft – demokratisch zu organisieren und damit echte Chancengleichheit in der Mitbestimmung aller gesamtgesellschaftlich relevanten Fragen erst zu konkretisieren.

b) Tendenzen des politisch-sozialen Strukturwandels vom liberalen Rechtsstaat zum Sozialstaat. – Der Widerspruch zwischen Anspruch und politischer Praxis des Bürgertums, in dem von ihm beherrschten liberalen Rechts- und Verfassungsstaat zwar «die Idee der Demokratie zu proklamieren, in gewisser Weise auch zu institutionalisieren, und doch eine Minoritätendemokratie auf der Basis einer sozialen Hierarchie faktisch zu betreiben» (Habermas, *Student und Politik*, S. 21), wurde mit der Entfaltung des Klassengegensatzes unüberbrückbar. In dem Maße, in dem sich seit der Mitte des 19. Jahrhunderts parallel zueinander Kapitalismus und gewaltig anwachsende Industriearbeiterschaft organisierten, verlor die bürgerliche Gesellschaft endgültig ihre Funktion als legitime Basis eines Herrschaftssystems, das ihre relative Homogenität und die Identifikationsmöglichkeit von bürgerlicher und Gesamtgesellschaft zur Voraussetzung hatte.

Die Trennung von Staat und Gesellschaft, einst die Garantie für die politische Durchsetzung der relativ unangefochten dominierenden ökonomisch-sozialen Interessen des Bürgertums gegenüber dem Absolutismus, wurde zum politischen Problem in einer Gesellschaft, in der eine breite und ständig wachsende Schicht politisch einflußlos, weil ökonomisch abhängig und unterdrückt war. Ein mit Prinzipien der ratio und des allgemeinen Interesses legitimiertes System öffentlicher Herrschaft wurde so als ideologisch verdeckte Sicherung bürgerlicher Klassenherrschaft offenbar, und es zeichnete sich die Gefahr ab, daß die sich des demokratischen Gedankens bemächtigende unterdrückte Klasse nicht nur die politische Vorherrschaft des Bürgertums, sondern deren ökonomisch-soziale Grundlagen angreifen könne. Hinter der harmonisierenden liberalen Ideologie trat abrupt die «soziale Frage» hervor, die die bürgerliche Gesellschaft und das ihr entsprechende Herrschaftssystem vom gesellschaftlichen Reproduktionsprozeß her radikal in Frage stellte.

Die seit dem letzten Drittel des 19. Jahrhunderts erfolgende

Umwandlung des liberalen in den organisierten Kapitalismus ließ die liberale Gesellschaft ökonomisch annähernd gleicher Kleinproduzenten endgültig zur Fiktion werden: die Prozesse der Konzentration und Zentralisation des Kapitals sowie der technologischen Fortentwicklung des Produktionsapparates führten zum Aufstieg der Kapitalgesellschaften, die in wachsender Zahl und Bedeutung neben die Einzelunternehmer traten. Das Auftreten des Kapitals als Gesellschaftskapital und seiner Unternehmungen als Gesellschaftsunternehmungen bezeichnete «die Aufhebung des Kapitals als Privateigentum innerhalb der Grenzen der kapitalistischen Produktionsweise selbst» (Karl Marx, Das Kapital III = *MEW* 25, S. 452).

Der Bewegung auf dem Kapitalmarkt entsprach der Zug zu oligopolistischen Zusammenschlüssen auf den inneren Märkten mit der Tendenz zu monopolistischer Beherrschung des Marktes. War diese Entwicklung innergesellschaftlich, vor allem in den neuen zentralen Industrien wegen der Notwendigkeit ungeheurer Investitionen nur mit Hilfe des Staates möglich, so erwies sich dessen Protektion gegenüber der ausländischen Wirtschaft als ebenso notwendig. Echte Konkurrenz und free trade wurden liquidiert durch Eingriff und Garantie des Staates, der, formal Repräsentant der Gesamtgesellschaft, nun handfest die partikularen Interessen der agrarischen Schichten und des hochkapitalistischen Bürgertums vertrat. «Die bürgerliche Gesellschaft muß sich im Laufe dieser Entwicklung noch des leisesten Scheins einer machtneutralisierten Sphäre begeben ... Konzentrations- und Krisenprozesse ziehen den Schleier des Äquivalententausches von der antagonistischen Struktur der Gesellschaft. Je mehr sie als ein bloßer Zwangszusammenhang durchsichtig wird, umso dringlicher wird das Bedürfnis nach einem starken Staat» (Habermas, *Strukturwandel*, S. 161). Der vermeintliche «Nachtwächterstaat» erwies sich nunmehr als so stark, wie es die politische und soziale Situation im Interesse der herrschenden Klassen erforderte; mit der Übernahme der Funktion, auswärtige Märkte zu erobern und vor allem neue Investitionsmöglichkeiten zu sichern, wurde er aggressiv, imperialistisch. Hochkapitalistische Expansion und rasche technologische Entwicklung verbanden sich nun mit der Vergrößerung des militärischen Apparates und seiner Effektivität.

Diese Entwicklung erzwang notwendig die Organisation der antagonistischen gesellschaftlichen Kräfte und eine zumindest partielle Umorganisation in der Sphäre der öffentlichen Gewalt. Das sich in Massenorganisationen, Gewerkschaften und Parteien, zusammenschließende Proletariat - Kern jener gewaltig angeschwollenen Masse abhängiger Produzenten, die z.B. in Deutschland 1907 65% der erwerbstätigen Bevölkerung ausmachte und gegenwärtig in den entwickelten Industriegesellschaften etwa 80% der Arbeitenden umfaßt - bemächtigte sich des demokratischen Legitimationsprinzips. Dessen Ausweitung auf die Gesamtgesellschaft war seit der zweiten Hälfte des 19. Jahrhunderts nicht mehr aufzuhalten, es sei denn mit dem Risiko der Umsetzung des zentralen gesellschaftlichen Konfliktes in den politischen des Bürgerkriegs und damit der Gefährdung der politischen wie ökonomischen Basis der «staatstragenden Kräfte». So erzwangen die Unterschichten der Gesellschaft mit der Demokratisierung des Wahlrechts die Beteiligung an der rechtsstaatlichen Legislative: in Konsequenz der Revolution von 1848 wurde das allgemeine Wahlrecht zuerst in Frankreich eingeführt, Bismarck nahm es angesichts der noch überwiegend agrarischen deutschen Gesellschaftsstruktur unter Spekulation auf seine plebiszitär-konservativen Folgen in die Verfassung des neuen Reiches hinein, in England kam es 1867 und 1883 zu Wahlrechtsreformen. Nach dem ersten Weltkrieg setzte sich zunächst auch das Prinzip der parlamentarischen Regierung in allen europäischen Industriestaaten durch.

Doch die formale Konzession der gesellschaftlichen Ausweitung politischer Mitbestimmung - gewährt, um den politisch-sozialen status quo zu zementieren - trug unabweisbar die Gefahr der verändernden Rückwirkung auf die traditionelle Machtstruktur der Gesellschaft in sich. Die Idee der Demokratie als politisches Legitimationsprinzip fand angesichts ihrer Lähmung durch die fortbestehenden gesellschaftlichen Abhängigkeitsverhältnisse ihre adäquate Ergänzung im Postulat der Demokratie als eines sozialen Gestaltungsprinzips. Sie erhielt dadurch eine dynamische, über die bestehende Klassenstruktur hinausdrängende Komponente.

Die Intention der sich organisierenden europäischen Arbeiterbewegung, die «soziale Frage» durch die Realisierung einer demokratisch verfaßten Wirtschafts- und Gesellschaftsordnung mit Hilfe der demokratisierten Staatsgewalt zu beantworten, rief heftige politische und ideologische Reaktionen der herrschenden Klassen und der sie repräsentierenden öffentlichen Gewalt hervor. Durch die auf einer rationalen Konzeption basierende sozialistische Aktivität gezwungen, die ideologische Fiktion einer sich automatisch ergebenden sozialen Gerechtigkeit aufzugeben, tendierten das Bürgertum und die übrigen ihm assoziierten Oberklassen dazu, die Zielvorstellung sozialer Gerechtigkeit überhaupt zu verdrängen und die bestehende Gesellschafts- und Herrschaftsstruktur durch unverhüllte, forcierte Umsetzung ihrer gesellschaftlichen in politische Macht zu erhalten, eine Tendenz, die sich in Zeiten sozialökonomischer und politischer Krisen jeweils aktualisierte. Das geschah prototypisch im Falle des Sozialistengesetzes von 1878, das die Unterdrückung jeder eigenständigen Aktivität der deutschen Arbeiterklasse und die Perpetuierung der gesellschaftlichen Abhängigkeitsverhältnisse zum Ziel hatte. Das geschah – in komplizierterer Vermittlung – aber auch im Falle der faschistischen Machtergreifungen zwischen den beiden Weltkriegen, als die im wesentlichen unverändert dominierenden Oberschichten auf eigene politische Repräsentanz zugunsten der faschistischen Bewegungen verzichten, um ihre soziale Machtposition zu erhalten und neu zu festigen, wobei Motivation und reale Folgen dieses politischen Machtverzichts zum Teil divergierten.

So mündete die Vermittlung von ökonomisch-sozialen Antagonismen und politischen Konflikten in den massiven, organisierten Einsatz gesellschaftlicher Macht in der Sphäre der öffentlichen Gewalt. In dem Maße, wie durch die Organisierung der Unterklassen in Gewerkschaften, politischen Parteien und gesellschaftlichen Vereinigungen aller Art neben die bürgerliche eine proletarische Gesellschaft trat, die den totalen Anspruch erhob, jene zu überwinden, waren die industriellen und agrarischen Oberklassen gezwungen, ihre Interessen zu organisieren und zu ihrer Durchsetzung auf staatliche Bürokratie und «öffentliche Meinung» einzuwirken. Das mußte in der Form der Ideologisierung ihres partikularen zum allgemeinen Interesse erfolgen, einerseits, um auch das Bewußtsein der Unterklassen zu beherrschen, andererseits, um das gemeinsame Klasseninteresse zu formulieren. Da die Effektivität alleiniger politischer Repräsentanz in Frage gestellt war, entstanden Verbände zur Durchsetzung der gesellschaftlich dominierenden Interessen.

In Deutschland wurde 1876 der außerordentlich einflußreiche protektionistische Zentralverband Deutscher Industrieller gegründet, der sich in der Weimarer Republik mit anderen Verbänden zum umfassenden industriellen Spitzenverband des «Reichsverbandes der Deutschen Industrie» zusammenschloß und «der sich über den Reichsstand und die Reichsgruppe Industrie im nationalsozialistischen Totalstaat und dann im Bundesverband der deutschen Industrie bis auf den heutigen Tag erhalten hat» (Gerhard Schulz, «Über Entstehung und Formen von Interessengruppen in Deutschland seit Beginn der Industrialisierung», *PVS* 2, 1961, S. 124); die Agrarkrise der 90er Jahre führte zur Organisation der landwirtschaftlichen Interessen im Bund der Landwirte (1893), der Klassengegensatz zum Zusammenschluß der Unternehmer, nunmehr in ihrer Rolle als Gegenspieler der Gewerkschaften – 1904 vereinigen sich die einzelnen Verbände zum Verein deutscher Arbeitgeberverbände.

Der Einflußnahme organisierter Interessen auf den Staat entsprachen aber auf der anderen Seite wachsende Eingriffe des Staates in die Gesellschaft. Durch die antagonistischen gesellschaftlichen Kräfte in die konkreten Konflikte der Gesellschaft verwickelt, wurde die öffentliche Gewalt zunehmend als Schiedsrichter beansprucht. Die Trennung von Staat und Gesellschaft fiel so der Dialektik einer mit fortschreitender Vergesellschaftung des Staates sich gleichzeitig durchsetzenden Verstaatlichung der Gesellschaft zum Opfer.

Entfalteter Klassengegensatz und vollzogener Einbruch der Arbeiterklasse in die rechtsstaatliche Legislative zwangen die öffentliche Gewalt dazu, in die Sphäre des Warenverkehrs und der gesellschaftlichen Arbeit zu intervenieren, um die explosiven sozialen Gegensätze im Interesse der herrschenden Klassen zu entschärfen. So forderte Bismarck, «daß man realisiere, was an den sozialistischen Forderungen als berechtigt erscheint und im Rahmen der gegenwärtigen Staats- und Gesellschaftsordnung verwirklicht werden kann» (Otto Vossler, «Bismarcks Sozialpolitik», *Historische Zeitschrift* 167, S.363f.), und Papst Leo XIII. gelangte dazu, auch dem armen Mann das «Recht auf eine kleine Habe» zuzugestehen (*Enzyklika Rerum Novarum*, 1891).

Die ersten größeren staatlichen Maßnahmen zur Eindämmung sozialer Mißstände in einem entwickelten Industriestaat – sowohl die englische Fabrikgesetzgebung als auch die Bismarcksche Sozialgesetzgebung der Jahre 1883/84 (Kranken- und Unfallversicherung) bis 1889 (Invaliden- und Altersversicherung) – entsprangen also ebenso der auf die Erhaltung der existenten politischen und gesellschaftlichen Struktur gerichteten Initiative der herrschenden Klassen, wie sie Resultat des Klassenkampfes waren. «Vom Standpunkt der Kapitalistenklasse gibt es zwei Grundmethoden, der wachsenden Macht und Einheit der Arbeiterklasse zu begegnen: Unterdrückung und Konzessionen. Obgleich diese beiden Methoden Widersprüche zu sein scheinen, sind sie in Wirklichkeit komplementär, wenn sie zu verschiedenen Zeiten in wechselnden Verhältnissen gemischt werden. Beide machen eine Ausweitung der Staatsmacht und der Funktionen des Staates notwendig. So beobachten wir gleichzeitig das Wachsen der Machtinstrumente, die dazu bestimmt sind, Gesetz und Ordnung im Innern aufrechtzuerhalten, und die Ausweitung der sozialen Gesetzgebung in der Form von Unterstützungen, Arbeitslosenversicherung, Altersversorgung und so weiter» (Sweezy, S. 251). Doch das Ziel staatlicher sozialpolitischer Sicherungsmaßnahmen, die Arbeiter als «Soldaten der Arbeit» gesellschaftlich zu integrieren und klassenkämpferische Aktivität gegenstandslos zu machen, mußte sowohl an den fortbestehenden und sich immer wieder zu Krisen verdichtenden immanenten Spannungen des ökonomischen Prozesses als auch an der theoretischen Konsistenz des sozialistischen Anspruchs scheitern. Der Trend der frühkapitalistischen Entwicklung, für eine kleine Schicht profitable, für eine große und ständig wachsende Gesellschaftsschicht aber extrem unmenschliche Ausbeutungsverhältnisse zu etablieren und zu stabilisieren, konnte zwar im Verlauf der Entwicklung des organisierten Kapitalismus zum Teil wesentlich modifiziert, jedoch nicht grundsätzlich beseitigt werden. Das subjektiv, gesellschaftlich und politisch gleichermaßen relevante Moment der Entfremdung verlor in Gesellschaften, deren Bevölkerungsmasse fremdbestimmter Tätigkeit nachgeht, nichts an problematischer Aktualität. Sozialpolitische Fortschritte, Maßnahmen zur Minderung oder Ausschaltung gesellschaftlicher Risiken, zur Verbesserung der Arbeitsbedingungen und zur Beschränkung der Arbeitszeit durch planende bzw. kontrollierende Eingriffe der öffentlichen Gewalt in Teilverläufe des gesamtgesellschaftlichen Prozesses, blieben weiterhin Gegenstand und Ergebnis der Auseinandersetzung antagonistischer gesellschaftlicher Kräfte.

Konnte es z.B. in der Konjunkturperiode nach dem ersten Weltkrieg (ab 1924), die eine weitere Zentralisierung des Kapitals und eine verstärkte wirtschaftliche Machtballung durch Konzernbildungen auch auf internationaler Ebene bewirkte, in den hochindustrialisierten west- und mitteleuropäischen Staaten so scheinen, als leiteten die sozialpolitischen Konzessionen des wieder stabilisierten Kapitalismus an die Arbeitnehmer (8-Stunden-Tag, Anerkennung der Gewerkschaften als Tarifpartner, Anfänge sozialer Mitbestimmung, Erhöhung der Löhne und Verbesserung des Sozialversicherungswesens, besonders durch Schaffung der Arbeitslosenversicherung) eine kontinuierliche Verwirklichung sozialer Gerechtigkeit und sozialer Demokratie ein, so entlarvten die sozialen und politischen Folgen der 1929 einsetzenden Weltwirtschaftskrise diese Vorstellungen als illusionär. Lohnniveau und Sozialleistungen wurden rapide gesenkt, die Teilsysteme zur Erhöhung der sozialen Sicherheit brachen angesichts der Massenarbeitslosigkeit in Deutschland, England und Frankreich zusammen, das Vertrauen der reformistischen Arbeiterorganisationen auf das kapitalistische Interesse an der Aufrechterhaltung des bürgerlich-demokratischen Rechtsstaates erwies sich auch politisch als bloße Spekulation. Die große Krise räumte endgültig mit der Vorstellung eines Automatismus zur Herstellung sozialer Gerechtigkeit unter spätkapitalistischen Bedingungen auf und bestätigte erneut die von Marx diagnostizierte Tendenz des Kapitalismus, extreme soziale Ungleichheit zu etablieren, die sich notwendig verwirklicht, wenn die Organisationen der Unterklassen ihr nicht entgegentreten. Selbst die Vereinigten Staaten wurden im Zuge dieser Krise genötigt, der Ideologie von der sich selbst regulierenden Wirtschaftsgesellschaft zu entsagen und zu einem System staatlicher Lenkungsmaßnahmen (Agricultural Adjustment Act und National Industrial Recovery Act, 1933 u.a. Gesetze), dem New Deal, Zuflucht zu nehmen, das neben Maßnahmen zur Beseitigung der Agrarkrise und der Arbeitslosigkeit eine Art staatlich überwachter (und durch staatliche Unternehmungen geförderter) industrieller Selbstregulierung beinhaltete und im übrigen durch gesetzliche Maßnahmen zum Schutze des Koalitionsrechts, zum Ausbau der öffentlichen Fürsorge und zur Einführung der Arbeitslosenversicherung und der Altersversorgung (1933, 1935) einen Teil der sozialpolitischen Entwicklung Europas nachzuholen versuchte, nicht zuletzt unter dem Druck der Arbeitnehmer und der drohenden Aktualisierung und Zuspitzung ihres gesellschaftlichen und politischen Anspruchs.

Nach dem zweiten Weltkrieg konnten zwar in den wirtschaftlich am weitesten entwickelten «westlichen» Industriegesellschaften die Systeme sozialer Sicherung und partieller staatlicher Wirtschaftsbeeinflussung zum Teil beträchtlich ausgebaut und vereinheitlicht werden, so z.B. in England durch die auf dem Beveridge-Plan fußenden Maßnahmen der Labour-Regierung (1945–1951), in Frankreich durch die Ergebnisse der kurzfristigen Zusammenarbeit aller in der résistance vereinigten Parteien und Gruppierungen, in Skandinavien – besonders in Schweden – durch eine kontinuierliche und umfassende Sozialpolitik der reformistischen Arbeiterparteien, von denen die schwedische Sozialdemokratie seit 1932 ununterbrochen entweder allein oder in Koalition regiert. Jedoch blieb in allen diesen Fällen die privatkapitalistische Wirtschaftsordnung erhalten, und die ihr immanenten Tendenzen setzten sich durch den zweiten Weltkrieg verstärkt durch.

So verringerte sich der Anteil der berufstätigen Bevölkerung, der von selbständiger Arbeit lebt – also die Schicht der Machtträger des industriellen Kapitalismus, der agrarischen und industriellen Kleinproduzenten, der Selbständigen im Verteilungsapparat, Reparatur- und Dienstleistungsgewerbe, der freiberuflich tätigen Akademiker – ständig weiter und macht gegenwärtig in den entwickelten Industriegesellschaften nur noch etwa 20% der Gesamtheit der Berufstätigen aus. Dieser strukturelle Polarisierungsprozeß wird allerdings überdeckt und verzerrt von gegenläufigen sozialpsychologischen Strukturen. Diese gründen in einer gesellschaftlichen Umschichtung, die seit der Jahrhundertwende im Gefolge der Herausbildung des modernen Oligopolkapitalismus in allen industriekapitalistischen Gesellschaften eintrat. Gemeint ist die Herausbildung der Schicht der privaten und öffentlichen Angestellten, die im Zuge der Rationalisierung im Bereich ökonomischer Großgebilde und mit dem Anschwellen der Staatsaufgaben und -ausgaben im Bereich der Rüstungs- und Sozialpolitik schnell wuchs, vor allem in den sich beschleunigt bürokratisierenden «Tertiärindustrien» (Handel, Transport, Post, etc.). Waren 1882 in Deutschland 7,3% aller Erwerbstätigen Angestellte und Beamte, so betrug 1950 ihr Anteil 19,7%. Dagegen stagnierte der prozentuale Anteil der Arbeiter an der Zahl der abhängigen Erwerbstätigen. Trotz der auch für die Angestellten bestehenden Notwendigkeit, ihre Arbeitskraft verkaufen zu müssen, entwickelte diese Schicht eine spezifische Standesideologie und erhob gegenüber der Arbeiterschaft den Anspruch auf höheres Sozialprestige, der sich auf die realiter geringfügigen arbeitsrechtlichen Privilegien sowie auf den illusionären Glauben an größere Aufstiegschancen stützt. Weit davon entfernt, am Bewußtsein proletarischer Solidarität zu partizipieren, bejahten große Teile dieser Schicht die hierarchischen Strukturen der industriekapitalistischen Gesellschaft, mit denen sich die Arbeiter auch dort, wo – wie in der Bundesrepublik Deutschland und den USA – gegenwärtig ein scharf konturiertes gesellschaftliches Bewußtsein fehlt, bis heute nie identifiziert, allenfalls abgefunden haben. Die Irrealität des Selbst- und Gesellschaftsverständnisses des «neuen Mittelstandes» bewirkte jedoch eine spezifische Unsicherheit nicht nur seines sozialen, sondern auch seines politischen Bewußtseins, für das allerdings die deklamatorische Leugnung von Standes- und Klassenunterschieden und ein verschwommener Nationalismus durchgängig attraktiv blieben.

Die Ideologisierung des gesellschaftlichen Bewußtseins wurde durch die zur herrschenden Meinung avancierte Auffassung der gesellschaftlich Herrschenden vorangetrieben, daß die staatlichen Maßnahmen zur Überwachung und Regulierung der Einkommensverteilung zwischen Gesellschaftsklassen und Einzelbürgern, zur Konjunktursteuerung und zur Bestimmung der Konsum- und Investitionsrate durch Einflußnahme auf die Aufteilung des Sozialprodukts nicht nur die privatwirtschaftliche Initiative und die private Verfügung über Eigentum bedenklich beschneide, sondern daß die natürlich pejorativ akzentuierte «soziale Nivellierung» mit der «Mittelstandsgesellschaft» nun doch ein Höchstmaß sozialer Gleichheit hergestellt habe, zumal auch der Lebensstandard der breiten Arbeitnehmerschichten außerordentlich hoch sei und weiter steige. Demgegenüber ist es zunächst «nicht so, daß der Lebensstandard ‹gestiegen ist›, eine solche Formulierung würde einen in das System eingebauten automatischen Prozeß zu unterstellen scheinen. Der Lebensstandard ist vielmehr hochgetrieben worden, und zwar von den nun über ein Jahrhundert währenden gewerkschaftlichen und politischen Anstrengungen der Lohnverdiener und dabei im Kampf gegen die wirtschaftlichen Tendenzen des Systems. Irgendetwas weniger Automatisches, als es dieser wirkliche Vorgang war und ist, läßt sich nicht denken. Er ist dem System ... gegen schärfsten politischen wie theoretischen Widerstand aufgezwungen worden» (Strachey, S. 108).

Zudem – und das führt auf den Kern des Sachverhaltes zurück – ist die soziale Ungleichheit in den spätkapitalistischen Verhältnissen nur geringfügig modifiziert worden. So blieb etwa in England das Schema der Volkseinkommensverteilung von 1850/60 bis 1940 nahezu konstant: Auf ungefähr 10% der Bevölkerung entfiel fast die Hälfte des Volkseinkommens, die andere Hälfte verteilte sich auf die übrigen 90% der Bevölkerung. Der am Ende dieses Zeitraums höhere Lebensstandard der Lohnverdiener war also nicht das Ergebnis einer Umverteilung des Volkseinkommens zugunsten der Bevölkerungsmasse, sondern bedeutete nur, daß das Realeinkommen der Arbeitnehmer parallel zum Gesamtvolkseinkommen und als Folge des wirtschaftlichen Produktivitätsanstieges gestiegen, anteilmäßig aber konstant geblieben war. Infolge der Maßnahmen der Labour-Regierung fand zwischen 1945 und 1951 eine echte, wenn auch sehr begrenzte Umverteilung insofern statt, als sich der Anteil der Löhne am gesamten persönlichen Einkommen – d.h. an dem Teil des Brutto-Sozialprodukts, der in die Hände von Privatpersonen gelangt – gegenüber dem aus Eigentum resultierenden Einkommen um 10% erhöhte. Jedoch tendierte die Entwicklung nach 1951 zu einer Rückverlagerung aus dem Realeinkommen der Lohnverdiener in das der Eigentümer.

Diese Entwicklung weist exemplarisch darauf hin, daß der Staat in den entwickelten kapitalistischen Industriegesellschaften zwar zur Intervention in den gesellschaftlichen Reproduktionsprozeß nicht nur im Interesse des kapitalistischen Systems selbst genötigt ist, sondern in einem gewissen Ausmaß über die Legislative auch zur Intervention im Interesse der Unterklassen genötigt werden kann. Von einem «Staat kollektiver Daseinsvorsorge» und allgemeiner Wohlfahrt kann nicht die Rede sein, solange die Intervention im allgemeinen Interesse einer der gesellschaftlichen Auseinandersetzung verhafteten Vorsorge bestimmter gesellschaftlicher Kollektive zu verdanken ist und deren Durchsetzung weiterhin an den Sonderinteressen ökonomisch-sozialer Machtgebilde (d.h. an den Profitinteressen der privatwirtschaftlichen Großunternehmen und Unternehmenszusammenschlüsse) ihre Grenzen findet und daher notwendig im Partikularen und also leicht Reversiblen stecken bleiben muß.

Der Spielraum für soziale Konkretisierung und Stabilisierung der Demokratie wird eingeengt durch erhöhten Zwang für die industriekapitalistischen Großgebilde, Einfluß auf die Entscheidungen von Staat, Kommunen und Organen der politischen Willensbildung zu nehmen. Der Erfolg dieser Einflußnahme basiert nicht in erster Linie auf direkter politischer

Repräsentanz, als vielmehr auf den die demokratische Prozedur überspielenden Momenten gesellschaftlichen Kontaktes, ideologischer Konformität und schließlich konkreter Interessengleichheit von kapitalistischem Management und Bürokratie des staatlichen Exekutivapparates. Das Spitzenpersonal ist im wesentlichen sozial homogen und fluktuiert in zunehmendem Maße zwischen beiden Bereichen, wie z. B. in den Vereinigten Staaten besonders ersichtlich ist (Mills). Die auf die politischen Entscheidungen gezielte Aktivität der sozial Herrschenden setzt dabei weitgehend das Prinzip demokratischer Willensbildung außer Kraft: gesamtgesellschaftlich relevante Entscheidungen werden unter Umgehung des vorgesehenen Instanzenzuges politischer Öffentlichkeit beraten und getroffen und degradieren diesen zur Fassade.

Dieser Trend hat seine Basis in der fortdauernden und sich verstärkenden Irrationalität im sozialen Bereich. Das Fehlen rationaler Planung des gesamten ökonomischen Prozesses läßt die Gefahr von Rezessionen und Krisen bestehen, deren Überwindung durch verstärkte Rüstungsproduktion weiterhin attraktiv bleibt. Perioden der Hochkonjunktur haben auf der anderen Seite zur übermäßigen Ausweitung von Produktionskapazitäten geführt. Der Zwang zu ihrer Ausnutzung trieb zur manipulativen Sicherung des Absatzes und bewirkte neben der Entstehung eines übergroßen Distributionsapparates im Handel die Herausbildung eines riesigen Reklameapparates der Wirtschaft, der auf die Irrationalität des einzelnen spekuliert und sie damit stabilisiert. Die der allgemeinen kapitalistischen Entwicklung und ihren Gesetzmäßigkeiten unterliegende Presse produziert durch ihre Massenorgane unkritische Meinungskonformität und potenziert die Manipulierbarkeit der Bevölkerungsmasse, die in zunehmendem Maße von den bürokratisierten Organisationen der Gesellschaft, von unkontrollierten Führungen der Parteien und Verbände genutzt und daher weiter verstärkt wird.

So haben sich zwar die Erscheinungsformen gesellschaftlicher Abhängigkeitsverhältnisse im Verlauf der industriekapitalistischen Entwicklung geändert, die ihnen zugrunde liegende Struktur blieb jedoch erhalten und sorgt für ihre Reproduktion, sowie für die andauernde Vermittlung von gesellschaftlichem und politischem Zwang.

2. Das sozialstaatliche Modell öffentlicher Herrschaft

a) Die politische Verfassung der Gesellschaft. – Die heute gängigen Begriffe vom Verwaltungsstaat, Parteien- oder Verbändestaat etc. werden teils echt analytisch, teils polemisch dazu verwendet, das System politischer Herrschaft in den spätkapitalistischen Gesellschaften zu charakterisieren und dabei die Kluft zu überwinden, die sich zwischen den existenten politischen Verfassungen und den überkommenen Systembegriffen der Verfassungslehre einerseits und den realen Funktionszusammenhängen politischer Machtbildung, -verteilung und -ausübung in diesen Gesellschaften andererseits aufgetan hat. Die Unsicherheit in der analytischen und begrifflichen Fassung resultiert offensichtlich daraus, daß jener Prozeß der Vergesellschaftung des Staates und der Politisierung der Gesellschaft unabgeschlossen und verfassungsrechtlich unzureichend reflektiert oder gar kodifiziert ist, da die Zielbestimmung dieses Prozesses selbst noch Gegenstand der politisch-sozialen Auseinandersetzung und daher letztlich nicht entschieden ist.

Die traditionelle liberale, repräsentativ-parlamentarische Demokratie hat zwar keineswegs ungebrochen überdauert: vielmehr ist sie vor allem in einzelnen, nach dem zweiten Weltkrieg geschaffenen Verfassungen zum Teil wesentlich modifiziert und der veränderten sozialen Basis angepaßt worden. Aber selbst diese Verfassungen – wie z.B. die französische von 1946 – enthalten nebeneinander und nur bedingt vermittelt traditionelle liberal-rechtsstaatliche und demokratisch-sozialistische Normen. Sie spiegeln den Kompromiß zwischen politisch-sozialen Kräften, die zum einen die rechtsstaatliche Sicherung der Individualsphäre betonten und nur korrigierende, nicht aber umfassender Planung entspringende Eingriffe in die Gesellschaftsordnung billigten und die zum andern gerade umgekehrt die planvolle Umgestaltung der bestehenden Gesellschaftsordnung zu der eines demokratischen und sozialen

Wohlfahrtsstaates für die einzige Möglichkeit hielten, den Gedanken des demokratischen Rechtsstaates inhaltlich zu bestimmen und zu konkretisieren. Die Prinzipien der sozialen Demokratie liegen also weiterhin in Konflik mit denen der bloß politisch-formalen Demokratie, in der «der politische Mensch sein besonderes Dasein neben dem unpolitischen, dem Privatmenschen» hat und «das Eigentum, der Vertrag, die Ehe, die bürgerliche Gesellschaft ... als besondere Daseinsweisen neben dem *politischen* Staat (erscheinen), als Inhalt, zu dem sich der *politische Staat* als die *organisierende Form* verhält ...; der Staat, das Gesetz, die Verfassung (ist) das Herrschende, ohne daß er wirklich herrschte, d.h. den Inhalt der übrigen nicht politischen Sphären materiell durchdringe» (Karl Marx, «Kritik des Hegelschen Staatsrechts», *MEW* 1, S. 232).

Die Verfassungen der modernen Demokratien halten ungeachtet der sozialen Veränderungen an den Grundprinzipien des liberalen Rechtsstaates fest: an der Generalität der Norm, an einem Grundrechtskatalog zum Schutz des bürgerlichen Freiheitsstatus und an der Balancierung der Gewalten.

Die Generalität der Norm im strengen Sinn des bürgerlichen Gesetzbegriffes verlangte neben der formalen die soziale Allgemeinheit und damit den Verzicht, auf die Sozialstruktur und innergesellschaftliche Auseinandersetzungen gesetzlich einzuwirken. Einst im Kampf gegen den feudalen Privilegienstaat durchgesetzt, sicherte dieses Prinzip die Privilegierung des Bürgertums. Es wird zusehends durchbrochen in einer Phase, in der der Staat in den gesellschaftlichen Raum eingreift, auf konkrete soziale Tatbestände, einzelne Gruppen und aktuelle Situationen durch Gesetzgebung reagiert und so den Unterschied zwischen Gesetz und Maßnahme der Tendenz nach aufhebt. Gegenüber der Funktion, einen bestimmten sozialen status quo zu konservieren, tritt die gesellschaftsgestaltende oder zumindest soziale Veränderungen registrierende Funktion gesetzlicher Normen notwendig in den Vordergrund.

Die Bedeutung der liberalen Grundrechte, die als individuelle Freiheitsrechte einer sich als autonom verstehenden bürgerlichen Gesellschaft adäquat waren und die daher keinesfalls nur negativ als Ausgliederungsrechte, sondern sehr wohl als

Garantien sozialer und politischer Positionen eben des Bürgertums wirkten, ist angesichts der gesellschaftlichen Entwicklung und des veränderten Verhältnisses von Staat und Gesellschaft ebenfalls neu zu bestimmen. Jene liberalen Grundrechte müßten, um überhaupt ihrer ursprünglichen Intention gerecht werden zu können, in demokratische Teilhaberrechte umgewandelt werden. Vormals diente die Abschirmung eines privatgesellschaftlichen Raumes vom Staate dazu, das Bürgertum in seinen politischen Funktionen durch Rede- und Meinungsfreiheit, Pressefreiheit, Vereins- und Versammlungsfreiheit etc. in seinem sozialen Status durch die institutionellen Garantien des Eigentums und der Familie zu sichern. In einem gesellschaftlichen Zustand, in dem sich parallel zu den allgemeinen Konzentrationsprozessen im organisierten Kapitalismus die gesellschaftlichen Institutionen zur Herstellung politischer Öffentlichkeit wesentlich verändert haben und ein Publikum formell und materiell gleichberechtigter Privatleute nicht mehr existiert, muß die sozial nicht mehr garantierte gleichberechtigte Teilnahme an den Einrichtungen politisch relevanter öffentlicher Kommunikation durch den Staat erst verbürgt und durchgesetzt werden. Die durch Kommerzialisierung, ökonomische, technologische und organisatorische Konzentration entstandene gesellschaftliche Macht der publizistischen Institutionen wirkt einer sich rational und demokratisch herstellenden öffentlichen Meinung entgegen. Um die Privilegierung partikularer Interessen – de facto zumeist die der gesellschaftlich Herrschenden – zu verhindern, müßte private Meinungsfreiheit angesichts ihrer gesellschaftlichen Funktion durch eine «öffentliche Meinungsfreiheit» ergänzt und überdacht werden, die dem Einzelnen die Möglichkeit öffentlicher Meinungsäußerung sichert. Dementsprechend tritt neben die klassische Pressefreiheit die Forderung nach Verpflichtung der publizistischen Organe auf eine politische Grundordnung, die auf dem Prozeß demokratischer Willensbildung des Volkes basiert und daher demokratische Meinungsbildung zu Voraussetzung hat. Ebenso erfordert die Versammlungs- und Vereinigungsfreiheit eine Garantie, die eine demokratische Aktivität der Staatsbürger in den bürokratisierten Großorganisationen der Parteien und

Verbände gewährleistet, indem sie diesen demokratische Struktur und Willensbildung zur Auflage macht. Auch diejenigen Grundrechte, die die Grundfreiheiten des Privatrechts bestätigen oder die freie Wahl des Berufes, des Arbeitsplatzes usw. sichern, werden teils durch sozialstaatliche Garantien eingeschränkt, teils nehmen sie notwendig den Charakter von Teilhaberrechten an.

Nur wenige Verfassungen der entwickelten kapitalistischen Gesellschaften haben jedoch der Tatsache Rechnung getragen, daß der Staat durch wachsende Interventionen in die Gesellschaft faktisch die Sozialordnung trägt und daher nicht nur die Möglichkeit, sondern auch – soweit er demokratisch bleiben will – die Aufgabe hat, die Sozialordnung demokratisch umzugestalten. So haben nur die Weimarer Reichsverfassung von 1919 (in den Artikeln 155–157, 163–165, 191) und die inzwischen abgelöste französische Verfassung von 1946 (in der Präambel) den liberalen Grundrechtskatalog sozialprogrammatisch erweitert und die verfassungsrechtliche Verankerung sozialer Grundrechte versucht, wie sie in der Deklaration der Menschenrechte der Vereinten Nationen von 1948 enthalten sind (Art. 22–27 der Allgemeinen Erklärung der Menschenrechte). Das Grundgesetz der Bundesrepublik hat allerdings mit der Grundsatzformulierung vom demokratischen und sozialen Rechtsstaat (Art. 20, Abs. 1; Art. 28, Abs. 1 GG) eine der Verfassungsänderung entzogene Staatszielbestimmung getroffen, die eine Umfunktionierung der liberalen Grundrechte erlaubt, konsequent interpretiert sogar fordert und die Gesellschaftsordnung zur Disposition des Gesetzgebers stellt, so daß verfassungsrechtlich die Entwicklung zur sozialen Demokratie möglich und insofern geboten ist, als der demokratisch verfaßte Staat Aufgabe und Zuständigkeit zur Gestaltung der sozialen Ordnung beansprucht. So reichen z. B. nach Art. 14 und 15 des Grundgesetzes das Eigentum und der Machtbereich der Eigentümer nicht weiter, als die jeweilige gesetzliche Inhaltsbestimmung es vorsieht. Beide Artikel erhalten durch das Sozialstaatsprinzip ihren konkreten Sinn: die positive Normierbarkeit der Eigentumsordnung. Nur ein solches Verständnis des grundgesetzlichen Sozialstaatsprinzips «entspricht ...

der modernen Staatsstruktur, die sich seit Jahrzehnten von der Zerklüftung in Staat und Gesellschaft entfernt hat. Soweit das Grundgesetz Idee und Rechtsförmlichkeit des liberalen Rechtsstaates lediglich restauriert und damit seiner eigenen Sozialstaatsbestimmung etwa Hindernisse in den Weg gelegt hat, gilt es, jenen Auftrag zur Gestaltung der sozialen Ordnung gleichwohl nicht zu vernachlässigen» (Hans Peter Ipsen, «Enteignung und Sozialisierung», *VVd St* 10, S. 74). Das Grundgesetz ist demnach darauf angelegt, den materiellen Rechtsstaatsgedanken der Demokratie, d.h. vor allem den Gleichheitssatz und den mit ihm verbundenen Teilhabe- und Selbstbestimmungsgedanken auf die Wirtschafts- und Sozialordnung auszudehnen und dadurch dem Sozialstaatsgedanken realen Inhalt zu verleihen.

Die Restabilisierung der kapitalistischen Wirtschaftsordnung, die sich gegenüber Teilmaßnahmen zur Verwirklichung sozialer Demokratie z.B. in England, Frankreich, Italien und Deutschland in den hier betrachteten Gesellschaften einige Jahre nach dem 2. Weltkrieg erneut durchsetzte, zeitigte jedoch bald den ihr entsprechenden ideologischen Reflex. So wurde etwa im westdeutschen Staatsrecht eine Interpretationstendenz zunehmend verstärkt, die das verfassungsrechtliche Strukturprinzip des demokratischen und sozialen Rechtsstaates entscheidend verengte. Indem das integrierende und eigentlich revolutionierende demokratische Moment ausgespart wird, ergibt sich ein Nebeneinander und schließlich ein Gegensatz von rechtsstaatlichem und sozialstaatlichem Prinzip, wobei einerseits erneut das liberale Rechtsstaatsverständnis als gültig unterstellt, andererseits aber die Sozialstaatlichkeit auf die Pflicht des Staates zu sozialer Vorsorge, Hilfestellung und Leistungsgewährung beschränkt wird. Sozialstaatlichkeit erscheint in dieser besonders von Ernst Forsthoff vertretenen Auffassung nur als jeweils spezifizierte, im Grunde schon vorhandene Funktion der Verwaltung, nicht länger als Gestaltungsmoment im Rahmen einer verfassungsrechtlichen Einheit. Diese Normeninterpretation rechtfertigt also die Machtstruktur der bestehenden kapitalistischen Wirtschafts- und Gesellschaftsordnung.

Wie kaum einem anderen Moment der Verfassungsstruktur des demokratisierten Parlamentarismus wird noch immer dem Prinzip der Gewaltenteilung und -balancierung eine freiheitsgarantierende Bedeutung beigemessen. Dabei wird übersehen, daß die Lehre von der Trennung und Verschränkung der Gewalten an eine historische Kampfsituation gebunden ist, in der es um die verfassungsrechtliche Durchsetzung des bürgerlich-liberalen Rechtsstaates ging. Diese auf eine bestimmte gesellschaftliche Machtstruktur berechnete Konstruktion wurde in der Folge vor allem in Deutschland zunehmend als zeitlos gültige Maxime der staatlichen Organisation verstanden, die den – untereinander Gewalten teilenden – herrschenden Klassen der bürgerlichen Gesellschaft zur ideologischen Abwehr von Freiheitsbestrebungen der Unterklassen diente und konkret die Position des Parlaments als demokratisierenden Organs in Frage stellte.

Gegenwärtig ist das klassische Gewaltenteilungsschema weitgehend außer Kraft gesetzt und nur als Organisationsschema erhalten.

Gesetzgebung und Verwaltung lassen sich nicht mehr scharf abgrenzen. Sie werden dadurch verschränkt, daß 1. der Gesetzgeber die Verwaltung zur Normensetzung ermächtigt, 2. der Gesetzgeber selber aktuell bezogene, detaillierte Maßnahmen ergreift (Maßnahmengesetze) oder 3. der Gesetzgeber durch Verzicht auf jegliche Normierung der Verwaltung allein die Regelung eines Sachverhaltes überläßt (inhaltlich unbestimmte Generalklausel). Die Rechtsprechung schließlich ist nicht nur mit Rechtsstreitentscheidung, sondern auch mit Rechtssetzung und Verwaltung befaßt. Die Verfassungsgerichte üben mit der Entscheidungsbefugnis über die Verbindlichkeit von Gesetzen (Normenkontrollklage und Verfassungsbeschwerde) oder (wie in der Bundesrepublik) über die Verfassungsmäßigkeit von Parteien legislative Funktionen und politische Entscheidungsgewalt aus.

Wichtiger als die Feststellung faktischer Durchbrechung einer abstrakten Verfassungskonzeption ist die Frage nach der realen politischen Machtverteilung und ihrer sozialen Grundlage sowie danach, in welchem Verhältnis sich diese zur bestehenden institutionellen und verfassungsrechtlichen Ordnung befindet.

Im gleichen Maße, in dem der liberale repräsentative Parlamentarismus durch die politische Emanzipation der gesellschaftlichen Unterschichten (Einführung des demokratischen, allgemeinen Wahlrechts) seine soziale Basis verlor, veränderten die ihm entsprechenden politischen Formen ihre Funktion. Die freie Repräsentation - zugeschnitten auf eine sozial homogene Schicht von Repräsentierten - büßte ihre Bedeutung als politisches Organisationsprinzip weitgehend dadurch ein, daß in ihren Interessen divergierende, bzw. entgegengesetzte Gesellschaftsschichten politisch integriert und aktiviert werden mußten. Parteien und Verbände wurden im Zuge dieser Entwicklung zu den entscheidenden politischen und gesellschaftlichen Handlungseinheiten.

Mit der Umwandlung der liberal-repräsentativen Demokratie in die parteienstaatliche Massendemokratie verliert zunächst das Parlament seine ursprüngliche Bedeutung. Ehemals Organ einer kritischen politischen Öffentlichkeit der bürgerlichen Gesellschaft diente das Parlament ebenso der legislativen Begründung von Herrschaft wie der kritischen Kontrolle der Herrschaftspraxis. Da jedoch unter den Bedingungen der spätkapitalistischen Industriegesellschaft öffentliche Meinung weniger denn je den Rang eines kritischen, politisch wirksamen Korrektivs der Machtausübung beanspruchen kann, entfällt der Tendenz nach die Funktion des Parlaments als eines politisch entscheidenden Diskussionsforums, es wird dagegen zum Demonstrationsforum, d.h. «zu einer Stätte ..., an der sich gebundene Parteibeauftragte treffen, um anderweitig (in Ausschüssen oder Parteikonferenzen) bereits getroffene Entscheidungen registrieren zu lassen» (Leibholz, S. 17). Das Parlament wird bei der Steuerung des Machtvollzugs zunehmend einerseits von der Verwaltung (Transformator vom Staat zur Gesellschaft), andererseits von Parteien und Verbänden (Transformatoren von der Gesellschaft zum Staat) überspielt. Die Gesetzgebungsmacht geht in hohem Maße auf die Regierung und die von ihr gelenkte Bürokratie über: die weitaus meisten Gesetzesvorschläge werden von der Regierung eingebracht und durchgesetzt. Die Mehrheitsfraktion stellt dabei die «legislative Exekutive» der Regierung dar; Regierung, Mehrheitsfraktion und staatliche Bürokratie bilden eine politische Einheit, die der realen Bedeutung der Parteien Rechnung trägt und den institutionalen Rahmen des Parlamentarismus sprengt.

Problematischer ist jedoch der Sachverhalt, daß durch Ausweitung des Gesetzgebungsbereiches und Komplizierung der Sachzusammenhänge der formell neutrale Sachverständige den «nur» politischen Abgeordneten zurückdrängt: die politisch intervenierenden gesellschaftlichen Gruppen wenden sich vorwiegend direkt an den Sachverständigen. Das hat mehrere bedeutsame Konsequenzen: Bei der Personalauswahl der Abgeordneten erhält Sachverständigkeit zunehmendes Gewicht; die Führung wird dadurch im Bereich der politischen Grundentscheidungen selbständiger und weniger kontrollierbar. Intensivierte Sachlichkeit im Detail verdeckt darüber hinaus die Entsachlichung der parteipolitischen Zielsetzungen – die Parteiprogramme werden immer inhaltsleerer. Die notwendig partikulare Sachverständigkeit der Abgeordneten bedingt straffe Fraktionsdisziplin: an die Stelle des freien Volks-Mandats tritt das imperative Partei-Mandat.

Andererseits fördert die durch die Arbeit in den Ausschüssen bedingte Mentalität die Verwischung des für die parlamentarische Demokratie konstitutiven Parteiengegensatzes. Für die Bundesrepublik etwa hat die Aufwertung der Experten nicht zuletzt zur Folge, daß einerseits die politisch-gesellschaftlichen Traditionen der höheren staatlichen Bürokratie verstärkt zum Tragen kommen und zum anderen in den Parteibürokratien und Parlamentsfraktionen (auch der SPD) die Unterschichten auf Grund eines Erziehungssystems, das weiterhin die Ober- und Mittelschichten bevorzugt (Schweden und z. T. England weichen hier entscheidend ab), immer weniger vertreten sind, so daß die ideologische Konformität der Parteien durch die Vorherrschaft bestimmter Schichtenmentalitäten gefestigt wird.

Alle diese Faktoren sind für die Realität moderner parlamentarischer Regierungssysteme von Bedeutung. Dadurch aber, daß die Formen des liberalen Rechtsstaates trotz ihrer Unvereinbarkeit mit der realen Machtstruktur beibehalten werden, muß gerade der in diesen Formen liegende rationale Anspruch (öffentliche Kontrolle, Rationalisierung von Herrschaft) leer laufen. So bleibt der machtpolitisch relevante, z.T. ausschlaggebende Bereich der Verbände und Interessengruppen als außerparlamentarisches «Vorfeld» der öffentlichen Kontrolle weitgehend entzogen. Die gesellschaftlichen Machtgruppen handeln untereinander und mit der höheren staatlichen Bürokartei ihre Kompromisse privat (d.h. anonym) aus. Das erleichtert die Umsetzung der in der spätkapitalistischen Gesellschaft dominierenden Interessen in politische Entscheidungen. Die Öffentlichkeit der liberal-rechtsstaatlichen Institutionen wird zum Ritual degradiert und dient der Legitimation vor dem manipulierten Wählerpublikum. Die Formalisierung des Demokratiebegriffes in Wissenschaft und Publizistik (vor allem in der Bundesrepublik und den USA) rückt die reale Herrschaftsstruktur und ihre Konflikte aus dem öffentlichen Blickfeld, verhindert sachliche Diskussion und begünstigt die Übertragung von zuvor am Konsumenten erprobten Manipulationstechniken auf den politischen Bereich. Darin liegt nicht nur eine abstrakte Parallelität, sondern eine notwendig aus der sozialen Realität erwachsende Entwicklungstendenz, die auf die auch politisch entscheidende gesellschaftliche Machtstruktur verweist. Da die spätkapitalistische Gesellschaft weiterhin die private Verfügung über gesellschaftliche Macht zur Voraussetzung hat, zwar politisiert, aber noch nicht politische Gesellschaft ist, benötigt und produziert sie unpolitische Bürger mit Konsumentenhaltung. Politische Herrschaft tendiert daher in den verselbständigten Spitzenbürokratien der Verbände, der Parteien und der Verwaltung zu undemokratischen Formen.

Die sozialstaatliche Verwaltung, deren Ermessensspielraum sich gegenüber ihrer Rechtssatzgebundenheit beträchtlich ausgeweitet hat (sie produziert, handelt, verteilt selbständig), hat sich gegenüber der Legislative, der Regierung als ihrer politischen Spitze und nicht zuletzt gegenüber dem Staatsbürger in erheblichem Ausmaß verselbständigt. Als Sachverständigenorganisation ist sie dem Parlament überlegen, der politischen Leitung dadurch, daß die Verwaltungsaktivität immer weniger von der allgemeinen politischen Programmatik erfaßt wird.

Das gewaltige Wachstum der öffentlichen Verwaltung bedingt die permanente Berührung des Bürgers mit Verwaltungseinrichtungen und ihren Bürokratien. Da diese Beziehung für den einzelnen Überschaubarkeit, Kontrolle und Kritik weitgehend ausschließt, bildet sie eine Ursache undemokratischer Herrschaft: sie beläßt der Verwaltung den Obrigkeitsstatus, der oft nur durch formale Verbindlichkeit von Rechtsnormen verschleiert, selten aber aufgehoben wird; für den einzelnen ist es daher vorteilhafter, Konflikte zu vermeiden. Die Verwaltungsapparaturen befestigen zudem insofern undemokratische gesellschaftliche Macht, als ihr Personal (in der Bundesrepublik 1961 immerhin 13,5% der abhängig Arbeitenden) von der demokratischen Mitwirkung an der Gestaltung des Arbeitsprozesses weithin ausgeschlossen bleibt. Bereich und Bedeutung der traditionellen Selbstverwaltung werden vor allem durch die finanzielle Abhängigkeit dieser Körperschaften vom Staat eingeengt.

Da die allgemeine gesellschaftliche Situation den Staat unvermeidlich in die aktuelle Auseinandersetzung der sozialen Interessen verstrickt, müssen die Gesellschaftsgruppen an den regierenden und verwaltenden Staat als Garanten der Gesellschaftsordnung herantreten, um durch gezielte Einflußnahme ihre Interessen realisieren zu können. Die vor allem in der Bundesrepublik noch vorherrschende Dämonisierung *des* politischen Einflusses *der* Verbände hat (zumindest dort) eine konkrete und differenzierte Analyse dieses Bereichs gesellschaftlich-politischer Macht verhindert und die ideologische Verschleierung der existenten Machtstruktur weiter verdichtet. Darüber hinaus dient die Identifizierung aller Verbände und ihre gemeinsame Abwertung unter Berufung auf liberal-rechtsstaatliches Verfassungsrecht nur dazu, den längst zerronnenen Dualismus von Staat und Gesellschaft erneut zu beschwören und die angebliche Demontage staatlicher Autorität zu beklagen. Damit wird jedoch nur die Unfähigkeit verfassungsrechtlicher Kodifizierung getroffen, der seit langem sichtbaren politischen Funktion gesellschaftlicher Machtträger im vollen Umfang Rechnung zu tragen. Die Verbände sind juristisch zumeist Personen des privaten Rechts, werden also immer noch der

Gesellschaft als Privatsphäre zugerechnet, obwohl diese inzwischen politisiert ist: die Verbände haben zum Teil faktisch öffentlichen Charakter und fungieren – wie Gewerkschaften und Arbeitgeberverbände im Tarifvertragsrecht – als gesellschaftliche Gesetzgeber. Die gesellschaftlichen Interessen «bedürfen ... heute der Übersetzung ins Politische, ohne daß sie offiziell politischen Charakter annehmen können» (Habermas, *Student und Politik*, S. 28). Das beharrende Recht des liberalen Rechtsstaates verdeckt eine politisch-soziale Entwicklung, die faktisch längst berücksichtigt werden muß. Wenn auch die sozialstaatlichen Verfassungen die Verbände nicht ausdrücklich erwähnen, ihre entscheidenden Pole (Verbände der Wirtschaft und Gewerkschaften) durch Garantie des Koalitions- und Streikrechts allerdings zumeist voraussetzen, so beschränkt sich doch die rechtliche Grundlage der politischen Einflußnahme der Verbände keineswegs auf das klassische Petitionsrecht. Für die Bundesrepublik z. B. legalisiert die Gemeinsame Geschäftsordnung der Bundesministerien umfangreiche Einflußmöglichkeiten für die Verbände.

Um die – formale und reale – Vereinbarkeit von Verbandseinfluß und demokratischer Verfassungsordnung beurteilen zu können, werden unterscheidende Merkmale benötigt, die den Bereich *der* Verbände aufschlüsseln. Es ist notwendig, Verbände danach zu unterscheiden, ob sie demokratisch oder nicht demokratisch strukturiert sind und ob sich ihre Einwirkung auf politische Entscheidungen öffentlich oder nicht öffentlich vollzieht; in welchem Maße ihr Interesse ausschließlich partikular oder zumindest teilweise allgemein, d. h. vor der Gesamtgesellschaft verantwortbar ist und wie sich schließlich die verschiedenen Machtansprüche bestimmen lassen.

Wendet man diese Kategorien auf die politisch relevanten Verbände der spätkapitalistischen Gesellschaft an, so wird man den weiterhin zentralen Gegensatz zwischen kapitalistischen Führungsschichten und Arbeitnehmerschichten in Gegensätzen der Struktur, Praxis und Zielrichtung ihrer gesellschaftlichen Organisationen wiederfinden.

Die Verbände der «Wirtschaft», die von Großunternehmungen beherrscht werden, sind weder demokratisch strukturiert, noch legitimiert. Darauf angelegt, ökonomisch-soziale Privilegien (orientiert am Ziel der möglichst langfristigen Sicherung von Gewinn) zu erlangen, zu konservieren oder auszubauen, verfolgen sie - zumeist unter Berufung auf ein nicht näher definiertes Gemeinwohl - rein partikulare Interessen, zu deren Durchsetzung sich manipulative Techniken weitaus besser eignen als demokratische. Die Mentalität der Führungen dieser Verbände und ihrer Bürokratie entspricht derjenigen des Managements der Großunternehmungen, das Betrieb und Belegschaft dezisionistisch zu leiten gewohnt ist. Diese grundsätzlich undemokratische Mentalität kommt in den Formen politischer Einflußnahme zum Ausdruck

Entscheidende Adressaten der Verbandsaktionen der «Wirtschaft» sind Regierung und Verwaltung (der Bundesverband der deutschen Industrie richtete zwischen 1949 und 1958 durchschnittlich 82,8% seiner Eingaben direkt an die Exekutivbehörden, nur 7% ans Parlament; in den USA konzentriert sich allerdings die Verbandsaktivität auf die Legislative in Form eines wenigstens zum Teil öffentlich registrierten Lobbyismus). Die Behauptung, die Verbände pflegten im allgemeinen keinen direkten Kontakt zum Parlament, ist allerdings irreführend, da die Verbandseinflußnahme sich zwar nicht mehr an das Parlament als repräsentative Institution, sondern selbstverständlich an dessen konstitutive Glieder, die Parteien, wendet. Die Verbände sind daran interessiert, möglichst stark in den Fraktionen vertreten zu sein: in der Bundesrepublik sind etwa 75% der Abgeordneten Angehörige eines Interessenverbandes. Da die größte Zahl der Gesetze auf Regierungsinitiative zurückgeht, kommt es für die Verbände darauf an, die Gesetzgebung im Referenten- bzw. Kabinettstadium zu beeinflussen. Die Formen des Zugangs (Anhörung der interessierten Spitzenverbände im Referentenstadium; Einbeziehung der Verbände in den Kreis der um die obersten Staatsbehörden gruppierten Beiräte, Ausschüsse etc.) verbürgen durch ihre Anonymität erhöhte Wirksamkeit. «Die Verbände entziehen sich nicht nur der öffentlichen Verantwortung, an der Stelle, wo ihr Einfluß besonders wichtig ist - im Bereich der Exekutive, im Gesetzgebungsverfahren - entzieht er sich auch der Öffentlichkeit» (Hennis, S. 32). Was hier über die Verbände insgesamt ausgesagt wird, bezieht sich allerdings im wesentlichen auf die Wirtschaftsverbände. Deren machtpolitisches Gewicht im Sozialstaat – basierend auf der ungebrochenen und wachsenden gesellschaftlichen Macht der großen kapitalistischen Wirtschaftseinheiten – realisiert sich vor allem in der aktuellen und langfristigen Richtungsbestimmung staatlicher Sozial-, Wirtschafts-, Handels- und Außenpolitik. Es wird stabilisiert durch Mittel, die gesellschaftliche Demokratie nicht zulassen und politische Demokratie gefährden.

Im Gegensatz zu ihnen sind die Gewerkschaften als demokratisch aufgebaute Massenverbände der sozialen Unterschichten auf die Aktivierung der Mitglieder angewiesen, ihre Effektivität steigt durch Demokratisierung, an deren gesamtgesellschaftlicher Durchsetzung durch Abbau sozialer Privilegien sie orientiert sind. Sie müssen zudem im Gegensatz zu bloßen pressure groups ihre Einflußnahme öffentlich vertreten. Den auch in diesen Organisationen wirksamen Verselbständigungstendenzen der Bürokratie sind dadurch Grenzen gesetzt, daß die Verbandsleitungen in weitaus höherem Ausmaß als die Parteileitungen von der Aktivität der Mitglieder abhängen.

Die Machtposition der Gewerkschaften in der spätkapitalistischen Gesellschaft ist dadurch charakterisiert, daß es ihnen zwar gelungen ist, den Arbeitnehmerschichten einen relativ hohen Lebensstandard zu erkämpfen, darüberhinaus gewisse gesetzlich verankerte Positionen zu erlangen (z. B. in Sozialversicherung, Arbeitsrechtsprechung, Berufsschulverwaltung, zum Teil im Betriebsverfassungsrecht), daß sie aber in den am weitesten entwickelten kapitalistischen Staaten, den USA und der Bundesrepublik, faktisch zur Aufgabe ihres Anspruches auf demokratische Umgestaltung der Wirtschaftsgesellschaft gezwungen worden sind – Beispiel: Scheitern des Kampfes der deutschen Gewerkschaften um Mitbestimmung und Sozialisierung 1952. Gegenwärtig beschränken sich daher die Gewerkschaften in diesen Staaten notwendig – allerdings zunehmend auch ideologisch – auf Aktivität im Rahmen des kapitalistischen Systems und beginnen sich mit der ihnen zugewiesenen

Sozialpartner-Rolle, die ihnen gefährdete Positionen auf einer mittleren Machtebene beläßt, zu identifizieren.

Die Parteien als politische Exponenten der organisierten gesellschaftlichen Interessen sind inzwischen verfassungsmäßig legalisiert und als politisch notwendige Instrumente der demokratischen Aktivierung des Volkes anerkannt worden. Mit der durch die Demokratisierung des Wahlrechts bedingten Machtsteigerung der politischen Parteien hat die repräsentativ-parlamentarische Demokratie den «Charakter einer parteienstaatlichen Demokratie angenommen, d.h. einer Demokratie, die auf den Parteien als politischen Handlungseinheiten aufgebaut ist und in ihnen die unentbehrlichen Bestandteile des politischen Integrationsprozesses erblickt» (Leibholz, S. 89f.).

Die machtpolitische Stellung der Parteien äußert sich darin, daß sie das institutionalisierte Gewaltenteilungsschema überspielen und «gewaltenvereinigend» wirken: Die jeweilige Regierungspartei beherrscht Parlament, Exekutive und zumindest Teile der Rechtsprechung. Mit den Mitteln der Personalpolitik und der ganzen Skala politischen Drucks von der Ausnutzung finanzieller Abhängigkeit bis zur Steuerung der öffentlichen Meinung kann sie ihre politische Vormachtstellung im gesellschaftlichen Raum stabilisieren.

Zwangsläufige Konsequenz dieser Situation ist die Übertragung der parteiinternen Struktur auf die Struktur der öffentlichen Institutionen. Die innere Struktur des zumindest gegenwärtig in den am weitesten entwickelten spätkapitalistischen Gesellschaften erfolgreichsten Parteientyps, der «Massenpartei der Oberflächenintegration», ist tendenziell undemokratisch, sie droht politisch und gesellschaftlich entpolitisierend zu wirken. Die hierarchischen Strukturen der Wirtschaftsgesellschaft reproduzieren sich in Aufbau und Praxis der politischen Parteien. Die Parteiführungen entwickeln sich zu von der Mitgliedschaft nicht mehr kontrollierten Entscheidungskörperschaften über ihren Organisationen und erstreben damit eine Stellung, die der des Managements im kapitalistischen Großbetrieb vergleichbar ist, was faktisch die Neigung der Parteien fördert, ihre Willensbildung derjenigen der «Wirtschaft» und ihrer Verbände zu unterwerfen. Diese Tendenz hat auch traditionale demokratische Massenparteien erfaßt, sich in ihnen allerdings noch keineswegs durchgesetzt, wie besonders die Labour Party und die Sozialistische Partei Italiens (PSI) beweisen. Die innerparteiliche Demokratie – mit ihren Bedingungen ungestörten Informationsflusses, freier Diskussion, der Kontrolle der Parteiführung und Organisationsbürokratie durch die Mitgliedschaft – ist jedoch allgemein durch die Herrschaft oligarchischer Gruppen und durch deren dezisionistische und manipulative Praxis höchst gefährdet. Ein Zustand droht sich herzustellen, in dem die Parteien «Instrumente der Willensbildung (sind), aber nicht in der Hand des Volkes, sondern derer, die den Parteiapparat beherrschen» (Habermas, *Student und Politik*, S. 31).

Diese Entwicklung wirkt zwangsläufig auf die politischen Prozesse der Gesamtgesellschaft zurück. Der weitgehenden Ausschaltung demokratischer Aktivität der Parteimitgliedschaft entspricht die Beschränkung der Parteienaktivität gegenüber dem Volk darauf, dessen manipulativ organisierte Zustimmung in Wahlen einzuholen, die die Entscheidung zwischen sachlichen Alternativen kaum mehr zulassen, deren Ausgang daher auch nicht mehr oder zumindest nur sehr begrenzt als Ergebnis demokratischer Willensbildung des Volkes gelten kann. Die Selbstbestimmung des Volkes, deren Formulierung und Realisierung Ziel der Parteien sein soll, reduziert sich zunehmend auf die Möglichkeit, verschiedene Personen auszuwählen, die als «Persönlichkeiten» vor dem Volk «aufgebaut» werden, um die politisch-inhaltliche Entleerung des Wahlaktes vergessen zu machen. Politische Öffentlichkeit – in der Demokratie ihrer Intention nach auf freier, sachlicher Diskussion beruhend – wird manipulativ hergestellt und für das Volk demonstriert, ohne mit ihm noch kritisch vermittelt zu sein. Die Übernahme von im ökonomischen Bereich entwickelten Techniken zur Steigerung des Absatzes durch die Parteien (Marktforschung – Demoskopie; Werbung – Propaganda) schafft einen politischen Markt, auf dem politische Führungsgruppen angeboten und mittels rational auf das Irrationale zielender Methoden an die Wähler abgesetzt werden, die dieses Verfahren auf die Rolle unpolitischer Konsumenten festlegt. Die den organisierten Kapitalismus bestimmenden Entwicklungsgesetze erweisen auch für die Struktur des Parteiensystems ihre Gültigkeit. Der oligopolistischen Struktur der Wirtschaft entsprechend zeigt sich auch im Bereich der politischen Organisation der Gesellschaft die Tendenz zur Einrichtung eines Machtoligopols weniger großer Parteien. Die Möglichkeit der Entstehung von Konkurrenz ist insofern faktisch beseitigt, als ihr schwere Hindernisse ökonomischer, und zum Teil schon rechtlicher Art – wie in der Bundesrepublik durch die staatliche Finanzierung des bestehenden Parteienoligopols und durch die 5-Prozent-Klausel – entgegenstehen.

b) Ideologie und Wirklichkeit des sozialstaatlichen Herrschaftssystems. – Die sozialstaatliche Organisation der spätkapitalistischen Gesellschaft ist durch eine Reihe von Widersprüchen gekennzeichnet, die sich formal als Spannungen zwischen unzulänglich modifizierten liberal-rechtsstaatlichen politischen Formen und politisch-sozialer Realität darstellen. Konkret handelt es sich dabei um Gegensätze, die zwischen der nur ansatzweise berücksichtigten, die Aufrechterhaltung von Demokratie überhaupt aber bedingenden Notwendigkeit zur Demokratisierung der Gesamtgesellschaft und der Fortexistenz undemokratischer Herrschaftsstrukturen bestehen und die auf Widersprüche in den bestehenden kapitalistischen Produktionsverhältnissen zurückführen.

Als politische Ideologie, die diese Spannungen und Widersprüche in der Phase ökonomischer Konjunktur und relativer politischer Stabilität verdeckt, fungiert die des «Pluralismus». Sie gibt sich als empirisch begründete Theorie und suggeriert, daß das politisch-soziale Herrschaftssystem durch die freie und zahlenmäßig unbegrenzte Konkurrenz organisierter sozialer Gruppen um politische und gesellschaftliche Macht charakterisiert sei. Aus dieser echten Gruppenkonkurrenz ergebe sich automatisch und kontinuierlich der jeweilig erforderliche Kompromiß, der das «Gemeinwohl» repräsentiere. Dieses «Gemeinwohl» realisiere sich also immer schon von selbst, bedürfe demnach keiner rationalen Konzeption mehr, die auf Gesellschaftsumgestaltung gerichtet sei.

Indem die Pluralismus-Ideologie das Vorhandensein von in der Gesellschaftsstruktur begründeten sozialen und politischen Interessengegensätzen und damit die Notwendigkeit grundlegender Umgestaltung der Gesellschaft leugnet, versucht sie, über die Ungleichheit in der ökonomischen und politischen Machtverteilung hinwegzutäuschen und den status quo der Herrschaftsverhältnisse für das Bewußtsein der Gesellschaft unabänderlich erscheinen zu lassen.

Insoweit diese «Theorie» die gegenwärtige Tendenz zur Formalisierung der politischen Gegensätze, zur Institutionalisierung der Klassengegensätze und zum Verschwinden scharf konturierten politischen Bewußtseins absolut setzt und positiv wertend von allgemeiner Entideologisierung spricht, verfällt sie – als Ideologie der Ideologielosigkeit – dem bloßen Schein der Versachlichung und wird objektiv zu einer umfassenden Ideologie des status quo. Von der programmatisch vertretenen Konzeptionslosigkeit aus erscheint als Ideologie nunmehr jeder Versuch, aus systematischer gesellschaftskritischer Analyse rationale politische Programme zu entwickeln, die vor der existenten Gesellschaftsstruktur nicht haltmachen.

Diese Pluralismus-Ideologie entspricht insofern der klassischen Definition des Ideologie-Begriffes durch Marx, als sie sowohl gesellschaftlich notwendiges, d.h. bestimmten gesellschaftlichen Interessen entsprechendes Bewußtsein, als auch falsches, d.h. der gesellschaftlichen Realität und Herrschaftspraxis nicht entsprechendes Bewußtsein darstellt. Das heißt konkret, daß zwar der Existenz und politischen Bedeutung organisierter gesellschaftlicher Gruppen Rechnung getragen wird, nicht aber ihrer realen politischen Praxis, die harmonisiert wird, um das politisch-soziale Übergewicht der ökonomisch herrschenden Schichten zu verdecken.

Hier zeigt sich der ideologische Reflex der Transformation des liberalen in den organisierten Kapitalismus. Die Ideologie ist nicht mehr individualistisch-liberal, sondern bezieht sich auf gesellschaftliche Gruppen als Einheiten einer politisierten Gesellschaft. Sie läßt jedoch rationale und demokratische Gestaltung des politischen Gesamtprozesses ebensowenig zu, wie der in seinen großen Einheiten rational organisierte Kapitalismus die rationale und demokratische Planung des ökonomischen Gesamtprozesses. Wie der ökonomische Prozeß weiterhin am – gesellschaftlich erarbeiteten – Profit kleiner Schichten von Privatleuten orientiert ist, so läuft der politische Prozeß auf den Erwerb von Macht durch gesellschaftliche Gruppen hinaus, die diese Macht nicht zur Realisierung gesamtgesellschaftlicher Interessen, sondern dazu benutzen, partikulare Interessen – tendenziell die der ökonomisch Herrschenden – durchzusetzen.

Betrachtet man die von der Ideologie verdeckte gesellschaftliche Wirklichkeit, so besteht die soziale Alternative, die sich in der sozialstaatlich verfaßten Gesellschaft stellt, darin, ob man die große Masse der Gesellschaftsmitglieder der formell privaten Macht derjenigen unterwirft, die über die entscheidenden ökonomischen Machtpositionen verfügen, oder ob man die in der Gesellschaft und ihren Produktionsverhältnissen notwendige Planung der privaten Disposition kleiner Gruppen entzieht und der gemeinsamen Kontrolle aller am Produktionsprozeß Beteiligten unterstellt, deren oberste Entscheidungseinheit der demokratisierte Staat ist, der dazu tendiert, sich in der Selbstverwaltung der Gesellschaft aufzuheben.

Daraus ergibt sich die politische Alternative zwischen der Festigung der Demokratie durch Demokratisierung auch der Gesellschaft und der Ausschaltung der politischen Demokratie durch erneutes Übergreifen undemokratischer Herrschaftsstrukturen aus der kapitalistischen Gesellschaft auf den politischen Raum. «... Demokratie und Letzt-Stufe-Kapitalismus (drängen) ... unzweifelhaft in entgegengesetzte Richtungen ... Eine der beiden Kräfte muß schließlich entscheidend die Oberhand gewinnen. Entweder wird die Demokratie auf den Kapitalismus eindringen, bis auch dessen letzte Phase abgeschlossen ist, oder aber der Kapitalismus treibt die Demokratie in die Enge, bis diese junge, verwundbare und experimentelle Regierungsform das Feld räumt. Der Kampf um die Erhaltung und ... Entfaltung der Demokratie wird daher (in den hochentwickelten Gesellschaften) ... auch das bestimmende Merkmal der Politik der zweiten Hälfte des zwanzigsten Jahrhunderts sein ...» (Strachey, S. 252).

Literatur

ABENDROTH, WOLFGANG, *Sozialgeschichte der europäischen Arbeiterbewegung*, Frankfurt/M. 1965

– «Innerparteiliche und innerverbandliche Demokratie als Voraussetzung der politischen Demokratie», *PVS* 5, 1964, S. 307ff.

– *Antagonistische Gesellschaft und politische Demokratie. Aufsätze zur politischen Soziologie*, Neuwied 1966

– / SULTAN, HERBERT, *Bürokratischer Verwaltungsstaat und soziale Demokratie*, Hannover und Frankfurt/M. 1955

ADLER, MAX, *Die Staatsauffassung des Marxismus*, Wien 1922

BASSO, LELIO, «Social Democracy today», *International Socialist Journal*, 1965, Nr. 7, S. 41ff.

BREMME, GABRIELE, *Freiheit und soziale Sicherheit*, Stuttgart 1961

FEUERSENGER, MARIANNE (Hrsg.), *Gibt es noch ein Proletariat?* Frankfurt/M. 1962

FORSTHOFF, ERNST, «Begriff und Wesen des sozialen Rechtsstaates», *VVdSt* 12, 1954, S. 5ff.

FRIEDMANN, WILLIAM, *Law and social change*, London 1951

GERBER, HANS, «Die Sozialstaatsklausel des Grundgesetzes», *AöR* 81, 1956, S. 1ff.

HABERMAS, JÜRGEN, *Strukturwandel der Öffentlichkeit*, Neuwied 1962

– *Student und Politik*, Neuwied 1961

HELLER, HANS, *Rechtsstaat oder Diktatur?* Tübingen 1930

– *Staatslehre*, Leiden 1934

HENNIS, WILHELM, «Verfassungsordnung und Verbandseinfluß», *PVS* 2, 1961, S. 23ff.

LEIBHOLZ, GERHARD, *Strukturprobleme der modernen Demokratie*, Karlsruhe 1958

MARX, KARL, «Der achtzehnte Brumaire des Louis Bonaparte», *MEW* 8, S. 111ff.

MILLS, C. WRIGHT, *Die amerikanische Elite*, Hamburg 1962

NEUMANN, FRANZ L., «Ökonomie und Politik im 20. Jahrhundert», *Demokratischer und autoritärer Staat*, hrsg. von H. Marcuse, Frankfurt/M. 1967, S. 248ff.

RIDDER, HELMUT, *Zur verfassungsrechtlichen Stellung der Gewerkschaften im Sozialstaat*, Stuttgart 1960

ROSENBERG, ARTHUR, *Demokratie und Sozialismus*, Frankfurt/M. 1962

Rosenberg, Arthur, *Entstehung der Weimarer Republik*, Frankfurt/M. 1961

– *Geschichte der Weimarer Republik*, Frankfurt/M. 1961

Scheuner, Ulrich, «Die staatliche Intervention im Bereich der Wirtschaft», *VVdSt* 11, 1954, S. 1 ff.

Strachey, John, *Kapitalismus heute und morgen*, Düsseldorf 1957

Sweezy, Paul, *Theorie der kapitalistischen Entwicklung*, Köln 1959

C

DAS FASCHISTISCHE MODELL ÖFFENTLICHER HERRSCHAFT

[HANS MANFRED BOCK]

1. Der Aufstieg der faschistischen Bewegungen

Der Faschismus ist klar von spätliberalen und konservativen Herrschaftsformen abzugrenzen. Da sich einzig in Hitlers Deutschland und Mussolinis Italien sein Herrschaftsanspruch epochal prägend realisierte, muß sich ein faschistisches Modell öffentlicher Herrschaft an Geschichte und Struktur eben dieser beiden Regime orientieren. Problematisch scheint die Anwendung des im folgenden entwickelten Begriffs des Faschismus auf das Herrschaftssystem unterschiedlicher – durch andere Klassenverhältnisse und andere geschichtliche Traditionen bedingter – Diktaturen wie der Francos in Spanien, Salazars in Portugal, Perons in Argentinien und auf die jüngsten Bewegungen der fünfziger Jahre: der Poujades in Frankreich und Mac Carthys in den USA. Ein vorschnell pauschalisierender Wortgebrauch ist zu vermeiden; es bleibt sorgfältigen Einzeluntersuchungen vorbehalten, ihre faschistischen gegen ihre spezifischen Merkmale abzuwägen.

Der Faschismus formierte sich als extremster Flügel innerhalb der 1919 einsetzenden Reaktion gegen die sozialistischen Revolutionsansätze nach dem ersten Weltkrieg. Die Stoßtrupps der faschistischen Bewegungen setzten sich vorwiegend in Deutschland wie in Italien aus Kriegsteilnehmern zusammen, die den Weg ins zivile Leben nicht zurückfanden und in der Armee nicht unterkommen konnten. Diese aus allen sozialen Mittel- und Oberschichten stammenden, durch den Krieg und die Krise nach 1918 sozial gefährdeten und deklassierten Kräfte schlossen sich zu paramilitärischen Verbänden («Freicorps», «Wehrverbänden») zusammen, die in den Kämpfen im Baltikum (1919/20) – in Italien durch d'Annunzios Fiume-Abenteuer (1919/20) – ihr Selbstbewußtsein stärkten und eine nationalistische, militaristische und aggressiv antidemokratische Ideologie entwickelten. Als «Bildungsoffizier» der Reichswehr machte Hitler unmittelbar nach Kriegsende in diesen Kreisen seine ersten politischen Schritte, und der ehemalige sozialistische, durch sein Eintreten für die Kriegsteilnahme Italiens isolierte Politiker Mussolini hatte bei der Begründung der faschistischen Partei im März 1919 als einzige Machtbasis seinen «Kontakt mit der militärisch-politischen Halbwelt» (Nolte, *Faschismus*, S. 236).

Nachdem in Deutschland bereits in der Spartakuswoche in Berlin (Januar 1919), den Kämpfen in Bayern gegen die Räterepublik (April 1919) und den Kämpfen im Anschluß an den Kapp-Putsch (März 1920) die militant linksrevolutionären Kräfte durch ein Bündnis der Reste der Armee mit den Freicorps und Wehrverbänden niedergerungen worden waren, erfolgte in Italien nach dem Höhepunkt des Nachkriegssozialismus, den Fabrikbesetzungen im Herbst 1920, der gleiche Vorgang.

Auch hier waren es ehemalige Soldaten, entlassene Offiziere und Studenten, die in den sprunghaft an Zahl und Stärke zunehmenden faschistischen «squadre d'azzione» in Terrorakten die sozialistischen Organisationen und Institutionen im Laufe der Jahre 1921/22 bekämpften. Die lokalen und regionalen Polizeibehörden verhielten sich in der Regel den sog. Strafexpeditionen der Faschisten gegenüber neutral, oft arbeiteten sie mit den Faschisten zusammen; die Großagrarier und Großindustriellen verteidigten ihre Eigentums- und Profitinteressen, indem sie die Aktionen der Faschisten finanziell und materiell sicherten. Die faschistische Bewegung erhielt starken Zulauf aus den bäuerlichen und kleinbürgerlichen Mittelschichten der Gesellschaft (Fetscher, S. 44ff.), eroberte systematisch und gewaltsam die Kommunalbehörden der großen norditalienischen Städte, und als 1922 keine antifaschistische Front im Parlament zustande kam, hielt Mussolini nach dem unblutigen Marsch auf Rom (der König verweigerte die Verhängung des Belagerungszustandes und die Armee blieb inaktiv) am 29. Oktober die Staatsgewalt in Händen.

In Deutschland vermochte es Hitlers faschistische Sammlungsbewegung nicht, nach dem gescheiterten Putschversuch vom 8. und 9. November 1923 im Parlament eine nennenswerte Macht zu bilden; erst als Folge der im Oktober 1929 einsetzenden kapitalistischen Weltwirtschaftskrise erhielt die Bewegung durch den Zulauf aus den verarmten mittelständischen Gesellschaftsschichten eine Massenbasis; durch die September-Wahlen 1930 erhöhte die NSDAP ihre Reichstagssitze von 12 auf 107.

Diese mittelständischen Schichten (Bauern, Handwerker, freiberuflich Tätige, kleine und mittlere Angestellte und Beamte) waren für den deutschen Faschismus von noch entscheidenderer Bedeutung als für sein italienisches Pendant. Im industriell höher entwickelten und bereits oligopolistisch umstrukturierten deutschen Wirtschaftssystem erfuhren diese Schichten zum ersten Mal drastisch die Gefahr ihrer Proletarisierung in den Inflationsjahren bis Ende 1923. In den nachfolgenden Prosperitätsjahren gruppierten sie sich politisch um die liberalen Parteien (DVP, DDP u.a.), auch um föderalistische Regionalparteien (in Hessen, Niedersachsen, Schleswig-Holstein) und wurden schließlich im Wirbel der Weltwirtschaftskrise ab 1929 - zum Teil vermittelt durch das Anwachsen reiner Interessenparteien (Aufwertungspartei, Hausbesitzerpartei, Bauernpartei etc.), die sie bereits aus ihren traditionellen liberalen Parteien herausgezogen hatten - nahezu ausnahmslos der NSDAP zugetrieben. Der NSDAP-Wähler im Jahre 1932 läßt sich idealtypisch charakterisieren als «selbständiger, protestantischer Angehöriger der Mittelklasse, der entweder auf einem Hof oder einer kleinen Ortschaft lebte und früher (d.h. vor der Wirtschaftskrise, der Verf.) für eine Partei der politischen Mitte oder eine regionale Partei gestimmt hatte» (Lipset, S. 416). Ein gewisser Zulauf aus dem bürgerlich-konservativen Lager kam hinzu und ein geringfügiger aus dem Lager des überwiegend kurzfristigen Mitgliederbestandes der Arbeiterparteien (Lipset, S. 410).

Ideologisch waren die Mittelschichten in gleicher Weise gegen den Sozialismus wie gegen bestimmte Erscheinungsformen des Kapitalismus motiviert; sie neigten jedoch aus ständischem Differenzierungswillen in eben dem Maße stärker zur Bourgeoisie, in dem sie ökonomisch mehr und mehr dem Proletariat angeglichen wurden. Dies mittelschichtenspezifische Mentalitätskennzeichen erleichterte Hitler - gegen die linke Opposition in seiner Bewegung - das Eingehen auf das Interesse, das der NSDAP nach ihrem Wahlerfolg 1930 in der Krisensituation in verstärktem Maße aus den Kreisen des Finanz- und Industriekapitals und der Großagrarier bezeugt wurde, und für das die Annäherung in der «Harzburger Front» (Oktober 1931) und Hitlers Unterredung mit Papen im Hause des Kölner Bankiers und Vertrauensmannes der Industrie v. Schröder am 4. Januar 1933 entscheidende Etappen sind (Hallgarten, S. 93ff.). Die Ursache dieses Interesses trat in den Sanierungsplänen dieser Kreise deutlich hervor, die eine wirtschaftliche Stabilisierung auf Kosten der Arbeiter (Verminderung der Lohn- und Gehaltskosten, Reduktion der Sozialleistungen) und die Zerstörung ihrer politischen und gewerkschaftlichen Organisationen vorsahen. Zudem verschreckt durch die nach links offene Politik des Kabinetts Schleicher seit Dezember 1932, setzten weite Kreise des Großkapitals politisch auf Hitler und konsolidierten den deutschen Faschismus durch Geldzuwendungen besonders in dessen akutester Krise nach den Novemberwahlen 1932: Man war bereit, dem als kleinbürgerlichen Parvenu verachteten Hitler die politische Macht abzutreten, um seine wirtschaftlichen und sozialen Positionen gegenüber den Ansprüchen der organisierten Arbeiterschaft zumindest zu behaupten, und nicht zuletzt in dem Glauben - wie es der Konservative v. Papen ähnlich wie der italienische Liberale Giolitti noch nach der Machtübernahme des Faschismus formulierte -, sich die faschistische Bewegung «engagiert» zu haben und sich ihrer wieder beliebig entledigen zu können.

2. *Der Abbau des bürgerlich-parlamentarischen Rechtsstaates*

Der Übergang zum faschistischen Herrschaftssystem wurde lange durch die Lähmung und den Abbau des bürgerlich-parlamentarischen Rechtsstaates vorbereitet. In Italien hatte die Regierung vor Mussolinis Marsch auf Rom «in der Not immer mehr zu den befreienden, nämlich die parlamentarische Zustimmung entbehrlich machenden Dekretgesetzen gegriffen, deren rechtliche Zulässigkeit und Grundlage aber in Theorie und Praxis strittig war» (Leibholz, S. 13); paradigmatisch jedoch vollzog sich der Abbau des bürgerlich-parlamentarischen Rechtsstaates in Deutschland mit Beginn der Reihe von Präsidialkabinetten seit demjenigen Brünings im März 1930.

In der Theorie war dieser Rechtsstaat von einigen der führenden deutschen Staatsrechtslehrer (Carl Schmitt) bereits früher in Frage gestellt und bekämpft worden (Sontheimer, S. 79ff., S. 180ff.). Im Verein mit den konservativ-antibürgerlichen Vulgärphilosophen Spengler, Spann, Moeller van den Bruck usw., die in eine in der deutschen Romantik beginnende restaurative Denktradition eingereiht werden können (vgl. neben den zahlreichen ideengeschichtlichen Herleitungsversuchen des Nationalsozialismus: Lukacs), wurde jenes Denken politisch virulent in der Polemik gegen die Demokratie im allgemeinen, die als mentalitätsfremdes westliches Importprodukt und Diktat hingestellt wurde, und in der Polemik gegen die Institutionen der Weimarer Verfassung im besonderen. Es tat ein übriges, um die bereits durch das Trauma der Kriegsniederlage und die Hypothek der Reparationszahlungen belastete, in Deutschland neue demokratische Staatsform zu diskreditieren und die traditional antidemokratischen, jedoch weiterhin staatstragenden Schichten in ihrer Haltung zu bestärken und gegen die Demokratie zu aktivieren.

Unter diesen Umständen kam eine gefestigte demokratische Verfassungswirklichkeit nicht zustande, und als nach der Weltwirtschaftskrise die parlamentarische Praxis durch die sprunghafte Verstärkung der NSDAP vollends paralysiert wurde, begann spätestens mit der unter Berufung auf Art. 25 und Art. 48 Abs. 2 WRV erfolgten Auflösung des (im Mai 1928) gewählten Reichstages die autoritäre Umgestaltung der Demokratie; man tilgte mit dieser Auflösung das im Art. 48 Abs. 3 WRV garantierte Einspruchsrecht des Parlaments, von dem die Sozialdemokraten gegen Brünings Notverordnungen Gebrauch gemacht hatten. Ebenso überging man die parlamentarische Vertrauensklausel des Art. 54 WRV, indem man unter Berufung auf das alleinige Ernennungsrecht des Reichskanzlers durch den Reichspräsidenten (Art. 53 WRV) die Regierung einzig vom Vertrauen des Präsidenten abhängig machte. Da sich die in der Verfassung vorgesehenen Maßnahmen des Parlaments gegen den Reichspräsidenten (Art. 43 u. 59 WRV) zudem als nicht praktikabel erwiesen, diejenigen des Präsidenten gegen den Reichstag hingegen als übermächtig, erfolgte die Zerstörung der intendierten Machtbalance zwischen den beiden plebiszitären Staatsorganen und eine ungeheure Machtakkumulation im Amt des Reichspräsidenten. Hindenburg, weitgehend das Instrument einer konservativen Beraterclique, konnte so nacheinander Papen, Schleicher und Hitler autoritär ernennen und mit der fortgesetzten Praxis der Notverordnungspolitik das Prinzip des Rechtsstaates unterhöhlen. Wie in diesem in Hitlers Kanzlerschaft (ab 30. 1. 1933) gipfelnden Prozeß der Verselbständigung der Exekutive das Prinzip der Gewaltenteilung verneint wurde, so war bereits der von Papen am 20. 7. 1932 in Preußen durchgeführte Staatsstreich schlechthin die praktische Negation des Rechtsstaates, in der im wesentlichen die faschistische Herrschaftsmethode bestand und auf der das faschistische Staatsrecht einen neuen Staatsgedanken aufzubauen suchte.

3. Die Entwicklung der faschistischen Staatspartei

Nach der Übernahme der Staatsgewalt erfolgte in Italien und in Deutschland bald die Auseinandersetzung zwischen den Kadern der faschistischen Bewegung und den Exponenten der kleinbürgerlich-revolutionären Massen, die von der Unzufriedenheit mit ihrer wirtschaftlichen Misere über den erworbenen status quo hinausgetrieben wurden, ohne über eine klare gesellschaftliche Konzeption zu verfügen. Im Laufe des Jahres 1923 entbrannten die Kämpfe im italienischen Faschismus; in Rom, Bologna und anderen Orten griffen oppositionelle Gruppen die Parteizentrale unter der Parole eines «zweiten Marsches auf Rom» an. Diese Rebellion war bis 1925 durch den Ausschluß mehrerer zehntausend Mitglieder, durch die Ersetzung lokaler Kader und durch das Verbot der Provinzialkongresse von der Zentrale unterdrückt.

In Deutschland konzentrierte sich die Unzufriedenheit mit den Ergebnissen der «NS-Revolution» vom Januar 1933 in der SA; überwiegend aus dem Millionenheer der Arbeitslosen rekrutiert, hatte diese paramilitärische Organisation während der nationalsozialistischen Machteroberung als wirksames terroristisches Instrument gegenüber der Arbeiterbewegung gedient. Während Hitler wußte, daß er die etablierte Wirtschaftsführung und Ministerialbürokratie nicht durch einschneidende Änderungen seinem Regime entfremden durfte und daher schon im Juli 1933 nach einer ersten Ämterverteilung in den engeren Parteikadern die «NS-Revolution» als beendet erklärte, bestanden weite Teile der SA auf Veränderungen, von denen sie sich vor allem eine Aufbesserung ihres eigenen sozialen Status versprachen. Diese Kräfte wurden von Hitler durch massenweise Ausschlüsse aus der SA, durch Statusveränderungen und Umstrukturierungen der Organisation zu bändigen gesucht; er war jedoch in seinem Arrangement mit den etablierten sozialen Machtspitzen erst dann sicher, als er unter dem Vorwand einer bevorstehenden SA-Revolte am 30. 6. 1934 in einem blutigen Gewaltstreich deren Führungsgruppen vernichtet und mit dem gleichen Streich sich auch der potentiellen Gegner aus konservativen Kreisen (Schleicher u.a.) entledigt hatte.

Nach diesen internen Auseinandersetzungen war (ab 1925 für Mussolini, ab 1934 für Hitler) die faschistische Partei ein unbedingt zuverlässiges Instrument, dessen sich der «Führer» bedienen konnte; zumal die innere Struktur der faschistischen Parteien nur eine streng einseitige Initiativkette von der charismatisch stilisierten Führergestalt zur Mitgliederbasis zuließ. Neben der Beseitigung der inneren Opposition verlief gleichzeitig – in Deutschland und Italien in unterschiedlichem Tempo – der Prozeß der Ausschaltung der äußeren Opposition, d.h. der Ausschaltung der Restbestände des parlamentarischen Mehrparteiensystems. In Italien regierte Mussolini vom Oktober 1922 bis Januar 1925 in parlamentarischer Koalition mit den Nationalisten, Liberalen und Katholiken (Popolari); unterschiedslos setzte er jedoch seine bewaffneten Sturmtrupps gegen jegliche oppositionelle Regung ein. Als nach der Ermordung des Sozialisten Matteotti (Sommer 1924) alle nicht-faschistischen Abgeordneten in Sezession gingen, rettete sich Mussolini aus dieser für ihn gefährlichsten Machtprobe durch die Verkündigung des totalitären Staates am 3. Januar 1925. Er kündigte die Auflösung aller oppositionellen Parteien und das Einsetzen der Staatsgewalt gegen abweichende Elemente an. «Von diesem Zeitpunkt ab wurden das Parlament (mitsamt dem Senat), die Gerichtshöfe und die Monarchie zu reinen Instrumenten des Ein-Parteien-Staates» (Germino, S. 11, Übers. des Verf.). Im Vergleich mit den Institutionen des deutschen faschistischen Staates konnte jedoch in Italien sowohl die Monarchie als auch die Kirche ein größeres politisches Eigengewicht behaupten.

Die Transformation des parlamentarischen Mehrparteiensystems in ein System, in dem eine politisch allmächtige Partei den Staat okkupierte, vollzog sich in Deutschland in sehr viel kürzerer Zeit. Nachdem Hitler am 30. 1. 1933 von Hindenburg zum Reichskanzler ernannt worden war, setzte er eine Neuwahl des Reichstages durch. Im Verlauf des nun beginnenden Wahlkampfes setzten die Nationalsozialisten neben ihrem agitatorischen Geschick nicht nur die reichlichen Geldmittel der nunmehr allgemein bereitwilligen Großindustrie, sondern auch die durch die Reichstagsbrand-Notverordnung vom 28. Februar 1933 legitimierten staatlichen Gewaltmittel des Ausnahmezustandes skrupellos für ihre Zwecke ein; dennoch brachten ihnen die Wahlen vom 5. März 1933 (die letzten für zehn, wenn nicht gar für hundert Jahre – wie Göring angekündigt hatte) mit 43,9% der Stimmen keine absolute Mehrheit, und obwohl Hitler sämtliche KPD-Abgeordneten hatte ausschließen lassen, war dieser Reichstag nicht das willenlose Werkzeug, das er brauchte. Hitler konfrontierte ihn daher mit dem sog. Ermächtigungsgesetz: Die Regierung sollte das Recht erhalten, gegen die Weimarer Verfassung Gesetze ohne die Zustimmung des Parlaments zu erlassen und auszuführen. Bei erzwungener Abwesenheit der 81 KP-Abgeordneten und einzig gegen die

Stimmen der noch anwesenden SPD-Delegierten setzte der Reichstag am 23. März 1933 mit seiner Zustimmung zu diesem Gesetz seiner eigenen Tätigkeit ein spektakuläres Ende.

Hitlers «Gleichschaltungspolitik», die systematische Zerschlagung des parlamentarisch-demokratischen Institutionengefüges, vollzog sich über eine Reihe von Gesetzen von der «Gleichschaltung der Länder» (31. 3. 1933) bis zur «Deutschen Gemeindeordnung» (3. 1. 1935); das «Gesetz gegen die Neubildung von Parteien» (14. 7. 1933), durch das die NSDAP als Staatspartei monopolisiert wurde, war eine fast logische Folge aus dem Ermächtigungsgesetz; obwohl man wie in Italien die vorgefundene Verfassung niemals außer Kraft setzte, war schließlich, nachdem sich Hitler selbst nach Hindenburgs Tod unter dem «Führer»-Titel zum Staatsoberhaupt gemacht hatte, eine völlig neue Verfassungswirklichkeit aufgebaut. Machtfaktoren, mit denen Hitler rechnen mußte, blieben zunächst – wenn auch in ihrer Selbständigkeit dauernd in Frage gestellt und eingeschränkt – «diejenigen Institutionen, die wegen ihrer Aufgabe eigenes politisches Gewicht besaßen und über eine durch Tradition gefestigte innere Ordnung verfügten, die schon von der Demokratisierung des deutschen Staates wenig berührt gewesen war: Wehrmacht, Ministerialbürokratie, Kirchen und Wirtschaft» (Buchheim, S. 13).

4. Die Struktur des faschistischen Staates

Das Hauptanliegen des faschistischen Staatsrechtes war die Kompetenzabgrenzung zwischen Partei und Staat und die grundsätzliche Definition des Verhältnisses zwischen beiden. Daß man dafür keine verbindliche Formel fand, war in einem der Strukturmerkmale des faschistischen Staates begründet: einem In-, Neben- und Gegeneinander etablierter staatlicher Bürokratien und der neuen Partei-Bürokratie.

In Italien hatte die faschistische Partei seit 1932 den Status einer öffentlich-rechtlichen Institution und war als solche dem Staat inkorporiert. Durch die Auswirkung geographischer, wirtschaftlicher und sozialer Gegensätze war seit der nationalen

Einigung Italiens niemals eine starke staatliche Autorität zustande gekommen; so hatte Mussolini einerseits von ihr keine wesentliche Opposition zu fürchten, andererseits aber war sie für die Behauptung einer modernen Industrienation auf dem Weltmarkt eine Notwendigkeit und wurde damit zur vorrangigen Aufgabe; «der italienische Faschismus pries den Staat überschwenglich, weil dieser durch die italienische Geschichte hindurch immer schwach war» (Neumann, S. 68, Übers. des Verf.).

Der deutsche Faschismus hingegen sah sich einem durch Jahrzehnte hindurch gefestigten Staatsapparat gegenüber, und es mußte zu Kompetenzstreitigkeiten zwischen den neuen und alten machtvollen Bürokratien kommen. Aus diesen Schwierigkeiten erklärt sich, daß die Theorie vom totalen Staat (C. Schmitt, E. Forsthoff u.a.) bald nach der Machtübernahme von den Nationalsozialisten fallengelassen wurde, und daß man nun – wiederum in Anlehnung an eine Konstruktion von C. Schmitt – den Staat als «statischen politischen Teil» von der Partei als «dynamischem politischen Element» unterschied. Diese äußerst vage Bestimmung wurde auch im «Gesetz zur Sicherung der Einheit von Partei und Staat» (1. 12. 1933) keineswegs präzisiert: Nach italienischem Vorbild wird die Partei als eine Körperschaft des öffentlichen Rechts bezeichnet (§ 1), gleichzeitig jedoch wurden Partei und SA der staatlichen Gerichtsbarkeit entzogen und eigener Gerichtsbarkeit unterstellt (§ 3).

In der Wirklichkeit des nationalsozialistischen Staates hatte dieser institutionelle Dualismus in den verschiedenen Bereichen durchaus verschiedene Formen: Die Ministerialbürokratie z.B. blieb unverändert (wenn man von den Spitzen der Polizei, des Jugend- und Propagandadienstes absieht, in denen die Partei unmittelbar staatliche Aufgaben übernahm). Die Schlüsselstellen der mittleren und unteren staatlichen Bürokratie hingegen waren in den Händen der Partei; der Rest der Beamtenschaft wurde in Zellenarbeit indoktriniert. Die Armee blieb frei von Parteiinstanzen, mußte aber nicht nur die Ermordung Schleichers und Bredows im Juni 1934 und die Ersetzung Blombergs und Fritschs durch die gefügigeren Keitel und

Brauchitsch im Januar 1938 hinnehmen, sondern auch Hitler als Oberbefehlshaber und designierten Feldherrn für den kommenden Krieg. In der Kriegsphase des Faschismus wurden dann die Kompetenzen der alten Bürokratie in verstärktem Maße von Parteiinstanzen übernommen; z.B. die des Innenministeriums von der SS.

Die aus diesen institutionellen Überlagerungen resultierende Rechtsunsicherheit und Verwirrung war gerade die Grundlage für die dezisionistische Herrschaftstechnik des faschistischen Führers: In allen Fällen rechtlicher Unsicherheit war sein Wille Gesetz. Damit wurde ein funktionaler Dualismus eingerichtet, durch den der faschistische Staat wesentlich charakterisiert ist. Neben das Normengefüge der Verfassung und des positiven Rechts, das bisher das öffentliche Leben organisierte, trat jetzt ein nicht fixiertes und nicht fixierbares rechtschaffendes Prinzip: der Wille des Führers. Der nationalsozialistische Staatsrechtler E.R.Huber unterschied daher z.B. die «Führergewalt» von der «Staatsgewalt»: «Nicht der Staat als eine unpersönliche Einheit ist der Träger der politischen Gewalt, sondern diese ist dem Führer als dem Vollstrecker des völkischen Gemeinwillens gegeben» (*Verfassungsrecht des Großdeutschen Reiches*, Hamburg 1939, S. 230). Die faschistische Verfassungswirklichkeit war gekennzeichnet durch das Nebeneinander der Mechanismen eines «Normenstaates» («normative state») und eines «Maßnahmenstaates» («prerogative state») nach der Begriffsbildung Ernst Fraenkels. Sooft es notwendig erschien, wurde das normenstaatliche Prinzip durch das Prinzip des Führerwillens ersetzt; in der Regel berief man sich in diesen Fällen auf die Reichstagsbrand-Notverordnung vom 28. 2. 1933, die durch diese Praxis konstitutionelle Valenz für den Maßnahmenstaat erhielt. Der Führerwille konnte sich in Form von Gesetzen, Verordnungen, Erlassen, Einzelbefehlen oder bloßen Zuständigkeitsregelungen rechtsetzend auswirken.

Die Rolle einer Exekutive des Führerwillens hatte dabei neben der Gestapo die SS inne. Prinzipiell unabhängig von bestehenden Rechtsnormen, vermochten sie in sämtliche Bereiche des öffentlichen Lebens einzudringen. Der organisierte Terror, neben der Propaganda das wichtigste Herrschaftsmittel des Faschismus, bildete die Praxis dieser Organe des Führerwillens, die neben der Sicherung des Regimes vor allem die Verwirklichung der rassenpolitischen und später der besatzungspolitischen Ziele des Führers zu gewährleisten hatten.

In Italien führte die offizielle und nachdrückliche Ineinssetzung von Staat und Partei zu dem Versuch, die notwendig rivalisierenden Prinzipien des Normen- und des Maßnahmenstaates institutionell zu verklammern: So wurde durch Gesetz vom 9. 12. 1928 das oberste Führungsorgan der Partei, der Großrat des Faschismus, über den historischen Grundeinrichtungen des italienischen Staatslebens (Krone, Regierung und Parlament) als oberstes Staatsorgan in die Verfassung aufgenommen. Dieser Legalisierungsversuch eines maßnahmenstaatlichen Organs war eine formale Konzession an die normenstaatliche Ordnung, zu dem es im deutschen Faschismus kein entsprechendes Beispiel gibt. Das Novum des maßnahmenstaatlichen Prinzips im politischen Leben Italiens definierte G. Leibholz 1928: «Der faschistische Staat aktualisiert sich dynamisch durch immer erneute Dezisionen des Führers» (S. 41).

Weder in Italien jedoch noch in Deutschland war der Maßnahmenstaat uneingeschränkt. E. Fraenkel (S. 58) sieht in der Tatsache, daß er rechtlich unbegrenzt ausdehnbar gewesen wäre, daß er sich aber dennoch Einschränkungen auferlegte, das bedeutendste Merkmal der nationalsozialistischen Verfassungswirklichkeit. Der deutsche Faschismus vermochte es, die Rechtsprechung der Gerichte seiner repressiven Politik gegen die jüdische Minorität völlig zu unterwerfen. In allen Fragen, die die Grundlagen der bestehenden wirtschaftlichen Struktur betrafen, konnten sich hingegen die Gerichtshöfe an die geltenden positiven Rechtssätze halten. Das Privateigentum, die unternehmerische Freiheit, die Verbindlichkeit der Verträge, das Recht des Unternehmers zur Kontrolle der Arbeit, Urheber- und Patentrechte usw., alle wesentlichen Elemente der bestehenden (kapitalistischen) Wirtschaftsordnung sind im faschistischen Staat beibehalten worden. Die Anwendung des Revolutionsbegriffes, so wie er sich in der modernen europäischen Geschichte am englischen, französischen und russischen Beispiel realisiert hat, verbietet sich für die faschistische Machtübernahme; diese ist lediglich «die Aufhebung des bürgerlichen Klassenprinzips, die innerhalb dieses Prinzips bleibt» (Thalheimer, S. 23). Die Einschränkung der dezisionistischen Herrschaftspraxis der Nationalsozialisten im Teilbereich der Wirtschaft ist insofern ein bedeutendes Merkmal des faschistischen Herrschaftssystems, als in ihr sich das grundlegende Arrangement der neuen Machthaber mit den Spitzen der kapitalistischen Interessenvertretung klar abzeichnet.

5. Die faschistische Organisation der Wirtschaft

Nach der nationalsozialistischen Machtergreifung stellte sich auch der Teil des Großkapitals hinter Hitler, der bis dahin gezögert hatte. Ein prominentes Beispiel ist Krupp von Bohlen und Halbach, der Hitler bei dem Treffen am 20. Februar 1933 den Dank der Großindustrie für das skizzierte Programm aussprach. Die angekündigte «Beseitigung des Marxismus» bestand dann in der gewaltsamen Zerschlagung aller Arbeitnehmerorganisationen, d.h. dem Abbau der einzigen Möglichkeiten demokratischer Willensbildung für die Mehrheit des Volkes im modernen Industriestaat. So wurden am 2. Mai 1933 durch einen überraschenden Coup die deutschen Gewerkschaften vernichtet (deren Führungskader geringen Widerstandswillen bewiesen hatten). An ihre Stelle setzten die deutschen Faschisten die «Deutsche Arbeitsfront», in der sämtliche Arbeitnehmer und Arbeitgeber (abgesehen von der Beamtenschaft) in 16 Reichsbetriebsgemeinschaften (Nahrung, Textil, Metall usw.) zusammengefaßt wurden. Die Führung der Arbeitsfront hatte die NSDAP. Da diese neue, alle wirtschaftlichen Antagonismen scheinbar harmonisierende Riesenorganisation (etwa 25 Millionen Mitglieder) zu politischem Eigenleben weder fähig noch gewillt war, bildete sie lediglich ein nstrument zur faschistischen Kontrolle des Arbeitsbereiches, In dem nun die Arbeiter – aller wirklichen Koalitionsmöglichikeiten beraubt – völlig vereinzelt der Propaganda und dem

Terror des Regimes ausgesetzt waren. In diesem Endzweck der faschistischen Neuordnung des Wirtschaftslebens ist schließlich das organisatorisch im einzelnen unterschiedliche korporative System in Italien dem deutschen Beispiel gleich. «Mittels der Korporationen sollen die Arbeitnehmer vom Diktator ökonomisch abhängig und ihm damit politisch willfährig gemacht werden» (Heller, S. 22).

In Deutschland wurde über Fragen des Lohnes und der Arbeitsbedingungen autoritär von dem – natürlich selbst dirigierten und partial an die «Tarifordnungen» gebundenen – «Führer» einer Betriebsgemeinschaft entschieden; der Arbeitsvertrag galt nicht mehr als ein An- und Verkauf von Arbeitskraft, sondern wurde als Treueverhältnis stilisiert. Sämtliche neuen wirtschaftlichen Organismen des Faschismus sind offensichtlich Maßnahmen zur Verhüllung der antagonistischen Grundstruktur der kapitalistischen Wirtschaft, aus denen für die Arbeiterschaft völlige Rechtlosigkeit entstand, die andererseits aber die Erfüllung langgehegter Wünsche der Kapitalisten waren.

Die totale politische und wirtschaftliche Entmündigung der Arbeiterschaft wurde mit Entschlossenheit und Brutalität durchgeführt. Im Verhältnis zum Kapital herrschte im Faschismus weniger Entschlossenheit. In Italien wurde erst 1934 ein Korporativsystem eingeführt, in dem Arbeitnehmer und Arbeitgeber eines jeweiligen Produktionszweiges zusammengefaßt und zentral gelenkt wurden. Der Nationalsozialismus ließ bald nach der Machtergreifung ursprüngliche korporative Gedanken fallen (vgl. die Rolle Gottfried Feders und E. R. Hubers) und handelte rein opportunistisch.

Die Hauptaufgabe, vor die sich der Nationalsozialismus gestellt sah, war die Wiederherstellung eines funktionierenden Wirtschaftssystems. In der zu diesem Zweck von den Nationalsozialisten durchgeführten Wirtschaftspolitik spielte vor allem die Zwangskartellierung, für die der Wirtschaftsminister durch ein Gesetz vom 15. 7. 1933 alle Vollmachten erhielt, eine wesentliche Rolle. In vollem Gegensatz zu der früheren Forderung nach einem «gesunden Mittelstand» (Punkt 16 des NSDAP-Programmes von 1920), waren es die Klein- und Mittelbetriebe, die bei Konstatierung mangelnder Wirtschaftlichkeit von den Kartellen absorbiert wurden. Der in der monopolkapitalistischen Phase wirksame Trend zur wachsenden Konzentration des Kapitals wurde somit noch beschleunigt. Weitere Maßnahmen, die eine monopolistische Kapitalkonzentration nach sich zogen, waren die «Arisierung» jüdischen Kapitals und später die Einbeziehung der Unternehmungen in den eroberten Gebieten. Zwar wurde also die Wirtschaft in Form von Zwangskartellisierungen und einer Vielzahl anderer Reglementierungen dirigiert, aber an die Grundlagen der kapitalistischen Ordnung (Privateigentum, Profitmotiv) wurde nicht gerührt. Diese Art Einverständnis zwischen Großkapital und Faschismus wurde durch das gemeinsame Interesse an imperialistischer Ausdehnung noch gestärkt. Der Nationalsozialismus machte zu diesem Zwecke Gebrauch von «dem Wagemut, den Kenntnissen und der Aggressivität der Industrieführung, während die Industrieführung vom Anti-Demokratismus, Anti-Liberalismus und der anti-gewerkschaftlichen Haltung der Nationalsozialisten Nutzen zog» (Neumann, S. 295, Übers. des Verf.). Es handelt sich allerdings hier nicht mehr um die Gesamtheit der kapitalistischen Elemente, die den Faschismus mit etablieren halfen; «die kriegerischen Elemente der Kapitalistenklasse, vor allem die Rüstungsindustrie und die mit dem Offizierskorps versippte grundbesitzende Aristokratie, erlangten die Oberhand» (Bauer, S. 162).

Mit dem Vier-Jahres-Plan (18. 10. 1936) trat der deutsche Faschismus in die Phase unmittelbarer Kriegsvorbereitung. 1933 hatte das ökonomische Hauptproblem in der begrenzten Aufnahmefähigkeit des Binnenmarktes bestanden: Die von den Einkommen abhängige Konsumptionskraft war geringer als die Produktionskraft. Nach 1933 verstanden es die großen monopolistischen Unternehmen mit Hilfe der nationalsozialistischen Reglementierung der Wirtschaft, dies Phänomen der Überproduktion durch eine nur teilweise Ausnutzung des Konsumgüter-Produktionsapparates zu vermeiden; gleichzeitig wurde der Produktionsgütermarkt intensiviert. Die Krisensituation wurde jedoch erst überwunden durch den vollen Einsatz aller Produktionskräfte in der Rüstungswirtschaft; die Aufrüstung und unmittelbare Kriegsvorbereitung resultierten so mit einer gewissen ökonomischen Zwangsläufigkeit aus der Krise des Kapitalismus. Charles Bettelheim (S. 275) konstatierte als einzigen wesentlichen Unterschied zwischen dem dirigierten Kapitalismus des Nationalsozialismus und dem Kapitalismus auf Konkurrenzprinzip die Tatsache, daß sich die Begrenztheit des kapitalistischen Marktes nun nicht mehr in Krisen a posteriori, sondern a priori und in fast konstanter Weise bemerkbar macht; die dadurch verursachte chronische Lähmung der wirtschaftlichen Expansion und der Intensivierung des gesamten Marktes wurde verhüllt durch die künstliche Expansion, die mit der Kriegsvorbereitung verbunden war. Die Hinwendung zur faschistischen Herrschaftsform ist eine der kapitalistischen Gesellschaft inhärente Möglichkeit und Gefahr. «Der gegenwärtige Kapitalismus enthält potentiell eine dem nationalsozialistischen Deutschland analoge Struktur. Das bedeutet, daß die Vermeidung eines Gegenstoßes des Nationalsozialismus - zweifellos unter einem anderen Namen, in anderen politischen Erscheinungsformen und eventuell in einem anderen Lande als Deutschland - fundamentale Veränderungen in der wirtschaftlichen und sozialen Struktur der ökonomisch entwickelten Länder voraussetzt» (Bettelheim S. 279, Übers. des Verf.).

Literatur

BAUER, OTTO / MARCUSE, HERBERT / ROSENBERG, ARTHUR / TASCA, ANGELO / THALHEIMER, AUGUST, *Kapitalismus und Faschismus, Theorien über die sozialen Ursprünge und die Funktion des Faschismus*, hrsg. von W. Abendroth, Frankfurt/M. 1967

BETTELHEIM, CHARLES, *L'économie allemande sous le nazisme; un aspect de la décadence du capitalisme*, Paris 1946

BRACHER, KARL DIETRICH, *Die Auflösung der Weimarer Republik*, Villingen [3]1960

– / SAUER, WOLFGANG / SCHULZ, GERHARD, *Die nationalsozialistische Machtergreifung*, Köln und Opladen 1962

BUCHHEIM, HANS. *Das Dritte Reich, Grundlagen und politische Entwicklung*, München 1958

FETSCHER, IRING, «Faschismus und Nationalsozialismus. Zur Kritik des sowjetmarxistischen Faschismusbegriffs», *PVS* 3, 1962, S. 44 ff.

Fraenkel, Ernst, *The Dual State*, New York 1941

Germino, Dante L., *The italian fascist Party in power; a study in totalitarian rule*, Minneapolis 1959

Hallgarten, George F., *Hitler, Reichswehr und Industrie. Zur Geschichte der Jahre 1918 bis 1933*, Frankfurt/M. 1962

Heller, Hermann, *Rechtsstaat oder Diktatur*, Tübingen 1930

Leibholz, Gerhard, *Zu den Problemen des faschistischen Verfassungsrechts*, Berlin und Leipzig 1928

Lipset, Seymour Martin, «Der Faschismus – die Linke, die Rechte und die Mitte», *Köln. Z.* 11, 1959, S. 401 ff

Lukacs, Georg, *Die Zerstörung der Vernunft. Der Weg des Irrationalismus von Schelling zu Hitler*, Berlin 1955

Neumann, Franz, *Behemoth. The Structure and Practice of National Socialism*, London 1942

Nolte, Ernst, *Der Faschismus in seiner Epoche. Die Action francaise, der italienische Faschismus, der Nationalsozialismus*, München 1963

– (Hrsg.) *Theorien über den Faschismus*, Köln 1967

Sontheimer, Kurt, *Antidemokratisches Denken in der Weimarer Republik. Die politischen Ideen des deutschen Nationalismus zwischen 1918 und 1933*, München 1962

D

DAS KOMMUNISTISCHE MODELL ÖFFENTLICHER HERRSCHAFT

[HANNO DRECHSLER]

1. Die Konzeption von Karl Marx und Friedrich Engels

Marx und Engels, an deren Lehren sich alle gegenwärtig existenten Formen kommunistischer Herrschaft ihrem Selbstverständnis nach orientieren, haben über den Inhalt der kommunistischen Gesellschaftsordnung keine detaillierten Aussagen gemacht. Das entsprach ganz dem Charakter ihres Denkens, das primär eine kritische Methode zur Analyse der damaligen Gesellschaftsordnung (des aufsteigenden Kapitalismus) sein wollte, wobei sich beide ihrer wissenschaftlichen Funktion als einer politischen bewußt waren und ihre Methode als Waffe einer konkreten Klasse (des Proletariats) betrachteten, deren historische Aufgabe es war, die Widersprüche der kapitalistischen Gesellschaft (nicht etwa alle möglichen Widersprüche des menschlichen Lebens!) aufzuheben. Das will nicht sagen, daß Marx und Engels – wie alle Revolutionäre – keine Vorstellung von der Zukunftsgesellschaft besaßen, aber sie durften nicht ein ausgebautes Modell der kommunistischen Gesellschaftsordnung konstruieren, wenn sie ihren Methoden nicht zugunsten unwissenschaftlicher Spekulation untreu werden wollten. Sie konnten lediglich jene Grundprobleme der nachrevolutionären Ordnung klären und als Zielpunkte der Transformation der bisherigen Gesellschaft bestimmen, die nach dem gegebenen Entwicklungsgrad der Produktivkräfte lösbar und durch die inneren Widersprüche der kapitalistischen Gesellschaft erkennbar waren. Dieses Minimum der als erkennbar gesetzten Charakteristika der neuen Ordnung haben Marx und Engels nirgends zusammenhängend dargelegt; es muß daher aus einigen verstreuten Äußerungen – die eingebettet sind in ihre Geschichtsauffassung und Revolutionstheorie – entwickelt werden.

Marx und Engels gehen davon aus, daß die Produktionsweise der materiellen Güter der Gesellschaft nicht nur die ökonomische, sondern die gesamte gesellschaftliche Organisation bedinge. Bestimmten Produktivkräften entsprächen diesen Kräften adäquate gesellschaftliche Verhältnisse, und jede Veränderung der Produktivkräfte bewirke eine Veränderung dieser Verhältnisse und dadurch eine Umgestaltung der Gesellschaftsform: «Auf einer gewissen Stufe ihrer Entwicklung geraten die materiellen Produktivkräfte der Gesellschaft in Widerspruch mit den vorhandenen Produktionverhältnissen oder, was nur ein juristischer Ausdruck dafür ist, mit den Eigentumsverhältnissen, innerhalb deren sie sich bisher bewegt hatten. Aus Entwicklungsformen der Produktivkräfte schlagen diese Verhältnisse in Fesseln derselben um» (Marx, *Kritik*, S. 9). Dieser Widerspruch drücke sich in der politischen und gesellschaftlichen Sphäre als Klassenkampf aus, der den Motor des historischen Prozesses (nicht den gesamten historischen Prozeß selber) bilde, und führe zur Revolution, die eine neue – den veränderten Produktivkräften angepaßte – gesellschaftliche Organisation schaffe.

Übertragen auf die kapitalistische Gesellschaftsordnung setzen Marx und Engels der Wirklichkeit keine Vision der zukünftigen Ordnung entgegen, sondern suchen in der Gesellschaft selber Ursachen, Tendenzen und Formen der Umgestaltung des Kapitalismus: Die Arbeiterklasse «hat keine Ideale zu verwirklichen; sie hat nur die Elemente der neuen Gesellschaft in Freiheit zu setzen, die sich bereits im Schoß der zusammenbrechenden Bourgeoisgesellschaft entwickelt haben» (Marx, *Bürgerkrieg*, S. 343). Die Beseitigung des Kapitalismus werde historisch notwendig durch die ihm immanenten Widersprüche – besonders durch den Widerspruch zwischen gesellschaftlicher Produktion und privater Aneignung der produzierten Güter –, die sich durch Krisen und Klassenkämpfe verschärfen und zur sozialen Revolution drängen. Voraussetzung dieser Revolution sei einerseits die Entwicklung revolutionären proletarischen Klassenbewußtseins, d.h. die Konstituierung des Proletariats als «Klasse für sich». Die Revolution sei andererseits von objektiven Voraussetzungen abhängig, denn: «Eine Gesellschaftsformation geht nie unter, bevor alle Produktivkräfte entwickelt sind, für die sie weit genug ist, und neue höhere Produktionsverhältnisse treten nie an die Stelle, bevor die materiellen Existenzbedingungen derselben im Schoß der alten Gesellschaft selbst ausgebrütet worden sind» (Marx, *Kritik*, S. 9).

Die sozialistische Revolution setze also nicht nur ein Proletariat voraus, «das diese Umwälzung durchführt, sondern auch eine Bourgeoisie, in deren Händen sich die gesellschaftlichen Produktivkräfte so weit entwickelt haben, daß sie die endgültige Vernichtung der Klassenunterschiede gestatten» (Engels, «Soziales aus Rußland», *MEW* 18, S. 556). Zudem sei diese Revolution «nur als die Tat der herrschenden Völker ‹auf einmal› und gleichzeitig möglich, was die universelle Entwicklung der Produktivkraft und den mit ihm zusammenhängenden Weltverkehr voraussetzt» (Marx/Engels, *Ideologie*, S. 35); zumindest müsse es eine «in allen zivilisierten Ländern, d.h. wenigstens in England, Amerika, Frankreich und Deutschland gleichzeitig vor sich gehende Revolution sein» (Engels, «Grundsätze des Kommunismus», *MEW* 4, S. 374). Diese Revolution vollziehe sich nicht nach einem allgemeingültigen Schema, sondern sei in Art und Weise ihres Verlaufes von der jeweiligen konkreten historischen Situation abhängig. Sowohl in der friedlich-legalen als auch in der gewaltsamen äußeren Form sei die – inhaltlich in jedem Falle revolutionäre – Transformation Ausdruck einer höchst demokratischen Aktion.

Erstes Ziel der sozialistischen Revolution sei die Erhebung der bisher unterdrückten Klasse des Proletariats zur herrschenden Klasse durch Zerstörung der bürgerlichen Staatsmaschinerie und Errichtung eines neuen Staates in Gestalt der revolutionären «Diktatur des Proletariats», denn der Staat – entstanden als Produkt von Klassenantagonismen – sei eine von der Gesellschaft abstrahierte «Repressionsgewalt» zur Sicherung der Einheit der Gesamtgesellschaft, d.h. eine öffentliche Gewalt politischen Charakters zur Aufrechterhaltung der Gesamtstruktur bestimmter Produktionsverhältnisse und damit zur Bewahrung der Herrschaftsfunktion der sozialökonomisch dominierenden Klassen gegenüber den Unterklassen. Der bürgerlichen Demokratie als der Diktatur der Bourgeoisie trete jetzt die proletarische Demokratie als die Diktatur des Proletariats über die Minderheit der ehemals herrschenden Klassen gegenüber. Abgesehen von dieser inhaltlich generellen Qualifikation wird das Institut der Diktatur auch in einer engeren Bedeutung, etwa im Sinne des römisch-rechtlichen Diktaturbegriffs, verstanden. Wie die bürgerliche Staatsgewalt ihre – in normalen Ruhelagen zur Erhaltung der Marktgesellschaft notwendige – Bindung an eine eigene formale Gesetzlichkeit in gesellschaftlichen Krisensituationen sprengen müsse, so könne auch die proletarische Staatsgewalt – vor allem wenn sie sich als Produkt einer gewaltsamen Revolution konstituiert habe – zum radikalen Bruch mit dem vorrevolutionären Legalitätssystem gezwungen sein. Der proletarische Staat stelle das vorgegebene Ordnungs- und Legalitätssystem zu seiner Disposition, bediene sich des Monopols der physischen Gewalt zur Verwandlung der bürgerlich-kapitalistischen in proletarisch-sozialistische Produktionsverhältnisse und schaffe durch seine Eingriffe in die Eigentumsstruktur und Rechtsordnung (als Ausdruck der Produktionsverhältnisse) ein neues Legalitätssystem.

Konkretisiert wird diese Auffassung von der Diktatur des Proletariats durch das von Marx und Engels angeführte Beispiel der kurzlebigen Pariser Kommune von 1871. Sie habe gezeigt, daß die Arbeiterklasse nicht «die fertige Staatsmaschinerie einfach in Besitz nehmen und diese für ihre eigenen Zwecke in Bewegung setzen» könne (Marx, *Bürgerkrieg*, S. 336), sondern «die bürokratisch-militärische Maschinerie ... zu *zerbrechen*» habe (Marx «Brief an Kugelmann vom 12. April 1871», *MEW* 33, S. 205). Das stehende Heer sei durch das bewaffnete Volk ersetzt, die Polizei entpolitisiert worden; eine durch allgemeines Stimmrecht gewählte Körperschaft habe die funktionale Selbständigkeit der legislativen, der exekutiven und der jurisdiktionellen Gewalt aufgehoben; alle Abgeordneten, Beamten und Richter seien zu wählbaren, verantwortlichen und jederzeit absetzbaren Delegierten des Volkes geworden, deren Bezahlung einen Arbeiterlohn nicht überschritten hätte.

Der Staat der proletarischen Diktatur bleibe also politische Gewalt, ja er könne – im Bürgerkrieg – sogar eine terroristisch-repressive Form annehmen, aber diese Repressivfunktion werde jetzt im Interesse der Majorität des Volkes gegen eine Minorität ausgeübt, gestützt auf die freie Willensbildung des Proletariats und seiner Alliierten. Daher sei diese Diktatur notwendig Demokratie, die zwar in dieser letzten und höchsten historischen Ausprägung noch Staat sei, indes ein Staat, der im Prozeß der Aufhebung der Klassen allmählich seinen politischen, d.h. repressiven Charakter verliere und absterbe:

«Der erste Akt, worin der Staat wirklich als Repräsentant der ganzen Gesellschaft auftritt – die Besitzergreifung der Produktionsmittel im Namen der Gesellschaft – ist zugleich sein letzter selbständiger Akt als Staat. Das Eingreifen einer Staatsgewalt in gesellschaftliche Verhältnisse wird auf einem Gebiete nach dem andern überflüssig und schläft dann von selbst ein. An die Stelle der Regierung über Personen tritt die Verwaltung von Sachen und die Leitung von Produktionsprozessen. Der Staat wird nicht ‹abgeschafft›, *er stirbt ab*» (Engels, *Anti-Dühring*, S. 202). Dieses Absterben des Staates sei freilich an bestimmte sozial-ökonomische Bedingungen, die der klassenlosen kommunistischen Gesellschaft gebunden.

Die Diktatur des Proletariats ist für Marx und Engels jene «politische Form, unter der die ökonomische Befreiung der Arbeit sich vollziehen» soll, denn die «politische Herrschaft des Produzenten kann nicht bestehen neben der Verewigung seiner gesellschaftlichen Knechtschaft» (Marx, *Bürgerkrieg*, S. 342). Diese Diktatur soll «als Hebel dienen, um die ökonomischen Grundlagen umzustürzen, auf denen der Bestand der Klassen und damit der Klassenherrschaft ruht» (Marx, *Bürgerkrieg*, S. 342), d.h. sie ist der Staat der revolutionären Transformation der kapitalistischen in die kommunistische Gesellschaft. Ihre erste Aufgabe sei deshalb die Aufhebung des Privateigentums an den Produktionsmitteln und deren Zentralisation in den Händen des Staates. Diese «Enteignung der Enteigner», reproduziere für den Arbeiter das verlorene individuelle Eigentum, gebe dem Produzenten die persönliche Beziehung zur Arbeit wieder und beseitige die Ausbeutung des Menschen durch den Menschen: «Einmal die Arbeit emanzipiert, so wird jeder Mensch ein Arbeiter, und produktive Arbeit hört auf, eine Klasseneigenschaft zu sein» (Marx, *Bürgerkrieg*, S. 342). Die Aufhebung des Privateigentums an den Produktionsmitteln ermögliche zudem die planmäßige Kontrolle der Produktion durch die Gesellschaftsmitglieder und damit die Beseitigung der periodische Krise erzeugenden Produktions-Anarchie. Der Inhalt der Planung sei nun nicht mehr durch die abstrakte Zweckrationalität des Profits einzelner Wirtschaftsunternehmen oder -zweige bestimmt, sondern ziele auf Vermenschlichung des – dem bewußten Willen der assoziierten Produzenten unterworfenen – Wirtschaftsprozesses und auf optimale Befreiung der Individuen vom Arbeitsprozeß (durch Reduktion der gesellschaftlich notwendigen – d. h. der zur Herstellung des Sozialproduktes unbedingt erforderlichen – Arbeitszeit). Außerdem erfolge eine gesellschaftliche Regelung des Erziehungswesens, dessen Aufgabe es sei, «das Teilindividuum, den bloßen Träger einer gesellschaftlichen Detailfunktion», zu ersetzen «durch das total entwickelte Indiviuum, für welches verschiedne gesellschaftliche Funktionen einander ablösende Betätigungsweisen sind» (Marx, Kapital I = *MEW* 23, S. 513).

Der Weg zum Kommunismus, zu jener «Assoziation, worin die freie Entwicklung eines jeden die Bedingung für die freie Entwicklung aller ist» (Marx/Engels, *Manifest*, S. 482), gliedere sich in zwei Phasen. Die erste (später gewöhnlich als Sozialismus bezeichnete) sei die, die «eben aus der kapitalistischen Gesellschaft *hervorgeht*, also in jeder Beziehung, ökonomisch, sittlich, geistig, noch behaftet ist mit den Muttermalen der alten Gesellschaft, aus deren Schoß sie herkommt» (Marx, «Kritik des Gothaer Programms», *MEW* 19, S. 20). In ihr erfolge die Verteilung entsprechend der Arbeitsleistung, d.h.: «Es herrscht hier offenbar dasselbe Prinzip, das den Warenaustausch regelt, soweit er Austausch Gleichwertiger ist. Inhalt und Form sind verändert, weil unter den veränderten Umständen niemand etwas geben kann außer seiner Arbeit und weil andererseits nichts in das Eigentum des einzelnen übergehen kann außer individuellen Konsumtionsmitteln». Das Recht der Produzenten auf diese Konsumtionsmittel sei noch «ihren Arbeitslieferungen *proportionell*», noch vom Äquivalenzprinzip beherrscht und noch dem bürgerlichen Rechtsprinzip verhaftet (ebenda). «Dies *gleiche* Recht ist ungleiches Recht für ungleiche Arbeit. Es erkennt keine Klassenunterschiede an ..., aber es erkennt stillschweigend die ungleiche individuelle Begabung und daher Leistungsfähigkeit der Arbeiter als natürliche Privilegien an. *Es ist daher ein Recht der Ungleichheit, seinem Inhalt nach, wie alles Recht*» (Marx, «Kritik des Gothaer Programms», *MEW* 19, S. 21). Diese «Mißstände» könne erst die zweite Phase aufheben: «In einer höheren Phase der kommunistischen Gesellschaft, nachdem die knechtende Unterordnung der Individuen unter die Teilung der Arbeit, damit auch der Gegensatz geistiger und körperlicher Arbeit verschwunden ist; nachdem die Arbeit nicht nur Mittel zum Leben, sondern selbst das erste Lebensbedürfnis geworden; nachdem mit der allseitigen Entwicklung der Individuen auch ihre Produktivkräfte gewachsen und alle Springquellen des genossenschaftlichen Reichtums voller fließen – erst dann kann der enge bürgerliche Rechtshorizont überschritten werden und die Gesellschaft auf ihre Fahne schreiben: Jeder nach seinen Fähigkeiten, jedem nach seinen Bedürfnissen!» (a.a.O., S. 21).

Dieser – von Marx als vollendeter Naturalismus und als vollendeter Humanismus apostrophierte – kommunistische Endzustand ist klassenlose Gesellschaft, aber bleibt menschliche Gesellschaft und wird daher niemals die totale Freiheit eines Paradieses verwirklichen. Der Kommunismus «ist der Sprung der Menschheit aus dem Reiche der Notwendigkeit in das Reich der Freiheit» nur insofern, als jetzt «die Menschen ihre Geschichte mit vollem Bewußtsein selbst machen» (Engels, *Anti-Dühring*, S. 264). Auch Marx hat deutlich für den Kommunismus ein «Reich der Freiheit» von einem «Reich der Notwendigkeit» unterschieden: (vgl. Marx, Das Kapital III = *MEW* 25, S 873 f.).

2. Die bolschewistische Herrschaft unter Lenin

Der erste Versuch, die marxistische Vorstellung von der kommunistischen Zukunftsgesellschaft zu realisieren, basiert auf einer Revision jener These von Marx und Engels, daß die proletarische Revolution nur gleichzeitig in den fortgeschrittenen kapitalistischen Ländern möglich sei und daß es damit unmöglich wäre, diese Revolution in einem einzelnen Land siegreich durchzuführen. Seit 1915 hielt Lenin («Über die Losung der Vereinigten Staaten von Europa», *Werke* 21, S. 345) diese Auffassung lediglich für die vormonopolistische Phase des Kapitalismus für gerechtfertigt. Der Kapitalismus habe sich aber in seiner monopolistischen und imperialistischen Erscheinungsform zu einem Weltsystem entwickelt, das als Ganzes für den revolutionären Umsturz reif sei. Zugleich folgerte Lenin aus dem von ihm entdeckten Gesetz von der Ungleichmäßigkeit der ökonomischen und politischen Entwicklung des Kapitalismus in der Epoche des Imperialismus, daß der Sieg der proletarischen Revolution zunächst in einigen Ländern oder sogar in einem einzelnen und kapitalistisch unterentwickelten Land bei günstigen politischen Bedingungen durchaus möglich sei. Zum Aufbau des Sozialismus – das ist der Unterschied zum späteren Stalin – bedürfe das betreffende Land indes der Hilfe anderer sozialistischer Länder. So hat Lenin die proletarische Revolution im industriell rückständigen Rußland von 1917 gleichsam nur als Signal und Motor für den Ausbruch der sozialistischen Revolution im industriell fortgeschrittenen Europa und Amerika, als Prolog zur Weltrevolution verstanden; diesem Zweck sollte auch die 1919 gegründete Komintern dienen.

Die Lehren von Marx und Engels über die sozialistische Revolution und die kommunistische Zukunftsgesellschaft hat Lenin ansonsten prinzipiell rezipiert, aber – bedingt durch die besondere Situation Rußlands – auch teilweise dogmatisiert und modifiziert. Sein Buch *Staat und Revolution*, das er im August / September 1917 nach den Juli-Ereignissen in Petrograd schrieb, also in einer Periode, in der er ständig mit seiner

Ermordung rechnete, bestätigt diese Dogmatisierungs-Tendenz. Gleichsam sein politisches Testament darstellend, sollte es später die normative Basis für die erste Verfassung der Russischen Sozialistischen Föderation Sowjet-Republik (Juli 1918) bilden. Die für das Rußland 1917 und – bedingt durch die Kriegssituation – damals auch für die meisten anderen Staaten Europas allein aktuelle *gewaltsam*-revolutionäre Methode (der bewaffnete Aufstand), wurde im Gegensatz zu Marx und Engels absolut gesetzt, d.h. eine konkrete reale Möglichkeit für alle Länder und Zeiten als verbindlich erklärt. Folgenreich für den Verlauf der russischen Revolution selbst wurde vor allem Lenins dogmatisierender Rückgriff auf die Erfahrungen der Pariser Kommune, wie sie Marx in den Adressen des Generalrates der I. Internationale niedergelegt hatte. Die in der russischen Revolution von 1905 spontan entstandenen und sich in der Februarrevolution 1917 ebenso spontan reproduzierenden Sowjets hatte Lenin zunächst recht skeptisch und als bloße zusätzliche Kampfmittel in der Revolution beurteilt. Noch 1907 erklärt er, daß die Schaffung solcher Körperschaften nur «im Falle der Notwendigkeit zulässig» sei und gibt zu bedenken, daß sich diese Organe «als überflüssig erweisen können, wenn die Sozialdemokratie ihre Arbeit unter den Massen des Proletariats richtig ... zu organisieren versteht» (*Werke* 12, S. 136, 135). Erst später erkennt er die Doppelfunktion der Räte: als adhoc-Instrumente der Revolution und als legislative und exekutive Gewalt vereinende Organe der neuen proletarischen Staatsmacht. Die bis in den ersten Weltkrieg hinein von der ganzen internationalen Sozialdemokratie akzeptierte, aber inhaltlich recht unbestimmt gebliebene Formel von der Diktatur des Proletariats wurde somit von Lenin 1917 zum erstenmal konkretisiert als «Staat der Sowjets der Arbeiter- und Soldatendeputierten» (*Werke* 25, S. 484). Optimistisch bezeichnete Lenin diese neue – den Parlamentarismus aufhebende – öffentliche Gewalt als «etwas, was eigentlich kein Staat mehr ist» (*Werke* 25, S. 432), denn nach dem Vorbild der Pariser Kommune kenne die Sowjetmacht keine Polizei, kein stehendes Heer und privilegiertes Beamtentum, alle Amtspersonen seien wählbar, jederzeit wieder abberufbar und würden einheitlich auf dem Niveau des Arbeiterlohnes bezahlt: «... mit der Ausdehnung der Demokratie auf eine so überwältigende Mehrheit der Bevölkerung ... (beginnt) die Notwendigkeit einer besonderen Maschine zur Unterdrückung zu schwinden ... Die Ausbeuter sind natürlich nicht imstande, das Volk niederzuhalten ohne eine sehr komplizierte Maschine zur Erfüllung dieser Aufgabe, das Volk aber vermag die Ausbeuter mit einer sehr einfachen ‹Maschine›, ja nahezu ohne ‹Maschine›, ohne einen besonderen Apparat niederzuhalten, durch eine einfache Organisation der bewaffneten Massen (in der Art der Sowjets der Arbeiter- und Soldatendeputierten, sei vorausgreifend bemerkt)» (*Werke* 25, S. 477). Ebenso optimistisch wie irreal war angesichts der komplizierten historisch-ökonomischen Bedingungen Lenins Vorstellung von der Leitung der Wirtschaft durch das in den Sowjets vertretene Volk.

Diese Identifikation der Sowjets mit der Pariser Kommune ignorierte den Unterschied zwischen den besonderen Bedingungen der Situation in Paris von 1871 und den Realitäten der russischen Gesellschaft nach dem ersten Weltkrieg. Lenin glaubte, die Funktionen des Staates und der Wirtschaft seien unter dem Kapitalismus «so vereinfacht worden und können auf so einfache Operationen der Registrierung, Buchung, Kontrolle zurückgeführt werden, daß diese Funktionen alle Leute, die des Lesens und Schreibens kundig sind, ausüben können» (*Werke* 25, S. 433). Aber abgesehen davon, daß die russische Bevölkerung in ihrer Majorität aus Analphabeten bestand, konnten die Sowjets als Organe primitiver Demokratie niemals die gesamte Tätigkeit einer öffentlichen Gewalt ersetzen und umfassen, die sich eben nicht nur vereinfacht, sondern – durch Ausweitung auf neue Gebiete und zusätzliche Aufgabenstellungen – auch kompliziert hatte. Ohne besondere Bürokratie und ohne Lohn- und Gehaltsdifferenzierung zwischen den qualifizierten Aufgaben des Bürokraten und der täglichen Produktionstätigkeit des Arbeiters und Bauern ließen sich erst recht nicht jene vielfältigen Sonderprobleme der russischen Revolution lösen, wie z. B. die Industrialisierung und die mit ihr verbundene Erziehung zur Arbeitsdisziplin sowie die Beseitigung des Analphabetentums.

Schon in den ersten Monaten nach der Oktober-Revolution erwies sich Lenins Konstruktion eines Ordnungs-Modells des Übergangs vom Kapitalismus zur ersten Phase des Kommunismus als Illusion. Mochten die Sowjets eine noch so große Majorität des russischen Volkes repräsentieren – ohne die Hilfe zentral geführter Organisationen, die dann ihrerseits wieder zentralistisch organisierte und mit dem Volk nicht identische Apparate der Verwaltung hervorbrachten, konnte die neue Ordnung nicht auskommen. Dieser unvermeidliche Prozeß – in dem als die einzige vorhandene zentralistische Organisation die bolschewistische Partei mit ihren «Transmissionsriemen», der Lenin in seiner ursprünglichen Konzeption in *Staat und Revolution* noch eine völlig untergeordnete Funktion zugewiesen hatte, schließlich die Führung der Sowjets übernahm und diesen damit notwendig ihre demokratische Basis entzog – beschleunigte sich um so mehr, je länger die russische Revolution ohne die erwartete internationale Hilfe blieb und gleichzeitig von Bürgerkrieg und ausländischer Intervention bedroht wurde. Aber auch nach der Abwehr dieser beiden Gefahren und der Liquidation des – zum Teil durch sie bedingten – Kriegskommunismus konnte sich die proletarische Demokratie nicht entfalten, denn der Rückzug zur «Neuen Ökonomischen Politik» (1921) – die Wiederzulassung des kleinen Privatkapitals und des privaten Handels – bedurfte strengster staatlicher Kontrolle, und es hatte sich inzwischen gezeigt, daß diese Kontrollfunktionen nicht «jede Köchin» auszuüben vermochte.

1921 hatte die Revolution scheinbar über alle ihre Feinde triumphiert, indes ihr größter Feind war noch unbesiegt: die durch Bürger- und Interventionskrieg noch wesentlich vergrößerte Rückständigkeit des Landes. Gegenüber 1913 war das Volkseinkommen auf ein Drittel, die Industrieproduktion auf weniger als ein Fünftel gesunken; das Verkehrswesen war völlig zerstört, der Güteraustausch zwischen Stadt und Land zum Erliegen gekommen; die Städte hatten sich entvölkert (Moskau besaß noch die Hälfte, Petrograd ein Drittel der Einwohnerzahl von 1913). Die Arbeiter, schon immer eine kleine Minderheit – 1913 beschäftigte die Großindustrie höchstens drei Millionen –, waren auf die Hälfte dezimiert worden (im

Bürgerkrieg gefallen oder in Funktionen aufgestiegen, die sie der Arbeiterklasse entfremdeten); der Rest war pauperisiert: entweder arbeitslos oder für einen – nur 20% der Lebenshaltungskosten deckenden – Lohn arbeitend, und daher gezwungen, die Hälfte der Produktion zu stehlen und auf dem Schwarzen Markt gegen Lebensmittel zu tauschen.

Das klassenbewußte, politisch aktive, russische Proletariat, berufen, im neuen Staat die herrschende Klasse zu bilden, war nicht mehr vorhanden oder deklassiert. Die bolschewistische Partei, von Lenin als «Avantgarde» der Arbeiterbewegung herangebildet, die im Laufe des Bürgerkrieges und gegen ihre ursprünglichen Absichten alle anderen politischen Parteien endgültig unterdrückt hatte, konnte nun nicht mehr Vertreterin der Arbeiterklasse sein; sie setzte sich selber an deren Stelle: Die Diktatur des Proletariats verwandelte sich in die Diktatur der Partei.

Die Partei selbst mußte sich deshalb strukturell verändern. Sie war bis zur Februarrevolution 1917 konspirative Partei der Berufsrevolutionäre gewesen, um sich dann nach Erkämpfung der Legalität in eine demokratisch organisierte Massenpartei zu verwandeln. Das entsprach durchaus der von Lenin in *Was tun?* (1902) und *Ein Schritt vorwärts, zwei Schritte zurück* (1904) entwickelten Parteitheorie, die für die Periode der Illegalität eine zentralistisch aufgebaute, streng disziplinierte und konspirative Kaderorganisation vorgesehen hatte, aber nach dem Sieg der Revolution in eine Massenpartei nach dem Vorbild der deutschen Sozialdemokratie umgestaltet werden sollte. In ihrer neuen Funktion mußte sie nun wieder in eine vom «Apparat» beherrschte Partei umgewandelt werden. Den ersten Schritt in diese Richtung ging der X. Parteitag 1921 durch das Verbot der innerparteilichen Fraktionsbildung.

Lenin hat die unvermeidliche Transformation der Diktatur des Proletariats zur Diktatur einer autoritär geführten Partei bis zu seinem Tode mit Sorge beobachtet. 1922 verglich er die Staatsführung mit einem Menschen am Steuer, dessen Wagen nicht dort hinfährt, wohin er ihn lenkt (*Werke* 33, S. 266). Dachte er dabei an das, was einst Friedrich Engels in seinem «Bauernkrieg» über Thomas Münzer geschrieben hatte?

«Es ist das Schlimmste, was dem Führer einer extremen Partei widerfahren kann, wenn er gezwungen wird, in einer Epoche die Regierung zu übernehmen, wo die Bewegung noch nicht reif ist für die Herrschaft der Klasse, die er vertritt ... Was er tun *kann*, widerspricht seinem ganzen bisherigen Auftreten, seinen Prinzipien und den unmittelbaren Interessen seiner Partei; und was er tun *soll*, ist nicht durchzuführen» («Der deutsche Bauernkrieg», *MEW* 7, S. 400f.).

Lenins Hoffnung, die von der Partei zeitweilig usurpierte Macht dem Volke zurückzugeben, schwand mit dem Ausbleiben der Weltrevolution. Im März 1921 sagt er auf dem III. Komintern-Kongreß: «Entweder kommt uns die internationale Revolution zu Hilfe, und dann ist unser Sieg ganz sicher, oder wir machen unsere bescheidene revolutionäre Arbeit in dem Bewußtsein, daß wir selbst im Falle einer Niederlage der Sache der Revolution dienen und daß unsere Erfahrungen den anderen Revolutionen von Nutzen sein werden. Es war uns klar, daß ohne die Unterstützung der internationalen Weltrevolution der Sieg der proletarischen Revolution unmöglich ist» (*Werke* 32, S. 503).

3. Die stalinistische Periode des Sowjetkommunismus

Lenin starb zu einer Zeit (Januar 1924), als offenbar wurde, daß die russische Revolution isoliert bleibt. Der nachleninistischen Entwicklung der Sowjetgesellschaft lag Stalins Konzeption vom «Aufbau des Sozialismus in einem Lande» zugrunde. Im Gegensatz zu Marx, Engels, Lenin und Trotzki proklamierte Stalin Ende 1924, daß die «vollendete» sozialistische Gesellschaft in einem einzigen, auch in einem so rückständigen Lande wie Rußland, zu errichten sei. Marx und Engels hatten aber einen hohen Stand der wirtschaftlich-technischen Entwicklung nicht nur als Bedingung der proletarischen Revolution, sondern gerade auch als notwendige Voraussetzung für die nach der Revolution aufzubauende sozialistische Gesellschaft erklärt. So trat in Rußland ein, was beide einst prognostiziert hatten:

Der hohe Grad der Entwicklung der Produktivkräfte ist «auch deswegen eine absolut notwendige praktische Voraussetzung, weil ohne sie nur der *Mangel* verallgemeinert, also mit der *Notdurft* auch der Streit um das *Notwendige* wieder beginnen und die ganze alte Scheiße sich herstellen müßte ...» (Marx/Engels, *Ideologie*, S. 34f.).

«Erst auf einem gewissen, für unsere Zeitverhältnisse sogar sehr hohen Entwicklungsgrad der gesellschaftlichen Produktivkräfte wird es möglich, die Produktion so hoch zu steigern, daß die Abschaffung der Klassenunterschiede ein wirklicher Fortschritt, daß sie von Dauer sein kann, ohne einen Stillstand oder gar Rückgang in der gesellschaftlichen Produktionsweise herbeizuführen» (Engels, «Soziales aus Rußland», *MEW* 18, S. 556f.).

Nach dem Sieg seiner Fraktion über die «Linken» um Trotzki und die «Rechten» um Bucharin zog Stalin aus der Theorie vom Sozialismus in einem Lande die Konsequenz, Rußland «um jeden Preis» und «in kürzester Frist» zu industrialisieren. So begann mit dem 1. Fünfjahrplan und der Zwangskollektivierung der Landwirtschaft ab 1928/29 der Versuch, beschleunigt jenen Industrialisierungsprozeß nachzuholen, der sich in Westeuropa im Laufe eines Jahrhunderts vollzogen hatte. Doch während die westeuropäische Industrialisierung, die sog. Akkumulation des Kapitals (im Sinne der Marxschen Terminologie), auf privatkapitalistischer Grundlage sich vollzog, und diese – vorwiegend private – Frühakkumulation durch vorwiegend ökonomischen Zwang erfolgte (vgl. die sprichwörtlich gewordene Massenverelendung in der Zeit des Frühkapitalismus), hat man es in Rußland mit einer ursprünglichen Akkumulation des Kapitals bei öffentlichem Eigentum an den Produktionsmitteln und durch administrativen Zwang zu tun.

Diese forcierte Primärakkumulation auf nicht-kapitalistischer Grundlage zielte auf die Schaffung einer Schwerindustrie, erforderte notwendig einen erheblichen Konsumverzicht des Volkes und war damit gegen die Tagesinteressen der übergroßen Majorität der Bevölkerung gerichtet. Sie wurde begleitet von einem brutalen Prozeß der Erziehung der – aus präindustriellen Verhältnissen zwangsweise freigesetzten und vom

Lande in die Stadt vertriebenen – Menschenmassen zu moderner industrieller Arbeitsdisziplin. Die Isolierung in einem in jeder Hinsicht zurückgebliebenen Lande, das erdrückende Gewicht der Bauernmassen, die Schwäche der Arbeiterklasse, der Mangel an demokratischer Tradition und der Verschleiß der schwachen demokratischen Kräfte im Bürgerkrieg konnte nur zur permanenten und undemokratischen Diktatur als adäquater politischer Form der «sozialistischen» Früh-Akkumulation führen. Dieses komplexe Problem wurde von der damaligen Führung der KPdSU theoretisch nicht bewältigt, sondern in verfehlter Weise ideologisiert. Statt genau zu analysieren, in welchem Stadium des Entwicklungsprozesses man sich befindet, und statt zu prüfen, in welcher Weise man allmählich mindestens Teile der neuen Intelligenz und der Arbeiterklasse an der Planung beteiligen und dadurch zu demokratischerem Bewußtsein erziehen könne, hielt Stalin jeden politischen Akt in dieser Entwicklung bereits für sozialistisch und demokratisch. Theorie und Praxis standen in totalem Widerspruch zueinander.

Jeder Rest demokratischen Lebens in Partei und Sowjets wurde rigoros unterdrückt und verkümmerte. Die Partei verwandelte sich aus einer Repräsentantin der aktuellen Arbeiterinteressen in eine Partei des Staats- und Wirtschaftsapparates mit straffer militärischer Disziplin unter einer sich nach oben immer stärker verengenden Führungsspitze. Die bereits unter Lenin aus der Diktatur der Räte entstandene Diktatur der Partei entartete zur Diktatur eine Clique und am Ende zur Despotie eines Mannes, der mit barbarischen Mitteln, bei ungeheueren Fehlplanungen und auf Kosten der inhumanen Funktionalisierung des Menschen, den industriellen Fortschritt erzwang und die UdSSR zur Weltmacht werden ließ. Das autokratische Regime, das den größten Teil der Bürokratie von der politischen Mitbestimmung ausschloß, handhabte ein System scheinplebiszitärer «Wahlen» und stützte sich auf die eigene Unterdrückungsmaschinerie. Der in der Revolution geschaffene Terrorapparat wurde ausgebaut und der neuen Aufgabenstellung angepaßt. Einmal installiert und in Gang gesetzt, entwickelte er bald eine unberechenbare Eigengesetzlichkeit; vom defensiven Terror der Bürgerkriegszeit ging man zum präventiven und schließlich zum aggressiven Terror über, der zeitweilig jedes rationale Element verlor. Die marxistische Theorie degenerierte unter diesen Bedingungen zu einer Rechtfertigungsideologie der stalinistischen Praxis.

Die Übernahme bürgerlich-kapitalistischer Distributionsnormen führte zu einer neuen Differenzierung der Gesellschaft, erzeugte eine neue privilegierte Schicht, und unter Ausnutzung der sozialen Spannungen entstand eine Bürokratie als Träger der zentralistisch geleiteten Zwangsverwaltungswirtschaft, die sich dem Volke immer mehr entfremdete. Gleichwohl ist mit Werner Hofmann (S. 477ff.) die herrschende Meinung, die UdSSR bilde eine Klassengesellschaft im marxistischen Sinne, zu bestreiten, solange die Einheit des gesellschaftlichen Verteilungsprinzips durch die Arbeitnehmerqualität der Gesamtbevölkerung gewährleistet ist und damit ein wesentliches objektives Merkmal sozialer Heterogenität zwischen Herrschern und Beherrschten ausgeschlossen bleibt; noch immer verfügt die Sowjetbürokratie über keine sozialen Stützpunkte, d.h. über keine spezifischen Eigentumsformen ihrer Herrschaft (Leo D. Trotzki, *Die verratene Revolution*, Zürich o. J., S. 242f.).

4. Die Entstalinisierung des Sowjetkommunismus

Die bürokratische stalinistische Tyrannei hat zugleich die Bedingungen ihrer Milderung und späteren Aufhebung produziert. Indem sie die Sowjetgesellschaft industrialisierte, hob sie deren Rückständigkeit auf, ihren eigenen Nährboden. Das erstemal in der russischen Geschichte wurde mit der Industrialisierung eine breite Schicht technischer, wirtschaftlicher und administrativer Intelligenz erzeugt, die den rationalen Kern der verfälschten marxistischen Ideologie akzeptierte, aber auf die Dauer nach persönlicher Sicherheit und relativer Freiheit der wissenschaftlichen Forschung und Ausbildung drängen mußte. Auch die zahlenmäßig und kulturell erstarkte Arbeiterschaft erwachte aus ihrer Passivität und begann ihre Forderungen nach Freiheit und Sicherheit zu artikulieren. Der zweite Weltkrieg, die Notwendigkeit der Beseitigung der Kriegsfolgen nach 1945 und die Gefahren des «Kalten Krieges» konnten bis zum Tode Stalins diesen Widerspruch verdecken. Er ist seitdem kompromißhaft überwölbt und durch den XX. und XXII. Parteitag der KPdSU offen ausgesprochen worden. Die sogenannte Entstalinisierung (Dezentralisierung des Wirtschafts- und Staatsapparates, Durchsetzung rechtsstaatlicher Elemente, Konzessionen an die Konsumbedürfnisse und sozialen Interessen der Bevölkerung etc.) ist der Ausdruck des Abschlusses der Früh-Akkumulation und des Beginns der fortgesetzten Akkumulation des gesellschaftlichen Reichtums. Die Liberalisierung der Sowjetgesellschaft ist zur ökonomischen Notwendigkeit geworden. Daß sich dieser Abbau und diese Transformation der bis zum Terror gesteigerten «Erziehungsdiktatur», die der Periode der ursprünglichen Akkumulation entsprach, nicht widerspruchsfrei, nicht ohne Rückschläge und nur sehr allmählich vollziehen kann, ist evident. Noch fehlt jedes Element der Demokratisierung: Arbeiterräte, freie und geheime Wahlen der Sowjets, Existenz mehrerer Sowjetparteien oder wenigstens zugelassener Fraktionen in der KPdSU, Unabhängigkeit der Gewerkschaften, Streikrecht, demokratische Form der Planung etc. Gleichwohl scheint die Sowjetgesellschaft von heute prinzipiell frei zu sein, «im Sinne ihrer Ziele ‹aufzubrechen, wohin sie will›» (Hofmann, S. 528).

Gerade das Beispiel der Entwicklung der Sowjetunion läßt es methodisch höchst fragwürdig erscheinen, wenn in ihrer Anfangstendenz progressiv revolutionäre Diktaturen – die in vorindustriellen Gesellschaften zum Zwecke der Einleitung ihrer Industrialisierung entstehen und deshalb einer rationalen Theorie bedürfen – mit faschistischen Diktaturen in bereits vorher industrialisierten Gesellschaften – die die bisherigen herrschenden Klassen gegen ihre Ablösung schützen sollen und deshalb auf irrationale Emotionen angewiesen sind – gleichgesetzt werden. Die heutzutage weitverbreitete Auffassung, beide Phänomene – auf Grund ihrer äußeren Analogien – unter der Kategorie des «Totalitarismus» zu subsumieren, versperrt die Analyse ihrer qualitativen inhaltlichen Unterschiede als auch das Begreifen ihrer geschichtlichen Funktion.

5. Wandlungen des internationalen Kommunismus

Stalins Identifikation der Ziele des Weltkommunismus mit dem Aufbau des Sozialismus in der Sowjetunion verwandelte die Kommunistische Internationale aus einem Organ der internationalen proletarischen Revolution in ein Instrument der pragmatischen Erfordernisse dieses isolierten Aufbauwerks und lieferte die Kominternsektionen den Sonderinteressen der KPdSU(B) aus; sie mußten ihr «revolutionäres Erstgeburtsrecht» auf dem Altar der nationalen und staatspolitischen Interessen des Kreml opfern. War der Stalinismus quasi das Produkt des Abebbens der internationalen Revolution nach 1923, so wurde er doch zugleich auch zu einem Hindernis siegreicher proletarischer Revolutionen in anderen Ländern. Die von Trotzki postulierte Möglichkeit der Verknüpfung der russischen mit der internationalen Revolution wurde von dem am «selbstgenügsamen» Aufbau der UdSSR orientierten Stalin ignoriert. Revolutionäre Situationen wie z.B. in England 1925–1926, China 1925–1927, Deutschland 1930–1932, Spanien 1931–1938 und Frankreich 1936–1938 wurden nicht genutzt oder gar sabotiert. Die Auflösung der Komintern 1943 war sichtbarer Ausdruck dieser Abkehr vom ursprünglichen internationalen Geist der russischen Revolution, die in der UdSSR selbst die Entwicklung des «Sowjetpatriotismus», d.h. die Renaissance eines mit panslawistischen Tendenzen kombinierten nationalistischen russischen Denkens (Höhepunkt im «Großen vaterländischen Krieg») erleichterte.

Die ersten eigenständigen revolutionären Siege der Kommunisten nach 1917, 1944 in Jugoslawien und 1949 in China wurden contra voluntatem Stalins errungen. Sie förderten die Sprengung des bis dahin von der KPdSU(B) beherrschten «monolithischen» Blocks des Weltkommunismus und entwickelten neben dem sowjetischen Modell für den Aufbau des Sozialismus zwei weitere Systeme. Jugoslawien hat breitere Schichten des Volkes an der dezentralisierten Planung und Verwaltung des Wirtschaftsapparates beteiligen können, als es der Sowjetunion möglich war. Trotzdem gibt es nur im begrenzten

Maße wirtschaftliche und politische Demokratie, weil die Produktivität der jugoslawischen Wirtschaft noch gering ist. China hat sein Aufbauwerk auf noch viel niedrigerem Niveau des Standes seiner Produktivkräfte begonnen als einst die Sowjetunion und verteidigt daher innenpolitisch die stalinistische Theorie und Praxis noch zu einer Zeit, in der die industriell entwickelte UdSSR sie abzustreifen beginnt. Gleichzeitig zeigt das chinesische Modell eigenständige, den nationalen Besonderheiten entspringende Merkmale.

Abgesehen von Nordvietnam und Kuba, wo erfolgreiche antikolonialistische Revolutionen unmittelbar in marxistisch geprägte soziale Umgestaltungen umgeschlagen sind, ist noch jene Gruppe nichtkapitalistischer Staaten zu erwähnen, die im Gefolge der sowjetischen Expansion im zweiten Weltkrieg entstanden ist, militärisch besetzt und strukturell der UdSSR angeglichen wurde: Polen, die DDR, Rumänien, Tschechoslowakei, Ungarn, Bulgarien, Albanien und Nordkorea. In einigen Fällen konnte sich die Sowjetmacht dabei auf eine begrenzte (in Nordkorea und Albanien ausnahmsweise auf eine umfangreichere) Mobilisierung der Bevölkerung stützen. Das von der Roten Armee oktroyierte stalinistische Regime wurde besonders von jenen Ländern nur schwer ertragen, die eine bürgerlich-demokratische Tradition besaßen sowie wirtschaftlich und kulturell hochentwickelt waren, auch wenn sie zunächst (wie besonders die DDR) wirtschaftlich zu erheblichen Reparationsleistungen gezwungen wurden. Erst im Zuge der Entstalinisierung lockerte die UdSSR ihren Druck auf diese Länder, und durch den Konflikt zwischen Peking und Moskau konnten die meisten von ihnen ein noch größeres Maß an nationaler Unabhängigkeit gewinnen. Dieser Spielraum erlaubt ihnen, bei ihrem Aufbau stärker die nationalen Besonderheiten zu berücksichtigen, wobei sie sich – in der Regel je nach dem Grad ihrer industriellen Entwicklung – an das Modell einer der beiden großen Mächte, UdSSR oder Volksrepublik China, anlehnen konnten. Das politische Herrschaftssystem wird in diesen Fällen durch die Existenz von – der kommunistischen Führungspartei unterworfenen – Satellitenparteien, die aus früheren bürgerlichen Parteien hervorgegangen sind, leicht modifiziert. Im Verlaufe der Differenzierung der kommunistischen Weltbewegung wurde unter Berücksichtigung der Interessen der kommunistischen Massenparteien in den spätkapitalistischen demokratischen Ländern das Dogma von der Ausschließlichkeit des gewaltsamen Weges zum Sozialismus endlich aufgegeben und die marxistische These von der eventuellen Möglichkeit einer parlamentarisch-demokratischen, formal legalen Überführung der kapitalistischen in eine sozialistische Gesellschaft erneut anerkannt.

Schließlich sei noch auf die – bisher kaum untersuchte, aber nicht zu unterschätzende – Rolle der marxistischen Gesellschafts-, Staats- und Wirtschaftstheorie beim Aufbau des sogenannten kolonialen Sozialismus verwiesen. Das Beispiel des raschen Einholens der technischen und bildungsmäßigen Überlegenheit der kapitalistischen Staaten auf der Grundlage der revolutionären Diktatur einer von rationaler Theorie geleiteten intellektuellen Elite, systematischer Wirtschaftsplanung und öffentlichen Eigentums an den industriellen Produktionsmitteln in der UdSSR, hat die unterentwickelten Länder unter vormals kolonialer Herrschaft vielfach angeregt, von den Erfahrungen der Oktoberrevolution zu lernen. Meist entwickeln sich Einparteiensysteme nicht-kommunistischer Herkunft, aber mit zunehmenden sozialistischen Tendenzen.

Literatur

Abendroth, Wolfgang, «Planung und klassenlose Gesellschaft – Planung in Richtung auf eine klassenlose Gesellschaft? Einige marxistische Bemerkungen zum Problem der Planung», *Modelle für eine neue Welt. Der Griff nach der Zukunft und Freiheit*, hrsg. von R. Jungk und H. J. Mundt, München 1964, S. 229ff.

– *Antagonistische Gesellschaft und politische Demokratie. Aufsätze zur politischen Soziologie*, Neuwied 1966

Bettelheim, Charles, *Les problémes théoriques et pratiques de la planification*, Paris 1946

Deutscher, Isaac, *Stalin. Eine politische Biographie*, Stuttgart 1962

– *Trotzki*, 3 Bände, Stuttgart 1962f.

– *Die unvollendete Revolution*, Frankfurt/M. 1967

ENGELS, FRIEDRICH, Herrn Eugen Dührings Umwälzung der Wissenschaft (Anti-Dühring) = *MEW* 19

FISCHER, RUTH, *Die Umformung der Sowjetgesellschaft*, Düsseldorf und Köln 1958

FRIEDRICH, CARL J., *Totalitäre Diktatur*, Stuttgart 1957

HOFMANN, WERNER, *Die Arbeitsverfassung der Sowjetunion*, Berlin 1956

– *Stalinismus und Antikommunismus*, Zur Soziologie des Ost-West Konfliktes, Frankfurt / M. 1967

KOFLER, LEO, *Das Wesen und die Rolle der stalinistischen Bürokratie*, Köln 1952

LENIN, W. I., *Werke*, Berlin 1956ff.

MANDEL, ERNEST, *Marxistische Wirtschaftstheorie*, Frankfurt/M. 1967

MARX, KARL, «Vorwort zur Kritik der politischen Ökonomie», *MEW* 13, S. 3ff.

– «Der Bürgerkrieg in Frankreich», *MEW* 17, S. 313ff.

– / ENGELS, FRIEDRICH, «Manifest der Kommunistischen Partei», *MEW* 4, S. 459ff.

– / – Die deutsche Ideologie = *MEW* 3

RAMM, THILO, «Die künftige Gesellschaftsordnung nach der Theorie von Marx und Engels», *Marxismusstudien*, hrsg. von I. Fetscher, Zweite Folge, Tübingen 1957, S. 77ff.

SCHRÖDER, FRIEDRICH-CHRISTIAN, *Die Entwicklung rechtsstaatlicher Elemente in der UdSSR*, Heidelberg o.J.

E

EXKURS: ZUM VERHÄLTNIS VON INNEN- UND AUSSENPOLITIK

[RÜDIGER GRIEPENBURG]

Das Verhältnis von innerer und äußerer Politik eines Staates, die Art und das Ausmaß der jeweiligen gegenseitigen Beeinflussung und Bedingtheit, die Funktion innerhalb des Rahmens der gesamten Politik eines Staates lassen sich nicht durch abstrakte Regeln bestimmen. Dieses Verhältnis beeinflussen zahlreiche Faktoren, und es verändert sich ständig in der Geschichte jedes Staates. Entscheidend für die Struktur von Innen- und Außenpolitik sind vor allem Gesellschaftsstruktur und politische Verfassung; mitbestimmend können daneben geographische Lage, ökonomisches Potential, die Größe des Staates, die Art seiner Grenzen, das Verhältnis zu angrenzenden Staaten und zu Großmächten, Bevölkerungszahl und -dichte, öffentliche Meinung, staatliche Bürokratie usw. sein. Die Analyse von Außenpolitik ist deshalb «nicht nur nicht möglich ohne einen Grundriß der gesellschaftlichen Struktur ihres Akteurs, sondern muß diesen zur Basis machen. Denn die politischen Handlungsträger dieser Gesellschaft, ihre ‹Anwälte› sozusagen, vertreten nicht philosophische oder aus dem ‹Himmel der Ideen› deduzierte Meinungen und Vorstellungen, sondern angebbare objektive Interessen, sie haben definierbare Aufträge zu erfüllen» (Krippendorf, S. 246). Wird das Handeln der staatlichen Organe in den internationalen Beziehungen auf das dahinterstehende Interesse der auf Grund der Gesellschaftsstruktur und der politischen Organisation des Staates regierenden Gruppen befragt, erhält das Verhältnis von Innen- und Außenpolitik seine Bedeutung als «Nahtstelle aller wissenschaftlichen Bemühungen, die dem Wesen des Politischen und seinen konkreten Erscheinungsformen gewidmet sind» (Bracher, S. 115). Es ist aber entscheidend für eine wissenschaftliche Betrachtung von Innen- und Außenpolitik, daß sie sich vor allem auf deren «konkrete Erscheinungsformen» bezieht und nicht versucht, die Außenpolitik eines Staates als Ergebnis «natürlicher», statischer und im Verlauf der menschlichen Geschichte konstanter Ursachen und Gesetzmäßigkeiten bestimmen und beschreiben zu wollen, um damit eine Eigengesetzlichkeit der Außenpolitik gegenüber der gesellschaftlichen und politischen Struktur des Staates zu begründen. Als eines der wichtigsten und Beispiele einer solchen Untersuchung des konkreten geschichtlichen Zusammenhanges von Innen- und Außenpolitik sei nachdrücklich auf die Arbeit von Hallgarten über die Ursachen und Bedingungen der Politik der europäischen Großmächte bis zum ersten Weltkrieg verwiesen.

Eine solche Betrachtung, die den Staat in den internationalen Beziehungen als «Anwalt» gesellschaftlicher Gruppen und deren Interessen begreift, muß aber noch dadurch modifiziert werden, daß in die Untersuchung des Verhältnisses von Innen- und Außenpolitik die unterschiedliche machtpolitische Bedeutung der einzelnen Staaten (gegenüber ihrer formellen völkerrechtlichen Gleichheit) einbezogen wird. Es ist auch ein Kriterium für die Großmachtstellung eines Staates gewesen, daß die außenpolitische Situation höchstens zeitweilig (vor allem in Kriegen) die Innenpolitik einseitig und deutlich bestimmte. Demgegenüber ist die Innenpolitik der formell souveränen Kleinstaaten in weitaus größerem Maße durch die außenpolitische Lage, die sie nicht verändern konnten, beeinflußt. Einige Kleinstaaten verdanken sogar ihre Entstehung den Interessendivergenzen von Großmächten. Wo Kleinstaaten dagegen aus der Transformation dynastischer Territorialstaaten in Nationalstaaten entstanden, war ihr Fortbestehen meist von der Rivalität der Großmächte abhängig. Als Folge dieser Lage beschränkten einige der kleineren Staaten bewußt ihre außenpolitischen Handlungsmöglichkeiten (Neutralitätserklärung), um dadurch ihre Existenz zu sichern. Allein ihr staatliches Selbsterhaltungsinteresse bestimmte dann ihre Außenpolitik; diese löste sich damit weitgehend von der Innenpolitik dieser Staaten, da die Existenzsicherung nicht durch eigene Machtentfaltung gewährleistet werden konnte und sollte. Andererseits konnten solche Staaten oftmals mit Erfolg Konfliktsituationen zwischen den Großmächten oder die Expansion einer verbündeten Großmacht ausnutzen, um eigene expansive außenpolitische Ziele zu verfolgen (z. B. Polen gegenüber der Tschechoslowakei). Wo es einer Großmacht gelang, gegenüber kleineren Staaten eine gesicherte und dauernde Hegemoniestellung zu errichten, mußten diese Staaten nicht nur auf eine eigene Außenpolitik verzichten, sondern die Hegemonialmacht intervenierte auch in die Innenpolitik dieser Länder (z. B. Politik der USA gegenüber den lateinamerikanischen Staaten auf der Grundlage einer Umdeutung der Monroe-Doktrin). Ließ sich dagegen eine solche Hegemonie einer Großmacht nicht dauernd herstellen, sondern bestimmten die Rivalitäten verschiedener Großmächte die internationalen Beziehungen einer Region, dann konnte eine neutrale Außenpolitik eines Staates gerade zur Grundlage großer innenpolitischer Reformen werden (z. B. Entstehung des «Wohlfahrtsstaates» in Schweden auf Grund der Neutralität des Landes in beiden Weltkriegen). Der außerordentlich starke Einfluß der Außenpolitik auf die Innenpolitik dieser Kleinstaaten ist nach dem zweiten Weltkrieg noch entscheidend vergrößert worden.

Die Beziehung zwischen Innen- und Außenpolitik vermittelt nicht nur das gemeinsame Subjekt, der souveräne Staat; sie wird ebenso durch das gemeinsame Ziel hergestellt. Innen- wie Außenpolitik sind «Aktionen zur Erhaltung eines bestimmten gesellschaftlichen Systems durch die von diesem beauftragte, delegierte oder geduldete Führung» (Krippendorf, S. 246f.). Doch darf in diesem Zusammenhang der Begriff der Systemerhaltung nicht auf ein in beiden Bereichen wirkendes gemeinsames Interesse an einer formalen Erhaltung und Stabilisierung des gesellschaftlichen und politischen status quo verstanden werden, sonst könnte er über die tatsächliche Politik der Staaten wenig sagen. Er muß vielmehr über diesen Inhalt hinaus auch die ständigen expansiven Tendenzen in der Politik der Staaten einbeziehen und sie aus den Bedingungen der Erhaltung des bestehenden politisch-sozialen Systems erklären und sie nicht aus den persönlichen Ambitionen der Regierenden ableiten. Deshalb muß das Verhältnis von Innen- und Außenpolitik Bestandteil jeder Theorie sein, die die internationalen

Beziehungen erklären will. Die Darstellung dieses Verhältnisses, seine Interpretation und Funktion in einigen Theoremen über die internationalen Beziehungen seien im folgenden – notwendig außerordentlich kursorisch – erwähnt.

1. Der «Primat der Innenpolitik»

«Das Maß der Unabhängigkeit gibt einem Staat die Stellung in der Welt; es legt ihm zugleich die Notwendigkeit auf, die inneren Verhältnisse zu dem Zweck einzurichten, sich zu behaupten. Dies ist sein oberstes Gesetz» (Leopold von Ranke, «Politisches Gespräch», *Werke* 49/50, Berlin 1887, S. 328). Diese Theorie, nach der die Innenpolitik der Machtentfaltung des Staates nach außen völlig untergeordnet werden müsse und ihr zu dienen habe, hat besonders im Deutschland des 19. Jahrhunderts große Verbreitung gefunden. Sie erlaubte die Verbindung von absolutistisch-feudaler Staatsräson mit dem Nationalstaatsgedanken des liberalen Bürgertums nach der Reichsgründung. Bracher hat mit Recht darauf hingewiesen, daß die Konsequenz dieser Theorie «die folgenschwere Überzeugung von dem Vorrang des außenpolitischen vor dem innenpolitischen Freiheitsbegriff» gewesen ist und die «Wendung des deutschen Liberalismus von der Verfassungsbewegung zur militärisch bestimmten Einigung im Bismarck-Reich» mitbewirkte und legitimieren sollte (Bracher, S. 117). Sie stellte die innenpolitischen Verhältnisse im Kaiserreich als Ergebnis der außenpolitischen Lage dar, um sie damit der Veränderung zu entziehen.

Es war nur folgerichtig, daß sich diese Maxime nach dem Scheitern der Außenpolitik des Kaiserreiches durch das Ergebnis des ersten Weltkrieges nun gegen den monarchischen Obrigkeitsstaat selbst wandte und zur Förderung außenpolitischer Machtentfaltung innenpolitische Veränderungen notwendig erschienen. Seinen deutlichsten Ausdruck findet dieser Wandel der Funktion des Primats der Außenpolitik in den politischen Schriften Max Webers, in denen eine Parlamentarisierung des Reiches und seine Umwandlung in eine konstitutionelle Monarchie gefordert wird, um ohne die Fesseln des teilweise am status quo interessierten politisch führenden feudal-konservativen Adels und ohne die Irrationalitäten des «persönlichen Regiments» des Monarchen eine nationale Machtpolitik mit umso mehr Nachdruck und Erfolg führen zu können (vgl. dazu Wolfgang Mommsen, *Max Weber und die deutsche Politik*, Tübingen 1961, S. 185ff.). Die Bedeutung dieser Theorie in der innenpolitischen Situation des Kaiserreiches ist offenkundig; ihr wissenschaftlicher Wert oft genug kritisiert worden. Sie ist eher Mittel einer bestimmten Innen- als Theorie einer Außenpolitik.

2. *Die Geopolitik*

«Die Geopolitik ist die Lehre von der Erdgebundenheit der politischen Vorgänge. Sie fußt auf der breiten Grundlage der Geographie, insbesondere der politischen Geographie als der Lehre von der politischen Raumorganisation und ihrer Struktur» (Haushofer/Obst/Maul/Lautensach, *Bausteine zur Geopolitik*, Berlin 1928, S. 27).

Mit der Lehre, daß die Außenpolitik eines Staates eigengesetzlich objektiven Faktoren und Gesetzmäßigkeiten – primär geographischen – folgen muß, ist die Geopolitik in dieser Beziehung eine Fortsetzung und Systematisierung des «Primats der Außenpolitik». Sie entstand in einigen europäischen Staaten und in den USA gerade in der Zeit, als die Entwicklung von Kriegstechnik, Verkehrs- und Nachrichtenwesen die politische Bedeutung der geographischen Lage zu relativieren begann, in der sich aber zugleich die expansive imperialistische Außenpolitik der europäischen Großmächte und der USA herausbildete.

Die Auffassung, die geographische Lage eines Staates bestimme sowohl seine politische Verfassung als auch seine Politik, ist bereits in der Antike vertreten worden (u.a. von Strabo). In der frühbürgerlichen politischen Literatur wird sie dann wieder aufgegriffen (Bodin) und bei Montesquieu schon nahezu zu einem geographischen Determinismus der Gesellschaftsverfassung und der Politik weitergetrieben. So sehr sie durch den Versuch, Gesellschafts- und Staatsverhältnisse aus objektiv-materiellen Ursachen zu erklären, die theologische Geschichtsauffassung des Mittelalters überwinden half, diente sie doch schon bei Montesquieu auch der Rechtfertigung kolonialer Unterdrückung. Er vertrat die Auffassung, daß «die Völker in den heißen Ländern, ihrer Feigheit wegen, fast immer unterjocht sind, und daß die in den kalten Klimaten sich, vermöge ihrer Tapferkeit, frei erhalten haben. Dies ist eine Wirkung, die aus ihrer natürlichen Ursache herfließt» (*Vom Geisı der Gesetze* 2, Tübingen 1951, S. 145).

Solche Ansätze werden dann seit dem Ende des vergangenen Jahrhunderts zu Theorien ausgebaut, die für die Außenpolitik eines Staates geographisch bedingte Gesetzmäßigkeiten entdecken und die weniger vergangenes und gegenwärtiges politisches Handeln erklären als zukünftiges bestimmen und legitimieren wollen. Einer der ersten Vertreter einer solchen Geopolitik ist der amerikanische Admiral Alfred Thayer Mahan (*Der Einfluß der Seemacht auf die Geschichte*, Berlin 1898), der mit seiner Theorie die Notwendigkeit einer starken Kriegsflotte für die USA beweisen wollte und mit seinen Vorstellungen großen Einfluß hatte. Der britische Geograph Halford Mackinder (*The Geographical Pivot of History*, London 1904) entwickelte mit seiner Theorie vom «Herzland» der Erde (Rußland) und der «Weltinsel» (Europa, Asien, Afrika) die Forderung nach politischer Beeinflussung des «Herzlandes» der «Weltinsel» durch Großbritannien als «natürliches» Gesetz. Besonderen Einfluß hatte die geopolitische Schule in Deutschland (Ratzel, Kjellén und vor allem Haushofer) dadurch, daß sie mit ihrer Theorie («Lebensraum») dem Nationalsozialismus eine Begründung seiner aggressiven Außenpolitik liefern konnte. Denn nach Kjellén ist die Expansion Deutschlands «kein roher Eroberungstrieb, sondern natürliches und notwendiges Wachstum zur Selbsterhaltung» (*Der Staat als Lebensform*, Berlin 1924, S. 75). Eine aggressive deutsche Außenpolitik war so nur Ausdruck «natürlicher» unabänderlicher Gesetzmäßigkeiten. Haushofer selbst hat die Funktion seiner Theorie gekennzeichnet, wenn er nach dem Überfall des Deutschen Reiches auf die

UdSSR 1941 schrieb: «Mit dem Entschluß vom 22. Juni 1941 entschleiert sich endlich auch vor breiteren Kreisen die größte Aufgabe der Geopolitik, der Raumbelebung des 20. Jahrhunderts in der alten Welt mit der fast gleichzeitig eintretenden Notwendigkeit der Überwindung ihrer raumweitesten Festlandswiderstände: die Aufgabe, Eurasien und Eurafrika zur Wirklichkeit, zu positiv schöpferischen Werten zu gestalten» (*Zeitschrift für Geopolitik* 1941, S. 369).

3. Die Theorie vom Bestehen «natürlicher Interessen» der Staaten

Ein wichtiges Strukturelement der internationalen Beziehungen, das der Außenpolitik eines Staates objektiv vorgegeben sein soll, wird in der Existenz von «natürlichen Interessen» von Staaten gesehen, die meist geographisch bedingt sind (z.B. das «natürliche Interesse» Frankreichs an einer «natürlichen» Ostgrenze am Rhein, das «natürliche Interesse» Rußlands an eisfreien Häfen und der Beherrschung der Dardanellen). Diese «natürlichen Interessen» zu verfolgen, ist jeder Regierung eines Staates aufgegeben, unabhängig von dessen Gesellschaftsstruktur, politischer Organisation und innenpolitischer Kräftekonstellation. Doch hat Schwarzenberger demgegenüber auf den historischen Charakter solcher «natürlichen» Interessen hingewiesen, daß sie sich «gemäß den jeweiligen politischen Notwendigkeiten» wandeln (S. 32). Hallgarten hat an einem solchen «natürlichen Interesse», dem der Unterstützung der zweitstärksten europäischen Kontinentalmacht durch Großbritannien zur Erhaltung des europäischen Gleichgewichts, gezeigt, daß es sich dabei nicht um das formal-politische Ziel der Gleichgewichtssicherung, sondern primär um die Sicherung des ungehinderten britischen Kapitalexportes nach Europa handelte. Die Theorien vom Bestehen «natürlicher Interessen» sind geeignet, dem politischen Gegner eine – von seinen subjektiven politischen Zielen völlig unabhängige – objektive weil «natürliche» Expansionstendenz zuzuschreiben (so heute gegenüber Rußland mit seiner «natürlichen» und angeblich seit Jahrhunderten konstanten Expansionstendenz nach Europa). Diese Theorie hat im Begriff des «nationalen Interesses» eine wichtige, weil von geographischen Bezügen gereinigte Modifikation erfahren. Außenpolitik hat danach die «nationalen Interessen» des Staates zu erkennen und zu verfolgen, wobei der Begriff «nationale Interessen» einen Prozeß charakterisiert, der die Transformation von Interessen innenpolitisch herrschender partikularer Gruppen in außenpolitische Ziele der gesamten Nation erlaubt und damit das Verhältnis von Innen- und Außenpolitik verschleiert, statt es zu erklären.

Alle diese Theorien, so verschieden sie im einzelnen auch sein mögen, gehen von der Existenz konstanter, «natürlicher» Faktoren in der Außenpolitik eines jeden Staates aus und wollen ihr damit gegenüber der Innenpolitik eine Eigengesetzlichkeit zuweisen; doch führt es «zu gefährlichen Trugschlüssen, wenn relativ konstante Größen zu absolut statischen Faktoren erhoben oder politische Programme als Naturgesetze verbrämt werden» (Schwarzenberger, S. 27).

4. Die Imperialismustheorien

Den oben angeführten Theorien gegenüber will die Imperialismustheorie das Verhältnis von Innen- und Außenpolitik als Ergebnis einer spezifischen historischen Entwicklung der Gesellschaft begreifen und aus ihr ableiten. Der Imperialismus ist nach den Theorien von Hilferding, Lenin, Luxemburg, Sternberg und anderen das Ergebnis struktureller Veränderungen des liberalen Konkurrenzkapitalismus. Innerhalb der nationalen Märkte wird durch die immanente Entwicklung der Produktionsverhältnisse die freie Konkurrenz durch die Bildung von Monopolen verdrängt. Es entstehen den Markt beherrschende Konzerne, die durch (gegenüber dem Marktpreis erhöhte) Monopolpreise Extraprofite erzielen wollen. Dazu ist die – durch den Staat vermittelte – Ausschaltung der ausländischen Konkurrenz nötig (in der ersten Phase Schutzzollpolitik gegenüber der früheren Freihandelspolitik). Das so akkumulierte Kapital kann nicht völlig im eigenen Lande investiert werden, eine Ausweitung der Produktion kann die Monopolpreise durch die Erhöhung des Angebotes gefährden; ein Sinken der Nachfrage auf dem Inlandsmarkt muß durch «dumping» auf dem Weltmarkt ausgeglichen werden. Das Kapital wird nun in solche Länder exportiert, in denen es sich mit - großem - Profit investieren läßt, also in «unterentwickelte» Länder, die teilweise industrialisiert werden, deren Markt vom Kolonialland beherrscht wird und deren Rohstoffe nun ungehindert ausgebeutet werden können. Doch bedarf eine solche wirtschaftliche Expansion staatlich-außenpolitischer Hilfe, um die Kolonialbevölkerung in die kapitalistische Produktionsweise hineinzuzwingen, um ausländische Konkurrenten von diesen Märkten fernzuhalten und um die - nach der Zerstörung der vorherigen gesellschaftlich-politischen Ordnung entstehenden - kolonialrevolutionären Bewegungen dieser Länder niederzuhalten. Diese Außenpolitik, verursacht durch die Veränderungen der Produktionsverhältnisse in den europäischen Ländern in der zweiten Hälfte des 19. Jahrhunderts, kann nur dann mit Erfolg betrieben werden, wenn die militärischen Machtmittel des Staates dauernd gesteigert werden. Aus diesen außenpolitischen Ursachen entsteht wiederum eine innenpolitische Auswirkung: das ständig zunehmende Rüsten der Kolonien beherrschenden Staaten. Die Gegensätze zwischen nationalen Klassen bei der Konkurrenz um Kolonialmärkte verwandeln sich durch deren Einfluß auf den Staatsapparat in Gegensätze von Nationalstaaten; aus dem Nationalismus als einer Ideologie des Bürgertums zum Kampf gegen den Feudalismus und zur Errichtung des Nationalstaates wird jetzt ein Mittel rivalisierender kapitalistischer Gruppen, die durch die Industrialisierung entstandenen und zunehmend verschärften innenpolitischen Gegensätze zu verdecken und Arbeiter und Angestellte in den imperialistischen Nationalstaat zu integrieren, für dessen Machtpolitik zu begeistern, was bei den «Mittelschichten» weitgehend, bei den Arbeitern nur mit wechselndem Erfolg gelingt. Der Staat hört in dieser Periode auf, der «Nachtwächterstaat» der klassischen liberalen Nationalökonomie zu sein. Die Interessen bestimmter Produzentengruppen werden zu seinen außenpolitischen Zielen und mit staatlicher Machtpolitik verfolgt; innenpolitisch erhöht die Monopolisierung – durch die Ausschaltung der partiell ausgleichenden Funktion des «vollständigen» Marktes – die Instabilität dieses Gesellschaftssystems, so daß permanente staatliche Eingriffe in die Wirtschaft zur Systemerhaltung notwendig werden. Nach innen muß der Staat die dieser Politik opponierenden gesellschaftlichen Klassen entweder mit Gewalt niederzuhalten suchen (Sozialistengesetz) oder durch Konzessionen an das bestehende System zu binden trachten (Kaiserliche Botschaft). Das Parlament, das bis dahin ein Mittel des Bürgertums gewesen war, die monarchische Macht zu kontrollieren und zu dezentralisieren, wird in dieser Hinsicht funktionsunfähig; die neuen innen- und außenpolitischen Aufgaben und Ziele des Staates verlangen eine Zentralisierung der politischen Macht und damit eine ständige Stärkung der Exekutive. Indem aus der Gesellschaftsstruktur mit Notwendigkeit der Zwang zur Expansion erwächst, verändert die imperialistische Periode das Verhältnis von Innen- und Außenpolitik durch die Transformierung des wirtschaftlichen Expansionsdranges in einen politischen; damit wird die gesamte Struktur des liberalen Staates entscheidend modifiziert.

In dieser Theorie wird nicht nur das Verhältnis von Außen- und Innenpolitik eines Staates aus Gesellschaftsstruktur und politischer Organisation begriffen, sondern ihr so abgeleitetes Verhältnis zeigt sich konkret als komplizierte Interdependenz beider Formen staatlichen Handelns. Das Verhältnis dieser wechselseitigen Beziehung in der europäischen Geschichte seit der Konstituierung des Systems souveräner Territorialstaaten auf dem europäischen Kontinent durch den Westfälischen Frieden soll im folgenden – unvermeidlich außerordentlich kursorisch – angedeutet werden.

Mit der Entstehung des souveränen, absolutistischen Territorialstaates im Europa des ausgehenden Mittelalters kann erst von einer staatlichen Außen- bzw. Innenpolitik gesprochen werden. Der absolutistische Staat schafft durch die Zentralisierung der politischen Gewalt in den Händen des absoluten Monarchen einen befriedeten innerstaatlichen Wirtschaftsraum, der die Bedingungen des sich zuerst in den Manufakturen des Merkantilsystems herausbildenden Industriekapitalismus herstellt. Doch bleiben der Großgrundbesitz und die Agrarproduktion Grundlage dieser Gesellschafts- und Staatsordnung; stehendes Heer und Monopolisierung staatlicher Zwangsgewalt erlauben dem absoluten Herrscher eine von innenpolitischen Rücksichten weitgehend unabhängige, auf die Verfolgung der als «Staatsräson» verkleideten dynastischen Interessen gerichtete Außenpolitik innerhalb eines Systems innenpolitisch im wesentlichen gleichartiger Staaten. Doch beginnt bereits mit der Entstehung der absolutistischen Staatsbürokratie eine Interdependenz von Innen- und Außenpolitik sich abzuzeichnen. Je mehr das Bürgertum innerhalb dieses Staates erstarkt (zuerst in England) und an der Bestimmung – erst – der Innenpolitik des Staates beteiligt sein will, um so größer wird der Einfluß der Innen- auf die Außenpolitik. Die Außenpolitik der Stuarts in England ist dafür ein Beispiel: um nicht die Bedeutung und Macht des Parlamentes zu steigern, verzichten sie während eines längeren Zeitraumes auf nahezu jede expansive Außenpolitik, auch dort, wo ihre dynastischen Interessen berührt wurden. Ihre anti-expansive, auf Ausgleich gerichtete Außenpolitik ist innenpolitisch bedingt gewesen. So modifiziert sich bereits im absolutistischen Staat das Verhältnis von Innen- und Außenpolitik; während Innenpolitik die außenpolitische Aktivität des Staates beeinflussen kann, ist ein umgekehrter Einfluß noch selten.

Dieses System monarchisch-absolutistischer Territorialstaaten in Europa, in dem Innen- und Außenpolitik gekennzeichnet sind durch das «Interesse aller Staaten an der Aufrechterhaltung eines Mächtegleichgewichtes» und das «stillschweigende Übereinkommen der Herrscher, ‹legitime› Staaten nicht zu zerstören» (Herz/Carter, S. 182), wird zunächst durch die beiden englischen Revolutionen des 17. Jahrhunderts, dann entscheidend durch die Französische Revolution verändert. Der Sieg des französischen Bürgertums über die absolute Monarchie, die Beseitigung des feudalen Großgrundbesitzes und der Adelsprivilegien, die Errichtung eines Nationalstaates und die Proklamation der Menschenrechte werden zu einer innenpolitischen Bedrohung der absoluten Herrscher in Europa, die durch militärische Intervention diese Bedrohung beseitigen und die alte Ordnung in Frankreich restaurieren wollen. Gegenüber der Revolution finden sich die absoluten Fürsten zusammen; Kaiser Leopold schlägt in einem Schreiben an alle europäischen Herrscher am 6. Juli 1790 eine gemeinsame Konferenz vor, die «durch einmütige Beschlüsse und Maßnahmen ... den gefährlichen Ausschreitungen der französischen Revolution Grenzen» setzen soll. Auf der anderen Seite kämpfen zahlreiche demokratische Emigranten als Freiwillige in den Revolutionsheeren; der innenpolitische Gegensatz dynastischer und bürgerlicher Interessen wird zum außenpolitischen, zum Gegensatz zwischen Staaten. Dieser Gegensatz bestimmt während der folgenden Periode Innen- und Außenpolitik in Europa. Entweder wird er aufgelöst durch den endgültigen politischen Sieg des Bürgertums, wie es zuerst in England geschieht. Dort kann auf der Grundlage der fortgeschrittensten industriekapitalistischen Produktionsweise in einer kurzen Periode des 19. Jahrhunderts eine liberale Außenpolitik durchgesetzt und konsequent bis zur vollständigen Freihandelspolitik weitergeführt werden. Oder aber eine gemeinsame Expansionspolitik verbindet bürgerlichen Nationalstaatsgedanken und dynastische Interessen (Deutsches Reich). An die kurze Periode einer liberalen Innen- und Außenpolitik in einigen europäischen Staaten schließt sich in allen Staaten die Periode des Imperialismus an, deren Ergebnis der erste Weltkrieg ist. An seinem Ende entsteht eine analoge Situation zu der nach der Französischen Revolution: Das Beispiel der russischen Revolution bedroht nicht nur die innenpolitischen Machtgrundlagen der bürgerlichen Staaten Europas, sondern ermutigt dann die kolonialrevolutionären Bewegungen und gefährdet damit die Machtpositionen der europäischen Staaten auch in den Kolonien. Die Interventionsfeldzüge gegen das revolutionäre Rußland sind die Konsequenz dieser innenpolitischen Bedrohung. Doch hatte sich die Situation gegenüber 1789 geändert: In allen europäischen Staaten war nach dem ersten Weltkrieg eine weitgehende Demokratisierung der politischen Organisation erzwungen worden, und die intervenierenden Staaten mußten auf die innenpolitische Lage ihres Landes weitaus mehr Rücksicht nehmen, als es die absoluten Fürsten 1789 nötig gehabt hatten. Das Scheitern der Interventionspolitik gegenüber der russischen Revolution beruht dann auch nicht zuletzt auf dem innenpolitischen Druck der Arbeiter und ihrer Organisationen gegen diese Politik in den intervenierenden Staaten. Wie in der ersten Phase nach der Französischen Revolution werden auch jetzt die innenpolitischen Gegensätze internationalisiert und zu Antagonismen von Staaten. «Innenpolitik [wird] zur Außenpolitik erklärt, und der paradoxe Begriff des ‹Weltbürgerkrieges› drückt diesen Prozeß der Übersetzung von Innen- in Außenpolitik und die Ablösung zwischenstaatlicher durch überstaatliche Fronten plastisch aus. Dahinter stehen eben nicht isolierte geistige Konzeptionen, sondern darin sind zugleich alle sozialen und politischen Faktoren der modernen Massengesellschaft am Werk» (Bracher, *Kritische Betrachtungen*, a.a.O. S. 122f.).

Das Ergebnis des zweiten Weltkrieges hat diesen Gegensatz als Bipolarität der Großmächte UdSSR und USA deutlich hervortreten lassen. Die Aufteilung der Welt in zwei gegeneinander gerichtete Lager «wirkt sich auf zweierlei Weise aus. Einmal dadurch, daß innenpolitische Fragen immer mehr von außenpolitischen überschattet werden. Und zweitens dadurch, daß die führenden Mächte und ihre Politik einen immer stärkeren Einfluß nicht nur auf die Außenpolitik, sondern auch auf die inneren Angelegenheiten der anderen Länder ausüben» (Herz/Carter, S. 184). Durch diese Bipolarität hat sich im Westen eine seit dem Absolutismus bestehende Differenz zwischen Innen- und Außenpolitik verdeutlicht: während es in der Geschichte der europäischen Staaten gelungen ist, die Machtausübung des Staates nach innen zeitweilig oder dauernd einer größeren gesellschaftlichen Kontrolle zu unterwerfen, sie zu demokratisieren, blieb Außenpolitik seit dem Entstehen des souveränen Territorialstaates der Gesellschaft gegenüber weit mehr verselbständigt. Im Absolutismus war die Außenpolitik, vor allem die Entscheidung über eine militärische Expansionspolitik, dem Monarchen vorbehalten. Soweit den Parlamenten ein politisches Mitentscheidungsrecht eingeräumt wurde, konnten sie die Außenpolitik – vermittelt durch ihr Budget-Recht –

allein auf dem Gebiet des Heerwesens beeinflussen. Die bürgerliche Revolution änderte das nur vorübergehend; zwar wurden die Kontrollrechte des Parlaments in auswärtigen Angelegenheiten erweitert, aber die inhaltliche Bestimmung der staatlichen Außenpolitik blieb der Regierung vorbehalten. Es kennzeichnet die Verfassung bürgerlich-parlamentarischer Staaten, daß das Parlament auswärtige Verträge zwar annehmen oder ablehnen kann, an der inhaltlichen Bestimmung des Vertragsinhaltes aber nicht beteiligt ist. Allein die Regierung bestimmt die dem Parlament vorgelegte Fassung und vermag sich immer mit dem Hinweis auf die Haltung der anderen Vertragspartner Änderungsvorschlägen zu widersetzen. In der Situation der Bipolarität und der damit erzeugten weitgehenden Verschmelzung von Innen- und Außenpolitik wird so die außenpolitisch starke Stellung der Exekutive zum Mittel, innenpolitische Entscheidungen - als außenpolitische deklariert - gegenüber dem Parlament durchzusetzen. In immer stärkerem Maße wird in einer solchen Situation die Bestimmung der Außenpolitik jedem Einfluß der politischen Organe der Gesellschaft entzogen und diese Kompetenz allein auf die Exekutive übertragen; die ständig wachsenden Vollmachten des amerikanischen Präsidenten in außenpolitischen Fragen, besonders bei der Entscheidung über Krieg und Frieden (trotz aller formalen Bestimmungen des Verfassungstextes, die die Kompetenz des Parlamentes sichern sollen), illustrieren diese Entwicklung. Dadurch wird es interessierten Gruppen außerhalb der Parlamente (dem hohen Militär, Teilen der Industrie, vor allem, soweit sie monopolistisch organisiert ist und für die Rüstung produziert) immer leichter möglich, unkontrolliert die Außenpolitik eines Staates zu bestimmen, zumal sie auch die Machtgrundlagen dieser Politik kontrollieren. Gleichzeitig erlaubder außenpolitische Gegensatz unter Berufung auf die außenpolitischen und militärischen Erfordernisse den Abbau demot kratischer Regierungsformen im Innern (Beschränkung der Informations- und Pressefreiheit, Ausschaltung des Parlaments bzw. Verlagerung außenpolitischer Diskussionen in kleine, nicht-öffentliche Parlamentsausschüsse, extensive Auslegung von Staatsschutzbestimmungen, Identifizierung des außenpolitischen Gegners mit der innenpolitischen Opposition und damit deren Verketzerung, Isolierung oder Illegalisierung). «Eine solche Situation begünstigt die Entwicklung autoritärer Institutionen und ist der Demokratie unzuträglich. An Stelle der Machtbeschränkung oder Machtstreuung [treten] ... Machtkonzentration, vor allem in der Exekutive und beim Militär; an die Stelle von Hemmungen und Kontrollen treten umfassende und verschwommene Zuständigkeiten; und der Schutz persönlicher und Gruppenrechte unterliegt weitgehender Einschränkungen, wenn sie nicht gar ganz aufgehoben werden» (Herz/Carter, S. 184f.). Eine solche Situation, in der die Außenpolitik zum Mittel innenpolitischer Entdemokratisierung wird, zeigt, wie sehr die so verfolgten außenpolitischen Interessen partikulare sind, wie sehr es gerade aus innenpolitischen Erfordernissen heraus notwendig ist, diese Partikularität zu erkennen und durch den Abbau des außenpolitischen Gegensatzes auch die innenpolitische Struktur aufzulockern, um das Maß gesellschaftlicher Mitwirkung an politischen Entscheidungen wieder zu vergrößern.

Literatur

BRACHER, KARL DIETRICH, «Kritische Betrachtungen über den Primat der Außenpolitik», *Faktoren der politischen Entscheidung.* Festgabe für Ernst Fraenkel zum 65. Geburtstag. Hrsg. von G.A. Ritter und G. Ziebura, Berlin 1963, S. 115ff.

CZEMPIEL, ERNST-OTTO, «Der Primat der Auswärtigen Politik – Kritische Würdigung einer Staatsmaxime», *PVS* 4, 1963, S. 266ff.

HALLGARTEN, GEORGE F.W., *Imperialismus vor 1914. Die soziologischen Grundlagen der Außenpolitik europäischer Großmächte vor dem ersten Weltkrieg*, 2 Bände, München [2]1963.

HERZ, JOHN H./CARTER, GWENDOLEN, *Regierungsformen im 20. Jahrhundert*, Stuttgart 1962

KRIPPENDORFF, EKKEHARDT, «Ist Außenpolitik *Außen*politik? Ein Beitrag zur Theorie und der Versuch, eine unhaltbare Unterscheidung aufzuheben», *PVS* 4, 1963, S. 243ff.

SCHWARZENBERGER, GEORG, *Machtpolitik. Eine Studie über die internationale Gemeinschaft*, Tübingen 1955

IV

INSTITUTIONENLEHRE

A

DIE FUNKTION DER REGIERUNG

[JÖRG KAMMLER]

1. Gegenstand und Methode der Analyse

Regierung wird zumeist definiert als die «Oberleitung und Aufsicht über die Staatsverwaltung und die Lenkung der Gesamtpolitik des Staates» (so im Art. «Regierung», *Staat und Politik*, hrsg. von E. Fraenkel und K. D. Bracher, Frankfurt/M. 1964, S. 291). Im übrigen wird der Bereich der Regierung wesentlich – so die in Deutschland übliche Darstellungsweise – unter dem Aspekt seiner verfassungsrechtlichen Normierung betrachtet, also im Zusammenhang des Regierungssystems und der Verfassungsordnung. «Die Verfassungen haben aber den Bereich der Regierung dem öffentlichen Auge eher entrückt als zugänglich gemacht ... Die Verfassung weiß über die Regierung in der Regel nur zusagen, daß es sie gibt und welches ihre Beziehungen zum Parlament sind ...» (W. Hennis, *PVS*, S. 426).

Das vorherrschende Verfahren abstrakter Definitionen, Typologien und Klassifikationen des Regierungsbereichs, seiner in den einzelnen Regierungssystemen unterschiedlichen Zusammensetzung und verfassungsrechtlichen Normierung (vgl. Ernst Friesenhahn, «Parlament und Regierung im modernen Staat», *VVdSt* 16, Berlin 1958, S. 9ff.), erweist sich für die realsoziologische Bestimmung seiner Funktion als ebenso unzulänglich, wie die häufig implizierte Projektion staatsphilosophischer und politisch-anthropologischer Wertungen auf diesen Bereich sich als ideologisch enthüllt. In der Bundesrepublik ist die autoritäre Mythologisierung des Staates und der Regierenden keinesfalls bloßes Relikt obrigkeitsstaatlicher Tradition, sondern lebendige, in der bestehenden Herrschaftsordnung wirksame und diese zumindest partiell reflektierende Ideologie (vgl. Christian Graf von Krockow, «Staatsideologie oder demokratisches Bewußtsein», *PVS* 6, 1965, S. 118ff.).

Derartige Ideologien enthalten allerdings den Hinweis darauf, daß der Bereich der Regierung sinnvoll nur im Zusammenhang mit dem modernen Staat – seiner geschichtlichen Entwicklung, seiner institutionellen Struktur und seiner gesellschaftlichen Funktion – analysiert werden kann. Einer soziologisch fundierten politischen Wissenschaft erscheint der Staat «nicht mehr als ein durch die Rechtsordnung dargestelltes Abstraktum oder als eine metaphysische Wesenheit über der Gesellschaft, sondern als ein mit Entscheidungsgewalt versehener Verband von Menschen mit besonderen Funktionen in einem gesellschaftlichen Gesamtzusammenhang ... Jede theoretische Betrachtung der staatlichen Wirklichkeit hat davon auszugehen, daß das organisatorische Gebilde des Staates gesellschaftliche Machtbeziehungen repräsentiert und daß im Staate und mit Hilfe des Staates bestimmte Herrschaftsverhältnisse begründet oder sanktioniert werden, welche die gesamte ‹Staatstätigkeit› ... entscheidend beeinflussen» (Otto Stammer, *Politische Soziologie und Demokratieforschung*, Berlin 1965, S. 3).

Eine adäquate Analyse des Regierungsbereichs muß diese Aspekte – die gesellschaftliche Organisation und Funktion des Staates, die Beziehung von staatlicher und gesellschaftlicher Herrschaftsordnung – einbeziehen und historisch vertiefen. Soll der Regierungsprozeß in den parlamentarischen oder präsidentiellen Demokratien der spätkapitalistischen Industriegesellschaften als spezifisch strukturierter historisch-sozialer Prozeß erfaßt werden, so gilt es, auf den historischen Entwicklungszusammenhang von bürgerlich-kapitalistischer Gesellschaft und modernem Staat zu rekurrieren

In diesem Rahmen gewinnen die spezifisch institutionengeschichtliche und organisationssoziologische Betrachtung sowie die verfassungsrechtliche Analyse ihre Bedeutung, insofern durch sie Organisation, Verfahren und politisch-soziale Funktion der Regierungspraxis konkret sichtbar werden. Erst vor diesem Hintergrund läßt sich der Zusammenhang von politischer Theorie, Verfassungsnorm, politischer Institution und politisch-sozialer Praxis in seiner realen Gestalt entwickeln und für die Analyse des Regierungsbereichs relevant machen. Wird die gegenwärtige politische Herrschaftsordnung in ihrer Abhängigkeit von der sozio-ökonomischen Herrschaftsordnung erkannt und auf die konkrete Auseinandersetzung gesellschaftlicher Klassen in der Geschichte zurückgeführt, werden also Regierungssystem und Verfassungsordnung als Produkt gesellschaftlicher Auseinandersetzung um konkrete Ziele sichtbar, so entfällt der Sinn einer ausschließlich immanenten Erörterung politischer Theorien, ihrer Prinzipien und Ansprüche. Diese lassen sich nunmehr im historischen Prozeß der Gesellschaft selbst lokalisieren und erweisen dort ihre Funktion. Der demokratische Anspruch moderner Verfassungen gewinnt sein Profil erst aus der Aktualisierung seines konkreten historischen Gehaltes sowie aus der Konfrontation mit seiner Funktion unter den veränderten Bedingungen der aktuellen politisch-sozialen Auseinandersetzung.

In dieser Perspektive gesehen, enthält der in die Verfassungen eingegangene demokratische Anspruch über seine unmittelbare historische Funktion hinaus auch den Impuls, die Ausübung politischer Herrschaft kontrollierbar zu machen, sie an die Instanz kritischer Vernunft zu binden und dadurch in den Dienst der gesamten Gesellschaft zu stellen. Dieser Antrieb steht seit den bürgerlichen Revolutionen im Zentrum der gesellschaftlichen und politischen Auseinandersetzung. Sein Ziel liegt in der Richtung des Abbaus und der schließlichen Aufhebung von Herrschaft als einer gegenüber der Gesellschaft verselbständigten Unterdrückungsapparatur. Von hier aus bestimmt sich auch die Zielrichtung einer Analyse des Regierungsbereichs pemokratisch verfaßter Gesellschaften: die Voraussetzungen und Bedingungen einer Realisierung des historisch fixierten und durch die konkreten Auseinandersetzungen in der Gesellschaft weitergetriebenen demokratischen Anspruchs können nur dann bestimmt werden, wenn die Bedingungen und Voraussetzungen der bestehenden Herrschaftsstruktur erkannt werden. Dazu gehört aber vor allem die exakte Analyse des institutionellen Machtzentrums der politischen Herrschaftsordnung, der Regierung, in ihren wesentlichen Beziehungen zur Gesamtstruktur des modernen Staates und der diesem korrespondierenden spätkapitalistischen Gesellschaft.

Um das leisten zu können, müßte eine adäquate Analyse des Regierungsbereichs nicht zuletzt in besonderem Maße Wissen über die Arbeitsweise, die organisatorischen und technischen Hilfsmittel moderner Regierungen und der staatlichen Verwaltungen verarbeiten und der öffentlichen, nicht nur der wissenschaftlichen Diskussion vermitteln. Denn: «Wenn Publizität das Lebenselement der freiheitlichen Demokratie ist, so ist nichts undurchsichtiger als die Realität modernen Regierens» (Hennis, S. 428).

2. Zur historischen Entwicklung des Regierungsbereichs

Der Anspruch, Organisationsstruktur, Technik und konkrete Praxis der Regierung als der institutionalisierten Leitungsinstanz der Politik des modernen Staates mit der Machtstruktur der Gesellschaft in den verschiedenen Stadien ihrer historischen Entwicklung zu vermitteln, kann hier nur als methodisches Postulat genannt, keinesfalls jedoch eingelöst werden. Hier soll nur auf einige wesentliche Grundzüge im Prozeß der Herausbildung des modernen Staates und der ihm entsprechenden politisch-sozialen Machtstruktur hingewiesen werden, soweit diese für eine Fixierung des politischen Aktions- und Entscheidungszentrums von Bedeutung sind.

Der moderne Staat entsteht in Europa zusammen mit der bürgerlich-kapitalistischen Gesellschaft. Erst in der Phase einer sich konsolidierenden, auf den kapitalistischen Warenverkehr zugeschnittenen großräumigen Verkehrsgesellschaft entsteht der Staat als eine gegenüber der Gesellschaft verselbständigte «öffentliche Gewalt», die durch ständige Verwaltung und stehendes Heer, d.h. durch kontinuierliche Staatstätigkeit gekennzeichnet ist. «Die zentralisierte Staatsmacht, mit ihren allgegenwärtigen Organen – stehende Armee, Polizei, Bürokratie, Geistlichkeit, Richterstand, Organe, geschaffen nach dem Plan einer systematischen und hierarchischen Teilung der Arbeit – stammt her aus den Zeiten der absoluten Monarchie, wo sie der entstehenden Bourgeoisie-Gesellschaft als eine mächtige Waffe in ihren Kämpfen gegen den Feudalismus diente»

(Karl Marx, «Der Bürgerkrieg in Frankreich», *MEW* 17, S. 326). Die mit dem Absolutismus entstehende zentralisierte, auf kontinuierliche Tätigkeit hin organisierte Staatsmacht geht hervor aus dem Kampf des Fürsten einerseits «mit den öffentlich-rechtlichen Machtpositionen der Stände, die den Fürsten gegenüber die mittelalterliche Tradition eines ins Feudale umgebogenen Demokratismus der Abhängigkeit der öffentlichen Gewalt von dem Willen der sie tragenden Schichten verteidigten», andererseits mit den «privatmonopolistischen Machtpositionen der Finanziers der frühkapitalistischen Epoche», die darauf beruhten, daß die «in ewiger Geldnot befindlichen Fürsten» über ein «allgemeines, durch eine Bürokratie dauernd erhobenes Steuereinkommen» nicht verfügten. Dieser Kampf mündet in «die Überführung des von Ständen, Monopolisten und Fürsten gemeinsam bzw. gegeneinander regierten ‹Staates› aus dem dreifachen Kondominium in den ausschließlichen Privatbesitz des Fürsten, ... und seine Umwandlung in einen Trust, dessen alleiniger Generaldirektor der Fürst war, dem gleichermaßen Finanzen, Heer und Volk zur Verfügung standen» (Kehr, *Genesis*, S. 37).

Diese hier idealtypisch dargestellte Machtposition des absolutistischen Fürsten beruht sozial auf dem labilen Gleichgewicht der sich zunächst paralysierenden Klassenkräfte des Adels und des heraufkommenden Bürgertums, deren feudale Machtpositionen durch den Fürsten mit Hilfe der absolutistischen Bürokratie abgebaut werden. Die soziale Machtposition des kapitalistischen Bürgertums wird jedoch durch den absolutistischen Staat wesentlich gestärkt. Die Zielsetzung des absolutistischen Staates – die Beseitigung der auf dem ständischen Privilegiensystem beruhenden feudalen Machtstruktur, die Herstellung eines zentralen politischen Institutionsgefüges zur einheitlichen Beherrschung eines befriedeten Territoriums, das bedeutet aber: die Herstellung eines einheitlichen Wirtschaftsraums – entspricht den Interessen des kapitalistischen Bürgertums, ebenso die wesentlichen strukturellen Kennzeichen des Absolutismus: die der Tendenz nach rational funktionierende Fachbürokratie und die Entstehung eines das Privilegiensystem verdrängenden rationalen Rechts. Diese Bedingungen kamen dem grundlegenden Bedürfnis des sich entfaltenden Kapitalismus nach einem Höchstmaß an Berechenbarkeit des wirtschaftlichen Prozesses entgegen. Die Entwicklung «zum bürokratischen, nach rational gesatztem Recht und rational erdachten Reglements judizierenden und verwaltenden Staat [steht] in engstem Zusammenhang mit der modernen kapitalistischen Entwicklung. Der moderne kapitalistische Betrieb ruht innerlich vor allem auf der Kalkulation. Er braucht für seine Existenz eine Justiz und Verwaltung, deren Funktionieren wenigstens im Prinzip ebenso an festen generellen Normen rational kalkuliert werden kann, wie man die voraussichtliche Leistung einer Maschine kalkuliert» (Weber, S. 33). Dieser Zusammenhang wird historisch sichtbar in der Rekrutierung der Verwaltungsstäbe des sich herausbildenden modernen Staates aus der Schicht universitätsgeschulter Juristen, mit deren Hilfe die Konsolidierung des Absolutismus erst gelingt, durch die aber andererseits die Verselbständigung der Bürokratie auch gegenüber dem Monarchen beginnt. Die Wandlung zur Auffassung der Herrschaft als einer einheitlichen obrigkeitlichen Gewalt, als öffentlicher Staatsgewalt, reflektiert – unabhängig von der spezifischen Legitimation der Herrschaft – diesen Prozeß und seine sozialen Bedingungen. «Die juristische, d.h. rationalistische Deutung des Machtphänomens wird nur mit der Entwicklung der Geldwirtschaft und des Handels möglich. Diese ökonomischen Formen bringen erst den Gegensatz zwischen öffentlichem und privatem Leben mit sich ... die tatsächliche Herrschaft bekommt einen ausgeprägt juristischen Öffentlichkeitscharakter, sobald neben und unabhängig von ihr Verhältnisse entstehen, die mit dem Tauschakt zusammenhängen, d.h. private Verhältnisse par excellence. Indem die Gewalt als Garant dieser Verhältnisse auftritt, wird sie zu einer gesellschaftlichen, öffentlichen Gewalt, zu einer Gewalt, die das unpersönliche Interesse der Ordnung vertritt» (E. Paschukanis, *Allgemeine Rechtslehre und Marxismus*, Frankfurt/M. 1966, S. 116f.). Der absolutistische Staat war jedoch nur sehr partiell Garant der ökonomischen Freiheit des Bürgertums, da die politische Spitze des Staates sich der Kontrolle – trotz der wirtschaftlichen Macht des Bürgertums – weitgehend entzog und in der Praxis immer wieder willkürliche Eingriffe in den Wirtschaftsprozeß und in die bürgerliche Privatsphäre drohten. Diese Irrationalität des absolutistischen Regiments, die auch die Rationalität des bürokratischen Apparates entscheidend beschränkte, da diese als rein formale Rationalität ständig tendentiell in inhaltliche Irrationalität umschlug, bewirkt in der Phase der entwickelten bürgerlichen Gesellschaft den Anspruch des Bürgertums auf Umgestaltung des politischen Bereichs.

Wie sah nun die politische Leitung in dieser ersten Phase des modernen Staates aus? «Die Notwendigkeit einer formell einheitlichen Leitung der gesamten Politik, einschließlich der inneren, durch einen führenden Staatsmann entstand endgültig und zwingend erst durch die konstitutionelle Entwicklung» (Weber, S. 42). Zuvor war diese Notwendigkeit zwar schon sichtbar geworden, sie wurde jedoch durch den Führungs- und Entscheidungsanspruch des absolutistischen Fürsten verdeckt. Die zunehmende Fiktivität dieses Anspruchs resultierte einerseits aus der häufig entscheidenden Machtposition, die von den Beratern des Fürsten okkupiert werden konnte. Andererseits hatten sich die vom Fürsten und seiner Bürokratie geschaffenen kollegialen höchsten Verwaltungsbehörden tendenziell gegenüber der fürstlichen Aufsicht und Entscheidungsgewalt verselbständigt, obwohl sie der Theorie nach ausschließlich als sachverständige Erörterungsgremien der Entscheidungsfindung des anwesenden Fürsten dienen sollten. Der Fürst reagierte auf diesen Verselbständigungsprozeß der Bürokratie mit der verstärkten Heranziehung persönlicher Vertrauter, um durch sie seinen Einfluß auf die höchste Staatsbehörde zu sichern. Das konnte jedoch nicht verhindern, daß der absolute Fürst seinen Anspruch auf die oberste Leitung der Politik in der latenten Auseinandersetzung mit der Fachbürokratie immer weniger inhaltlich konkretisieren und effektiv durchsetzen konnte. Allerdings konnte die Bürokratie unter dem Absolutismus nicht wirklich das als Kennzeichen moderner Bürokratie geltende Maß an Sachrationalität entfalten. Das relative Klassengleichgewicht zwischen Adel und Bürgertum, auf dem der Absolutismus basierte, wirkte retardierend. So begegnet der preußische Absolutismus der Gefahr einer Verdrängung durch eine selbständig und einheitlich agierende Bürokratie dadurch, daß er den Adel in die wichtigsten bürokratischen Positionen hereinnimmt und somit die Verwaltung klassenmäßig aufspaltet. Die hier angedeuteten Faktoren umreißen Struktur und Funktion der politischen Leitung im Absolutismus. Dessen struktureller Widerspruch resultiert schließlich daraus, daß der aus der zentralistischen politischen Organisation folgende Anspruch, Inhalt und Struktur der Herrschaftspraxis an der Gesamtgesellschaft zu orientieren, durch die Machtposition und die mit ihr verbundene Herrschaftspraxis des absoluten Fürsten gebrochen wird. Zwar folgt aus der Verfügung über die Apparaturen der zentralen öffentlichen Gewalt der generelle politische Anspruch gegenüber der Gesellschaft; da dieser jedoch an die Konkretisierung sozialer Interessen gebunden ist und der absolute Monarch im zentralen Klassenkonflikt zwischen Adel und Bürgertum nicht eindeutig Position beziehen kann, ohne seine Machtposition zu gefährden und zum bloßen Exponenten einer Klasse abzusinken, kann sich die Generalität des politischen Anspruchs nicht sozial umsetzen. Auf Grund einer labilen Gleichgewichtslage in der sozialen Machtverteilung in der Gesellschaftsstruktur nicht klassenmäßig verankert, verfällt die öffentliche Gewalt einerseits dem Eigeninteresse einer sozial verselbständigten Bürokratie, andererseits dem Eigeninteresse der politischen Entscheidungsinstanz des absoluten Monarchen. Das Spezifikum der öffentlichen Gewalt im Absolutismus läßt sich an den der Regierungspraxis zugrunde liegenden Begriffen von Souveränität und Gesetz ablesen. Aus dem alle staatlichen Akte umfassenden Souveränitätsanspruch des absoluten Fürsten folgte ein im Kern politischer Gesetzesbegriff: «Im politischen Sinn ist Gesetz jede Maßnahme der souveränen Gewalt ohne Rücksicht auf deren Inhalt. Kriegserklärung und Friedensschluß, das Steuergesetzbuch und das Zivilgesetzbuch, der Befehl des Polizisten und der des Gerichtsvollziehers, das Urteil des Richters wie die Rechtsnormen, die in dem Urteil appliziert werden, alle Äußerungen des Souveräns sind, weil sie Äußerungen des Souveräns sind, Gesetz ... Gesetz ist voluntas und sonst nichts» (Franz Neumann, «Der Funktionswandel des Gesetzes im Recht der bürgerlichen Gesellschaft», *Demokratischer und autoritärer Staat*, hrsg. von H. Marcuse, Frankfurt/M. 1967, S. 34f.). Eine rational fundierte, an der abstrakten Gültigkeit genereller und permanenter Gesetzesnormen orientierte und auf formalisiertes Recht gestützte Regierungspraxis hätte die Grundlagen der absolutistischen Machtposition beseitigt. «Der Absolutismus konnte unmöglich die Vorstellung eines allgemein gültigen Gesetzes haben, das eventuell die Aufgabe des Monarchen hinderte, den Ausgleich der Klasseninteressen herbeizuführen» (E. Kehr, *Genesis*, S. 47). Diese Konstellation bedingt die voluntaristische Arkanpraxis des absoluten Fürsten. Die öffentliche Gewalt muß sich mit Hilfe geheimer Praktiken behaupten, sie kann sich nur bei Gefahr der Selbstaufhebung auf die Einhaltung allgemeiner, Rationalität intendierender Normen verpflichten. Denn die öffentliche Gewalt würde damit öffentlich kontrollierbar, politische Herrschaft der Tendenz nach auf bloßen Normenvollzug reduziert.

Auf dieses Ziel hin wird die öffentliche Gewalt dort umstrukturiert, wo – wie in England und Frankreich – das Bürgertum zur sozial herrschenden Klasse geworden ist und sich seine Interessen nicht oder nicht ausreichend in die Verwaltungs- und Justizpraxis umsetzen lassen. Wo dies jedoch – wie in Preußen und schließlich im wilhelminischen Deutschen Reich – durch die Unabhängigkeit eines vom Bürgertum beherrschten Justizapparates gewährleistet ist, fällt der auf weitergehende Kontrolle der öffentlichen Gewalt zielende politische Anspruch des Bürgertums in sich zurück, seine Realisierung liegt nun nicht länger im gesellschaftlichen Interesse des kapitalistischen Bürgertums.

Wo dieses jedoch im Gefolge revolutionärer Veränderungen (England, Frankreich) oder kriegerischer Emanzipation aus kolonialer Abhängigkeit (USA) die Struktur der politischen Organisation wesentlich umgestalten und bestimmen kann, gerät die öffentliche Gewalt und ihre Praxis unter einen qualitativ neuen Anspruch. Im bürgerlich-liberalen Verfassungsstaat ist die öffentliche Gewalt in ihrer Doppelfunktion der Leitung und Durchführung der Politik der Theorie nach zugleich Exponent und Exekutivorgan des politischen Willens der Gesellschaft, der sich in öffentlicher, kritischer Rationalität verpflichteter Diskussion artikuliert, deren institutioneller Rahmen das Parlament ist. Publizität und Rationalität sollen Gerechtigkeit, Richtigkeit und Einsichtigkeit der politischen Praxis gewährleisten. Inhaltlich soll sich diese auf Maßnahmen beschränken, die die wesentlich autonome Entfaltung der Gesellschaft ermöglichen. Als Funktion der Gesellschaft von dieser in den Dienst genommen, soll die öffentliche Gewalt nur den Rahmen einer sich von selbst vernünftig entwickelnden Gesellschaft abgeben. Der Widerspruch dieses schließlich zur bloßen Ideologie abgesunkenen theoretischen Anspruchs zur Realität der bürgerlich-kapitalistischen Klassengesellschaft braucht hier nicht näher entwickelt zu werden. Für die Rolle der öffentlichen Gewalt ist entscheidend, daß diese durch den zentralen Einfluß des Bürgertums auf den Gesetzgebungsprozeß nunmehr in zureichendem Maße in dessen gesellschaftlichem Interesse funktioniert. Weit davon entfernt, an politisch-sozialem Gewicht zu verlieren, dehnen sich die bürokratischen Apparate der öffentlichen Gewalt in dem Maße aus, in dem der zentrale Klassenantagonismus der bürgerlichen Gesellschaft politische Bedeutung gewinnt.

Der Bereich der Regierung reflektiert das gesellschaftsstrukturell bedingte Unvermögen des bürgerlichen Verfassungsstaats, Regierung in von der Gesellschaft inhaltlich bestimmte und kontrollierte Verwaltung übergehen zu lassen. In dem Maße, in dem die Interessen der herrschenden Klassen in Widerspruch zu den Interessen eines wachsenden, schließlich des überwiegenden Teils der Gesellschaft geraten, muß sich die im Klasseninteresse aktivierte öffentliche Gewalt weiter gegenüber der Gesamtgesellschaft verselbständigen. Im Prozeß der Vermittlung von dominierendem Klasseninteresse und politischer Entscheidung wird im Rahmen des Dualismus von Regierung und Verwaltung die politische Spitze vereinheitlicht. Über den kollegialen Körperschaften von Verwaltung und Justiz konstituiert sich dort, wo das Parlament zur zentralen politischen Vermittlungsinstanz wird, als Institution politischer Entscheidung das Kabinett, das als einheitlich geführtes Gremium der das Parlament beherrschenden Partei fungiert. Wo –

wie im deutschen Obrigkeitsstaat – das Parlament politisch machtlos bleibt, konstituiert sich die politische Leitung als einheitlich geführtes Beamtenministerium nicht aus, sondern gegenüber dem Parlament. In den USA wird die politische Entscheidungsgewalt im Amt des Präsidenten konzentriert. Das Kabinett spielt im Entscheidungsprozeß eine untergeordnete Rolle.

Die funktionelle Aufgliederung des Regierungsgremiums beschränkt sich in der ersten Phase des liberalen Verfassungsstaats – in der kurzen Phase des liberalen Konkurrenzkapitalismus – auf die wenigen Bereiche der sogenannten klassischen Ministerien (Inneres, Äußeres, Krieg, Finanzen, Justiz). Mit dem Eintritt in die imperialistische Phase erweitert und differenziert sich der Bereich der öffentlichen Gewalt in entscheidendem Maße, ablesbar am schwunghaften Ansteigen der öffentlichen Haushalte und der Zahl der öffentlichen Bediensteten. Einerseits wächst infolge der zum gewaltsamen Konflikt treibenden Konkurrenz der imperialistischen Großmächte vor allem der militärische Sektor rasch und gewinnt von nun an zunehmende politisch-soziale Bedeutung. Andererseits bewirkt die Zuspitzung der innergesellschaftlichen Antagonismen und Konflikte den intensivierten Ausbau des bürokratischen Staatsapparates. Dessen ungeheurer Machtzuwachs bedeutet eine wesentliche Stärkung der politischen Führung, die sich zunehmend der Kontrolle durch das Parlament entzieht. Quantitative Expansion, funktionelle Differenzierung und technische Effektivität der staatlichen Machtinstrumente in der imperialistischen Phase bezeichnen eine qualitative Veränderung im Bereich der öffentlichen Gewalt, die aus der Veränderung der sozialen Basis, d.h. der Ersetzung des liberalen Konkurrenzkapitalismus durch den organisierten monopolistischen Kapitalismus folgt. Die weitere industrielle und technologische Entwicklung hat die Effektivität des Instrumentariums der öffentlichen Gewalt kontinuierlich gesteigert und gleichzeitig ihre Kontrolle zunehmend erschwert. Die immer noch wesentlich am liberalen Modell orientierten Verfassungen reflektieren den Prozeß der modernen Staats- und Regierungspraxis kaum, die traditionellen Prinzipien und institutionellen Sicherungen der

Machtkontrolle werden daher, solange sie nicht in Orientierung an der aktuellen Praxis transformiert werden, der Tendenz nach unwirksam.

Umfang, Struktur und Funktion der öffentlichen Gewalt in den entwickelten kapitalistischen Industriegesellschaften widerstreben weitgehend einer wirksamen Kontrolle durch eine Öffentlichkeit, die als kritische Instanz zwar noch fiktiv vorausgesetzt wird, in politisch relevantem Maß jedoch nicht mehr funktioniert, da ihre Institutionen transformiert und ihre sozialen Bedingungen zunehmend beseitigt werden. Der aus dem Machtgewinn der Exekutive resultierende Funktionsverlust des Parlaments bewirkt vor allem eine Schwächung der parlamentarischen Opposition und fördert die Tendenz zur Entwicklung eines demokratischer Kontrolle unzugänglichen oligarchischen Systems autoritär strukturierter, bürokratisch geführter politischer Kräfte unter Vorherrschaft der staatlichen, d.h. vor allem der Ministerialbürokratie, in das die bürokratisierten Parteien einbezogen werden. Dieses System verhindert jede auf die Struktur der Gesellschaft zielende Opposition und garantiert durch das Zusammenspiel von politisch entscheidender Bürokratie und gesellschaftlich herrschenden Gruppen des monopolistischen Spätkapitalismus dessen Fortbestand. Diese gesellschaftliche Formation - und die Funktion der öffentlichen Gewalt in ihr - ist dadurch gekennzeichnet, daß einerseits auf der Basis einer weit vorgetriebenen Entwicklung der gesellschaftlichen Produktivkräfte die Möglichkeit einer Bedürfnisbefriedigung bisher unbekannten Ausmaßes geschaffen und über sozialstaatliche Verteilungsmechanismen zumindest partiell realisiert worden ist, daß jedoch andererseits die militärische Destruktionsapparatur in einer Weise perfektioniert und in der politisch-sozialen Struktur verankert worden ist, die nicht nur die Existenz der Gesamtgesellschaft ständig in Frage stellt, sondern zunehmend deren politische Struktur unter dem Aspekt des Ausbaus und der Sicherung der militärischen Effektivität zu transformieren droht. Der Dualismus von 'welfare state' und 'warfare state' tendiert dazu, zugunsten des letzteren aufgehoben zu werden. Die öffentliche Gewalt bildet dabei - so besonders deutlich in den USA - mit der hohen

Militärbürokratie und den mächtigsten Gruppen der kapitalistischen Wirtschaftsgesellschaft eine Interessengemeinschaft und zunehmend eine Aktionsgemeinschaft, die die Schranken des demokratischen Verfassungssystems zu überspielen und die übrige Gesellschaft in eine bürokratisch beherrschte Einheit zu verwandeln droht. Die gegen den Widerstand großer Teile der Intelligenz und der Arbeiterschaft durchgesetzte Notstandsverfassung der Bundesrepublik weist – bei stärkerer Dominanz der staatlichen Bürokratie – in eine ähnliche Richtung. Das technisch vervollkommnete Instrumentarium bürokratischer Hilfsorgane der politischen Zentralinstanzen zur Organisation, Durchführung und Kontrolle der Regierungstätigkeit (Ministerialbürokratie, Ämter der Regierungschefs: z. B. Bundeskanzleramt, White House Office) sowie zur informatorischen Vorbereitung und propagandistischen Durchsetzung politischer Entscheidungen (Geheimdienste und Nachrichtendienste, wissenschaftliche Berater, Meinungsforschungsinstitute, Presse- und Informationsämter, staatlich gelenkte Massenmedien) vermag unter Ausschaltung institutioneller demokratischer Kontrollen die Bedingungen politischer Entscheidung zu präparieren und deren Durchsetzung jenseits kritisch-sachlicher Diskussion vorzubereiten und zu sichern. Der Trend zur Etablierung eines bürokratisch-autoritären, militarisierten Systems der öffentlichen Gewalt wird besonders durch den scheinbaren Sachzwang gefördert, der von der waffentechnischen Entwicklung ausgeht und reaktionsgefährdende politische Entscheidungsmechanismen zu verbieten scheint. Es ist jedoch offensichtlich, daß der circulus vitiosus, der aus der Schaffung immer effektiverer und die Gesellschaft immer tiefer prägender Militärapparaturen entsteht, nur durch eine auf Entspannung der weltpolitischen Konfliktsituation und auf Abbau der Militärapparaturen zielende langfristige Politik, die sich nicht auf militärstrategische Hilfsfunktionen beschränken läßt, durchbrochen werden kann. Erst dann könnte die öffentliche Gewalt, die gegenwärtig – teils verdeckt, teils offen – Repressivgewalt und Destruktionsgewalt darstellt, auf eine die Entwicklung der Gesellschaft fördernde Funktion zurückgeführt werden.

Literatur

ABENDROTH, WOLFGANG, *Das Grundgesetz. Eine Einführung in seine politischen Probleme*, Pfullingen 1966

COOK, FRED J., *The Warfare State*, New York 1962

ELLWEIN, THOMAS, *Das Regierungssystem der Bundesrepublik Deutschland*, Köln und Opladen 1960

FINER, HERMANN, *Der moderne Staat*, 3 Bände, Heidelberg und Stuttgart 1958

FRAENKEL, ERNST, *Das amerikanische Regierungssystem*, Köln und Opladen 1960

HARTUNG, FRITZ, *Deutsche Verfassungsgeschichte*. Stuttgart 1959

HENNIS, WILHELM, «Aufgaben einer modernen Regierungslehre», *PVS* 6, 1965, S. 426ff.

KEHR, ECKART, «Zur Genesis der preußischen Bürokratie und des Rechtsstaats», *Moderne Deutsche Sozialgeschichte*, hrsg. von H.-U. Wehler, Köln und Berlin 1966

– *Der Primat der Innenpolitik. Gesammelte Aufsätze zur preußisch-deutschen Sozialgeschichte*, hrsg. von H.-U. Wehler, Berlin 1965

MILLS, C. WRIGHT, *Die amerikanische Elite*, Hamburg 1962

MÜNCH, FRITZ, *Die Bundesregierung*, Frankfurt/M. 1954

VILMAR, FRITZ, *Rüstung und Abrüstung im Spätkapitalismus*, Frankfurt/M. 1965

WEBER, MAX, *Staatssoziologie*, Berlin 1956

B

DER FUNKTIONSWANDEL DER LEGISLATIVE

[FRIEDERUN KARSCH UND URSULA SCHMIEDERER]

Die Erzeugung von Rechtsnormen ließ sich zu keiner Zeit konsequent aus einer einzigen Rechtsquelle herleiten. Materielles Recht entsteht auch in der Gegenwart nicht nur in den ausdrücklich zu seiner Erzeugung vorgesehenen Institutionen wie dem Parlament oder dem Sachplebiszit im bürgerlichen Rechtsstaat. Es kann z.B. durch die (Rechts-)Verordnungen der Exekutive geschaffen werden oder auch durch die Rechtsprechung der Gerichte, sei es als echtes *case law*, sei es in verhüllter Weise durch den Anspruch der autoritativen Interpretation von Normen – z.B. von Generalklauseln. Auch nichtstaatliche, gesellschaftliche Gruppen können zur Formulierung gewohnheitsrechtlicher Normen mit genereller Wirkung beitragen. Im Wirtschaftsrecht etwa können neue Normen sich bilden, wenn die allgemeinen Geschäftsbedingungen monopolistischer Wirtschaftsverbände als Voraussetzung von wirtschaftlichen Vertragsbeziehungen diktiert werden. Im Arbeitsrecht erlangt in Deutschland der normative Teil der Tarifverträge zwischen Gewerkschaften und Arbeitgebern quasi gesetzliche Wirkung. In Frankreich erstreckt sich deren Einfluß auch auf erhebliche Teile des Sozialrechts. Entscheidend ist jedoch, daß dieser Tatbestand der Normengenese außerhalb ihrer verfassungsrechtlichen Institutionen durch den historischen Prozeß in der Neuzeit verdunkelt worden ist.

Die aus dem Mittelalter überkommenen, vielfältigen Institutionen der Rechtsetzung, die auf der normativen Macht der Privilegien und der bedeutsamen Rolle des Gewohnheitsrechtes basierten, wurden mit der Entwicklung einer zentralen Staatsgewalt im Absolutismus entscheidend geschwächt. Gewohnheitsrechtliche Normsetzungsfunktionen und solche nichtstaatlicher Institutionen wurden ganz oder teilweise zurückgedrängt zu abgeleiteten, delegierten Rechtsquellen; der Staat selber wurde nach außen seinem Anspruch nach alleinige Gesetzgebungsgewalt. Richterliche Tätigkeit wurde als bloße Rechtsanwendung verstanden. Damit wurde tendenziell das Gewicht «deklaratorischer» Rechtsnormen, die bestehende gesellschaftliche Verhältnisse bestätigen, vermindert zugunsten der «konstitutiven» Rechtsnormen, die neue soziale Konstellationen etablieren helfen.

Der rechtsfindende «Jurisdiktionsstaat» des Absolutismus, der das Recht als *lex divina* (als vorgegebenes, göttliches) für seine Zwecke benutzte, änderte sich in dem Maße zum gestaltenden «Gesetzgebungsstaat», als das Bürgertum seine Gesellschaftsordnung gegen den Absolutismus durchsetzen konnte. Die Wendung vom erkennenden Erfassen der je existenten *lex divina* zum bewußten Gestalten des Rechts findet sich bei Bacon, der den Geltungsgrund der *lex positiva* als Ausdruck des Willens menschlicher Herrschaft im Staate formulierte und dem Gesetz Befehlscharakter zuwies – ein Gedanke, der für die aufkommende politische Herrschaft des Bürgertums entscheidend wurde: die Übernahme der legislativen Gewalt durch das Parlament sicherte das Recht zur Normsetzung und damit die Möglichkeit der Kontrolle über die monarchische Exekutive. Wenn Verordnungen der Exekutive der Ermächtigung durch ein formelles, also vom Parlament beschlossenes Gesetz bedurften, wenn das Verordnungsrecht zur vom Parlament delegierten Rechtsquelle wurde, konnte die für das Bürgertum notwendige Rechtssicherheit garantiert werden. Daß die Forderung nach Partizipation an der Staatsgewalt vorweg beim Budgetrecht einsetzte, war Ausdruck der expandierenden ökonomischen Machtstellung des Bürgertums, das seine politische Repräsentation verlangte: no taxation without representation. Die Entscheidung über den Etat als dem wichtigsten *nur* formellen Gesetz wurde zum Mittel, die Exekutive politisch zu unterwerfen, und konnte so, wo das Bürgertum auf seiner Macht bestand, den Weg zum *parlamentary government* vorbereiten.

Mit der Bindung der staatlichen Herrschaft an generelle Normen, mit der Gesetzmäßigkeit staatlichen Handelns, sollte – im Sinne der ökonomischen Grundlagen und Notwendigkeiten der bürgerlichen Gesellschaftsordnung – der politischen Gewalt ihre Willkür und Unberechenbarkeit genommen werden. Das Ausmaß der Gesetzgebungsbefugnisse mit ihren Einflußmöglichkeiten auf die Exekutive wurde zum Maßstab der jeweiligen Macht des Parlaments. Dem bürgerlichen Anspruch nach mußte im Prozeß der Demokratisierung die Souveränität des Fürsten von der Volkssouveränität abgelöst werden; parlamentarische Gesetzgebung sollte dann gleichzusetzen sein mit Volksgesetzgebung. Das Parlament beanspruchte gegenüber der Monarchie die Repräsentation der Nation, wie das Bürgertum die Universalität der neuen Produktionsweise und das freie Spiel der Kräfte dem privilegiengebundenen Absolutismus und Feudalismus entgegenstellte. In ihrem Selbstverständnis vertrat die Bourgeoisie die ganze Gesellschaft und das bürgerliche Parlament das ganze Volk. Damit wurde ein *consensus omnium* vorausgesetzt, in dessen Rahmen die Interessenkonflikte ausgetragen werden konnten. So spiegelte die parlamentarische Konkurrenz zwar die Interessenkollision und die Zersplitterung der gesellschaftlichen Machtansprüche des Bürgertums, die Herrschaft der Bourgeoisie selbst wurde jedoch nicht ernsthaft gefährdet.

War die Bourgeoisie Träger des gesellschaftlichen Fortschritts mit dem Ziel der vollen Entfaltung der kapitalistischen Produktionsweise, das zu erreichen, es des bürgerlichen Rechtsstaates bedurfte, mußte der Gesetzesbegriff in der bürgerlichen Auffassung einen prinzipiellen Funktionswandel erfahren. Im Absolutismus war jede Maßnahme der souveränen Gewalt – ohne Rücksicht auf ihren Inhalt - Gesetz, also sowohl willkürliche Bestimmung (Dezision) als auch allgemeine Reglementierung durch die politische Macht. Für das Bürgertum, das in der Entwicklung von Geschichte und Gesellschaft eine immanente Gesetzmäßigkeit sah, war das «Gesetz ... nicht der Wille eines oder vieler Menschen, sondern etwas Vernünftig-Allgemeines; nicht voluntas, sondern ratio» (Schmitt, S. 139), also Ausdruck einer das politische und gesellschaftliche Leben durchziehenden Vernunft, die dem allgemeinen Besten und der Gerechtigkeit zur Geltung verhalf. Je umfassender daher die Herrschaft der vom bürgerlichen Parlament beschlossenen

Gesetze wurde, desto mehr näherte sich der liberale Rechtsstaat seinem «vollendeten Ideal»: «einer allgemeinen Justizförmigkeit des ganzen staatlichen Lebens» (Schmitt, S. 133). Je allseitiger die Geltung des Rechts sich ausbreiten ließ, desto nachhaltiger konnte der staatliche Bereich willkürlicher Akte begrenzt und so gestaltet werden, daß «alles ... in einem Netz von Kompetenzen gefangen, auch eine ‹Kompetenz-Kompetenz› niemals prinzipiell unbegrenzt, niemals ‹Fülle der Staatsgewalt› [ist], sondern immer eine kontrollierbare Befugnis, wegen deren Überschreitung ein justizförmiges Verfahren in Bewegung gesetzt werden konnte. Gesetzmäßigkeit, Kompetenzmäßigkeit, Kontrollierbarkeit und Justizförmigkeit ergeben auf diese Weise das geschlossene System des bürgerlichen Rechtsstaates. Die Verfassung erscheint als das Grundgesetz dieses Systems von Gesetzen» (Schmitt, S. 131). Tatsächlich war erst mit der Kontrolle über Regierung und Verwaltung, dem Öffentlichkeitsgebot und der Erweiterung der Parlamentsfunktionen zur umfassenden Legitimationsquelle und Kontrollinstanz jeden staatlichen Handelns der eigentliche Sinn der legislativen Gewalt erfüllt. Dieser Begriff des Gesetzes als Verkörperung der Vernunft enthält die «Intention auf die Auflösung von Herrschaft überhaupt ... Die bürgerliche Idee vom Gesetzesstaat, nämlich die Bindung aller Staatstätigkeit in einem nach Möglichkeit lückenlosen System von Normierungen, die durch öffentliche Meinung legitimiert sind, zielt schon auf eine Beseitigung des Staates als eines Herrschaftsinstruments überhaupt» (Habermas, S. 96).

Die Theorie der Gewaltenteilung, etwa bei Montesquieu, reflektierte die Konfrontation der Machtgruppen in der ersten Phase der Auseinandersetzung des Bürgertums mit dem Absolutismus im Prozeß zur Etablierung seiner vollen Herrschaft. Die Theorie intendierte ein politisches Gleichgewichtsverhältnis durch eine Machtbalance nicht nur zwischen den Institutionen – wie oft unterstellt wird –, sondern primär zwischen den durch diese Institutionen vertretenen gesellschaftlichen Kräften. Die in den verschiedenen Verfassungen unterschiedlich fixierte Trennung der Gewalten und Verteilung der Staatsfunktionen auf mehrere Funktionsträger zeigt jeweils den

Stand des realen gesellschaftlich-politischen Machtkonflikts und des je notwendigen Kompromisses zwischen dem sich emanzipierenden Bürgertum und der Monarchie.

Lediglich in England konnte sich (von 1841 bis 1868) der liberale Parlamentarismus als nahezu vollständige Parlamentssouveränität durchsetzen, nachdem durch die beiden Revolutionen des 17. Jahrhunderts die monarchische Prärogative entscheidend geschwächt war. Die Bildung von neun Kabinetten in dieser Zeit bezeichnet zwar die Heftigkeit der politischen Interessengegensätze, aber auch den stabilen *consensus omnium.* Der entfaltete englische Parlamentarismus entwickelte ein Gleichgewichtssystem zwischen Opposition und Regierungspartei, das die Ausbalancierung der sozialen Kräftegruppierungen erlaubte – mit dem Unterschied zur Theorie Montesquieus allerdings, daß die Bourgeoisie auch die Exekutive beherrschte und im Parlament nur ihre verschiedenen Fraktionen gegeneinander standen. Auf dieser Basis entstand das heute vielzitierte Prinzip des Parlamentarismus von der gemeinsamen undiskutierten Grundlage der parlamentarischen Arbeit. Diese politische Herrschaftsphase des Bürgertums wirkt nach in der Theorie der Parlamentssouveränität und in der Betonung der Suprematie der Gesellschaft gegenüber dem verselbständigten politisch-staatlichen Bereich (vgl. Leibholz, S. 209).

Auf dem Kontinent gab es keine vergleichbare Periode des bürgerlichen Parlamentarismus. In Frankreich konnte auch nach der bürgerlichen Revolution von 1789 die legislative Herrschaft nur bedingt errichtet werden. Zwar war die napoleonische Militärmonarchie «bürgerlich» – der Code Napoléon brachte die Kodifizierung bürgerlichen Rechts –, zwar konnte die bourbonische Restauration die parlamentarischen Institutionen nicht beseitigen, doch erst nach der Julirevolution unter dem «Bürgerkönigtum» des Hauses Orléans etablierte das Parlament mit einer Wahlreform seine Vormachtstellung: *le roi règne et ne gouverne pas.*

In Deutschland schließlich schränkte sich der Emanzipationskampf des Bürgertums weitgehend ein auf die Entwicklung der Theorie vom Rechtsstaat. Denn in der Praxis schloß das deutsche Bürgertum Kompromisse mit den feudalen Mächten und dem Absolutismus, ließ sich – noch im preußischen Verfassungskonflikt von 1862 – seine Ohnmacht attestieren, begnügte sich im Reichstag nach 1871 weitgehend mit dem Recht auf Gesetzeszustimmung und verzichtete auf reale parlamentarische Kontrolle der politischen Entscheidungen und auf den Anspruch, die exekutiven Institutionen durch Normsetzung zu unterwerfen, fand es doch andererseits Mittel und Wege der direkten Einflußnahme auf Ministerien und Hof. Diese Realität geht in den Rechtsstaatsbegriff ein: «Das Wesen dieses Rechtsstaatsbegriffes besteht in der Abspaltung der Rechtsform von der politischen Struktur des Staates, wobei jene allein, unabhängig von der politischen Struktur, Freiheit und Sicherheit garantieren soll. In dieser Spaltung besteht der grundlegende Unterschied zwischen der deutschen und der englischen Theorie» (Neumann, S. 51). Den herrschenden Rechtspositivismus interessierte folgerichtig auch weder die demokratische Legitimität der Staatsorgane noch der Inhalt der gesetzgeberischen Entscheidungen, sondern nur die formell richtige Verabschiedung und Verkündung der Gesetze unter Beachtung der Normenhierarchie von Gesetz und Verordnung.

Die wesentliche Differenz zwischen der englischen und der kontinentaleuropäischen Parlamentarismustheorie gründet in der unterschiedlichen realen Entwicklung: Das englische Repräsentativsystem war ausgebildet, bevor soziale Antagonismen zur politischen Bedrohung der bürgerlichen Herrschaft wurden. Auf dem Kontinent kämpfte dagegen das Bürgertum noch gegen Feudalismus und Absolutismus, als das Proletariat bereits seine politischen Forderungen gegen die Bourgeoisie formulierte. Damit brach der Widerspruch der bürgerlichen Demokratie auf: die theoretische Identifizierung der eigenen Klasse mit der ganzen Gesellschaft widersprach der praktischen Vertretung von Partikularinteressen. Die intendierte Auflösung von Herrschaft und das herrschaftsfreie Spiel der Kräfte standen gegen die Errichtung der bürgerlichen Klassenherrschaft. Als das Proletariat das Bürgertum mit dessen eigenen Forderungen bedrohte, wurde die Revozierung dieser Ideale «bei Strafe des Untergangs» notwendig.

Die Trennung von Staat und Gesellschaft, der allgemeinen

öffentlichen Gewalt von der Sphäre der Sonderinteressen, war möglich, solange das Allgemeininteresse den Partikularinteressen nicht kontradiktorisch gegenüberstand. «Der Staat war der offizielle Repräsentant der ganzen Gesellschaft, ihre Zusammenfassung in einer sichtbaren Körperschaft, aber er war dies nur, insofern er der Staat derjenigen Klasse war, welche selbst für ihre Zeit die ganze Gesellschaft vertrat» (Friedrich Engels, Herrn Eugen Dührings Umwälzung der Wissenschaft (Anti-Dühring), *MEW* 20, S. 261). Das Parlament konnte also dem Bürgertum den Interessenausgleich nur solange garantieren, als die antagonistische Klasse keinen Zugang zu diesem Forum hatte.

Das Bürgertum etablierte jedoch seine volle politische Herrschaft, als die unterdrückte Klasse in der vom Klassenkampf geprägten Gesellschaft ihre politischen Rechte forderte und die bürgerliche Hegemonie bedrohte. Das Proletariat kämpfte dabei mit den bürgerlichen Forderungen nach Freiheit, Gleichheit und Volkssouveränität für seine eignen politischen und sozialen Rechte. Die Auseinandersetzung um das allgemeine Wahlrecht war daher gleichzeitig die Frage nach der Lebensfähigkeit der Demokratie. Die feindliche Klasse konnte – als Mehrheit – die politische Macht erringen, das Parlament mit seinen Gesetzgebungsbefugnissen und Kontrollmöglichkeiten über die Exekutive in eine Institution gegen die herrschende bürgerliche Klasse wenden und theoretisch mit den politischen Institutionen der Bourgeoisie deren soziale Basis und ökonomische Macht erschüttern. Diesen in den liberalen Verfassungen institutionalisierten Widerspruch analysierte Marx an der französischen Verfassung von 1848: «Die Klassen, deren gesellschaftliche Sklaverei sie verewigen soll, Proletariat, Bauern, Kleinbürger, setzt sie durch das allgemeine Stimmrecht in den Besitz der politischen Macht. Und der Klasse, deren alte gesellschaftliche Macht sie sanktioniert, der Bourgeoisie, entzieht sie die politischen Garantien dieser Macht. Sie zwängt ihre politische Herrschaft in demokratische Bedingungen, die jeden Augenblick den feindlichen Klassen zum Sieg verhelfen und die Grundlagen der bürgerlichen Gesellschaft selbst in Frage stellen können. Von den einen verlangt sie, daß sie von der politischen Emanzipation nicht zur sozialen fort-, von der anderen, daß sie von der sozialen Restauration nicht zur politischen zurückgehen» (Karl Marx, «Die Klassenkämpfe in Frankreich 1948 bis 1850», *MEW* 7, S. 43). Zur Erhaltung seiner politischen Herrschaft und seiner ökonomischen Macht war also das Bürgertum gezwungen, seine eigenen Institutionen mindestens umzufunktionalisieren, wenn deren Abschaffung nicht möglich war.

Zudem änderte sich mit der Ablösung des Konkurrenzkapitalismus durch oligopolistische und monopolistische Organisationsformen der Wirtschaft die Funktion des Staates im großen Maßstab. Die Konzentration in den einzelnen Wirtschaftszweigen und die Zentralisierung der ökonomischen Institutionen in einer einheitlichen nationalen Wirtschaft erhöhte die Krisenanfälligkeit und erforderte umfassende staatliche Interventionen. Die institutionelle Trennung von Staat und Gesellschaft wich einer vielfältigen Interdependenz und Verflechtung von Exekutive und Wirtschaft. Die vielseitigen ökonomischen und sozialpolitischen Interventionspraktiken des Staates führten notwendigerweise zu einer Stärkung der Exekutive. Dieser Machtzuwachs der Staatsgewalt steigerte die gegenseitige Abhängigkeit: der Staat mußte auf die wirtschaftlichen Großgebilde Rücksicht nehmen, und die Wirtschaft brauchte einen wirksamen Interessenschutz bei den imperialistischen Kämpfen um neue Absatzmärkte und billige Rohstofflieferanten. In der Epoche des Imperialismus und der organisierten Interessenvertretung der Arbeiterklasse schützte eine verselbständigte starke Exekutive die Bourgeoisie nach zwei Seiten: gegen die politischen und sozialen Forderungen des Proletariats und gegen die ökonomische Konkurrenz anderer kapitalistischer Staaten.

Die Entwicklung des organisierten Kapitalismus wirkte demnach auf das politisch-funktionale System der Gewaltenteilung: als Machtzuwachs der Exekutive und Macht- und Funktionsverlust der Legislative. Damit wurde deutlich, daß hinter der politischen Trennung von Parlament und Exekutive sich der gesellschaftliche Klassenantagonismus von Bourgeoisie und Proletariat verbarg. Solange die Arbeiterklasse ihre politischen Interessen im Parlament nicht wirksam vertreten konnte, wurde das politische Gleichgewicht durch die Verschränkung von staatlicher und ökonomischer Macht nicht gestört. Als das Parlament jedoch Forum des Klassenkampfes wurde und sich als Machtinstrument gegen die ökonomisch-politischen Interessen des Bürgertums wenden konnte, bekämpfte das Bürgertum die Machtbefugnisse der legislativen Gewalt und damit die Demokratie und forderte mindestens strikte Gewaltenteilung, um sich wenigstens die Exekutive als Machtinstrument zu reservieren.

Die enge Verbindung von Exekutive und Wirtschaft (Monopolen und Unternehmerverbänden) führte somit in wachsendem Maße zur Umgehung und in einigen Ländern schließlich zur völligen Ausschaltung des Parlaments. In der Situation der Weltwirtschaftskrise und der erstarkenden faschistischen Bewegungen konnte das Parlament seine Gesetzgebungs- und Kontrollbefugnisse nicht länger durchsetzen, weil einerseits ein großer Teil der parlamentarischen Vertreter sich gegen das System wandte und weil andererseits – unter Mißachtung des Parlaments – die Exekutive und die ökonomischen Machtträger die Krise in ihrem Sinne zu lösen suchten. Das deutsche Beispiel zeigt jedoch, daß trotz Verselbständigung der Exekutive das Parlament – gleichsam als Interessenvertretung der nicht-privilegierten Klassen – noch die politischen Mittel zur Behinderung der Willkür und der Zwangsmittel der Exekutive besaß und daß daher erst die Auflösung des Parlaments und die Zerschlagung der politischen Macht der Arbeiterklasse und ihre Unterwerfung unter die nationalsozialistische Diktatur die Kontinuität der kapitalistischen Klassengesellschaft sicherte.

In der hochindustrialisierten spätkapitalistischen Gesellschaft lassen sich die im liberalen Parlamentarismus verhältnismäßig klar definierten «Gewalten» nicht mehr exakt unterscheiden. Die Trennung von staatlichem und gesellschaftlichem Bereich schwindet. Der Staat übernimmt Funktionen, die im liberalen Modell der gesellschaftlichen, also staatsfreien Sphäre zugedacht waren: Einfluß auf die Verteilung des Sozialprodukts, wirtschaftspolitische Maßnahmen (Steuer-, Konjunktur-, Kreditpolitik), sein Auftreten in der Produktionssphäre (als

Unternehmer – vor allem im Rüstungssektor), in der Distributionssphäre und im tertiären (Dienstleistungs-)Sektor, sozialpolitische Maßnahmen wie Sozialgesetzgebung zum Schutze ökonomisch und sozial schwacher Gruppen und Subventions- und Protektionspolitik zugunsten bestimmter Sozialgruppen, deren Unterstützung systemstabilisierend wirkt (Agrar- und «Mittelstands»politik). Durch die Gestaltungsfunktionen des Staates, besonders die Umverteilung des staatlichen Anteils am Sozialprodukt (der bis zu 50 % des Bruttosozialprodukts beträgt) und die Rolle des Staates als Unternehmer, wird politische Macht direkt zu ökonomischer. Entsprechend wirkt gesellschaftliche Macht unmittelbar politisch. Denn die Tragweite der wirtschaftlichen Entscheidungen von Monopolen und Großbanken auf das ganze Wirtschaftsleben macht sie zu politischen Akten. Die Macht gesellschaftlicher Interessengruppen ermißt sich an ihrem Einfluß auf Regierung und Ministerialbürokratie. Die staatliche Berücksichtigung gesellschaftlicher Sonderinteressen zeigt deren Macht im Gesamtsystem der Kräfteverhältnisse. Besonders markant ist die Transformation gesellschaftlicher Macht in politische im Rüstungssektor, in dem der Staat alleiniger Auftraggeber ist und in dem die Rüstungslobby in eindrucksvollem Ausmaß Regierungs- und Verwaltungsmaßnahmen von eminenter innen- und außenpolitischer Wirkung erzwingen kann (vgl. dazu für die USA: Fred J. Cook, *The Warfare State*, New York 1962; für die Bundesrepublik Deutschland: Fritz Vilmar, *Rüstung und Abrüstung im Spätkapitalismus*, Frankfurt/M. 1965).

In dem Maße, wie der Staat Träger der gesellschaftlichen Ordnung wird und die Aufgaben «kollektiver Daseinsvorsorge» übernimmt, verkleinert sich der gesellschaftliche Bereich, innerhalb dessen sich – im liberalen Modell – durch materiale Entscheidungen die Selbstregulierung privater und partikularer Interessen durch ein privatrechtliches Vertragssystem vollzog, wodurch im politischen Bereich die Gesetzgebung auf ein System genereller Normen beschränkt werden konnte. Die Vielfalt der staatlichen Gestaltungsaufgaben, die um Einfluß konkurrierenden organisierten Privatinteressen treiben – im zumindest formal verfassungsrechtlich fortexistierenden oder restaurierten parlamentarischen Regierungssystem – die Extension legislativer Tätigkeit voran. Je komplizierter der Normsetzungsprozeß wird, je weniger eine «Erfüllung [der] formellen Kriterien» des rechtsstaatlichen Gesetzesbegriffs im Sozialstaat «für eine angemessene Normierung der neuen Materie» (Habermas, S. 245) ausreicht, desto mehr tritt unvermeidlich in der Praxis das Gesetzesinitiativrecht des Parlaments hinter dem der Regierung zurück, das sich auf die Vorarbeiten der Ministerialbürokratie – und ihr Zusammenwirken mit den Wirtschaftsverbänden – stützen kann. Zahllose Einzelprobleme der Wirtschaftsgesellschaft erfordern eine Konkretisierung der Gesetze, die damit «schon den Charakter verwaltender Detaildispositionen» (Habermas, S. 197) annehmen und in die Befugnisse der Verwaltung eingreifen. Da die Normierungsnotwendigkeiten partikularer Tatbestände also wachsen, erhält das Parlamentsgesetz – als Maßnahmegesetz – zunehmend den Charakter einer konkreten Entscheidung mit genau bestimmten Adressaten. Demgegenüber soll die Verwaltung in vielen Fällen die Möglichkeit zu raschen, wechselnden Situationen adäquaten Eingriffen erhalten. Relativ unbestimmte Generalnormen, die der Ausführung durch Rechtsverordnungen bedürfen, sind die Folge. Die Zahl der Ermächtigungen an die Regierung, ein Problem auf dem Verordnungswege zu lösen, erhöht sich dadurch ständig; günstigenfalls steckt das parlamentarische Rahmengesetz das Feld für die exekutiven Ausführungsbestimmungen als Richtungsentscheidung ab. Staatshandeln wird daneben in weitem Umfang Verwaltung ohne jede gesetzliche Ermächtigung, ohne daß eine Machtkompensation des Parlaments durch neue Betätigungsbereiche öffentlicher Gewalt stattfindet.

Das vom Parlament beschlossene Gesetz verliert also in immer stärkerem Maße seine Monopolstellung. Zunehmend gehen Normsetzungsbefugnisse und legislative Kompetenzen formell-legal durch Delegation und informell kraft Aneignung oder durch tatsächliche Kompetenzverschiebung an andere, diffuse Machtträger über, die sich demokratischer Kontrolle leicht entziehen und die teils normfrei, teils sogar normwidrig von sich aus tätig werden. Das Parlament kann dabei nur dann und insoweit Träger legislativer Gewalt bleiben, als es ihm gelingt, durch seine politische Kontrolle – die eventuell durch eine juristische Kontrolle von Verfassungsgerichten ergänzt werden kann – die Rechtsauslegung durch die Judikative und die sekundären Quellen des materiellen Rechts mindestens an die Grundsatzentscheidungen der formellen Gesetze zu binden. Da nur die Parlamente durch die Wahl demokratisch legitimiert sind, entscheidet diese Problematik gleichzeitig über die demokratische Struktur der gesamten öffentlichen Gewalt.

Obgleich Bildung und Kontrolle der Regierung durch das Parlament in den Verfassungsbestimmungen formal-rechtlich gewährleistet sind, entzieht sich die Exekutive wirksam der Kontrolle durch die Volksvertretung. In der Bundesrepublik Deutschland trägt das Schwinden parteipolitischer Gegensätze, der parlamentarischen Opposition, und damit – bei der Verflechtung von Regierungspartei bzw. -koalition und Exekutive – das Fehlen der Anwendung des Kontrollrechts über die Regierung sowie der Verzicht auf die Austragung politischer und sozialer Konflikte in der Öffentlichkeit des Parlaments ihr Teil zur Entfunktionalisierung des Legislativorgans bei. Das Parlamentsplenum wird Bühne der Ratifikation und Akklamation bereits getroffener Entscheidungen und Stätte der Demonstration von Parteistandpunkten. Die eigentliche Arbeit des Parlaments verlagert sich in die nicht-öffentlichen Ausschüsse und Fraktionen.

Als politische Vermittlungsinstanz anstelle des Parlaments fungiert die Verwaltung. Ehemals auf den Gesetzesvollzug beschränkter Ordnungsgarant ist sie gleichsam Integrationszentrum der konfligierenden Interessen und Kristallisationspunkt zum Aushandeln von Kompromissen geworden. Im Zusammenwirken von Verbände-, Partei- und Ministerialbürokratie werden Ausgleich und Lösung von Interessenkonflikten arrangiert. Beim allgemeinen Machtzuwachs von Exekutive und organisierten Interessengruppen akkumuliert die Übertragung von Administrationsaufgaben an Verbände Herrschaft gerade dort, wo sie am effektivsten, weil am wenigsten durch die Öffentlichkeit eingeschränkt ist. Damit werden legislative und politische Entscheidungen und Funktionen in dem Bereich konzentriert, der sich am erfolgreichsten demokratischer Kontrolle entzieht. Der politische Bereich der Gesellschaft schrumpft in dem Maße, wie die Verwaltung wächst und die Transformation gesellschaftlicher in politische Macht und umgekehrt mit der Verflechtung von Staat und Gesellschaft nicht mehr der politischen, öffentlichen Vermittlung bedarf.

Die Funktionsbreite des Parlaments wird in der spätkapitalistischen Gesellschaft daher weitgehend bestimmt durch das Verhältnis der Verbände zu den Parteien und zur Exekutive. Die Verbände besetzen mit ihrem Ziel der Repräsentation eines für viele Einzelne gemeinsamen Interesses einen Teil des bislang der politischen, also parlamentarischen Interessenvertretung vorbehaltenen Bereichs. Es entsteht ein fast «autonomer Bereich» für eine «quasi-politische Gewaltausübung» (Habermas, S. 218). Dies gilt vorweg für die beiden bestimmenden sozialen Interessengruppen der Arbeitgeber und Arbeitnehmer. Der ökonomische und soziale Interessenantagonismus sprengt den traditionellen parlamentarischen und legislativen Rahmen. So wird er institutionell ausgelagert. Tarifverträge nehmen damit gleichsam «öffentlich-rechtlichen Charakter an, soweit die getroffene Serienregelung als Gesetzessurrogat fungiert» (Habermas, S. 167). Die normative Wirkung des Tarifvertrags – ursprünglich ein Kollektivvertrag zum Schutz des Schwächeren – ist durch die Rechtsordnung sanktioniert und ist «als ein Stück rechtssetzender Gewalt anzusehen» (Huber, S. 37f.). Die Verselbständigung von solchen außerparlamentarischen Rechtsquellen entspricht der faktischen Kompetenzverlagerung aus der Legislative in den Wirkungskreis von Verbänden, Parteien und Verwaltung, wodurch die Frage nach der Möglichkeit zur demokratischen Kontrolle aufgeworfen ist.

In vielen Verbänden entspricht die interne Mitglieder- und Organisationsstruktur kaum dem primären Verbandsziel: die Interessen der vielen als ein gemeinsames zu vertreten. Art und Ort des Wirkens der Verbände fördern undemokratische Tendenzen und machen mit wenigen Ausnahmen – etwa den Gewerkschaften – ihre demokratische Legitimation fragwürdig. Denn in den Verbänden fehlen Willensbildung und öffentliche Diskussion durch die Mitglieder; ihre Funktion wird weitgehend reduziert auf die Akklamation einer verselbständigten Führungsspitze, deren Arbeit als *pressure group* oder *lobby* in den Gremien und Ausschüssen von Verwaltung und Parteien sich der Kontrolle durch die Öffentlichkeit entzieht. Die solchermaßen unter Ausschluß der Öffentlichkeit und organisationsinterner Demokratie getroffenen Arrangements gelten nicht mehr im Sinne vorläufiger Kompromisse zwischen antagonistischen Interessengruppen, sondern im Sinne einer «integrationspflichtigen Kooperation», die aus dem Kompromiß gleichsam einen «Statusvertrag» innerhalb einer fingierten konfliktfreien Ordnung macht (Habermas, S. 219; vgl. dazu das Bundesarbeitsgerichtsurteil vom 31. 10. 1958). Diese Tendenz bezeichnet eine neue Form von Arkanpolitik – die im Absolutismus wesentliches Angriffsziel des auf Öffentlichkeit drängenden Bürgertums war – und ständische Strukturen, die sich im politischen und legislativen Bereich einnisten und dessen Effizienz aushöhlen.

Die direkte Vertretung von Partialinteressen bei der Ministerialbürokratie und die Übertragung von öffentlichen Verwaltungsaufgaben an Interessengruppen und -verbände bewirken folglich die unkontrollierbare Abwanderung von Normsetzungsbefugnissen an vor- und nebenparlamentarische Machtgruppen. Es entstehen quasi-legislative Institutionen, die kaum noch als Rechtsquellen kraft Delegation gelten können, vielmehr zu Rechtsquellen kraft eigenen Rechts werden. Dieser Prozeß bedeutet somit eine Reprivatisierung und Refeudalisierung der Rechtserzeugung und den Kontrollverlust des demokratisch gewählten Parlaments. Daß die Anerkennung solcher «ständischer Rechtsetzung außerhalb des engsten Kreises eigentlich arbeitsrechtlicher Regelungen in tiefer Weise die Grundstruktur unseres ganzen staatlichen Lebens berühren würde» (Ulrich Scheuner, *Die Übertragung rechtsetzender Gewalt im Rechtsstaat*, Frankfurt/M. 1952, S. 147f.), ist zweifellos richtig, die de-facto-Existenz solcher willkürlichen Rechtsetzungsmöglichkeiten charakterisiert jedoch den Funktionswandel der legislativen und politischen Institutionen.

Wenn die Parteien, wie in der Bundesrepublik Deutschland, der Entpolitisierung der Öffentlichkeit selber Vorschub leisten durch die völlige Integration und den Verzicht auf politische Alternativen und die effektive Kontrolle der Exekutive, erhöhen sie die Entfunktionalisierung des Parlaments als politischer Interessenvertretung und schwächen es als legislative Gewalt. Der Funktionsverlust des Parlaments wird nur dort gebremst, wo die sozialen Interessenantagonismen sich auch politisch noch klar formulieren: wo eine politische Opposition im Parlament die Rechte zur Kontrolle der Exekutive beansprucht und auch wahrzunehmen weiß. In der spätkapitalistischen Gesellschaft gilt das vorwiegend für die Gruppen, die über die politische Demokratie auch die soziale und ökonomische erstreben.

Die Funktionen der Legislative definieren sich also in der spätkapitalistischen Gesellschaft weitgehend an der Macht der «Transformatoren vom Staat zur Gesellschaft (Verwaltung) und umgekehrt von der Gesellschaft zum Staat (Verbände und Parteien)» (Habermas, S. 217). Im liberalen Rechtsstaat hatte das Parlament im politischen Bereich seinen Platz als Vermittlungsinstanz zwischen einem mit Allgemeinheitsanspruch und gleichsam interesselos auftretenden Staat und der Gesellschaft als der privaten Sphäre von Sonderinteressen. In dem Maße, wie die Identität von ökonomischer und staatlicher Klassenherrschaft sich in der Auseinandersetzung mit der ökonomisch beherrschten Klasse herausbildete, wurde das Parlament zu dem Ort, an dem die ökonomisch herrschaftslose Mehrheit des Volkes sich – nach Einführung des allgemeinen Wahlrechts – als politische Macht kontrollierenden Zugang zur Exekutive und über die Gesetzgebung Rechte an der Bildung des Staatswillens zu verschaffen suchte. Der Widerspruch des bürgerlichen Parlamentarismus, ökonomische Klassenherrschaft politisch zu institutionalisieren mit einer «Gewalt» (der Legislative), die gleichzeitig die Aufhebung von Herrschaft, die Identität von Herrschenden und Beherrschten ermöglichen sollte, ist auch auf den parlamentarisch verfaßten Sozialstaat mit organisierten Interessen und einem mit Daseinsvorsorge betrauten Staat übergangen. Daß dem Staat ein derartiger Aufgabenzuwachs zugemutet wurde, ist eben darin begründet, daß die Minderheit der ökonomischen Machtträger gegenüber den

Trägern politischer Macht, die ihre Legitimation durch das Wahlvolk mit einer Mehrheit der ökonomisch Beherrschten erhalten, aus Gründen der *raison d'être* darauf angewiesen ist, diesen Widerspruch zu verdecken, ihn nicht zum offenen Konflikt werden zu lassen.

An die Stelle der offenen politischen Austragung des ökonomischen Grundantagonismus von Besitzenden und Nichtbesitzenden tritt seine institutionelle Isolierung. So wird die Neutralisierung politischer Konflikte in einem das System nicht gefährdenden Ausmaße möglich. Die Institutionalisierung garantiert weitgehende Integration in den Rahmen des bestehenden Systems und erlaubt Kompromißbildung. Öffentlichkeit wird dabei zur Gefahr und das Parlament zu dem Ort, den es als Entscheidungsinstanz zu umgehen gilt.

Indem es den Verbandsbürokratien der dominierenden Sozialgruppen möglich ist, sich direkt am Aushandeln des Verteilungsschlüssels des dem Staate zufallenden Anteils am Sozialprodukt zu beteiligen, wirkt diese Partizipation an der Herrschaft system-integrierend und -stabilisierend. Sie ist jedoch nicht identisch mit der das System selbst tragenden und reproduzierenden Herrschaft. Die eigentlich herrschenden Klassen gruppieren sich um die Machtzentren, die das Gesamtsystem und die bestehenden Machtverhältnisse erhalten: Produktion, Außenpolitik, Militär usw. Diese Machtgruppe besteht demnach vorweg aus Großindustrie, Militär und Staatsbürokratie (vgl. zum Problem der *power-elite:* Mills). Jede das System und die Machtverhältnisse tangierende Maßnahme wird sich in der spätkapitalistischen Gesellschaft mit der Macht dieses *military-industrial complex*, vor dem Eisenhower in seiner Abschiedsadresse warnte, auseinandersetzen müssen.

Daß für eine solche Auseinandersetzung Vorsorge getroffen wird, zeigt die geplante Notstandsgesetzgebung für die Bundesrepublik Deutschland. Nicht also das Maßnahmegesetz, sondern das Ermächtigungsgesetz kennzeichnet die Entwicklung der Auslagerung zentraler politischer Entscheidungskompetenzen aus dem Parlament. Seine Fortexistenz ist für die Machtträger der spätkapitalistischen Gesellschaft nur solange gerechtfertigt, als es zur Kanalisierung der Konflikte beiträgt und die Spielregeln einer sozialtechnisch als Gleichgewichtssystem von Institutionen verstandenen formalen Demokratie befolgt. Das aber bedeutet tendenziell seine Entmündigung. Der Usurpation der Normsetzungsbefugnisse durch außerparlamentarische Machtfaktoren muß die Einsicht entgegengehalten werden, daß auch der Sozialstaat - und gerade er - nur soweit Rechtssicherungsstaat ist, als er demokratischer Rechtsstaat ist, d.h. soweit er gesellschaftliche wie staatliche Macht öffentlicher, rationaler Kontrolle unterwirft, also in demokratische Herrschaft umsetzt.

Literatur

Böckenförde, Ernst W., *Gesetz und gesetzgebende Gewalt*, Berlin 1958

Dechamps, Bruno, *Macht und Arbeit der Ausschüsse*, Meisenheim/Glan 1954

Draht, Martin, «Die Gewaltenteilung im heutigen deutschen Staatsrecht», *Faktoren der Machtbildung*, Berlin 1952

Friedrich, Carl J., *Der Verfassungsstaat der Neuzeit*, Berlin-Göttingen-Heidelberg 1953

Habermas, Jürgen, *Strukturwandel der Öffentlichkeit*, Neuwied 1962

Huber, Hans, *Recht, Staat und Gesellschaft*, Bern 1954

Leibholz, Gerhard, *Strukturprobleme der modernen Demokratie*, Karlsruhe 1958

Lipset, Seymour M., *Soziologie der Demokratie*, Neuwied 1963

Marx, Karl, «Der achtzehnte Brumaire des Louis Bonaparte», *MEW* 8, S. 111ff.

Mills, C. Wright, *Die amerikanische Elite*, Hamburg 1962

Neumann, Franz, *Demokratischer und autoritärer Staat*, hrsg. von H. Marcuse, Frankfurt/M. 1968

Schmitt, Carl, *Verfassungslehre*, Berlin 1954

Sering, Paul, «Der Faschismus», *Zeitschrift für Sozialismus* 2, 1935

Sultan, Herbert/Abendroth, W., *Bürokratischer Verwaltungsstaat und soziale Demokratie*, Hannover und Frankfurt/M. 1955

C

ZUR FUNKTION DER VERWALTUNG IM BÜRGERLICHEN STAAT

[RÜDIGER GRIEPENBURG]

Der absolutistische Staat, der die innere und äußere Souveränität und das Monopol der öffentlichen Gewalt auf seinem Territorium beansprucht, vereinigt Legitimation und inhaltliche Bestimmung aller staatlichen Funktionen beim absoluten Fürsten. Er kann sich gegen die feudalen Stände nur dann durchsetzen, wenn er deren Herrschaftsausübung durch seine eigene Verwaltung ersetzt. «Die herrschaftlichen Privilegien der Grundeigentümer und Städte verwandelten sich in ebensoviele Attribute der Staatsgewalt, die feudalen Würdenträger in bezahlte Beamte und die bunte Musterkarte der widerstreitenden mittelalterlichen Machtvollkommenheiten in den geregelten Plan einer Staatsmacht, deren Arbeit fabrikmäßig geteilt und zentralisiert ist» (Karl Marx, «Der achtzehnte Brumaire des Louis Bonaparte», *MEW* 8, S. 196f). Überall entsteht mit dem Absolutismus eine Bürokratie, die zusammen mit den stehenden Söldnerheeren die wichtige Stütze seiner Macht ist. Dabei werden die Hofbeamten des Fürsten (Kämmerer, Marschall usw.) zu Verwaltungsbeamten, auch wenn sie weiterhin als persönliche Diener des Fürsten und nicht als Staatsbeamte betrachtet werden. In seinem – jederzeit widerruflichen – Auftrag sollen sie die Befriedung des Landes, die Eintreibung der Steuern, Zölle und Abgaben, die Verwaltung des fürstlichen und staatlichen Vermögens, die beide noch nicht von einander getrennt sind, und die Förderung von Wirtschaft und Handel (Merkantilismus) durchführen, um damit den Reichtum des Landes und des Fürsten zu vermehren. Die Bürokratie des Absolutismus zeigt bereits alle Merkmale, die für Max Weber Kennzeichen einer modernen sachrationalen Bürokratie sind: kontinuierlicher Amtsbetrieb, der an Regeln gebunden ist; Kompetenzabgrenzung und Amtshierarchie; Fachschulung; Trennung der Beamten von den Verwaltungsmitteln und das Fehlen jeder Erblichkeit des Amtes; Aktenmäßigkeit der Verwaltung und Amtsverschwiegenheit (Weber, S. 126).

Mit der Entstehung und Entwicklung von Marktproduktion und Geldwirtschaft werden die Abgaben an den Landesherrn nicht mehr in Naturalien, sondern in Geld erhoben; Haushaltsführung und -rechnung durch die Verwaltung ist damit möglich geworden. Nun trennt sich langsam der persönliche Haushalt des Fürsten von dem öffentlichen des Staates; die Unterscheidung von Fürst und Staat erlaubt den Beamten, sich als Staatsdiener, weniger als private Diener des Fürsten zu verstehen. Ihrer sozialen Zusammensetzung nach besteht die frühe Verwaltung des Absolutismus zu einem beträchtlichen Teil aus Angehörigen des Bürgertums; ihr Eindringen bis in die obersten Verwaltungsbehörden ist geradezu ein Kennzeichen für den frühen Absolutismus. Die Ursachen dafür sind verschieden: einmal muß sich der Landesherr bei seinem Kampf gegen die feudalen Stände auf das Bürgertum stützen, zum anderen gibt die Sitte des Ämterkaufes gerade dem reicheren Bürgertum die Möglichkeit, in die Verwaltung einzudringen (Frankreich). Doch setzt dann oft eine Identifizierung dieser erblichen Beamtenschicht mit der Adelsschicht ein; die französische absolute Monarchie muß sich deswegen in der Form der (nicht-kaufbaren, nicht-erblichen) Intendanten ein zweites, zentralisiertes und hierarchisches Verwaltungssystem aufbauen. Dazu kommt, daß der höhere Verwaltungsdienst ein Mindestmaß an fachlicher Ausbildung erfordert: zuerst Lesen, Schreiben und Rechnen, dann die juristische oder kameralistische Ausbildung der Universität, Qualifikationen also, die die Angehörigen des Adels zumeist nicht erfüllen konnten. Doch hat sich diese soziale Zusammensetzung später nicht überall erhalten. Kann der Absolutismus sich in einem Lande endgültig durchsetzen (Frankreich, England), so gelingt es dort zumeist später dem Bürgertum, sich seinerseits gegenüber dem Absolutismus durchzusetzen und sich mit dem Staatsapparat auch die Verwaltung zu unterwerfen. Wo sich dagegen der Absolutismus nicht völlig durchsetzen kann und die Gesellschaftsstruktur wesentlich feudale Elemente beibehält, nimmt die Verwaltung eine Sonderentwicklung.

Mit der Beseitigung der Zunftschranken, der Entwicklung eines Steuerwesens wie auch der Anfänge eines Verkehrs- und Bildungswesens empfindet das erstarkende Bürgertum die bürokratische Bevormundung und Reglementierung durch den Absolutismus als hemmend. Die erste umfassende Kritik an der absolutistischen Verwaltung formulieren in Frankreich die Physiokraten (die nicht zufällig zugleich freihändlerische Ideen vertreten). Sie fordern für die classe disponible (Adel und Großbürgertum) die kommunale und lokale Selbstverwaltung, um den Machtbereich der zentralen Verwaltung des Absolutismus einzuschränken. Auf der Grundlage des zeitweiligen Klassenkompromisses zwischen städtischem Bürgertum und Landadel wird in England die lokale und kommunale Selbstverwaltung der erste Schritt des Bürgertums auf dem Weg zur Erringung der Staatsmacht. Auch in Preußen erhebt sich Kritik an der absolutistischen Verwaltung: «besoldet, also Streben nach Erhalten und Vermehren der Besoldeten; buchgelehrt, also lebend in der Buchstabenwelt und nicht mehr in der wirklichen; interessenlos, denn sie stehen mit keiner der den Staat ausmachenden Bürgerklassen in Verbindung; ... eigentumslos, also alle Bewegungen des Eigentums treffen sie nicht ... sie erheben ihr Gehalt aus der Staatskasse und schreiben, schreiben, schreiben im stillen, mit wohlverschlossenen Türen versehenen Büro, unbekannt, unbemerkt, ungerühmt und erziehen ihre Kinder wieder zu gleich brauchbaren Schreibmaschinen ...» (*Nassauer Denkschrift* des Freiherrn vom Stein).

Einer solchen Verwaltung stellt das liberale Bürgertum in der Theorie eine Gesellschaftsordnung gegenüber, in der die freie Entfaltung der Individuen die obrigkeitlich-lenkende Tätigkeit der Bürokratie weitgehend überflüssig machen soll; an die Stelle staatlicher Reglementierung soll gesellschaftliche Selbstregulierung und -verwaltung treten; der «Nachtwächterstaat» ist die bekannteste Bezeichnung dieser Vorstellung.

Wie wenig sie Wirklichkeit wird, zeigt die Verwaltung gerade des liberalen Staates. In England läuft im 19. Jahrhundert der endgültigen politischen Machtergreifung des Bürgertums der Prozeß der Herausbildung des civil service, der englischen Form staatlich-zentralistischer Verwaltung, parallel. In Frankreich führt die bürgerliche Revolution den zentralistischen und straffen Aufbau der Verwaltung des Absolutismus noch weiter; die Ansätze einer kommunalen Selbstverwaltung in der Verfassung von 1789 werden bald beseitigt, und mit der Herrschaft Napoleons etabliert sich der bürgerliche Verwaltungsstaat endgültig. Er bestimmt durch sein Vorbild auch nach dem Ende des Rheinbundes noch die Entwicklung der Administration der kleineren süddeutschen Staaten. Lediglich in den USA bringt die Reform des Präsidenten Jackson eine Demokratisierung der Verwaltung: alle öffentlichen Bediensteten werden auf Zeit von den Staatsbürgern gewählt.

Soweit die Verwaltung in die Eigentums- und Freiheitssphäre eingreift, wird sie im liberalen Staat an die allgemeine, gesetzliche Norm gebunden, in ihren anderen Tätigkeiten dagegen wird sie rechtlich kaum eingeschränkt. Auch im vorgeblichen «Nachtwächterstaat» verliert die Verwaltung nicht das Moment an autoritärer Herrschaft und Gewaltsamkeit, das sie im Absolutismus besaß: der liberale Staat wirft sozial-revolutionäre Bewegungen genauso erbarmungslos nieder, er sichert genauso die Betriebsdisziplin in den privaten Unternehmungen durch den Einsatz der öffentlichen Gewalt. Zwar enthält sich die Verwaltung des liberalen Staates – im Gegensatz zum Absolutismus – weitgehend der Eingriffe in die Wirtschaftsstruktur und in die Beziehungen der wirtschaftenden Subjekte zueinander. Aber sie garantiert jederzeit mit ihren Zwangsmitteln diese Struktur und die Wirksamkeit der Mechanismen, die soziale Unterordnung erzeugen.

Allein im Ausmaß ihrer Tätigkeit, nicht in der Funktion unterscheidet sich die liberale von der absolutistischen Verwaltung. Die Trennung von Justiz und Verwaltung, die zunehmende Arbeitsteilung und das Vorherrschen genereller Regeln für das Verwaltungshandeln geben der liberalen Verwaltung zudem ein höheres Maß an Berechenbarkeit und Sachrationalität. Wie sehr aber der liberale Staat – aller Theorie zum Trotz – die öffentliche Verwaltung entwickeln muß, zeigt bereits das Anwachsen der Zahl der öffentlichen Bediensteten in dieser Periode: so nimmt in dem Zeitraum von 1841 bis 1881 in Frankreich die Beamtenschaft von 90000 auf 379000 zu, die

Bevölkerung von 34,2 auf 36,7 Millionen; in Großbritannien wächst die Beamtenschaft von 17000 auf 81000, die Bevölkerung von 18,5 auf 29,7 Millionen; in den USA: die Beamtenschaft des Bundes von 23000 auf 107000, die Bevölkerung im gleichen Zeitraum von 17,1 auf 50,2 Millionen; in Preußen: die Beamtenschaft von 25000 auf 152000, die Bevölkerung von 15 auf 27 Millionen (Finer III, S. 204).

Mit der voranschreitenden Industrialisierung und dem Zurücktreten des Konkurrenz- gegenüber dem organisierten Kapitalismus vermehren sich die Aufgabenbereiche und die Größe der staatlichen Verwaltung; mit der Verstaatlichung des Schulwesens, der Eisenbahnen, der Post und anderer Nachrichtenmittel übernimmt sie jetzt zunehmend Funktionen, die vorher gesellschaftliche waren. Sie stellt öffentliche Dienstleistungen zur Verfügung, die für das Funktionieren der industriellen Gesellschaft notwendig sind, auf privatwirtschaftlicher Grundlage und am Profitmotiv orientiert aber nicht betrieben werden können. Im ersten Weltkrieg greift dann die Verwaltung in nahezu alle Bereiche der Gesellschaft ein, einschließlich der Lenkung des Wirtschaftsprozesses, und diese Entwicklung geht mit dem Ende des Krieges nur dem Umfang nach zurück. Während einerseits nach dem ersten Weltkrieg die Industriestaaten politisch demokratisiert werden, entsteht zugleich eine immer größere staatliche Beamtenschaft, deren Kompetenz weit über die der Administration des liberalen Staates hinausgeht und deren persönliche Unabhängigkeit gegenüber der demokratischen Regierung, deren untergeordnetes und rein ausführendes Organ sie sein soll, vorher nie so stark gewesen ist. Bürger und Staat treten jetzt in einen «Dauerkontakt», der Staat übernimmt immer mehr eine «kollektive Daseinsfürsorge» (Forsthoff). Einerseits muß staatliche Intervention jetzt ganze Gesellschaftsgruppen erhalten, die bei ungehinderter kapitalistischer Konkurrenz verschwinden würden (Subventionspolitik). Durch das Handeln der Verwaltung werden Gesellschaftsgruppen in ihrem Status erhalten, deren Wählerstimmen normalerweise bürgerlichen Parteien zufallen; das umso sicherer, je stärker sie zu ihrer Existenzerhaltung auf staatliches Handeln angewiesen sind. Es entsteht so eine moderne Form des Stimmenkaufes mit öffentlichen Mitteln. Andererseits wird mit staatlichen Mitteln versucht, sozialrevolutionäre Bewegungen durch partielle Konzessionen aufzufangen und zu «befrieden», soziale Unterschichten in die bestehende Gesellschaftsordnung zu integrieren. Eine solche Art «kollektiver Daseinsfürsorge» ist aber etwas grundsätzlich anderes als die Einführung sozialpolitischer Maßnahmen, die gleichermaßen der gesamten Bevölkerung oder doch ihrer Mehrheit zugute kommen (z.B. der «National Health Service» in Großbritannien). Auch ist das Gegenüber der Verwaltung des liberalen Staates, die Gesellschaft unabhängiger, konkurrierender Produzenten, weitgehend entfallen; an seine Stelle sind Zusammenschlüsse (Kartelle, Trusts, Monopole) getreten. Deren Interessen lassen sich als partikulare leichter direkt über die Verwaltung als über das Parlament durchsetzen.

Zugleich mit der Demokratisierung des Parlaments durch die Einführung des allgemeinen, gleichen Wahlrechts und dem Ausbau der staatlichen Verwaltung verändert sich das Verhältnis von Parlament und Exekutive entscheidend zugunsten der Exekutive; innerhalb der Exekutive ist es wiederum die hohe Bürokratie, der der eigentliche Machtzuwachs zukommt. Die Mittel dazu sind: die Delegation von Rechtsetzungskompetenzen vom Parlament an die Verwaltung und die Zunahme von Rechtsverordnungen; die Rahmengesetzgebung des Parlaments; Verwaltungsermessen und verwaltungsrechtliche Generalklauseln; die von der Rechtswissenschaft entwickelten Lehren von den «gerichtsfreien Hoheitsakten», der «Verfassungsdurchbrechung», dem «staatlichen Notstandsrecht». In allen diesen Fällen handelt die Verwaltung nicht mehr auf Grund vom Parlament klar umrissener Kompetenzen und Tatbestände, sondern sie selbst bestimmt weitgehend die Normen ihres Handelns. «So ist im Wege der Verfassungswandlung aus der Gewaltenteilung eine Gewaltenkonzentration bei der Bürokratie geworden. Der ‹Justizstaat› und der ‹Legislativstaat› sind vom bürokratischen ‹Verwaltungsstaat› abgelöst worden» (Ernst Rasch, «Die staatliche Bürokratie im modernen gesellschaftlichen Leben», *AöR* 78, S. 367).

Demgegenüber wird heute immer noch als Ideal einer Verwaltung ein Beamtenstab gesehen, der, völlig unpolitisch und allein der «Staatsidee» verpflichtet, fachlich geschult und spezialisiert, die politischen Direktiven von Parlament und Regierung möglichst zweckrational durchführt. Eine solche Verwaltung aber hat es nie gegeben; staatliche Administration kann nie bloßes Herrschaftsinstrument sein, sondern ist immer zugleich auch Herrschaft selbst.

Im Absolutismus ist den Beamten durch die Abhängigkeit vom Landesherrn die Richtung und der Inhalt ihrer Tätigkeit weitgehend vorgeschrieben. Aber die Verwaltung kann durch ihre Organisation, ihr Fachwissen und die Generalität der Norm als Grundlage ihres Handelns Bedingungen entwickeln, die die persönliche Willkür des Landesherrn einschränken. So wird der Bürokratie innerhalb der Justiz am frühesten die persönliche (lebenslange Anstellung) und die sachliche Unabhängigkeit von der Regierung gegeben. Vor allem vertritt diese Verwaltung auch die Interessen des entstehenden Bürgertums und entwickelt sich zu einem Element bürgerlicher Opposition im absoluten Staat. Besonders in Preußen ist dieses Eindringen des Bürgertums in den Verwaltungsapparat von Bedeutung; der Absolutismus hat sich hier nicht völlig durchsetzen können und ist seit Friedrich II. eine Koalition mit dem adeligen Großgrundbesitz eingegangen. Die sozialen und politischen Konsequenzen dieser Koalition zwingen die preußische Verwaltung teilweise zur Opposition gegen den König, die durch Säuberung des Heeres und der Verwaltung von Bürgerlichen sowie durch die Errichtung der «Regie» gebrochen wird.

Trotzdem regt sich in der preußischen Verwaltung nach den napoleonischen Kriegen ein «bürokratischer Konstitutionalismus», der – im wesentlichen erfolglos – die Macht von Adel und Monarchen zugunsten der Verwaltung zu beschränken sucht. Das preußische liberale Bürgertum, das weder eine Verfassung noch eine Umgestaltung der Verwaltung durchsetzen kann, führt dann seinen zaghaften Kampf gegen den Absolutismus und Feudalismus als Kampf um die Durchsetzung kommunaler und regionaler Selbstverwaltung. Im Gegensatz zur Entwicklung in Frankreich, wo sich das Bürgertum des Staatsapparates bemächtigt und eine starke zentralisierte bürgerliche

Staatsverwaltung schafft, steht in Preußen die Frage der Verwaltungskontrolle durch Gerichte, der Bindung der (konservativen) Verwaltung an die (im Wesen liberale) generelle Norm des Gesetzes in dieser Auseinandersetzung im Vordergrund, bis der Kompromiß zwischen Adel, Monarchie und Bürgertum im Kaiserreich ihn gegenstandslos macht, nachdem durch die Puttkammerschen Reformen die gesamte Staatsverwaltung und schließlich die Justiz von liberalen Oppositionellen gesäubert worden war. Anders verlief dagegen die Entwicklung in den süddeutschen Staaten. Hier dringt das Bürgertum in die staatliche Verwaltung ein, und es kann ein großer Teil der Errungenschaften der napoleonischen Besatzungszeit beibehalten werden so daß sich – vor allem in Baden – jener süddeutsche Beamtenliberalismus ausbildet, der das sozial und politisch unentwickelte Bürgertum auch in den nach 1814 geschaffenen Parlamenten vertritt.

In England dagegen bildet sich ein Berufsbeamtentum erst im 19. Jahrhundert wieder heraus. Hier sorgt eine rigorose Auslese, die sich nicht an fachspezialistischem Wissen orientiert, sondern typisch bildungsbürgerliche Elemente (humanities) als Beamtenqualifikation verlangt, für ein den bürgerlichen Interessen dienendes Beamtentum, in dem nur die Angehörigen der «Oberschichten und des gehobenen Mittelstandes» (Finer) in die leitenden Stellen der staatlichen Verwaltung kommen. In dem Maße, in dem das englische Parlament demokratisiert wird, wird im ‹civil service› das Prinzip lebenslänglicher Anstellung eingeführt. Die Schwierigkeiten, die die Labour-Regierungen mit einer solchen, vorgeblich neutralen Verwaltung hatten, entsprechen den Erfahrungen der Roosevelt-Regierung mit der amerikanischen Bundesverwaltung. Sachrationalität und Fachwissen der Verwaltung, die Ausweitung ihrer Funktionen werden zu Herrschaftsmitteln der Bürokratie auch gegenüber der demokratisch gewählten Regierung. Lipset hat an einem Beispiel das Verhältnis einer neu gewählten sozialreformerischen Regierung zu einer traditionalen Verwaltung untersucht. Lipset kommt dabei zu dem Ergebnis: «Regierung ist heute eine umfassende Verwaltungsaufgabe, die zu ihrer Durchführung Experten erfordert. Solange die Wählerschaft keine Möglichkeit hat, mit den Politikern auch die wichtigsten Experten auszuwechseln, verlieren Wahlen sehr viel an Bedeutung. Dieses Problem wird immer wichtiger, da Anstrengungen unternommen werden, die wirtschaftlich-soziale Rolle des Staates zu vergrößern» (Seymour M. Lipset, *Agrarian Socialism*, Berkeley 1959, S. 229).

Damit wird die Zusammensetzung und Kontrolle einer der entscheidenden Fragen des Funktionierens der bürgerlichen Demokratie. Die deutsche Verwaltung z. B. hat in ihrer sozialen Zusammensetzung (vor allen in der höheren Bürokratie) fast unverändert das Kaiserreich, die erste Republik und das nationalsozialistische Herrschaftssystem überstanden. Die Aufhebung des Juristenmonopols zugunsten an den Hochschulen ausgebildeter spezialisierter Fachleute in Teilen der Administration hat insofern keine soziale Veränderung der Beamtenschaft mit sich gebracht, als das allgemeine Bildungsmonopol des Bürgertums ungebrochen geblieben ist. Ebensowenig wirkt sich das Eindringen von Partei- und Verbandsfunktionären in die Verwaltung demokratisierend aus; als Fachfremde bleiben sie von der ausgebildeten Bürokratie abhängig («Herrschaft der Ministerialbürokratie»), als Verbandsvertreter in den entsprechenden Fachministerien dagegen verkleiden sie die partikularen Interessen ihres Verbandes als allgemeine und unterscheiden sich darin nicht von der fachlich ausgebildeten Verwaltung.

Ebensowenig wirken die institutionellen Kontrollen der Bürokratie demokratisierend: die Rechnungshöfe, die die Einhaltung der – von der Verwaltung selbst ausgearbeiteten, vom Parlament nur modifizierten – Haushaltspläne überwachen; die generelle Bindung des Verwaltungshandelns an – von der Bürokratie ausgearbeitete, vom Parlament meist unverändert akklamierte – Gesetze und deren richterliche Kontrolle durch eine generelle Rechtsweggarantie. Alle diese Kontrollen schützen den einzelnen Bürger relativ wirksam vor ungesetzlichen Übergriffen der Verwaltung, aber dieser Schutz – vor allem der durch die Gerichte – erstreckt sich zumeist nur auf das Gebiet der Eingriffsverwaltung, nicht mehr völlig auf das der Leistungsverwaltung. Diese funktionellen innerbürokratischen Kontrollen sind zwar geeignet, die Verwaltung zu straffen und zu vereinheitlichen, nicht aber dazu, einen demokratisch gebildeten Mehrheitswille in Verwaltungshandeln zu transformieren. Eine Parlamentskontrolle durch besondere Institutionen (Wehrbeauftragter, generell die Institution des ombudsman) scheint nach den bisherigen Erfahrungen wenig sinnvoll (wiederum mit der oben gemachten Einschränkung, daß ein Schutz des einzelnen Bürgers gegenüber der Exekutive damit durchaus erreicht bzw. verstärkt werden kann). Aber solange das Parlament seine Kontrollfunktion gegenüber der gesamten Exekutive nicht wahrnehmen kann, wird es das auch nicht durch eigene, besondere Institutionen können.

Aus der Analyse der Entwicklung der staatlichen Verwaltung hat Max Weber bereits den Schluß gezogen, daß die moderne Industriegesellschaft in Staat und Gesellschaft notwendig eine solche Form der Administration hervorbringen müsse, die «unentrinnbar» als ein «ehernes Gehäuse» jede individuelle Freiheit und jede politische Demokratie erstickt. Ein solcher Fatalismus jedoch verdeckt, daß eine verselbständigte und verfestigte bürokratische Herrschaft einer Gesellschaftsstruktur entspricht, in der partikulare Interessen von Minderheiten als politische Ziele der Mehrheit formuliert und durchgesetzt werden; daß also die Form staatlich-politischer Verwaltung und der Inhalt ihres Handelns in einem Zuasmmenhang stehen, in dem das eine nicht ohne das andere verändert werden kann.

Literatur

BORCH, HERBERT VON, *Obrigkeit und Widerstand. Zur politischen Soziologie des Beamtentums*, Tübingen 1954

FINER, HERMANN, *Der moderne Staat. Theorie und Praxis*, 3 Bände, Stuttgart und Düsseldorf 1957 f.

FORSTHOFF, ERNST, *Lehrbuch des Verwaltungsrechts* Band 1: Allgemeiner Teil, München und Berlin [6]1956

HEFFTER, HEINRICH, *Die deutsche Selbstverwaltung im 19. Jahrhundert. Geschichte der Ideen und Institutionen*, Stuttgart 1950

MARX, FRITZ MORSTEIN, *Einführung in die Bürokratie*, Neuwied 1959

MERTON, ROBERT K. (Hrsg.), *Reader in Bureaucracy*, Glencoe (Ill.) 1952

SULTAN, H./ABENDROTH, W., *Bürokratischer Verwaltungsstaat und soziale Demokratie*, Hannover und Frankfurt/M. 1955

WEBER, MAX, *Wirtschaft und Gesellschaft. Grundriß der verstehenden Soziologie*, Tübingen [4]1956

D

ZUR FUNKTION DER JUDIKATIVEN INSTITUTIONEN

[BARBARA DIETRICH]

Die Trennung der rechtsprechenden Institutionen von den politischen und administrativen findet bereits relativ früh statt. Auf dem Kontinent und besonders in Deutschland wird sie im Zusammenhang mit der Rezeption des römischen Rechtes und der Juristenausbildung auf den Universitäten voll durchgesetzt; als eine Art der Arbeitsteilung wird die Justiz langsam aus der Verwaltung ausgegliedert und institutionell selbständig. Sie ist jedoch auch in dieser Form dem Monarchen unterworfen und bleibt Herrschaftsinstrument des Fürsten, auch im aufgeklärten Absolutismus. Das liberale Bürgertum mußte sich notwendig gegen eine solche Form der Rechtsprechung wenden; sie bedrohte ständig (vor allem im aufgeklärten Absolutismus) die individuelle Freiheits- und Eigentumssphäre der Produzenten; ihre Eingriffe waren weitgehend willkürlich und nicht berechenbar. Deshalb muß es das kodifizierte Recht und die Rechtsprechung überall dort seinen Bedürfnissen entsprechend umgestalten, wo es Einfluß auf den Staat gewinnen kann.

Im Kampf gegen den absolutistischen Staat wird für den Liberalismus die Forderung nach der unbedingten Bindung staatlichen Handelns an Parlamentsgesetze und die Forderung nach Generalität dieser Gesetze entscheidend. Soll das Gesetz Recht und nicht Willkür sein, muß es allgemein, d.h. in seiner Normalbildung generell und die Allgemeinheit bindend sein: «Wenn ich sage, daß das Objekt der Gesetze immer allgemein ist, dann verstehe ich darunter, daß das Gesetz die Untertanen als Gesamtheit und ihre Handlungen als abstrakte, niemals einen Menschen als Einzelperson und niemals eine Einzelhandlung berücksichtigt» (Rousseau, *Gesellschaftsvertrag* II, 6). Alles staatliche Handeln wird so an allgemeine und durch das Parlament erlassene Gesetze gebunden, die ein in sich widerspruchsfreies und geschlossenes System bilden sollen, aus dem staatliche Willkür verbannt ist und das sich selbst als Rechtsstaat, als rule of law begreift.

In einem solchen System hat die Rechtsprechung ihren genau bestimmten Platz: Die Generalität der Norm befreit sie von den willkürlichen und damit systemwidrigen Eingriffen des Monarchen; sie wird jetzt materiell von der Exekutive unabhängig. Zugleich aber wird sie nach der Theorie des liberalen Rechtsstaates dem Parlamentsgesetz völlig unterworfen: der Richter allein hat die Aufgabe, das Gesetz nach der ratio legislatoris anzuwenden, nicht aber – über die Gesetzesauslegung – selbständig Recht zu schaffen. Die Richter sind nach Montesquieu «der Mund, der die Worte des Gesetzes verkündet, unbelebte Wesen», und nach seiner Theorie bedarf eine solche Rechtsprechung, die allein die Gesetze anwendet, keiner formellen Institutionalisierung, sie entsteht aus dem Volke heraus und hat keine eigene Gewalt, sie ist deshalb «gleichsam nichts» (Montesquieu, *Vom Geist der Gesetze* XI, 6). Die Französische Revolution versucht, eine dieser Funktion der Rechtsprechung entsprechende Organisation des Gerichtswesens, allerdings unter Einbeziehung eines hauptberuflichen, juristisch gebildeten Richterstandes, fest in die Verfassung einzubeziehen. Die Dekrete der Nationalversammlung vom 16. und 24. August 1789 verbieten deshalb jede Auslegung von Gesetzen durch die Richter und verpflichten sie, sich in Zweifelsfällen an das Parlament zu wenden.

In einem solchen System des Rechtsstaates ist kein Platz für irgendein Naturrecht, das im Widerspruch zum durch das Parlament kodifizierten Recht stehen könnte. Nur das positive, gesetzte Recht wird von der institutionell unabhängigen, aber der rechtsetzenden Gewalt unterworfenen Rechtsprechung angewandt. Überall wird im liberalen Staat die Justiz aus der Verwaltung konsequent ausgeschieden; deutlich wird diese Intention in dem Verfassungsentwurf der Frankfurter Nationalversammlung 1848; sie wird in der Folge auch in Deutschland durchgesetzt.

In welcher Weise die Organisation und Funktion der Justiz konzipiert wird, ergibt sich aus der Verfassung der Frankfurter Nationalversammlung von 1849: die «Cabinets- und Ministerialjustiz» ist danach unstatthaft (§ 175), die Verwaltungsrechtspflege soll aufhören (§ 182), weil sie der ordentlichen Gerichtsbarkeit eingegliedert werden soll, die Rechtspflege von der Verwaltung getrennt und unabhängig sein (§ 181) und über alle Rechtsverletzungen durch die unabhängigen Richter (§ 177) bei den Gerichten entschieden werden (§ 182). Den Postulaten des liberalen Rechtsstaates folgt insoweit auch die Preußische Verfassung von 1850, die in Art. 86 die sachliche Unabhängigkeit und die Unterworfenheit der Richter unter das Gesetz festlegt, ihnen damit eine Sonderstellung gegenüber den Exekutivbeamten einräumt und in Art. 87 die persönliche Unabhängigkeit weitgehend zusichert.

Die Bindung des Richters an die generelle Norm im System des liberalen Rechtsstaates, dem eine Wirtschaftsstruktur der freien Konkurrenz relativ gleicher Unternehmer entspricht, war zwar in hohem Maße berechenbar und garantierte dem einzelnen eine von staatlichen Eingriffen geschützte Sphäre individueller Freiheit, die allerdings ausschließlich auf denjenigen beschränkt war, der seiner sozialen Stellung nach überhaupt die Möglichkeit hatte, von ihr Gebrauch zu machen.

Diese Absicherung der Bourgeoisie gegenüber der absolutistischen Staatsgewalt wurde vom damaligen Richtertum, das selber dem Bürgertum entstammte und sich folglich mit dessen Interessen identifizierte, sowohl durch Aktionen als auch durch die Rechtsprechung unterstützt.

In Preußen etwa wird die liberale Position der Richter bei der Abstimmung über das Konfliktgesetz von 1854 offenbar, das in gewissen Fällen die gerichtliche Verfolgung von Beamten wegen Dienstpflichtverletzung von einer vorgängigen Genehmigung der Exekutive abhängig machte. Da diese Regelung dem Postulat der uneingeschränkten Kontrolle der Exekutive widerspricht, stimmen mehr als 70% der im preußischen Abgeordnetenhaus vertretenen, vorwiegend den liberalen Parteien angehörigen Richter gegen das Gesetz.

Die Urteile der preußischen Obergerichte sind gleichfalls Zeugnisse der auf die Einschränkung der Exekutive gerichteten liberalen Bestrebungen: in ihnen wird geprüft, ob Verordnungen der Exekutive sich innerhalb der Grenzen der gesetzlichen

Delegation halten, und es wird verlangt, daß jeder Eingriff der Verwaltung auf einem gültigen Gesetz beruhen müsse. Die rechtsprechende Gewalt übte eine relativ fortschrittliche Funktion insoweit aus, als sie die auf Erlangung und Sicherung ökonomischer Macht gerichteten Bestrebungen der Bourgeoisie durch die Ausschaltung von Übergriffen seitens der Exekutive rechtlich absicherte.

Nach der Reichsgründung aber wird der Richter zum Repräsentanten der – nach der Aufgabe der liberalen Prinzipien durch das Bürgertum, d.h. auf dem Gebiet der Rechtsetzung der Aufgabe des Allgemeinheitsbegriffes des Gesetzes zugunsten einer Trennung von materiellem und formellen Gesetzesbegriff – Versöhnung von Feudalismus und Bürgertum, die von nun an gemeinsam die demokratischen Bestrebungen der Arbeiterklasse bekämpfen und beginnen, das gemeinsame «nationale» Interesse zu «Kaiser und Reich» ideologisch zu verklären. Der Staat kann seinen Einfluß auf die Richter so erhalten. Die Periode des «liberalen Amtsrichters» ist vorüber. «Der soziale Standpunkt des Richters war fixiert. Er begann seine Karriere als Reserveoffizier und lernte dort die Bedeutung von Gehorsam und Disziplin. Die Präsidentenposten wurden fast ausschließlich durch frühere Staatsanwälte besetzt, die – im Gegensatz zu den Richtern – abhängige und an Weisungen gebundene Beamte gewesen waren. Sie verstanden es auch als Präsidenten, Wünsche der Minister zu erfüllen, auch dann, wenn diese nicht deutlich ausgesprochen waren. Schließlich aber war der preußische Richter, vor allem wenn man ihn mit seinen englischen Kollegen vergleicht, ein schlechtbezahlter Beamter, der Jahre auf seine endgültige Anstellung zu warten hatte, so daß nur Angehörige des mittleren Bürgertums es sich leisten konnten, in den Beruf einzutreten. Der Richter dieser Periode besaß alle Charakteristika des mittleren Bürgertums, das Ressentiment gegen den Arbeiter, vor allem dann, wenn er organisiert und gut bezahlt war, die Verehrung für Thron und Altar, zugleich aber völlige Indifferenz gegenüber Finanz- und Monopolkapital» (Neumann, S. 53). Diese soziale Zusammensetzung der Richterschaft hat sich im Prinzip bis heute erhalten.

Einer Untersuchung über die soziale Herkunft der Richter

in der BRD zufolge entstammen die Richter der unteren und mittleren Gerichte vorwiegend dem Mittel- und Kleinbürgertum, während die oberen Gerichte zu 75% von Richtern besetzt sind, deren Eltern bereits der obersten sozialen Schicht angehörten. Der Anteil der obersten Schicht nimmt demnach mit der Höhe der Position zu, was sich speziell aus der Besetzung der Präsidenten- und Senatspräsidentenposten beim BGH ergibt, wo sich 73,9% aus der oberen Schicht rekrutieren (Johannes Feest, «Die Bundesrichter. Herkunft, Karriere und Selektion der juristischen Elite», *Beiträge zur Analyse der deutschen Oberschicht*, hrsg. von W. Zapf, Tübingen 1964, S. 146ff.).

Die Preisgabe der Idee des liberalen Rechtsstaates und der ihm entsprechenden positivistischen Bindung des Richters an das Gesetz, d.h. der Unterwerfung der rechtsprechenden unter die gesetzgebende Gewalt in der Weimarer Republik ist gekennzeichnet durch die Aufgabe des positiven zugunsten ungeschriebenen «Rechtes», die Ausdehnung der Funktionen der Rechtsprechung gegenüber dem Parlament und durch immer stärkere Anwendung der Strafjustiz zur Unterdrückung des politischen Gegners des Bürgertums.

Wie in allen europäischen Staaten hat der Liberalismus auch in Deutschland dem Richter die Befugnis, Gesetze auf ihre Verfassungsmäßigkeit nachzuprüfen, abgesprochen und darin eine unzulässige Einengung der Kompetenzen des souveränen Parlaments gesehen. Auch die Weimarer Verfassung kennt keine Nachprüfung von Gesetzen durch die Gerichte. In einer Entscheidung vom 28. April 1921 (*RGZ* 102, S. 161) beansprucht das Reichsgericht demgegenüber erstmalig das Recht zur Nachprüfung von Gesetzen auf ihre Verfassungsmäßigkeit mit dem – unzutreffenden – Hinweis auf eine ständige Übung. Die Bedeutung dieser Kompetenzerweiterung ist eindeutig: während der Weimarer Periode sah sich die herrschende Klasse der Gefahr gegenüber, daß eine gewählte Parlamentsmehrheit qua Gesetzgebung die sozialen Normen der Weimarer Verfassung realisieren und damit zugleich bestehende Privilegien antasten würde. Diese Gefahr konnte durch das Prüfungsrecht, das die Kontrolle des Parlamentes durch die Judikative sicherte, gebannt werden. «Die Anerkennung des richterlichen Prüfungsrechtes war dazu bestimmt, die bestehende Sozialordnung zu sanktionieren. Eine Analyse aller Entscheidungen, die das Prüfungsrecht bejahen, zeigt dies deutlich» (Neumann, S. 61).

Die Ausweitung der richterlichen Kompetenz wird in der Zeit des Nationalsozialismus weiter vorangetrieben. Hier fühlte sich das Reichsgericht bereits grundsätzlich berechtigt und verpflichtet, «bei Entscheidung der streitigen Rechtsfragen ... rechtsschöpferisch tätig zu werden ... [und] bei dieser ergänzenden Rechtsfindung gleich dem Gesetzgeber [zu] arbeiten» (*RG St* 68, S. 259). Die Konsequenz zeigte sich etwa an den Urteilen, die aufgrund des Gesetzes vom 28. Juni 1935 ergingen, das die Wahlfeststellung bei Unterordnung einer Tat unter verschiedene Strafrechtsnormen für zulässig erklärt hatte. Unter Verletzung elementarer liberal-rechtsstaatlicher Grundsätze wurde dem Gesetz kraft Richterspruchs rückwirkende Kraft beigemessen, indem es – abweichend von seinem Wortlaut – auch auf Taten angewendet wurde, die vor Erlaß begangen worden waren, und außerdem auf Straftatbestände vollkommen verschiedener Art ausgedehnt wird.

Die Entscheidung des Reichsgerichts hatte zur Folge, daß die Gültigkeit eines vom Parlament beschlossenen Gesetzes von der Interpretation der Richter abhängig wurde. Dabei wurde die Weimarer Verfassung so, wie sie nach dem Willen ihrer Urheber inhaltlich konzipiert worden war, bereits 1921 als verbindlicher Prüfungsmaßstab infragegestellt, denn – so entschied das Reichsgericht – «die Zufälligkeiten der Entstehung und die Äußerungen der dafür oder dagegen eintretenden Abgeordneten in der Nationalversammlung dürfen von keinem ausschlaggebenden Belang sein» (*RGZ* 102, S. 168).

Die Umgehung des gesetzgeberischen Willens fortführend, dehnt der Staatsgerichtshof 1927 – entgegen der in Art. 19 WRV klar abgegrenzten Zuständigkeit und der bis dahin geltenden Rechtsauffassung – seine Kompetenz auf die Interpretation der Reichsverfassung aus, die nunmehr vollständig der richterlichen Disposition offenstand.

Abgesehen von der darin liegenden Durchbrechung des Gewaltenteilungsprinzips bestanden die nunmehr offen demonstrierten antidemokratischen und rechtsstaatsfeindlichen Intentionen des Reichsgerichtes darin, all jenen Tendenzen in Exekutive und Oberschicht Vorschub zu leisten, die dem Willen des Gesetzgebers grundsätzlich widersprachen.

Inwieweit die Usurpation des richterlichen Prüfungsrechtes geeignet war, antidemokratische Kräfte zu unterstützen, zeigte sich an der Auslegung der in der Weimarer Verfassung niedergelegten Grundrechte durch das Reichsgericht. Soweit sie etwa die Demokratisierung der Wirtschaft implizierten, bestand die Tendenz, diesen Verfassungsbestimmungen die Eigenschaft von für die Praxis (auch für die Interpretation anderer Verfassungsnormen und Gesetze) gleichgültigen Programmsätzen beizulegen, die – um aktuelles Recht zu begründen – erst einer Präzisierung durch den Gesetzgeber bedurften. Soweit sie aber geeignet waren, die Aufrechterhaltung traditioneller Institutionen, wie etwa des obrigkeitsstaatlichen Beamtentums, zu gewährleisten oder die Restauration der ökonomischen Machtverhältnisse zu ermöglichen, wurden sie als unmittelbar geltende subjektive öffentliche Rechte behandelt. Das durch Art. 153 WRV geschützte Eigentum erfuhr dagegen durch die Rechtsprechung des RG eine erhebliche Ausweitung, indem der Eigentumsbegriff im Widerspruch zur bisherigen Regelung des Bürgerlichen Gesetz-Buchs und zum Willen des Verfassungsgebers auf jedes vermögenswerte private Recht ausgedehnt und – im Gegensatz zu der bis dahin vertretenen Rechtsauffassung – eine zur Entschädigung verpflichtende Enteignung nicht nur bei Vorliegen eines Verwaltungsaktes, sondern auch bei gesetzgeberischen Eingriffen angenommen wurde.

Die Ausdehnung der richterlichen Kompetenz blieb bei der Inanspruchnahme des materiellen Prüfungsrechtes am Maßstab der – vom Reichsgericht ausgelegten – Verfassung nicht stehen, wie sich 1924 aus einer Kundgebung des Richtervereins beim RG anläßlich des von der Regierung geplanten Aufwertungsverbotes ergab. Unter Hinweis auf ein im November 1923 gefälltes Urteil, in dem die Aufwertung vom RG für zulässig erklärt worden war, heißt es:

«... wenn das höchste Gericht des Reiches ... zu einer solchen Entscheidung gelangt, so glaubt es, von der Reichsregierung erwarten zu dürfen, daß die von ihm vertretene Auffassung nicht durch einen Machtspruch des Gesetzgebers umgestoßen wird ... der Gesetzgeber [darf] nicht ein Ergebnis, das Treu und Glauben gebieterisch fordern, durch sein Machtwort vereiteln, ... da es ... ein schwerer Verstoß ... wäre, wenn ... jemand, der sich im Rechtsstreit auf die neue gesetzliche Vorschrift beriefe, damit von den Gerichten mit der Begründung abgewiesen würde, seine Berufung auf die Vorschrift verstieße gegen Treu und Glauben ...» (*J.W.* 1924, S. 90).

Die Forderung nach Prüfung des Gesetzes auf seine Übereinstimmung mit überpositiven Gerechtigkeits- und Billigkeitserwägungen hatte ihren Ausgangspunkt in der um die Jahrhundertwende einsetzenden Freirechtsbewegung, die eine Rechtsentscheidung nach konkreten Wertabwägungen, nicht aber nach generell-abstrakten Normen postulierte. Damit kam sie vor allem den Interessen des Bürgertums der Periode des organisierten, nicht mehr liberalen Kapitalismus entgegen, das sich in seinen ökonomischen Entfaltungsmöglichkeiten durch die strenge positivistische Anwendung der Gesetze gehindert sah und eine flexible, an den jeweiligen Bedürfnissen der Wirtschaft orientierte Handhabung des Rechts propagierte.

Diese auch für die dem Mittelstand entstammende Richterschaft bedeutungsvollen ökonomischen Determinanten produzierten unter den Richtern eine Standesideologie, die ihnen die bloß subsumierende Tätigkeit als unwürdig erscheinen ließ und dazu führte, daß sie das Recht der Gesetzesauslegung, vor allem der Auslegung der Generalklauseln, ebenso wie die Schöpfung von Richterrecht als einer dem Gesetz gleichwertigen Rechtsquelle für sich beanspruchten (vgl. Weber, *Rechtssoziologie*, S. 280f.).

Die Zerstörung des positiven Rechtssystems durch den ständigen Rekurs der Rechtsprechung und Rechtswissenschaft auf vorgegebene überpositive Rechtsnormen der Verfassung fand ihren deutlichen Niederschlag in der Neuinterpretation des Gleichheitssatzes, der nun nicht mehr, wie in der bisherigen liberalen Theorie, allein Exekutive und Judikatur binden sollte, sondern der auch dem Gesetzgeber als Schranke seiner Gesetze vorgegeben sein sollte (Carl Schmitt, Triepel). Das bedeutete praktisch, daß die sozial nur aus den Oberklassen rekrutierten Gerichte beanspruchen konnten, die Entscheidungen des Gesetzgebers daraufhin zu überprüfen, ob er nach ihrer Meinung Gleiches gleich und Ungleiches ungleich behandelt habe.

Auch die bereits erwähnte Rechtsprechung zur Aufwertung erweist, wie sehr das Reichsgericht von der selbstgeschaffenen Befugnis, das gesetzte Recht einer Korrektur zu unterziehen, Gebrauch machte, zumal die Justiz auf diesem Sektor der Unterstützung des durch die vorangegangene Inflation ausgeplünderten Bildungsbürgertums sicher sein konnte. Dementsprechend beruft sich das RG einmal auf die clausula rebus sic stantibus, zum anderen allgemein auf den Grundsatz von Treu und Glauben, um die Veränderung der ökonomischen Verhältnisse berücksichtigen und die Zulässigkeit der Aufwertung zugunsten der Gläubiger begründen zu können – entgegen den damals geltenden Währungsgesetzen, die an einem einheitlichen Geldbegriff festhielten.

Diese vorrangige Hinzuziehung von Generalklauseln entsprach ebenfalls der ideologischen Position der Freirechtsschule, die – im Zeitpunkt ihres Entstehens noch nahezu bedeutungslos für die richterliche Spruchpraxis – nunmehr zunehmend Einfluß gewann, da sie anstelle der Bindung des Richters an das Gesetz dessen weitreichendes freies Ermessen, anstelle der Anwendung des positiven Rechtes die Anwendung von Generalklauseln postulierte.

Diese vorwiegende Benutzung der Generalklauseln ist Ausdruck der veränderten Gesellschaftsstruktur und der veränderten Beziehungen zwischen den Mitgliedern dieser Gesellschaft; sie entspricht einer Phase der privatkapitalistischen Gesellschaft, in der die freie Konkurrenz gleicher Unternehmer durch marktbeherrschende Trusts, Konzerne und Monopole abgelöst ist. Die Generalklauseln haben jetzt die Aufgabe, die formelle Gleichheit des positiven Gesetzes zugunsten gesellschaftlich Mächtiger aufzulösen; die schon vorher abstrakte Unabhängigkeit der Justiz wird nun vollends fragwürdig. So verbietet z.B. der § 1 des Wettbewerbsgesetzes die Anwendung unlauterer Methoden im wirtschaftlichen Wettbewerb. In einer Konkurrenzwirtschaft sichert es die Gleichheit der Konkurrenten. Wird die Konkurrenz durch das Monopol ersetzt, wird diese Bestimmung zu einem Mittel der Sicherung der Marktbeherrschung. «Die Anwendung der Generalklausel wird hier praktisch ein Hoheitsakt des Staates, der dem vom Monopol abhängigen Konsumenten befiehlt, das private Preisdekret des Monopolisten anzuerkennen und durchzuführen» (Neumann, S. 65).

Gegenüber der beherrschten Klasse kann die Generalklauselanwendung faktisch zur Rechtsverweigerung führen. Begriffe wie der der «Sittenwidrigkeit», von «Treu und Glauben», die unbestimmt sind und in die der Richter jeweils seine privaten Ansichten hineininterpretieren kann, werden zum Mittel, das positive Recht zugunsten der rational unüberprüfbaren «Wertvorstellungen», also der Vorurteile der Richter, aufzuheben. So ist die Frage, ob ein arbeitsbereiter Arbeiter Anspruch auf Lohn hat, wenn sein Unternehmer aus technischen Gründen (technische Störungen, Streik in anderen Branchen) von der Arbeitskraft keinen Gebrauch machen kann, eindeutig zu seinen Gunsten im § 615 BGB entschieden. Reichsgericht wie Reichsarbeitsgericht haben die Anwendung dieser eindeutig zugunsten der Arbeiter geschaffenen Rechtsnorm abgelehnt und die daraus folgende teilweise Abwälzung des Unternehmerrisikos auf die Arbeiter mit der Theorie von der «Betriebsgemeinschaft» zu rechtfertigen versucht, die vom nationalsozialistischen Arbeitsrecht übernommen und bis heute in ständiger Rechtsprechung vertreten wird.

Die Generalklauseln, über die metajuristische Ansichten der Richter in das Rechtssystem eingeführt werden und die das System des gesetzten Rechtes zerstören, die aber den Richter zum Kontrolleur des Parlaments werden lassen, ermöglichten auch den reibungslosen Übergang in die nationalsozialistische Rechtsprechung. An die Stelle des «freien Ermessens» des Richters tritt nun die Auffassung, daß «für die Handhabung und Anwendung der Generalklauseln durch den Richter ... die Grundsätze des Nationalsozialismus unmittelbar und ausschließlich maßgebend» sind (Carl Schmitt, *Fünf Leitsätze für die Rechtspraxis*, Berlin 1933, Leitsatz 4). Die gegenwärtig in fast der gesamten Literatur ständig wiederholte Behauptung, der juristische Positivismus habe den Nationalsozialismus ermöglicht und mit etablieren geholfen, widerspricht der geschichtlichen Wahrheit und ist die Selbstschutz-Ideologie eines Juristenstandes und juristischer Mode-Richtungen, die ihre eigene Mitwirkung am Dritten Reich vergessen machen wollen. Sie übersieht, daß tatsächlich bereits in der Periode der Weimarer Republik, dann noch verstärkt im Übergang zum Dritten Reich – in der Form der extensiven Auslegung der Gesetze und der Einbeziehung überpositiver Normen – eine konsequente Abkehr vom Positivismus erfolgte, die – als Ausdruck einer bestimmten Interessenkonstellation – sich in der Relativierung der parlamentarisch beschlossenen Gesetze äußerte.

Die Funktion der Judikative, durch Auswahl, Ausbildung und Standesideologie die Konservierung des Bestehenden auch gegen den Willen einer eventuell reformwilligen Parlamentsmehrheit zu garantieren, wurde insbesondere im Rahmen der politischen Justiz während der Weimarer Zeit deutlich.

Wie unterschiedlich die Beurteilung strafrechtlich gleichartiger Delikte im Rahmen der politischen Strafrechtspflege war, läßt sich bereits an den bloßen Zahlen ablesen, die über die Bestrafung der Teilnehmer an der bayerischen Räterepublik und der Teilnehmer am Kapp-Putsch vom März 1920 Auskunft geben. (vgl. E.J. Gumbel, *Vom Fememord zur Reichskanzlei*, Heidelberg 1962, S. 28 und 32).

Gegen die Teilnehmer der Räterepublik wurde ein Todesurteil verhängt und vollstreckt, 65 Personen wurden zu Zuchthaus, 1737 zu Gefängnisstrafe und 407 zu Festungshaft verurteilt, wobei die Räterepublik sich auf den Distrikt um München beschränkte, während sich der Kapp-Putsch über große Teile des Reiches erstreckte. Abgesehen davon, daß somit bereits die Zahl der eingeleiteten Verfahren in auffallendem Mißverhältnis zur räumlichen Ausdehnung der beiden Hochverratsdelikte stand, wurden von den 705 wegen nachweislicher Beteiligung am Kapp-Putsch verfolgten Personen eine einzige zu 5 Jahren Festungshaft verurteilt, in 176 Fällen das Verfahren dagegen eingestellt. 412 beteiligte Personen erhielten Amnestie, bei 109 weiteren am Putsch Beteiligten kam das Verfahren durch andere Gründe in Wegfall.

Die Strafverfolgung wegen politischen Mordes läßt die gleiche Tendenz erkennen: von den in den Jahren 1919 bis 1921 begangenen politischen Morden wurden 328 von Rechtsstehenden, 16 von linksoppositionellen Tätern verübt. Die letzteren unterlagen einer strengen Verurteilung: von den 39 Angeklagten wurden insgesamt 8 zum Tode verurteilt, die übrigen zu Zuchthaus- und Gefängnisstrafen bis zu 15 Jahren. Von den rechtsradikalen Tätern dagegen wurden insgesamt 8 verurteilt: die Höchststrafe betrug in zwei Fällen Zuchthaus von 14 Jahren, in allen anderen Fällen wurden unter zwei Jahren liegende Strafen verhängt.

Ein weiteres Feld zur Ausschaltung der politischen Kräfte, denen an einer Demokratisierung der Republik gelegen war, bot sich dem Reichsgericht in den Bestimmungen des Landesverrats (§ 92ff. *StGB*). Diese zum Schutze der Landesverteidigung bestimmten Strafvorschriften wurden dazu benutzt, den illegalen Aufbau der Geheimbünde (Schwarze Reichswehr etc.) und die geheime Aufrüstung vor dem In- und Ausland zu verbergen, indem die Existenz dieser illegalen Organisationen als geheimhaltungsbedürftig deklariert und «die uneingeschränkte Anerkennung des Gedankens, daß die Aufdeckung und Bekanntgabe gesetzwidriger Zustände dem Reichswohl niemals ... abträglich sein könne», abgelehnt wurde (*RGSt* 62, S. 67). Diese Argumentation ermöglichte es, alle Veröffentlichungen, die darauf abzielten, die Tätigkeit illegaler, auf Hochverrat oder Bürgerkrieg ausgerichteter Organisationen aufzudecken, unter dem Vorwand des Landesverrats zu verfolgen.

Im Jahre 1923 wurden allein 12000 Verfahren auf der Grundlage dieser Bestimmung eingeleitet, deren Auftakt das Urteil des Volksgerichtshofes in München gegen Fechenbach, den ehemaligen Sekretär Eisners und Teilnehmer an der Räterepublik, bildete. Er wurde zu insgesamt 11 Jahren Zuchthaus verurteilt, weil er u.a. Berichte über die rechtsradikalen Organisationen in Bayern verfaßt und an ein Pressebüro geleitet hatte, das die Berichte ins Ausland weitergab.

Die antidemokratische Rechtsprechung in politischen Strafsachen während der Weimarer Republik hat praktisch zu einer Legalisierung der rechtsradikalen Opposition geführt, die somit die Ausschaltung demokratischer Gegner ungestört betreiben konnte.

Dem Nationalsozialismus gelang es, nachdem er seine Gegner in der Exekutive durch das Gesetz zur Wiederherstellung des Berufsbeamtentum vom April 1933 ausgeschaltet hatte, umso rascher und leichter, aus der Justiz ein wirksames Machtinstrument des totalitären Regimes zu machen, zumal die Richtervereine erklärten, sich «freudig und aufrichtig zur nationalen Regierung der deutschen Volksgemeinschaft unter Führung des Reichskanzlers Adolf Hitler [zu] bekennen und am Aufbau einer arteigenen Rechtsordnung für die neue deutsche Volksgemeinschaft mit allen Kräften und unter Einsetzung aller ihrer reichen Erfahrungen mitzuarbeiten gewillt [zu sein]» (*DRiZ* 1933, S. 189f.).

Diese Erklärung, abgegeben anläßlich des korporativen Beitritts der in den Richtervereinen organisierten Richter zum Bunde Nationalsozialistischer Deutscher Juristen, kann nicht nur als taktisch-formale Solidaritätsbekundung verstanden werden.

Die Justiz der Periode nach 1945 ist dadurch gekennzeichnet, daß die Richter – im Gegensatz zur Weimarer Zeit – der bestehenden Staatsform nicht gleichermaßen ablehnend gegenüberstehen, daß sie aber die Verfassungsrealität mit der Demokratie schlechthin identifizieren und etwaige Ansätze demokratischer oder sozialstaatlicher Weiterentwicklung durchweg bekämpfen.

In der politischen Justiz kommen diese Bestrebungen dadurch zum Ausdruck, daß Vertreter linksoppositioneller politischer Konzeptionen durch strafrechtliche Aburteilung mittels Ausnutzung der fahrlässig unklar formulierten Bestimmungen des 1951 neu formulierten politischen Strafrechts, die überdies gelegentlich (literarischer Landesverrat) auf nationalsozialistische Bestimmungen zurückgreifen, ausgeschaltet wurden.

Eingeleitet wurde die Strafverfolgung durch das Urteil des Bundesverfassungsgerichts von 1956, in dem die KPD für verfassungswidrig erklärt und die Kommunisten dem Zugriff der Exekutive freigegeben wurden. Verschärft wurde die Verfolgung politischer Gegner durch die Rechtsprechung des Bundesgerichtshofes, der die – im Hinblick auf ihre Vereinbarkeit mit Art. 103 Grundgesetz ohnehin bereits zweifelhaften – Bestimmungen des politischen Strafrechts extensiv interpretierte: exemplarisch dafür sei das Ergebnis der Überlegungen zitiert, die das Gericht zu der Frage, was als Nachfolgeorganisation der verbotenen KPD zu betrachten sei, angestellt hat, nämlich «ein Personenzusammenschluß, der anstelle der aufgelösten Partei deren verfassungsfeindliche Nah-, Teil- oder Endziele ganz oder teilweise, kürzere oder längere Zeit, örtlich oder überörtlich, offen oder verhüllt weiterverfolgt oder weiterverfolgen will» (*BGHSt* 16, 264).

Ergebnis dieser Verfolgungspraxis ist es, daß schon das in Art. 5 GG statuierte Grundrecht der Meinungs- und Informationsfreiheit reduziert wird auf das Recht zur Affimation und Akklamation des politischen status quo der vorhandenen Klassengesellschaft.

Nicht nur hieran wird deutlich, in welchem Ausmaß die Judikative als Instrument politischer Verfolgung dazu beiträgt, die Ziele der herrschenden Klasse zu unterstützen und ihren Interessen Allgemeinverbindlichkeit zu verleihen.

Mit Rückgriff auf die schon während der Weimarer Zeit bewährte Berufung auf überzeitliche Prinzipien spricht etwa der BGH im Rahmen einer Entscheidung zu Art. 14 GG von einer «übergesetzlichen Eigentumsgarantie, die die Enteignung nur ausnahmsweise und unter strengen Voraussetzungen gestattet» und dehnt das durch Art. 14 GG geschützte Eigentum auf alle vermögenswerten Rechte privater und öffentlicher Art aus, weil «der Einzelne, um frei und selbstverantwortlich leben zu können ... einer rechtlich streng gesicherten Sphäre des Eigentums bedarf» (*BGHZ* 6, 275f.).

Diese Ausdehnung des Eigentumsschutzes geht über die schon in der Weimarer Zeit vorgenommene weit hinaus und läßt die Bestimmungen der Artikel 15 und 20 GG bewußt außer acht. Damit ist sie symptomatisch für das Verfassungs- und Rechtsverständnis der Judikative, die genau jene Intentionen des Verfassungsgebers zu umgehen versucht, die darauf ausgerichtet waren, die liberal-kapitalistische Wirtschaftsordnung nicht im strengen Sinne zu konservieren, sondern die Möglichkeit einer Modifizierung der Eigentumsverhältnisse im Sinne von Art. 14 und 15 GG offenzuhalten. Auch auf anderen Gebieten der Judikatur des BGH läßt sich die Tendenz nachweisen, das Gesetz nicht seiner ratio legis (bei neueren Gesetzen der ratio legislatoris) entsprechend anzuwenden, sondern irrationale und somit schließlich herrschaftsstabilisierende Wertvorstellungen in die Entscheidungen einfließen zu lassen.

Als repräsentativ können die folgenden Zitate aus Urteilsbegründungen gelten, die das Problem der Gleichberechtigung der Geschlechter zum Gegenstand hatten.

Zur Frage der männlichen Hoferbfolge etwa meint der BGH, «diese Arbeitsteilung [zwischen Mann und Frau] beruht auf der natürlichen bäuerlichen Lebensordnung ... die Bevorzugung des männlichen Hoferben [beruht auf] vernünftigen familiären und wirtschaftlichen Erwägungen. Die Zurücksetzung der Frau ... ist aus sachlichen, in der natürlichen bäuerlichen Lebensordnung liegenden Gründen gerechtfertigt» (*BGHZ* 30, S. 53 u. 56).

Zur Gleichberechtigung innerhalb der Familie heißt es «Streng verschieden sind sie [Mann und Frau] ... auch in ihrer seinsmäßigen, schöpfungsmäßigen Zueinanderordnung zu sich und dem Kind in der Ordnung der Familie, die von Gott gestiftet und daher für den menschlichen Gesetzgeber undurchbrechbar ist. ... Der Mann sichert, vorwiegend nach außen gewandt, Bestand, Entwicklung und Zukunft der Familie, er vertritt sie nach außen; in diesem Sinne ist er ihr ‹Haupt›. Die Frau widmet sich, vorwiegend nach innen gewandt, der inneren Ordnung und dem inneren Aufbau der Familie. An dieser fundamentalen Verschiedenheit kann das Recht nicht doktrinär vorübergehen, wenn es nach der Gleichberechtigung der Geschlechter in der Ordnung der Familie fragt ...» (*BGHZ* 11, Anh. S. 345).

Gleichermaßen metajuristische Begründungen finden sich in strafrechtlichen Entscheidungen, wenn der BGH konstatiert, «die Normen des Sittengesetzes gelten aus sich heraus. Ihre starke Verbindlichkeit beruht auf der vorgegebenen und hinzunehmenden Ordnung der Werte und der das menschliche

Zusammenleben regierenden Sollenssätze; sie gelten unabhängig davon, ob diejenigen, an die sie sich mit dem Anspruch auf Befolgung wenden, sie wirklich befolgen und anerkennen oder nicht ...» (*BGHSt* 6, S. 52).

Die Funktion der rechtsprechenden Gewalt, die einst gegenüber einem absolutistischen Staat den Schutz der Bürger vor der Willkür der staatlichen Organe sichern, dann in Unterordnung unter den – später demokratisierten – parlamentarischen Gesetzgeber ein positives und formell rationales Rechtssystem anwenden sollte, hat sich so, durch Rekurs auf Naturrecht und durch Heranziehung von Generalklauseln, entscheidend verändert. «Die Generalklauseln verändern das gesamte Rechtssystem. Durch ihre Beziehung auf außerrechtliche Wertordnungen zerstören sie die formale Rationalität, lassen dem Richter ungeheuer weite Ermessensfreiheit und zerstören die Grenze zwischen Rechtsprechung und Verwaltung, so daß Verwaltungsentscheidungen, d.h. politische Entscheidungen, die Form von Entscheidungen der ordentlichen Zivilgerichte annehmen.» Gegenüber dieser Entscheidungsfindung muß darauf hingewiesen werden, daß in einem parlamentarisch organisierten Staat, der auf sozialen Antagonismen beruht, eine dieser Organisation entsprechende Justiz nur dann die ihr darin zugedachte Funktion erfüllen kann, wenn sie – strikt an das Gesetz gebunden – darauf verzichten muß, die privaten Anschauungen der Schicht, der sie entstammt, als ‹Naturrecht› oder ‹überpositive Norm› in das Rechtssystem hineinzuinterpretieren.

Literatur

FRAENKEL, ERNAT, *Soziologie der Klassenjustiz*, Berlin 1927 (Neudruck Darmstadt 1968)

KIRCHHEIMER, OTTO, *Politische Justiz*, Neuwied 1965

NEUMANN, FRANZ, «Der Funktionswandel des Gesetzes im Recht der bürgerlichen Gesellschaft», Demokratischer und autoritärer Staat, hrsg. v. Herbert Marcuse, Frankfurt/M. 1967, S. 31 f.

ROSENBERG, ARTHUR, *Entstehung und Geschichte der Weimarer Republik*, Frankfurt/M. 1961

WEBER MAX, *Rechtssoziologie*, hrsg. von J. Winkelmann, Neuwied 1960

E

ENTSTEHUNG UND ENTWICKLUNG DER POLITISCHEN PARTEIEN

[FRANZ NEUMANN]

1. Die Anfänge des modernen Parteiwesens

Mit dem Schwinden des monarchischen Absolutismus und der – meist durch revolutionäre Ereignisse bedingten – Einsetzung von parlamentarischen Institutionen kommt es in Europa zur Entwicklung des modernen Parteiwesens.

In England regierte nach der Glorious Revolution das Parlament, in das die (adeligen) Besitzschichten durch Wahlen ihre Abgeordneten entsandten, die dann auch als Volksvertreter das zunächst gegenüber dem König «einige» Haus spalten und mit «Whigs» oder «Tories» – den schon vorher in der englischen Aristokratie angelegten großen Parteiungen – sympathisierten. Die Bedeutung der Parteien im Parlament wuchs mit der Zunahme des Einflusses dieses Gremiums gegenüber dem Monarchen, der zunächst selbst noch royalistische Funktionen organisierte, dann aber den Führer der größeren Parteigruppe mit der Leitung des Kabinetts beauftragen mußte. In Großbritannien sprach man bald von einer «Parteimaschine», die die Politik beherrschte (Freund, S. 374). Da einerseits die Diktatur Cromwells die Auswirkungen einer Einparteienherrschaft gezeigt hatte und andererseits das Auftreten einer katholischen Partei nicht möglich war, standen sich konservative und fortschrittliche (liberale) Kräfte – neben kleinen Dissidentengruppen – in einem Zweiparteiensystem bis zur Sammlung der Arbeiterklasse gegenüber.

In den Repräsentativversammlungen der Französischen Revolution von 1789 waren Jakobiner und Girondisten plötzlich als Parteiungen an die Macht gelangt. In ihrem Selbstverständnis wollten sie keine Parteien sein, und Saint Just und Robespierre bezeichneten – angeregt durch Rousseau – jede

Partei als verbrecherisch, da Koalitionen nur im Kampf gegen den Despotismus notwendig und deshalb nach dem Sieg der Revolution anachronistisch seien. Diese Position wurde von den Jakobinern dann auch zur Ideologisierung ihres Kampfes gegen die Girondisten benutzt.

Jakobiner und Girondisten als Parteibewegungen des Kleinbürgertums der größeren Städte, das von revolutionären Intellektuellen geführt wurde, zerfielen nach dem Sieg der Bourgeoisie, und die politischen Klubs, die zu Stätten demokratischer Willensbildung geworden waren, wurden wieder aufgelöst.

Im nachrevolutionären Frankreich konnten antirevolutionäre katholische Aristokraten zeitweise starke Positionen gewinnen, sie wurden aber vom liberalen Bürgertum wieder verdrängt. Eine katholische Partei entstand nicht. Bis 1848 blieb die Organisation der Parteien auf lose Fraktionen und Ansätze lokaler Parteiformationen (Komitees) beschränkt. An dieser Situation änderte sich nichts, als in der zweiten Republik durch das allgemeine und direkte Wahlrecht die Massen formell politisch mündig wurden. Zur Entwicklung nationaler Parteiorganisationen kam es erst, nachdem in Frankreich nach 1871 der volle Parlamentarismus zum Durchbruch gekommen war. Aber auch jetzt, bei gegebener breiter Wirkungsmöglichkeit der Parteien, sind bürgerliche und sozialistische Gruppen erst zu Beginn des 20. Jahrhunderts soweit durchorganisiert, daß die nationalen Parteien funktionsfähig sind.

Auch in Deutschland entstanden – mit Ausnahme einiger süddeutscher Länder, die in der Parlamentarisierung vorauseilten – erst mit der Revolution von 1848 politische Parteigruppen mit liberaler Ideologie, die ihre wesentliche Aufgabe im Kampf um die Freiheitsrechte, die nationale Einheit Deutschlands und ein national-staatliches Parlament sahen. Nach dem kurzen Zwischenspiel der «Hotelparteien» des Paulskirchen-Parlaments verlagerte sich bis 1866 oder sogar bis 1871 die weitere Parteientwicklung in den Landtag von Preußen. Die liberalen Abgeordneten, die hier die größte Gruppe bildeten, schlossen sich 1861 zur «Deutschen Fortschrittspartei», der ersten deutschen Partei, die sich auf ein festes Programm bezog, zusammen.

Erst in der Abwehr der liberalen Parteibildung und nach der

Erschütterung der alten feudal-absolutistischen Ordnungen verwandelte sich der inaktive Traditionalismus der «staatstragenden» Schichten - Adel, Offizierkorps und höhere Verwaltungsbürokratie - in einen politisch wachen Konservatismus, der auch von den Kirchen unterstützt wurde, aber erst zur Zeit des norddeutschen Bundes zu einer organisatorischen Form fand.

Schon früh bildete sich in Deutschland auch eine dritte Partei heraus: die der Katholiken. Katholische Fraktionen hatte es schon in den süddeutschen Landtagen und seit 1852 in Preußen gegeben. Sie waren aus den Spannungen, die in der Säkularisierung zwischen Staat und Kirche entstanden, hervorgegangen. Aber erst mit der Gründung des norddeutschen Bundes, als die Formierung eines protestantisch beherrschten deutschen Reiches möglich erschien, erwachte das Interesse an einer starken und organisierten politischen Vertretung.

Die ersten tastenden Versuche, in Deutschland sozialistische Kräfte zu sammeln und den deutschen Arbeitern zu sozialem und politischem Selbstbewußtsein zu verhelfen, waren mit dem Sieg der Gegenrevolution von 1848 gescheitert. Das «Manifest der Kommunistischen Partei» hatte in den Tagen der Revolution und in der folgenden Reaktionsperiode nur geringe Verbreitung gefunden. Auch war damals bei der zurückgebliebenen Industrialisierung in Deutschland das Gewicht der Arbeiterschichten noch sehr schwach. Erst die wirtschaftliche Prosperität nach 1850 schuf ein breites industrielles Proletariat. Im Jahre 1863 gründete Ferdinand Lassalle den Allgemeinen Deutschen Arbeiterverein, und durch Erkämpfung des allgemeinen, gleichen und direkten Wahlrechts sollte die Arbeiterklasse an die Macht gelangen. Durch Produktiv-Assoziationen mit Staatshilfe wollten sich die Arbeiter aus dem Lohnverhältnis befreien. Mit der Konstituierung der Sozialdemokratischen Arbeiterpartei (1869), die sich unter Bebels Führung solidarisch mit der Internationalen Arbeiter-Assoziation in London erklärt hatte, und mit der Vereinigung der beiden sozialistischen Parteien 1875 in Gotha begann die Entwicklung der deutschen Arbeiterpartei zur ersten demokratischen Massenpartei.

2. Strukturen der Repräsentationsparteien

Die politische Aktivität des liberalen Bürgertums beschränkte sich auf das Parlament. Die Repräsentationsparteien dieser Periode bestehen aus einer Gruppe von Abgeordneten (zusammengefaßt in einer losen Fraktion) und lokalen (Wahlkreis-)Komitees aus Honoratioren, die «kraft ihrer ökonomischen Lage imstande sind, kontinuierlich nebenberuflich in einem Verbande leitend und verwaltend ohne Entgelt ... tätig zu sein, und welche, eine ... soziale Schätzung derart genießen, daß sie die Chance haben, bei formaler unmittelbarer Demokratie kraft Vertrauens der Genossen zunächst freiwillig, schließlich traditional, ihre Ämter innezuhaben» (Weber). Die Repräsentation einer politischen Gruppe durch «Volksvertreter» erfolgt dem regierenden Monarchen gegenüber durch die hervorragendsten Mitglieder der durch Besitz und daher Bildung qualifizierten und deshalb wahlberechtigten «Aktivbürgerschaft». Diese im besten Sinn des Wortes «repräsentativen» Persönlichkeiten sollen die Elite, die geistige Aristokratie des Volkes sein (Leibholz, *Strukturwandel*, S. 9). Darum ist die Persönlichkeitswahl dem Wesen des repräsentativen Parlamentarismus angemessen

Der horizontale Zusammenhalt der Komitees erfolgt nur durch die Abgeordneten im Parlament. Vertikal wird keine Organisation aufgebaut, und von Kontrolle oder Leitung kann zunächst nicht gesprochen werden – mit den Rechenschaftsberichten der Abgeordneten an die Komitees der Wähler beginnt schon die Transformation der «Honoratiorenparteien» zu Wählerorganisationen. Die Parteianhänger treten ausschließlich bei einem Wahlakt zu einem Parlament in ihrem Komitee zu Aktionen zusammen und übernehmen für ihren Kandidaten die Wahlvorbereitungen und den «Wahlkampf», dessen Kosten der zukünftige Abgeordnete tragen muß. Schon hieraus folgt, daß nur ökonomisch abgesicherte Persönlichkeiten Kandidaturen wagen konnten. Dazu kommt noch, daß die Abgeordneten – ohne staatliche Diäten – alle Ausgaben für ihren Aufenthalt am Tagungsort des Parlaments und die Aufwendungen für ihre politische Arbeit selbst bezahlen müssen. Auch in der englischen Form der Honoratiorenpartei, den «Whigs und Tories» des 17. und 18. Jahrhunderts, war nach einem Wort Cromwells der Besitz Voraussetzung für eine Repräsentation gegenüber dem König, denn nur die Besitzenden könnten Interesse am Schicksal des Staates und deshalb das Recht zu wählen und gewählt zu werden haben.

Die finanzielle Unabhängigkeit der Abgeordneten ist mit ihrer politischen Entscheidungsfreiheit gepaart, die es möglich macht, sich im Parlament schon bestehenden Fraktionen nach eigener Wahl anzuschließen oder neue zu gründen. Da in der frühen Epoche der Parteientwicklung die politischen Entscheidungen in den Fraktionen fallen, bedeutet dies, «daß der Parteibildungsprozeß ständig durch individuelle Entscheidungen einzelner Persönlichkeiten gefördert oder gehemmt wird» (Schieder, S. 151). In Deutschland entstehen aus den (enger werdenden) Verbindungen von Fraktionsgruppen mit lokalen Komitees die meisten bürgerlichen Parteien.

Die Honoratioren als Leiter der Parteistützpunkte legen keinen Wert darauf, eine Massenpartei aufzubauen und die Richtigkeit ihrer politischen Ideen auf Parteiversammlungen diskutieren zu lassen. Ihr Widerstand (und der der herrschenden Honoratiorengruppen in den Fraktionen) gegen eine Demokratisierung der Parteien läßt sich nicht so sehr mit der Furcht vor dem dann notwendigen «Apparat» motivieren, als vielmehr mit dem Wunsch dieser etablierten und traditional stabilisierten Schicht, unter sich zu bleiben und sich nicht gefährlichen neuen Strömungen in einer breiten Parteibürgerschaft auszusetzen.

Betrachtet man in diesem Zusammenhang die Stellung der Liberalen in Deutschland zum Dreiklassenwahlrecht in Preußen, so wird die Tendenz zur Bewahrung eines Elitecharakters deutlich. Wurde zunächst der Beschluß des Vorparlamentes von 1848, das allgemeine, gleiche und direkte Wahlrecht für alle Länder verbindlich zu machen, hingenommen, so traten die gemäßigten Liberalen bald für eine Wahlrechtsbeschränkung der unteren (politisch noch nicht «reifen» und deshalb «revolutionären Einflüssen» leicht zugänglichen) Schichten ein. Das oktroyierte preußische Dreiklassenwahlrecht von 1848 – ein zwar allgemeines, aber ungleiches, indirektes und öffentliches Wahlrecht –, das die Besitzenden bevorzugte, wurde von den Liberalen in der zweiten Kammer ohne große Einwände gebilligt. Der demokratische Flügel der Liberalen protestierte zunächst, aber taktische Gründe bewogen ihn dann zur Duldung dieses undemokratischen Wahlverfahrens. (Im Programm der Fortschrittspartei von 1861 wird die Wahlrechtsfrage offengelassen.)

Die deutschen bürgerlichen Parteien vor 1918 als Erscheinungsformen des Idealtyps einer Honoratiorenpartei vermitteln weitere Einzelheiten über die Struktur von Repräsentationsparteien (vgl. dazu Nipperdey). Das eine Grundelement einer Honoratiorenpartei, das Wahlkreiskomitee, wurde schon erwähnt. Daneben organisierten sich auch die Parteien auf unterster Ebene, aber auch als «Wahlvereine» der durch gemeinsame politische Überzeugung verbundenen Bürger. Die erfolgreichen Kandidaten dieser meist aus Diskussionskreisen entstandenen Vereine waren in ihrer politischen Richtung ebenfalls nicht festgelegt und konnten sich die Fraktion aussuchen, der sie sich anschließen wollten.

Die Wahlvereine können aber auch als «erweitertes Honoratiorenkomitee» aufgefaßt werden, durch das eine größere Anzahl auf Mitbestimmung drängender Ortshonoratioren fester an die Partei gebunden werden konnten. Z.B. wurden im Zentrum die Vorstände der entstehenden katholischen Massenorganisationen in die Komitees aufgenommen, wo dann ein geschäftsführender (kleiner) Ausschuß als «Kern-Komitee» das Zentrum der politischen Willensbildung im Wahlkreis wurde und ein solches Übergewicht hatte, daß die erstarkten Vereine häufig nichts anderes als ein «demokratisches Feigenblatt» der alten kleinen Führungsclique waren.

Bei der Vorbereitung von Wahlen gab es auch wichtige Aufgaben, die nur von einem zentralen Organ zu lösen waren (Verbreitung von Aufrufen der Fraktionen, Flugblattaktionen, Vermittlung von Rednern). Für diese Zwecke wurden (zunächst nur aus Parlamentariern bestehende) Ausschüsse – Zentralwahlkomitees – gebildet, die trotz späterer Aufnahme von

Vertretern der Provinzausschüsse von den Fraktionen beherrscht wurden. Die Abgeordneten bestimmten auch (unabhängig von unteren Parteigremien) die politische Linie der Partei, und diese autoritäre Führung hatte als Gegengewicht nur die dezentralisierte Kandidatenauswahl für Parlamentswahlen. Einmal gewählte Abgeordnete wurden aber nur selten bei der nächsten Wahl fallen gelassen.

In ihrer lokalen Parteiarbeit blieben die Komitees trotz (schmalem) Informationsfluß von oben ohne Steuerung, aber sie blieben auch von jeder Kontrolle und Weisung verschont, und da in Preußen zudem gesetzliche Bestimmungen (bis 1899) eine Durchorganisierung der Parteien verboten, führte dies z. B. im Zentrum dazu, daß bis zum 1. Weltkrieg auf den unteren Organisationsebenen die «Kaplanokratie» das Gesicht der Partei bestimmte.

Alle diese Organisationsformen waren jedoch zur Führung eines intensiven Wahlkampfes wegen ihrer diskontinuierlichen Aktivität ungeeignet. Als sich etwa ab 1890 durch das machtvolle Auftreten der Arbeiterbewegung die Formen des politischen Kampfes änderten, versuchten sich auch die bürgerlichen Parteien auf «Massenarbeit» umzustellen. Die Konservativen öffneten ihre Wahlvereine für eine allgemeine (und nicht nur geborene) Mitgliedschaft und erhielten im «Bund der Landwirte» eine Massenbasis, von der Agitation und Finanzierung getragen (Molt, S. 283), aber auch Einfluß auf die Kandidatenauswahl genommen wurde. Für die Konservativen wurde der BdL mit seiner funktionierenden Verbandsbürokratie unter autoritär-zentraler Führung zu einer «subsidiären Parteiorganisation» (Schieder, S. 144).

Ein anderer Interessenverband der Oberschichten, der «Reichsverband gegen die Sozialdemokratie», unterstützte sowohl konservative als liberale Parteigruppen bei den Reichstagswahlen. Das Zentrum erhielt den Verbandsrückhalt im «Volksverein für das katholische Deutschland», der personell eng mit der Partei verbunden, aber formal unabhängig war und mit seiner großen Mitgliederzahl in einer an der Hierarchie der katholischen Kirche orientierten Organisation den Parteiapparat des Zentrums erheblich verdichtete.

Während die Liberalen schon früh (neben der Fraktion) zentrale Organisationsformen zu finden suchten (Molt, S. 270), da sie zunächst nicht mit der Unterstützung eines großen Interessenverbandes rechnen konnten, hatte die Verschränkung der Konservativen und des Zentrums mit Verbänden und kirchlichen Organisationen eine entscheidende Wirkung auf den Aufbau dieser Parteien: Eine Durchorganisierung der Parteiarbeit wurde verzögert – im Zentrum bildete sich erst 1914 ein Reichsausschuß –, eine Parteibürokratie mit ihren positiven und negativen Folgen entwickelte sich nicht, aber es kam auch nicht zu einer demokratischen Kontrolle der Parteiinstanzen und damit auch nicht zu einer rationalisierten politischen Führung der Partei. Diejenigen «repräsentativen» Persönlichkeiten, die sich auch die Sympathie der Verbände sichern konnten, blieben in ihren Funktionen und bestimmten teilweise bis zur Revolution von 1918 den Honoratiorencharakter der Partei.

3. Die Massenorganisationen der Arbeiter

Die Wahlen zum Parlament des Norddeutschen Bundes und zum Deutschen Reichstag wurden schon nach den Normen durchgeführt, die Ferdinand Lassalle in seinem «Offenen Antwortschreiben» an das Leipziger Aktionskomitee zur Vorbereitung eines Arbeiterkongresses als eines der Ziele einer politischen Partei des «Arbeiterstandes» proklamiert hatte. Ein allgemeines, gleiches und direktes Wahlrecht war für den Weg der Lassalleaner, ohne Revolution zu einer sozialen Demokratie zu gelangen, unbedingt notwendig, denn wie das am Besitz orientierte Dreiklassenwahlrecht in Preußen zeigte (1908 wurden mit 418000 konservativen Stimmen 212 Abgeordnete, aber mit 600000 sozialdemokratischen Stimmen nur 6 Abgeordnete in den Landtag entsandt!), konnte bei einem solchen Wahlverfahren die Arbeiterklasse nie die Mehrheit im Parlament erreichen. Hätte damals bereits jene Schranke gegen die Neugründung von politischen Parteien bestanden, wie sie in der 5%-Klausel des Bundeswahlgesetzes von heute – grundgesetzwidrig – geschaffen wurde, so wäre eine deutsche Sozialdemokratie wohl niemals zu der Massenpartei geworden, zu der sie sich nach Aufhebung des Sozialistengesetzes schnell entwickelte.

Mit dem Kreuz der Wähler auf dem Wahlzettel allein konnten die Arbeiter ihre Partei nicht aufbauen, da sich in ihrer Klasse keine Honoratioren fanden, die die Finanzen regelten. Da bei 15-stündiger täglicher Arbeit eine ehrenamtliche Parteiarbeit der Proletarier unmöglich war, mußten hauptberufliche Kräfte den Apparat aufbauen und bedienen. Die dadurch und durch die Agitation und Wahlkämpfe entstehenden finanziellen Belastungen mußten durch Beiträge vieler Mitglieder getragen werden. Schon Lassalle regte die Bildung von «Kassen» an, «die trotz der Kleinheit der Beiträge eine für Agitationszwecke gewaltige finanzielle Macht bilden würden ...». Im Jahr der Gründung konnte der ADAV 5500 Mitglieder werben, 1907 waren es schon 530000, und zu Beginn des 1. Weltkrieges wurde die Millionengrenze überschritten. Obwohl der «Zahltag» für viele der Mitglieder einen «festlichen Charakter» gehabt haben mag (Freund, S. 377), bildeten die Beiträge bis 1909 (Einführung des Mindestbeitrages) eine unzuverlässige Einnahmequelle, und die Abgaben der Parteiunternehmen (vor allem der Zeitungen und Druckereien) waren und blieben das Rückgrat der Parteifinanzen.

Die Mitglieder wurden auf der untersten Stufe durch die Parteiorganisation der Reichstagswahlkreise erfaßt. Sie wählten ihre Delegierten zu dem jährlich stattfindenden Parteitag, der das oberste Organ war und die Parteileitung wählte. Schon 1875 bei der Vereinigung von ADAV und SDAP zur SPD war die diktatorische Präsidialstruktur der Lassalle-Partei, die ganz auf den Gründer zugeschnitten und durch die Situation nach dem Sieg der Gegenrevolution geboten gewesen war, zugunsten einer radikal demokratischen Verfassung aufgegeben worden.

Auch die anderen Massenorganisationen der Arbeiter, die Gewerkschaften, bewahrten sich trotz der Machtstellung der Vorstände die demokratische Ordnung und bestimmten, daß die Funktionäre aller Organisationsstufen gewählt wurden und ein Streik nur nach einer Urabstimmung ausgerufen werden durfte. In diesem Sinne waren die Massenorganisationen der Arbeiter (auch im Vergleich zu den bürgerlichen Parteien) in einem das Prinzip der Demokratie verneinenden Staat, der seinen Kryptoabsolutismus durch einen Pseudo-Parlamentarismus bemäntelte, eine Schule der Demokratie.

Das Verhältnis der beiden Arbeiterorganisationen blieb trotz aller Bemühungen, Partei- und Gewerkschaftsmitgliedschaft miteinander zu identifizieren und trotz zahlreicher Personalunionen in den Führungsspitzen, nur lose (vgl. Molt, S. 240); die revisionistische Praxis der Sozialdemokraten fand aber in der stets auf Erfolge bedachten und zum «Burgfrieden» mit dem Staat – um nicht ihre Legalität zu gefährden (vgl. Massenstreik der Bergarbeiter 1905) – neigenden Funktionärsschicht der Gewerkschaften eine nicht unerhebliche Stütze.

Eine andere Entwicklung hat die Arbeiterbewegung in England genommen. Hier konnten die politischen Strömungen der Unterschichten noch während des ganzen 19. Jahrhunderts durch einen «radikalen» Flügel der Liberalen, der durch Abgeordnete aus Gewerkschaftskreisen repräsentiert wurde, aufgefangen werden. In der Fabian Society und in der Independent Labour Party traten aber in den 80er Jahren neue kritische Sprecher der Arbeiterklasse auf; sie konnten die Gewerkschaften für eine eigene Parteiorganisation der Arbeitnehmer gewinnen, und 1900 wurde im britischen Zweiparteiensystem die Labour Party gegründet, die (durch Aufnahme aller fortschrittlichen Kräfte) bald die Whigs in der Funktion des «Antikonservatismus» ablösen sollte. Da die Gewerkschaften in die Labour Party korporativ ihre Mitgliedermassen einbrachten, wurde diese zur größten demokratischen Massenpartei, die dazu noch durch automatische Beitragsablieferung der Gewerkschaften eine feste ökonomische Grundlage erhielt.

Trotz der demokratischen Struktur der Sozialdemokratischen Partei Deutschlands übten alle Führungsorgane eine erhebliche Macht aus. Durch die Einstellung hauptamtlicher – von den Parteileitungen besoldeter – Funktionäre in den unteren Organisationsstufen wurden die Kontroll- und Manipulationsmöglichkeiten noch verstärkt. Es gelang aber der Parteiführung nie, alle oppositionellen Tendenzen in regionalen

Verbänden und die revisionistischen Gruppen in der Reichstagsfraktion auszuschalten.

Durch den breiten Aufbau des Apparates und das Anwachsen der Verwaltungsaufgaben, durch die Zunahme der Reichstagsmandate – seit 1906 erhielten die Abgeordneten staatliche Diäten, nachdem schon lange vorher Parteidiäten gezahlt wurden – sowie durch den Ausbau der Parteipresse zu einem breiten System lokaler Tageszeitungen entstand eine starke Schicht von Parteiangestellten und Berufspolitikern, gleichzeitig aber auch die Problematik der bürokratischen Institutionalisierung und ihrer Folgen: nämlich der oligarchischen Tendenzen gegenüber der Parteidemokratie, wie sie von Robert Michels beschrieben und zu einem unabwendbaren «Schicksal» jeder Organisation verallgemeinert werden. «Konsequent zu Ende gedacht besagt Michels' Gesetz, daß die Führung der Großorganisationen nicht die Interessen der Mitglieder, sondern ihre eigenen, mit der Dauer und dem Bestand der Organisation als solcher verbundenen Interessen vertritt» (Lange, S. 80). Dazu kommt noch, daß diese neue Sozialschicht der Funktionäre der Partei, der Gewerkschaften und Genossenschaften auch versuchte, den Rahmen der demokratischen Diskussion in der Organisation zu bestimmen.

Ein bedeutendes Gegengewicht gegen diese Gefahren für eine demokratische Partei bildeten (anfangs) die lokalen Parteiführer, die unter dem Sozialistengesetz eine Stärkung ihrer Machtstellung erfahren hatten und dann im fortdauernden Kleinkrieg gegen Polizei und Staatsanwalt ihr Parteibewußtsein weiter entwickelten, und die zahlreichen, nicht zentralisierten sozialdemokratischen Tageszeitungen, die eine örtliche, den Mitgliedern nahe Diskussion vermittelten.

Seit der Jahrhundertwende verstärkten sich aber die oben angeführten Tendenzen, und der bis dahin in breiten (ehrenamtlichen) Funktionärsschichten noch vorhandene Wille zu Aktionen in den revolutionären Situationen wandelte sich (unter Mitwirkung der Gewerkschaftsbürokratie) zu einer passiven Entwicklungserwartung.

Die wichtigsten Unterschiede zwischen der sozialdemokratischen Massenpartei vor 1914 und den liberalen Repräsentationsparteien können in folgenden Punkten zusammengefaßt werden:

1. Die Erfassung der proletarischen (besitzlosen) Massen erforderte einen breit durchorganisierten, kontinuierlich arbeitenden und rational gelenkten Parteiapparat mit hauptamtlichen «Politikern».

2. Dem Prinzip der Kooptation in den lokalen Komitees und den politischen Diskussionen der «freien» Honoratioren stand die integrierende - in alle Lebenbereiche eingreifende - Erfassung einer Massenmitgliedschaft gegenüber. Dafür setzte die Sozialdemokratie ihre eigene Parteiorganisation, ihre Zeitungen, ihre Bildungseinrichtungen und ihre Sozialeinrichtungen («von der Wiege bis zum Grabe», von proletarischer Säuglings- und Mütterfürsorge bis zum proletarischen Feuerbestattungsverein) ein, konnte aber auch mit der Unterstützung der Gewerkschaften und Genossenschaften rechnen.

3. Das Prinzip der fiktiven «freien Repräsentation» wurde durch die einheitliche Festlegung der politischen Richtung durch den Parteitag, dem sich dann alle Parteigliederungen unterzuordnen hatten und dem sich seit 1890 auch die Parlamentarier - verstärkt durch eigenen Fraktionszwang - beugten, durchbrochen.

4. Trotz oligarchischer Tendenzen der Parteibürokratie konnte sich die Sozialdemokratie ihre demokratische Struktur bewahren, und neben den statutarisch festgelegten und faktisch durchgeführten demokratischen Wahlen aller Organe bestand für sämtliche Parteimitglieder die Möglichkeit, aufgrund eines reichen, durchaus auch divergierende Meinungen beachtenden Informationsflusses an der innerparteilichen Willensbildung mitzuwirken.

Mit Siegmund Neumann kann man die deutsche Sozialdemokratie als Idealtyp einer demokratischen «Integrationspartei» ansehen (Lenk/Neumann, Einleitung, Kap. VII).

4. Die Parteien im Wandel von Staat und Gesellschaft

Die seit der Französischen Revolution von 1789 durch Verfassungsschöpfung entstandenen (liberalen) Republiken haben bis weit ins 20. Jahrhundert hinein die Parteien aus dem geschriebenen Verfassungsrecht ausgeklammert. Erst nach dem 2. Weltkrieg finden sich in der italienischen Verfassung von 1948 und im Grundgesetz der BRD von 1949 positive Bestimmungen, die das schon lange faktisch geduldete und für moderne parlamentarische Demokratien notwendig gewordene Parteiwesen in den Rang einer verfassungsmäßig legitimierten Institution erheben.

Bei der Diskussion um eine Neuordnung des französischen Staatswesens sah Rousseau in den Parteien Gebilde, die es in dem neuen Staat nicht geben dürfe, da sie den allgemeinen Willen verfälschten; in Amerika polemisierte «The Federalist» gegen Parteibildungen, und in Deutschland waren die «Parteiungen» seit Hegel und dem von Lorenz v. Stein vermittelten Gegensatz von Staat und Gesellschaft - Ausdruck einer absolutistischen Beamtenbürokratie - verachtet. Da der Staat über der durch Interessen und Weltanschauungen gespaltenen Gesellschaft stehe, habe das Parlament (als staatliche Institution) der Ermittlung und Realisierung des volonté générale zu dienen. Daher mußte den Vertretern des Volkes im Parlament, den Abgeordneten, die Entscheidungsfreiheit garantiert werden, damit sie nicht durch Druck der Interessengruppen gehindert wurden, als freie Repräsentanten des ganzen Volkes in freier Diskussion ihre Entschließungen zu fassen.

Seit Mirabeau in der französischen Verfassungsgebenden Versammlung einen Sieg über das (damals schon abgeschwächte) «Cahier-Prinzip» der Ständeversammlungen errungen hatte, wurde die Entscheidungsfreiheit der Abgeordneten zu einem «Fundamentalsatz der liberalen Demokratie» (Leibholz, *Strukturwandel*, S. 10) und als fortschrittliche Bestimmung in alle Verfassungen hineingeschrieben.

Nach Abwehr der «Außenlenkung» wurde die Freiheit der Abgeordneten bald durch die Fraktionen und Parteien eingeengt, die, nachdem sie das Monopol der parlamentarischen Vertretung des Volkes erhalten hatten, die einzelnen Abgeordneten in eine mehr oder minder starke Fraktionsdisziplin einordneten und die Fraktion selbst – wie es in der Sozialdemokratie geschah – sich sogar der Autorität der Parteileitung unterwarf. Der Antiparteienaffekt der an der Macht befindlichen Anhänger des repräsentativen Parlamentarismus, der die Tolerierung und Institutionalisierung der Parteien erschwerte und lange verhinderte, findet in der Angst vor einer «Innenlenkung» der Abgeordneten eine mögliche Erklärung.

Um die Macht der Parteien zu begrenzen, wurde ihnen in Preußen nur gestattet, sich als «Wahlvereine» zu konstituieren, eine Zentralisierung wurde offiziell erst erlaubt, als sich die Arbeiter schon illegal eine machtvolle Organisation geschaffen hatten. Bis heute blieben aber die Parteien (selbst in der traditionellen Parteiendemokratie Großbritanniens) private Vereine, die sich nur in wenigen Staaten, wie z.B. in der BRD, durch verfassungsmäßig garantierte Privilegien und Parteigesetze von irgendwelchen politischen Vereinen unterscheiden.

Die umfangreiche moderne Parlamentsarbeit und die Organisation der Wahlakte in Massendemokratien machte es aber notwendig, daß die Parteien in Wahlgesetzen und Geschäftsordnungen nicht mehr ignoriert werden konnten, da sie ja faktisch die alleinigen Träger der genannten Einrichtungen geworden waren. In der Weimarer Verfassung findet man keine ausdrückliche positive Bestimmung, die die Position der Parteien im Staat berührte, aber in der Zeit, in der der Parlamentarismus funktionierte, wurden die Parteien der Sache nach durch die Verhältniswahlklausel der Verfassung (Art. 22 und 17) doch anerkannt. Das Bonner Grundgesetz, das die politischen Parteien in die Verfassungsstruktur einbaut (Art. 21), geht einen Schritt weiter, aber die Spannungen, die zwischen der Praxis der Parteien in der Verfassungswirklichkeit und dem Sinn dieser verfassungsmäßigen Normierung bestehen, konnten nicht aufgehoben werden. In Verbindung mit dem Gesetz über das Bundesverfassungsgericht und dem Bundeswahlgesetz erscheinen die Parteien als legitime Institutionen des Verfassungslebens, als «integrierende Bestandteile des Verfassungsaufbaues» (BVerfG), die zur Mitwirkung an der politischen Willensbildung des Volkes aufgerufen sind und dafür Privilegien genießen, die sie inzwischen zu einem Monopol ausgebaut haben (Abendroth, *Grundgesetz*, S. 77ff.).

Die repräsentative parlamentarische Demokratie hat den «Charakter einer parteienstaatlichen Demokratie angenommen, d.h. einer Demokratie, die auf den Parteien als politische Handlungseinheiten aufgebaut ist und in ihnen die unentbehrlichen Bestandteile des politischen Integrationsprozesses erblickt» (Leibholz, *Strukturwandel*, S. 89f.).

Die machtpolitische Stellung der Parteien äußert sich heute darin, daß sie das institutionalisierte Gewaltenteilungsschema überspielen und quasi gewaltenvereinigend wirken: die jeweilige Regierungspartei beherrscht Parlament, Exekutive und Teile der Rechtsprechung. Mit den Mitteln der Personalpolitik und der ganzen Skala politischen Druckes von der Ausnutzung finanzieller Abhängigkeit bis zur Steuerung der öffentlichen Meinung kann sie ihre politische Vormachtstellung im gesamtgesellschaftlichen Raum stabilisieren.

Der Wandel im Verhältnis von Staat und Parteien war weitgehend bedingt durch den Demokratisierungsprozeß des Wahlrechts, der innerhalb von hundert Jahren Millionen von Bürgern politisch mündig machte und gleichzeitig (und vor allem) den politischen Emanzipationsdrang der Unterschichten auffing, ihnen aber auch neue Kampfmittel bot. In England waren z.B. vor der «Großen Reform» von 1832 5% der Gesamtbevölkerung wahlberechtigt, 1867 waren es 16,4%, und mit der Einführung des Frauenwahlrechts 1918 stieg der Anteil der Stimmberechtigten an der britischen Bevölkerung auf 74% (vgl. Loewenstein).

Die Einführung des allgemeinen Wahlrechts ist ein relativ lange verzögertes Ereignis, denn schon in der Französischen Revolution von 1789 wurde die liberal-aristokratische «Gleichheit» des «suum cuique» abgelöst durch das Prinzip eines radikalen rechtlichen Egalitarismus, der sich allerdings nur auf dem Höhepunkt der Revolution vorübergehend durchsetzte. Dann dauerte es noch rund sechzig Jahre, bis sich in der zweiten Republik dieses Prinzip endgültig installieren konnte. Die

Frauen blieben allerdings bis zur russischen Oktoberrevolution (abgesehen von Schweden und Norwegen) vom allgemeinen Wahlrecht ausgeschlossen.

Die Ausweitung des Wahlrechts – im allgemeinen erzwungen durch Verbände oder Parteien der Unterklassen – führte zu einer Steigerung der Macht der politischen Parteien, die die neuen Aktivbürger organisierten und zu politischen Aktionen führten, damit aber auch zu einer Änderung der Organisationsformen. Eine weitere Machtsteigerung erfuhren die Parteien, als es ihnen im Zeichen eines «vollen Parlamentarismus» ermöglicht wurde, über die Parlamentsabgeordneten die Organe der Exekutive einzusetzen und abzuberufen und dadurch erst eine wirksame Kontrolle der Regierung auszuüben.

In Deutschland wurden die Parteien bis zur Revolution von 1918 von der realen Machtausübung ferngehalten. Deshalb stand die ideologische Seite der Parteigruppierungen bis dahin im Vordergrund. Am Beispiel Englands wird gleichzeitig deutlich, daß Parlamentarismus und Demokratie nicht identisch sind, denn eine parlamentarische Form der Gesetzgebung, Regierungskontrolle und Regierungsbildung hat solange mit Demokratie nicht viel zu tun, als durch Wahlrechtsschranken und auch durch die praktische Verhinderung des passiven Wahlrechts (z.B. durch das Fehlen von Diäten, so daß nur Angehörige wohlhabender Schichten als Honoratioren für die Politik leben konnten) die Majorität der arbeitenden Bevölkerung von der Mitwirkung im Parlament ausgeschlossen war. Erst durch die Erkämpfung des gleichen und allgemeinen Wahlrechts wurde in den Ländern mit voller Parlamentarisierung (d.h. dort wo die reale politische Macht beim Parlament liegt) das parlamentarische System zum Instrument der Demokratisierung des Staates.

Jetzt, nachdem in einem (freien) Konkurrenzkampf um die (freien) Stimmen des Volkes die Entscheidungsbefugnis in politischen Fragen und damit die Macht im Staate in demokratischer Weise errungen werden konnte, kam es erst zur Vollendung des Transformationsprozesses der politischen Parteien, die sich organisatorisch zu «Parteimaschinen» verfestigten, gleichzeitig aber auch Integrationsarbeit gegenüber einer Massenmitgliedschaft leisteten und Faktor der politischen Willensbildung einer Massenwählerschaft wurden.

Mit dem Eintritt der neuen wahlberechtigten Massen in das politische Leben eines Volkes erhält die Gruppe der bis dahin allein operierenden und niemanden Rechenschaft schuldigen Honoratioren eine völlig neue (und keineswegs begeistert aufgenommene) Aufgabe, nämlich diese Massen für sich zu gewinnen und zu mobilisieren, falls sie sich behaupten wollten. Bis dahin war eine gewisse Selbstherrlichkeit der Parlamentsabgeordneten und Lokal-Politiker systemadäquat, denn hinter ihnen stand eine homogene und zahlenmäßig kleine – entweder aristokratisch oder besitzbürgerlich als Vollbürger qualifizierte – Gesellschaftsschicht, die zufrieden war, gegenüber dem Monarchen repräsentiert zu werden, da (und solange) ihre privilegierte Klassenlage nicht angefochten, sondern nur noch stabilisiert wurde. Die Repräsentanten konnten ihre Tätigkeit leicht am «Gemeinwohl», d.h. den Interessen der herrschenden Schichten orientieren. Für die Integration zum Zwecke der Auffindung des gemeinsamen politischen Willens war eben wegen der Homogenität dieser schmalen Bevölkerungsschicht keine Organisation notwendig, und die lokalen Komitees erfaßten zunächst durchaus alle zu politischem Handeln legitimierten Personen.

Dagegen konnten die wachwerdenden handarbeitenden Massen nur durch eine kontinuierliche und vor allem auch außerparlamentarische Aktivität von Politikern in einer rationell aufgebauten Parteiorganisation zu politischem Bewußtsein und Handeln geführt werden.

Die Liberalen als Nachfolger der «Whigs» in Großbritannien begegneten der Wahlreform von 1867 mit der wirkungsvollen und dem Massenwahlrecht adäquaten Agitationstechnik des «Birmingham Caucus», die auch von den Konservativen und von den kontinentalen Parteien bald nachgeahmt wurde (vgl. Loewenstein, S. 103). Die nebenamtliche Tätigkeit der Honoratiorengruppen für eine Partei wurde zunächst in England, seit den neunziger Jahren aber auch auf dem Kontinent durch zentralisierte Organisationsformen mit hauptamtlichen Kräften ergänzt, später ersetzt. In Deutschland hatte die Sozialdemokratie die neue Massenagitation in großartiger Weise aufgebaut. Die bürgerlichen Parteien, soweit sie sich nicht – wie z.B. das Zentrum, das seine Entwicklung zur Massenpartei dem Volksverein für das katholische Deutschland (1914 über 800000 Mitglieder) und vielen anderen katholischen Verbänden, den christlichen Gewerkschaften und nicht zuletzt der Aktivität des niederen Klerus verdankt, aber in der Weimarer Republik dann ebenfalls die subsidäre Verbandsorganisation durch einen eigenen Parteiapparat ergänzte – auf Verbände stützen konnten, mußten nachziehen.

Die Parteiorganisation erreichte schließlich einen pyramidenförmigen Aufbau von den Orts-, Bezirks- und Landesvereinigungen bis zur zentralen Parteiführung und diente dazu, Wahlkämpfe, Propaganda und Information (und Manipulation) der Wählermassen und Integration der Mitgliedermassen zur Ermittlung des gemeinsamen Willens nach einer an den Erfordernissen des politischen Machtkampfes orientierten und für alle verpflichtenden Strategie und Taktik auszurichten.

Die sozialistischen Parteien verkörperten noch am reinsten diesen Typ einer rationell angelegten und straff aufgebauten Kampforganisation, wie sie in einigen Ländern auch die bürgerlichen Parteien anstrebten (aber nicht erreichten), um mit einer möglichst breiten Mitgliederbasis den Aufgaben, die die Massendemokratie an die politischen Parteien stellt, gerecht zu werden.

Die Organisationsform der liberalen Repräsentationspartei auf Honoratiorenbasis bestimmte auch nach 1945 das politische Leben bürgerlicher Parteien (z.B. die FDP und die CDU in der Bundesrepublik oder die Radikalsozialisten in Frankreich).

Auch in den grundsätzlichen Äußerungen der Parteien an die Mitglieder und Wähler, den Programmen, hat sich ein Umwandlungsprozeß vollzogen. Solange das Bürgertum mit seinen liberalen Anschauungen in Opposition zum Staate stand, legte es diese in einem klaren Grundsatzprogramm nieder. Als es dann an der Regierung beteiligt wurde und seine

Ziele staatlich «anerkannt» wurden, verwandelte sich auch das Programm. Ähnlich erging es den Sozialdemokraten, deren Programme der langen Kampfjahre immer mehr abgeschwächt und «verdünnt» wurden. Heute besitzt in der BRD keine Partei mehr ein Programm, das eine gesamtgesellschaftliche und zum bestehenden System alternative Konzeption entwickelt. In diesem Sinne sind die heutigen programmatischen Äußerungen zum größten Teil Akkumulationen von Leerformeln, die meist als Aktionsprogramme bezeichnet werden und mit ähnlichem Inhalt von allen Parteien publiziert werden könnten.

Der Wandel im Wesen der Parteien wirkt sich auch auf die Arten ihrer Finanzierung aus; es lassen sich mehrere «Stufen» aufzeigen:

1. Die Aufwendungen der Parteien werden auf lokaler Ebene von Honoratioren und im Parlament von den Abgeordneten aus eigenem Vermögen getragen. Solange sich die Aktivität der Parteien auf die Zeiten der Wahlen beschränkte, konnten die Mäzene die bescheidenen Kosten ohne Schwierigkeiten übernehmen.

2. Eine Massenpartei mit vielen Mitgliedern und einem kontinuierlich arbeitenden und bürokratisch aufgebauten Apparat verlangte andere Lösungen. Dazu kam, daß auch die hohen Kosten der Wahlkämpfe (1912 pro Reichstagswahlkreis 20000 bis 30000 RM) nicht mehr von einzelnen Spendern getragen werden konnten. Die Finanzierung durch Mitgliederbeiträge einer eigenen oder subsidären (Verbands-) Organisation bekam Gewicht, aber selbst in der deutschen Sozialdemokratie reichte die Mitgliederfinanzierung nicht aus und wurde durch die Abgaben der Parteiunternehmen in starkem Maße ergänzt.

3. Die praktisch ausschließliche Finanzierung durch «Spenden» von kapitalkräftigen Pressure Groups, seien es Berufsverbände oder Gewerkschaften, seien es die sogar mit Steuerprivilegien ausgestatteten «Fördergesellschaften» der Industrie in der BRD, ist ein wirksames Mittel zur Außenlenkung der Parteien, die selbst, wie die Parteigeschichte zeigt, bis zur Erpressung gehen kann und in einer Demokratie, die einen in-

nerparteilichen demokratischen Willensbildungsprozeß voraussetzt, eine gefährliche Methode darstellt, vor allem dann, wenn eine Verfassungsvorschrift über die öffentliche Rechnungslegung der Parteifinanzen ein bloßer Verfassungsauftrag bleibt.

4. Als weitere und heute zum Teil als legitim angesehene Möglichkeit bleibt die Finanzierung aus öffentlichen (Steuer-) Mitteln, wie sie etwa in der BRD durchgeführt wird. So meint Leibholz: «In der Tat liegt es in der Konsequenz des modernen demokratischen Parteienstaates, daß dies geschieht, da in dieser Form der Demokratie die Parteien die Träger des Staates sind und in ihm öffentliche Aufgaben zu erfüllen haben» (*Parteienstaat*, S. 119).

Bei der letzten Finanzierungsform bleibt die für die Demokratie existenzielle Frage bestehen: Welche Qualifikation hat eine Partei zu erfüllen, um in den Genuß der Staatszuweisungen zu gelangen, und welcher Verteilungsmodus ist anzustreben? Ist man der Auffassung, daß nur die im Parlament vertretenen Parteien als staatstragende Gesellschaftsgruppen zuweisungswürdig sind, so stabilisiert man ein gegebenes Parteiensystem und handelt vermutlich gleichzeitig verfassungswidrig, da man eine grundlegende Norm unseres Staates - daß nämlich, um der Demokratie willen, die Gründung und damit wohl auch die Entwicklungsmöglichkeiten der politischen Parteien frei sein sollen - durch Verweigerung der Chancengleichheit nicht beachtet. Der Parteiführungsstab, der über die Gelder aus den Steuermitteln verfügen kann, erhält damit ein weiteres wirksames Mittel zur Manipulation der innerparteilichen Ordnung und Arbeit. Da man auf die regelmäßigen Beiträge der Mitglieder nicht mehr angewiesen ist, können sich ohnehin vorhandene oligarchische Tendenzen weiter verstärken.

In dem modernen demokratischen Staatswesen erscheinen die politischen Parteien als notwendiger Teil der Herrschaftsstruktur. Auch in vordemokratischen Systemen gab es politische Parteien, aber ihre Existenz war nicht notwendig, um das Funktionieren z.B. des liberalen Parlamentarismus zu garantieren. Hier fiel es den besitzenden und herrschenden Klassen, die durch keine prinzipiellen Gegensätze getrennt waren, nicht schwer, als Träger eines «government by discussion» in kleinem Kreis das zu ermitteln, was ihrem «Gemeinwohl» dienlich war.

Die freie Repräsentation – zugeschnitten auf eine sozial homogene Schicht von Repräsentierten – büßte im massendemokratischen Staatswesen ihre Bedeutung als Organisationsprinzip weitgehend ein. Sie wurde verdrängt durch neue notwendige Organisationsformen, durch die in ihren Interessen divergierende bzw. entgegengesetzte Gesellschaftsschichten aktiviert und integriert werden sollten. Politische Parteien und Verbände mußten zu den entscheidenden politischen und gesellschaftlichen Handlungseinheiten werden. «In der Demokratie von heute haben die Parteien allein die Möglichkeit, die Wähler zu politisch aktionsfähigen Gruppen zusammenzuschließen. Sie erscheinen geradezu als das Sprachrohr, dessen sich das mündig gewordene Volk bedient, um sich artikuliert äußern und politische Entscheidungen fällen zu können» (*BVerfGE*, 1, S. 223f).

Mit Ausnahme der direkten Demokratie in Kleinkantonen der Schweiz, wo eine plebiszitäre Herrschaftskontrolle des «freien Mannes» teilweise noch möglich erscheint, sind in den parlamentarischen Systemen der großen Flächenstaaten die Massenparteien die wesentlichen demokratischen Integrationsmittel, durch die jedem Staatsbürger die Chance geboten wird, durch seine politische Teilnahme sich – falls die Massenparteien demokratisch organisiert sind – als Mitgestalter des öffentlichen Lebens zu fühlen. Bei der Monopolstellung, die die politischen Parteien heute im Willensbildungsprozeß eines Volkes innehaben, ist eine innerparteiliche Demokratie eine unbedingt notwendige Voraussetzung für die demokratische Struktur eines Staates.

Die innerparteiliche Demokratie ist in dem Maße als gegeben anzusehen, wie die Organisation ihren Mitgliedern die Teilnahme an der Willensbildung ermöglicht, durch ausreichende Information von oben und durch Aufhebung der Körperschaftsdisziplin – öffentliche Austragung politischer Meinungsdifferenzen auf allen Ebenen der Parteihierarchie – für eine flüssige Meinungsbildung von unten nach oben sorgt. Führungsstäbe und Funktionärskader müssen der Kontrolle der Mitgliedschaft mit dem Recht der Abberufung unterstellt werden (vgl. O. Stammer S. 291).

Die Führung in jeder Partei verfügt über die Nachrichtenquelle und über die Möglichkeit, die Information auszuwählen und ihre Verteilung zu lenken. Seitdem in Deutschland mit der Inflation das breite Netz lokaler Tageszeitungen der Sozialdemokratie zerstört wurde, ist auch in dieser Partei allerdings die Möglichkeit, neben offiziellen Parteinachrichten «unzensierte» Informationen über die innerparteiliche Arbeit und über die Position der Partei zu politischen Grundsatz- und Tagesproblemen zu erhalten, eingeschränkt.

Ein flüssiger Meinungsbildungsprozeß von unten nach oben fördert natürlich die Spannungen und Auseinandersetzungen in der Partei, aber dies ist gleichzeitig ein wirksames Gegengewicht gegen eine durch Manipulationen erreichbare Einheit («Oberflächenintegration», Habermas, S. 31), die mit einer rationalen Integration nicht das geringste zu tun hat.

Eine zweite notwendige Voraussetzung für eine innerparteiliche Demokratie ist der recall aller Parteimitglieder, denen durch Wahlen eine Parteifunktion übertragen worden ist. Schon Rousseau stellte in seinem *Contrat Social* die These auf, daß jede Form der Repräsentation notwendig oligarchisch ist. Analoges gilt auch für die Führung der Massenparteien, auf deren Oligarchisierungstendenzen – bedingt durch die notwendige und steigende Bürokratisierung, später gestützt und ausgeweitet durch die verselbständigten Interessen der Manager im Parlamentsbetrieb, der Funktionäre in den Kommunen und in den assoziierten Verbänden – schon hingewiesen wurde. Die Massendemokratie und die Massenparteien bedürfen einer aktiven führenden Minderheit, aber die damit verbundene Gefahr darf nicht als Fatum hingenommen werden (so zuletzt in dem Buch von Lohmar), sondern es müssen Wege gesucht werden, die demokratische Struktur der Parteien und damit die Demokratie selbst zu bewahren. Dazu muß das Parteimitglied die Fähigkeit haben, die politischen Aktionen aller Führungsorgane beurteilen zu können, um dann eine sachgerechte und rational bestimmte Kontrolle auszuüben. Die Schulung der politischen Urteilsfähigkeit aller Parteimitglieder ist wichtigste Aufgabe der Parteienorganisation und muß das Ziel haben, die Zahl der wirklich aktiven Mitglieder gegenüber den Nur-Zahlern und Nur-Wählern zu erhöhen, die heute bloßer Resonanzboden der Formulierungen der Parteiführung sind, für die «Integration» nur bedeutet, «die Wähler als Privatleute temporär zu Akten kollektiver Akklamation zu mobilisieren, ohne an deren politischen Unmündigkeit etwas Wesentliches zu ändern» (Habermas, S. 30f.).

Zur wirksameren Kontrolle der Parteileitung müssen also die Informationsquellen, Informationslenkung und ferner die Grundlagen des ganzen Parteiapparates, die Finanzquellen der Organisation, offen liegen, damit eine undemokratische Innenlenkung der Parteien rechtzeitig erkannt und bekämpft werden kann.

Zu der manipulativen Innenlenkung einer Partei durch die an den Schaltstellen des Apparates sitzende Parteioligarchie kommt die Außen- oder Fernlenkung. Der Einfluß der (Interessen)-Verbände auf politische Entscheidungen über die Parteien ist zunächst einmal durch die Identität von Funktionären auf allen Organisationsebenen – am wirksamsten durch Parlamentsabgeordnete, die sich primär als Verbandsvertreter fühlen – gegeben. Bei verfassungsmäßig garantierter Koalitionsfreiheit ist eine solche Verschränkung von Parteien und Verbänden nicht zu verhindern, und wenn eine parteiinterne Integration der Interessenvertreter gelingt, sind Inkompatibilitätsforderungen bei dem Komplex der Außensteuerung zu vernachlässigen.

Weitaus kritischer muß man dagegen den Methoden in der Beeinflussung von politischen Parteien gegenüberstehen, wie sie in den Praktiken des «Lobbyismus» der kapitalistischen Staaten auftreten und die in den USA sogar den Gesetzgeber zum Einschreiten veranlaßten. Bei dieser Außensteuerung treten die Verbände, ohne daß sie Vertreter in die Parteigremien oder Parlamente delegieren, an die Parteien heran, um Gesetzentwürfe mit finanziellen Auswirkungen für bestimmte

Wirtschaftszweige inhaltsmäßig zu bestimmen. Jederzeit kündbare finanzielle Zuwendungen an die Parteien stellen hier ein wirksames Erpressungsmittel dar, durch das eine spezielle Lobby ihr partikuläres Ziel erreichen kann, ohne sich nur annähernd mit der Gesamtorientierung einer Partei zu identifizieren Vor allem diejenigen Parteien, die nach Aufbau und Mitgliederzahl keine Massenorganisationen sind und keine eigene finanzielle Grundlage haben, können den Einflüssen ihrer Geldgeber nicht den demokratisch geformten und integrierten Willen der Parteibürger entgegensetzen.

Doch kann auch eine wirtschaftliche Grundorientierung einer Partei für das Engagement finanzkräftiger Verbände entscheidend sein. In der BRD flossen den «marktwirtschaftlich» orientierten bürgerlichen Parteien die Millionen der Industriefördervereine zu, die den angeblich planwirtschaftlich ausgerichteten Sozialdemokraten vorenthalten wurden. Die bürgerlichen Par teien waren auf diese «Förderungsmittel» in erheblichem Maße angewiesen: der BHE z.B. kam, als diese Spenden ausblieben - da er in die Bundespolitik nicht mehr entscheidend eingreifen konnte - in finanzielle Schwierigkeiten.

Ulrich Lohmar und andere sehen in der Finanzierung der Parteien aus öffentlichen Mitteln einen Weg, der Überfremdung durch Verbände zu steuern. Diese heute in der BRD praktizierte Subventionierung bringt die Parteien aber in ein neues Abhängigkeitsverhältnis zum Staat oder zu den Organen, die den Verteilungsschlüssel der Steuermittel beschließen. Welche Auswirkungen eine solche Abhängigkeit für die Freiheit der Parteigründung und die Parteientwicklung, die doch wesentliche Garanten eines demokratisch strukturierten Parteienstaates sind, haben kann, zeigt ebenfalls das bundesrepublikanische Parteiensystem. Hier fließen die Subventionen nur den im Bundestag vertretenen Parteien zu. Dadurch und durch die Sperrklauseln der Wahlgesetze wird ein Bestehen des Parteiensystems konserviert und eine organisatorische Festigung neuer politischer Strömungen erheblich erschwert, wenn nicht gar unmöglich gemacht.

Die Sperrklauseln, die u.a. unter Berufung auf Erfahrungen

aus der Weimarer Republik - die im übrigen auch Parteien gewähren ließ, die in prinzipieller Opposition zum Staate standen - in das Grundgesetz eingefügt wurden, um eine Parteienzersplitterung und das Erstarken extremistischer Parteien zu verhindern, sind gleich problematisch wie das dem Bundesverfassungsgericht vorbehaltene Auflösungsrecht politischer Parteien. Diese ebenfalls gegen undemokratische Organisationen gerichtete Ausnahmeregelung des Art. 21 GG sollte in Verfassungen grundsätzlich nur Übergangsregelung sein, während eine Auflösungsbefugnis irgendwelcher Instanzen der staatlichen Bürokratie (Exekutive) ebenso wie Lizenzierungsbestimmungen - wie sie von den Besatzungsmächten im Nachkriegsdeutschland erlassen wurden - in einer funktionierenden Demokratie gänzlich abzulehnen sind.

Das Modell eines Parteienstaates, wie es Gerhard Leibholz entwirft, ist mit allen Konsequenzen noch in keinem Staat durchgeführt worden, wenn man beachtet, daß hier ein pluralistischer Parteienstaat gemeint ist und nicht der Einparteistaat kommunistischer oder faschistischer Prägung und auch nicht die Form des Einparteistaates, wie er sich heute in jungen Ländern Asiens und Afrikas herausgebildet hat. Hier hat sich vielfach die gegen den Kolonialherren gerichtete paramilitärische Befreiungsbewegung in eine monopolistische Staatspartei transformiert, die mit Hilfe der «Befreiungsarmee» jede Formierung von neuen politischen Strömungen (und sogar die offene Fraktionsbildung in der einen Partei) unterdrückt und notwendigerweise unterdrücken muß, da sonst die wirtschaftlich zurückgebliebenen, meist vorindustriellen jungen Staaten, deren Gesellschaftsgefüge erst konstituiert werden muß, durch die Zersplitterung der politischen Kräfte in ihrer Aufbauarbeit erheblich behindert würden. Hier sei noch der Hinweis angebracht, daß faschistische Einparteistaaten aus - teilweise schlecht funktionierenden - Vielparteiensystemen zwecks Stabilisierung der bisherigen Form der Gesellschaft, sozial- bzw. kolonialrevolutionäre Einparteistaaten aus nicht funktionierenden oder nicht existenten Vielparteiensystemen zwecks Umformung der Gesellschaft entstehen.

Soll die demokratische Struktur eines (Viel-)Parteienstaates bewahrt werden, so ist neben der ungehinderten Entfaltungsmöglichkeit neuer politischer Ideen vor allem die innerparteiliche Demokratie zu sichern. Alle Kräfte, die gegen die den modernen Parteiapparaten immanenten Oligarchisierungstendenzen wirken, sind zu stärken. Dazu gehört in erster Linie die politische Bildung des zunächst nur formell politisch mündigen Bürgers, der als zoon politikon die Chance haben muß, effektiv das öffentliche Leben mitzugestalten. Dazu muß die «Arbeit» der Parteien in allen Bereichen (einschließlich Finanzierung) für den Wähler und den «eingeschriebenen» Parteibürger optimal durchschaubar sein, damit diese nicht – nur durch «Oberflächenintegration» erfaßt – zu Akklamationsakten gerufen werden, wo sie dann (ausgeliefert den Manipulationen der Parteiführungsstäbe und den Massenmedien) ohne objektive Information keine wirklichen politischen Entscheidungen treffen können.

Die politischen Parteien wurden bisher als notwendige Voraussetzung des modernen massendemokratischen Staates angesehen. Es wäre aber unrichtig, aus ihrer Privilegierung und verfassungsmäßigen Institutionalisierung zu folgern, nur durch Parteien sei politische Willensbildung möglich und anderen demokratischen Massenorganisationen – wie etwa den Gewerkschaften – sei jede Aktion zu verwehren. Die soziale Realität des modernen Staates kennt keine starren Schranken zwischen politischer, sozialer und wirtschaftlicher Sphäre – da der Staat z.B. durch seine Interventionen ständig in die Verteilung des Sozialproduktes und der ökonomischen Machtpositionen eingreift –, und deshalb kann die politische Willensbildung auch nicht auf die politischen Parteien beschränkt bleiben.

Parteien sollen sich aber der Idee nach von den auf unmittelbare Vertretung wirtschaftlicher oder anderer Gruppeninteressen angelegten Zusammenschlüssen dadurch unterscheiden, daß sie nicht nur partikulare Ziele, sondern eine gesellschaftliche Gesamtkonzeption vertreten, die sie in einem politischen und demokratisch geformten Prozeß in der Gesellschaft ermitteln. Eine Identifikation einer politischen Partei mit den partikularen Zielen einer bestimmten Gruppe ist auch in einem pluralistischen Parteienstaat als undemokratisch abzulehnen. Dies gilt umso mehr, wenn derartige politische Organisationen dann versuchen, mittels (staatlichen) Zwangs oder direkten Terrors ihren politischen Weg als den allein gültigen allen zu oktroyieren.

Bei funktionierender, rationaler und demokratischer innerparteilicher Willensbildung und freier Entwicklungsmöglichkeit neuer politischer Strömungen kann die Parteien-Demokratie durchaus als Fortschritt gegenüber der liberalen parlamentarischen Demokratie angesehen werden.

Das amerikanische Parteiwesen soll wegen seiner eigenständigen Entwicklung und der besonderen verfassungsmäßigen Stellung des Präsidenten mit einigen Sätzen gestreift werden. Die Väter der amerikanischen Verfassung hatten vor dem «Parteigeist» gewarnt. Aber schon vor der Gründung der Föderation waren 1763 im «Boston Caucus» zum ersten Mal Kandidaten aufgestellt worden, und später kam es noch während der Präsidentschaft Washingtons im Kongreß zu Fraktionsbildungen der Föderalisten und Antiföderalisten.

Die Entwicklung der Parteigruppen vollzog sich in den einzelnen Staaten - bedingt durch unterschiedliche wirtschaftliche Strukturen, durch Veränderungen in der Zusammensetzung der Wählerschaft durch Einwanderung und vor allem dadurch, daß die Bundesverfassung die Wahlgesetzgebung weitgehend den Bundesstaaten überlassen hatte - ganz verschieden und führte bei den Bezirks- und Stadtparteiorganisationen, die sich bald als die aktivsten Formationen erwiesen, zu breiter Differenzierung in der Parteiarbeit, den Wahlkampfmethoden, der Finanzierung und der sozialen Zusammensetzung der Anhängerschaft.

Zur Entwicklung von bedeutenderen Weltanschauungs-, Klassen-, Schichten- oder Interessenparteien kam es nicht, da während des gesamten 19. Jahrhunderts die «offene Grenze» bestand und allen Gliedern der amerikanischen Gesellschaft - mit Ausnahme der Neger - Rechts- und soziale Startgleichheit gewährt war.

Die lokalen Organisationen wählten ihre Kandidaten zu

Kongreß- und Parlamentswahlen nach lokalen Gesichtspunkten ohne Rücksicht auf dominierende Auffassungen bei den Zentralinstanzen der Parteien aus, und bis heute stehen den verhältnismäßig schwachen nationalen Parteispitzen nur wenige Sanktionen zur Verfügung, um die eigenwilligen Lokalparteien auf eine Linie zu bringen. Die «Bosse» mit ihren «Ringen», die für die Mobilisierung des wahlberechtigten Volkes und für die Finanzierung der Parteimaschine anläßlich von Wahlkämpfen sorgten, blieben lange in ihrer Macht unbeschnitten. Für die Finanzierung ergaben sich, seitdem Präsident Jackson 1832 proklamiert hatte: «To the victor belongs the spoiles», besondere Möglichkeiten. In einem perfekten Patronagesystem wurden bei der Regierungsübernahme durch einen neuen Präsidenten alle Angestellten der Bundesverwaltung bis hinunter zu den Postboten ausgewechselt. Die freien Positionen wurden dann von den lokalen Cliquen an diejenigen Anhänger vergeben, die dem «Boß» bei der Vorfinanzierung der Wahlkampagne geholfen hatten oder die für die Übernahme eines Amtes eine Spende an die Partei zusagten. Seit 1883 und endgültig seit 1906 – nach Verabschiedung der «Civil Service Acts», die das Berufsbeamtentum im Bund einführten, und durch die Regelung der Kandidatenaufstellung in den «Primaries» (ebenfalls nach der Jahrhundertwende) – ist der Einfluß der lokalen Parteiorganisatoren, die aus den Wahlkämpfen eine politische Industrie gemacht hatten, zurückgegangen. Patronage war jetzt nur noch in der staatlichen und kommunalen Verwaltung möglich, aber trotzdem – besonders da die Polizei beherrscht werden konnte – von großer Bedeutung.

Die Umwandlung der Parteien von Honoratiorenorganisationen in Wähler-Massenparteien, die um 1800 begann und bis zur Mitte des Jahrhunderts andauerte, hatte den «Lokalismus» nicht beseitigen können, vielmehr war der Einfluß der Lokal-Cliquen durch Vergrößerung des Mobilisationsapparates und Verteuerung der Wahlkämpfe noch gestiegen.

Die neue «Republikanische Partei» Lincolns wurde nach dem Bürgerkrieg als Massenpartei zu einer «Volkspartei», in der durch eine «Koalition» zum ersten Mal alle sozialen

Schichten des amerikanischen Volkes vereint waren. In den meist aus Anlaß von Wahlakten veröffentlichten «Parteiprogrammen» mußten deshalb alle Schichten der heterogenen Wählerschaft, alle organisierten und potentiellen Gruppen mit ihren auf Tradition oder wirtschaftlichen Interessen beruhenden Wünschen berücksichtigt werden. Sobald sich außerhalb der beiden großen Parteien etwa eine «dritte» Gruppe formierte, so bemühten sich die ersteren durch Aufnahme neuer Programmpunkte – z. B. wurde das Minimalprogramm der Sozialisten von 1912 weitgehend übernommen –, diese Bewegung zu neutralisieren Dadurch ist es heute schwer, etwa weltanschauliche oder «dogmatische» Unterschiede zwischen Republikanern und Demokraten zu finden, wenn auch bis zu drei Viertel der Wählerschaft (nach Meinungsumfragen) glauben, die beiden Parteien klar unterscheiden zu können.

Ostrogorski hatte 1902 das Beispiel der USA vor Augen, als er die These aufstellte, ein Zweiparteiensystem führe zum Konservatismus, zur Vergreisung der beiden Parteien, und es verhindere Neuentwicklungen. Der Aufstieg der Labour-Party in England durch Aktivierung der arbeitenden Massen und Formierung ihrer Interessen und die Wandlung der Tories unter dem Einfluß der Jung-Konservativen und der Demokratischen Partei unter Roosevelt sprechen jedoch gegen jene Erwartungen.

Mit dem Aufstieg der *pressure groups* war der Niedergang der Parteimaschinen alten Stils verbunden. Zu diesem Prozeß trug in diesem Jahrhundert besonders die Gesetzgebung der der Roosevelt-Periode bei, in der neben der Erweiterung der «Civil-Service-Acts» die Sozialversicherung ausgebaut wurde, wodurch die Parteien ihre Bedeutung als Fürsorgeorganisation verloren Vor allem aber bedeutete der «New Deal» eine außerordentliche Stärkung der großen wirtschaftlichen Interessenverbände (besonders der Gewerkschaften). Die geschichtlich gewachsene Patronagepartei wurde dadurch fast an das Ende ihres Transformationsprozesses – in eine locker organisierte Vereinigung wirtschaftlicher und sozialer Interessenverbände – geführt. Die nationalen Organisationen können jetzt als «Wahlkartelle untereinander grundverschiedener lokaler und regionaler autonomer Parteiinstanzen» (Fraenkel, S. 60) verstanden werden, die sich nur zu Präsidenten- und Gouverneurswahlen auf eine programmatische «Plattform» einigen.

Außerhalb der Wahlvorgänge kommt es nur zu geringer Koordinierungsarbeit der Büros der nationalen Parteiorganisationen in der Bundeshauptstadt. Da zudem ein hierarchisch gegliederter Parteiapparat fehlt, können die nominellen Vorsitzenden der Parteien - gewählter Präsident und Gegenkandidat - auf die einzelstaatlichen Organisationen nur geringen Einfluß nehmen. Auch im Kongreß kann ein Fraktionszwang nicht durchgeführt werden, und die Abgeordneten und Senatoren werden stark durch lokale Interessen und durch Vorstellungen der «lobby» in ihren Entscheidungen bestimmt. Das bedeutet aber nicht, daß die Parteizugehörigkeit bei Kongreßabstimmungen überhaupt keine Rolle spielt. Besonders seitdem die Außenpolitik gegenüber der Lokal- und Innenpolitik in den Vordergrund getreten ist, kommt es zu einer stärkeren Differenzierung und Formierung der Abgeordneten an dem vom Präsidenten vertretenen Regierungsprogramm.

In den Südstaaten spielen - persönlich oder sachlich orientierte - Gruppierungen innerhalb der Demokraten bei äußerlicher Einparteienherrschaft die Rolle, die sonst beiden Parteien zukommt. Durch die «Primaries» wurde seit Beginn dieses Jahrhunderts die Nominierung der Kandidaten in die Hände der Wähler gelegt. Die Wahlkosten erhöhten sich dadurch erheblich, während die erhoffte Demokratisierung und Integrierung der amerikanischen Massenparteien ausblieb. Aber es kommt - auch dort, wo nur eine Partei auftritt - zu echten Ausscheidungskämpfen zwischen den Kandidaten der verschiedenen Gruppierungen, und sogar «Outsidern» wird eine reelle Chance geboten.

So kann man von den Demokraten und den Republikanern eigentlich nicht sprechen, da nationale Parteiorganisationen immer wieder (und vor allem) erst zu Wahlakten besonders aus Anlaß einer Präsidentenwahl aktiviert werden. Den beiden angeführten Modellen können die Parteien in den USA nicht zugeordnet werden, da sie in ihrem «Zwittercharakter» weder ausgesprochene Honoratiorenparteien noch demokratisch-integrierte Massenparteien sind: «Die Massen werden nicht wirklich integriert, sondern vielmehr mittels eines riesigen Apparates mobilisiert. Dieser Apparat ist wiederum nicht bürokratisch-zentralistisch durchstrukturiert, sondern vielmehr so stark dezentralisiert, daß man doch wieder an die Honoratiorenorganisation ... erinnert wird» (Flechtheim, S. 260).

Heute werden auch die amerikanischen Parteien von einem politischen Management beherrscht, das diese Aufgaben nach dem Niedergang der «Bosse» übernahm und die Transformation der früheren Honoratiorenkombinate in Interessenkombinate vollendete. Die in Europa anzutreffende Stufe der demokratischen Massenpartei wurde dabei von den beiden großen amerikanischen Parteien übersprungen. Nur in bedeutungslosen Gruppen wie der Farmerpartei des mittleren Westens, der «Socialist Party» und der «Progressive Party» wurde und wird ein demokratischer Willensbildungsprozeß gefördert.

Literatur

ABENDROTH, WOLFGANG, *Antagonistische Gesellschaft und politische Demokratie*. Aufsätze zur politischen Soziologie, Neuwied 1966

– *Das Grundgesetz*, Pfullingen 1966

DÜBBER, U., *Parteienfinanzierung in Deutschland*, Köln und Opladen 1962

DUVERGER, MAURICE, *Die politischen Parteien*, Tübingen 1959

FAUL, E. «Verfemung, Duldung und Anerkennung des Parteiwesens, in der Geschichte des politischen Denkens», in: *PVS* 5. Jg. (1964)

FLECHTHEIM, OSSIP K., «Die Zukunft der amerikanischen Parteien», *Festschrift für Ludwig Bergsträsser*, Düsseldorf 1954

FRAENKEL, ERNST: *Das amerikanische Regierungssystem*, Köln 1961

FREUND, MICHAEL, «Politische Parteien», *Handwörterbuch der Sozialwissenschaften*, 45. Lieferung, S. 372

HABERMAS, JÜRGEN, *Student und Politik*, Neuwied 1961

KELSEN, H., *Vom Wesen und Wert der Demokratie*, Aalen 1963 (Neudruck der 2. Auflage von 1929)

KIRCHHEIMER, O., «Der Wandel des westeuropäischen Parteisystems», in: *Politische Vierteljahresschrift* 6. Jg. (1965)

LANGE, MAX G., *Politische Soziologie*, Berlin, Frankfurt/M. 1961

LEIBHOLZ, GERHARD, «Der Parteienstaat des Bonner Grundgesetzes», *Recht, Staat, Wirtschaft* III, S. 99ff.

– *Der Strukturwandel der modernen Demokratie*, Karlsruhe 1952

LENK, KURT / NEUMANN, FRANZ, *Theorie und Soziologie der politischen Parteien*, Neuwied 1968

LOEWENSTEIN, KARL, *Der britische Parlamentarismus*, Hamburg 1964

LOHMAR, ULRICH, *Innerparteiliche Demokratie*, Stuttgart 1963

MICHELS, ROBERT, *Zur Soziologie des Parteiwesens in der modernen Demokratie*, Stuttgart 1957

MOLT, PETER, *Der Reichstag vor der improvisierten Revolution*, Köln 1963

MÜLLER, U., *Die demokratische Willensbildung in den politischen Parteien*, Mainz 1967

NEUMANN, SIEGMUND, *Die deutschen Parteien*, Berlin 1932

NIPPERDEY, THOMAS, *Die Organisation der deutschen Parteien vor 1918*, Düsseldorf 1961

– *Party Systems, Party Organizations, and the Politics of New Masses. – Parteiensysteme, Parteiorganisationen und die neuen politischen Bewegungen, Beiträge zur 3. Internationalen Konferenz über Vergleichende Politische Soziologie*, Berlin, 15.–20. Januar 1968. Committee on Political Sociology of the International Sociological Association, hrsg. von Otto Stammer, als Manuskript gedruckt (X + 487 S.) Berlin 1968

– *Political Parties and Political Development*, Ed. by Joseph La Palombara and Myron Weiner (VIII 487 S.) Princeton University Press, Princeton N.J. 1966

– *Rechtliche Ordnung des Parteiwesens. Bericht der vom Bundesminister des Innern eingesetzten Parteienrechtskommission*, Frankfurt/M. u. Berlin [2]1958

SCHIEDER, THEODOR, *Staat und Gesellschaft im Wandel unserer Zeit*, München 1958

SCHLETH, U., *Parteienfinanzierung*, Meisenheim/Glan 1970

STAMMER, OTTO, «Politische Soziologie», in: Gehlen/Schelsky, *Soziologie*, Düsseldorf 1955

WEBER, MAX, *Wirtschaft und Gesellschaft*, Tübingen [4]1956

V

POLITISCHE VERHALTENSLEHRE

A

SUBJEKTIVE STRUKTUREN ÖFFENTLICHER HERRSCHAFT

Herrschaftsverhältnisse zwischen Menschen, zumal die Herrschaft öffentlicher Gewalten über die Mitglieder einer Gesellschaft, sind durch den Nachweis von Entstehungsgeschichte und Funktionsweise der organisatorischen und institutionellen Zusammenhänge, in denen diese Herrschaft sich verwirklicht, nicht hinreichend charakterisiert. Wenn man, mit Max Weber, unter Herrschaft die «Chance» versteht, bei bestimmten Menschen für bestimmte Befehle Gehorsam zu finden, dann schließt sich an diese Definition sogleich die Frage an, was die Menschen – oder bestimmte soziale Gruppen, Schichten und Klassen – in den verschiedenen Stufen der gesellschaftlichen Entwicklung dazu gebracht hat, herrschenden sozialen Gruppen oder der Herrschaft allgemeiner – öffentlicher – Gewalten Gehorsam entgegenzubringen. Die gesellschaftlichen und psychischen Faktoren, die eine solche Unterwerfung von Menschen unter öffentliche Herrschaft, sofern sie nicht durch bloßen Zwang zustandegekommen ist, bewirkt haben und noch bewirken, sowie die Meinung, Einstellungen und Verhaltensweisen, durch welche diese Unterwerfung, sei es bekräftigt, sei es kritisch infrage gestellt wird, können als subjektive Strukturen öffentlicher Herrschaft bezeichnet werden.

Mit diesem Begriff sind freilich nicht irgendwelche subjektiven Befindlichkeiten gemeint, die neben den institutionellen und organisatorischen Gegenständen politischer Wissenschaft noch beachtet werden müßten, die aber zu den objektiv-historischen politischen Strukturen nur in einem zufälligen Verhältnis stünden. Vielmehr interessieren die politischen Wissenschaften sich für subjektive Dispositionen der Menschen in einem politisch-gesellschaftlichen System gerade deshalb, weil diese beiden Momente in sehr engem Zusammenhang stehen. Einerseits enthüllt sich der scheinbar völlig unabhängig von den Menschen existierende politisch-gesellschaftliche Funktionszusammenhang bei kritischer Betrachtung letztlich als das gemeinsame Produkt der Tätigkeit aller Menschen, die, in Vergangenheit und Gegenwart, in ihm gelebt und gearbeitet haben. Der Satz des italienischen Geschichtsphilosophen Giambattista Vico (1668–1744), daß doch «die historische Welt ganz gewiß von den Menschen gemacht worden ist» (*Neue Wissenschaft*, München 1924, S. 139), gilt auch für Staat und Politik, wenn auch die Ableitung politischer Phänomene aus den gesellschaftlichen Formen menschlicher Praxis besondere theoretische Anstrengungen erfordert. Andererseits sind, wie bereits die einfachste Erfahrung lehrt, die politischen Organisationen und Institutionen der Verfügungsgewalt der Menschen, die zu ihrer Entstehung beigetragen haben, zumeist weitgehend entzogen: nicht nur haben sie sich gegenüber den Bedürfnissen und Interessen der in und unter ihnen lebenden Menschen weitgehend verselbständigt – was besonders deutlich wird am Extremfall des faschistischen Staates, der zuletzt gegen die Interessen fast aller in ihm lebenden Menschen sich zu kehren pflegt –, sondern sie sind wesentlich Mittel der Ausübung von Herrschaft über Menschen und tragen – neben anderen sozialen Systemen wie etwa der Familie – dazu bei, daß diese Menschen staatliche – und soziale – Normen sich diszipliniert zu eigen machen. Würden nicht gesellschaftliche Einrichtungen (wie – beispielsweise – das Elternhaus oder publizistische Massenmedien) und würden nicht politische Institutionen und Organisationen (wie etwa das Schulsystem, die Justiz, die staatliche Verwaltung und politische Parteien) kontinuierlich die Menschen dazu erziehen, die jeweils bestehende Form öffentlicher Herrschaft als ihre ureigenste Sache zu betrachten, dann würden Staatsformen und Verfassungsrealitäten, welche nicht mit den Interessen und Bedürfnissen der großen Mehrzahl der Staatsbürger in Einklang stehen, kaum sehr lange existieren.

Dieses System der Steuerung menschlichen Denkens und Verhaltens im Dienste der Bewahrung einer gegebenen politisch-gesellschaftlichen Struktur sowie das derart gesteuerte Denken und Verhalten selbst kann somit nicht als etwas von dieser Struktur Isoliertes betrachtet werden; insbesondere sind nicht, z.B., bestimmte Verhaltensweisen, welche der Unterstützung eines autoritäten politischen Systems dienen mögen, aus einer autoritären «Natur des Menschen» abzuleiten. Wie die Menschen in bestimmten politischen Situationen denken und handeln, ist zuallererst vermittelt durch die Position, die sie selber im Gefüge von Staat und Gesellschaft einnehmen, sowie durch die Zwecke, welchen die politischen Organisationen und Institutionen dienen. Dennoch sind die subjektiven Dispositionen der Menschen – ihre Meinungen, Motivationen, Einstellungen und Verhaltensweisen – nicht bloß eine Funktion des gegebenen gesellschaftlich-politischen Gefüges; sie haben ihr eigenes Gewicht und können sich schließlich auch – wie die Geschichte der Revolution lehrt – als ein Faktor erweisen, der radikale Veränderungen politischer und gesellschaftlicher Systeme mit zu bewirken hilft. Aber auch in stabileren Stadien der Entwicklung von Staat und Gesellschaft lassen politisch wichtige Vorgänge sich nicht ohne die Untersuchung dieser subjektiven Faktoren begreifen. Die Entwicklung eines Interessenverbandes etwa, der die gesellschaftliche Funktion hat, zwischen bestimmten sozialpolitischen Interessen seiner Mitglieder und den Anforderungen und Leistungen einer staatlichen Bürokratie zu vermitteln, kann mit einem Zerfall dieser sozialen Organisation enden, weil die Politik der Verbandsführung nicht mehr den Bedürfnissen, Motiven und Interessen der Masse der Mitglieder entspricht; die Gründe hierfür sind in der Regel wiederum durch die Schaffung bestimmter sozialpolitischer Gesetze, die die Interessenlage der Mitglieder verändern, oder durch ein Einwirken politischer Instanzen auf die Verbandsspitze mit dem Ergebnis einer Änderung der Verbandspolitik gegeben. Ebenso ist die Entwicklung eines Staatswesens – etwa von der parlamentarischen Republik zum faschistischen Staat und die Funktionsweise einer solchen Diktatur selbst – nicht völlig begreifbar, wenn nicht die Frage beantwortet wird, was die Mehrzahl der Menschen zur Tolerierung oder gar zu begeisterter Akklamation autoritärer Regierungen und selbst einer Politik veranlaßt, die nicht nur ein Verbrechen gegen Minoritäten und fremde Völker, sondern zuletzt auch eines gegen die akklamierenden Menschen darstellt.

Die Beschreibung von subjektiven Strukturen öffentlicher Herrschaft in diesem Teil kann, im Gegensatz zu der Darstellung der objektiven institutionell-organisatorischen Zusammenhänge politischen Geschehens, nicht historisch-systematisch verfahren, sondern muß sich auf die wichtigsten Faktoren und Elemente dieser Strukturen vorab in gegenwärtigen – am Beispiel vorwiegend der Bundesrepublik Deutschland demonstrierten – marktwirtschaftlich verfaßten Industriegesellschaften beschränken. Diese Beschränkung wird durch die Neuheit des Interesses der Sozialwissenschaften an diesem Thema, zugleich die Neuheit der entsprechenden Forschungsmethoden erzwungen. Daß die Wissenschaften von Politik und Gesellschaft erst vor relativ kurzer Zeit – intensiv erst seit den dreißiger Jahren dieses Jahrhunderts – mit diesem Gegenstand sich zu beschäftigen begannen, ist wiederum kein Zufall, sondern selbst politisch-gesellschaftlich bedingt: das Problem wurde mit aller Schärfe gestellt, als in scheinbar hochrationalisierten westlichen Industriegesellschaften die höchst irrationale Herrschaftsform des Faschismus etabliert wurde oder errichtet zu werden drohte. In solchen «Restaurationsperioden ... gewinnt der veraltete kulturelle Apparat sowohl als seelische Verfassung der Menschen wie auch als Zusammenhang ineinandergreifender Einrichtungen neue Macht. Dann bedarf es seiner genauen Durchforschung» (Horkheimer, S. 15).

Literatur

HORKHEIMER, MAX, «Theoretische Entwürfe über Autorität und Familie – Allgemeiner Teil», *Studien über Autorität und Familie, Forschungsberichte aus dem Institut für Sozialforschung*, Paris 1936, S. 3ff.

MARCUSE, HERBERT, «Theoretische Entwürfe über Autorität und Familie, Ideengeschichtlicher Teil», *Studien über Autorität und Familie, Forschungsberichte aus dem Institut für Sozialforschung*, Paris 1936, S. 136ff.

WEBER, MAX, «Die Typen der Herrschaft», *Wirtschaft und Gesellschaft*, Tübingen [4]1956

B

SOZIALE SCHICHTUNG UND POLITISCHES VERHALTEN AM BEISPIEL DER DEUTSCHEN OBERSCHICHTEN VOR 1914

[EBERHARD DÄHNE]

Es ist wenig bekannt über die, die in unserer Gesellschaft an der Spitze der Macht-, Prestige- und Vermögenshierarchie stehen.

Dies ist einmal darauf zurückzuführen, daß die Oberschichten nur einen kleinen Teil der Gesamtbevölkerung ausmachen: folgt man der Bezeichnung von M. Janowitz, dann beträgt der Anteil der «oberen Mittelschicht» an der Bevölkerung ca. 5%, übernimmt man dagegen den Ansatz von Moore und Kleining, so umfaßt die «Oberschicht», hier von der «oberen Mittelschicht» unterschieden, nur 1% der Bevölkerung.

Zum anderen ist diese Unkenntnis auch auf Ursachen zurückzuführen, die selbst schon einiges über die, die in unserer Gesellschaft an der Spitze stehen, aussagen. Begriffe wie «Elite», «Oberschicht», «herrschende Klasse» lösen nicht nur bei den so Bezeichneten, sondern auch im niederen Stratum der Gesellschaft leicht Unbehagen aus. Zumindest die Existenz einer Machtelite (power elite), wie sie Mills für die USA analysiert hat und auf die der ehemalige amerikanische Präsident Eisenhower bei seinem Ausscheiden aus dem Amt hinwies, widerspricht diametral der landläufigen Ansicht von der Chancengleichheit einer leistungsorientierten, hochgradig mobilen, demokratischen Industriegesellschaft.

Die Herrschenden selbst sind wenig daran interessiert, ihre Existenz und Tätigkeit zum Diskussionsgegenstand einer breiten Öffentlichkeit werden zu lassen. Ihre Meinungsäußerungen und vorgetragenen Ansprüche sind kaum geeignet, die Prinzipien, an denen sie ihre Entscheidungen orientieren, zu erhellen, weil sie ihrem Selbstverständnis nach keine partikularen Interessen – sondern die der gesellschaftlichen Gesamtheit vertreten. Der Vertretungsanspruch des liberalen Bürgertums, das sich einst der herrschenden Obrigkeit und deren tragendem Stand gegenüber zur Nation erklärte und damit als historisch erste Klasse einen Begriff des politisch-sozialen Allgemeininteresses ausbildete, mit dem das Selbstinteresse identifiziert werden konnte, ist seiner ursprünglichen gesellschaftlichen Funktion entleert und verschleiert die in unserer Gesellschaft real existierenden Klassengegensätze.

Als die wichtigste Verkörperung des behaupteten gesellschaftlichen Gesamtinteresses fungiert besonders in Deutschland «der Staat», dessen Bedürfnisse den partikularen Interessen gegenüber Vorrang beanspruchen. Die Beschwörung eines mächtigen Kollektivsubjekts dient aber nicht nur der Verschleierung realer, sozial-ökonomischer Strukturen; sie verweist zugleich auf das Selbstverständnis eines Bürgertums, dem eine erfolgreiche politische Revolution nicht gelang, die den absolutistischen Staatsapparat zerbrochen bzw. in ein angemessenes Instrument bürgerlicher Herrschaft überführt hätte.

Die Tatsache, daß im Rahmen der bestehenden Gesellschaftsordnung «das reale Individuum als Lebenssinn verneint und an seiner Stelle die gerade gegebene Gemeinschaft als das wahre Selbst von oben her bezeichnet wird» (Horkheimer, S. 41), führt dazu, daß die Individuen ihre eigenen Wünsche nach sozialer Geltung zum Teil in repräsentativen Individuen befriedigen, was die Formulierung und Handhabung mystischer Gesamtinteressen, hinter denen sich die partikularen der Herrschenden zu verbergen suchen, befördert.

«Das altpreußische Wort ‹Ich dien› sollte wieder mehr in den Vordergrund gerückt werden, insbesondere in einer Zeit, wo die materiellen Werte des Lebens die ideellen immer mehr zu überwuchern drohen. Darum ist es besonders notwendig, die Menschen an die Pflichten heranzuführen und das ganze Volk umzustellen von der Ich-Bezogenheit auf den Dienst an Volk und Vaterland» (General Heusinger, *Erbe und Auftrag*, Beilage zu «Informationen für die Truppe», 1960, H. 4).

Die Übertragung individualbezogener Begriffe auf Kollektive, denen sich das Individuum auszuliefern habe, ist weniger ein selbsttätig wirksam werdender sozialpsychologischer Projektionsmechanismus, sondern vielmehr bewußt gehandhabte Verschleierungs- und damit Herrschaftstechnik im Bereich gesellschaftlicher Produktion ebenso wie im gesamtgesellschaftlichen Maßstab. Techniken, die sich in den zwanziger Jahren hinter dem Schlagwort von der «Betriebs- und Werksgemeinschaft» verbargen, unter dem Nationalsozialismus die Unternehmen und Betriebe zu «Burgen des Gemeinschaftssinns» erklärten und sich in unserer Zeit z.B. als «Partnerschaft von Kapital und Arbeit» und in der Formel von der «Werksfamilie» präsentieren. Durch die Schlagworte «Volk und Vaterland», «Volksgemeinschaft» und «formierte Gesellschaft» werden entsprechende Sachverhalte auf höherer Ebene postuliert.

Die Gleichsetzung der bestehenden Verteilungs- und Herrschaftsstruktur mit dem Gemeinwohl würde aber zugleich bedeuten, daß entscheidende soziale Differenzierungen und daraus resultierende Konflikte und Antagonismen in unserer Gesellschaft nicht anzutreffen sind, eine Behauptung, die in der Theorie von der «nivellierten Mittelstandsgesellschaft» ihren adäquaten Ausdruck findet.

Diese leugnet entweder die Existenz von entscheidenden sozialen Differenzierungen, den Gegensatz von Herrschenden und Beherrschten in unserer Gesellschaft überhaupt, oder sie konstatiert in einer modifizierten Variante, daß die für den Prozeß der gesamtgesellschaftlichen Entwicklung entscheidenden sozialen Differenzierungen zunehmend an Bedeutung verlieren. In einer Gesellschaft ohne Schichten existieren danach auch keine schichtspezifischen Gesellschaftsbilder, deren Deskription und Analyse mithin aufgehört hätte, aktueller Gegenstand soziologischer Forschung zu sein.

Ein Wahrheitsmoment dieser Thesen ist in Bezug auf die Oberschichten allerdings darin enthalten, daß im Zuge einer partiellen Nivellierung des Konsumstandards Statussymbole der «Mächtigen» eine immer geringere Rolle spielen und ihre Funktion als Herrschaftsinstrumente weithin verloren haben. Ferner, daß der Gegensatz von herrschender und beherrschter Klasse sich der unmittelbaren Erfahrung heute weitgehend entzieht. Herrschaft von Menschen über Menschen erscheint als technisch-bürokratische Qualität und wird in immer geringerem Maße durch personale Autorität vermittelt. Die Analyse der gesellschaftlichen Herrschaftsstruktur und der Spitzen herrschaftsmächtiger Bürokratien in Wirtschaft und Verwaltung wird durch fortschreitende, arbeitsteilige Zerlegung des Gesamtprozesses der Herrschaftsausübung trotz gleichzeitiger Konzentration von ökonomischer und politischer Macht immer schwieriger.

Damit im Zusammenhang ist die Tatsache zu sehen, daß ein Teil der Sozialwissenschaftler der organisierten technisch-ökonomischen Basis der Gesellschaft ein so starkes Eigengewicht zubilligt, daß die Frage danach, wer denn diesen Apparat eigentlich lenkt und beherrscht und an welchen Maximen sich Leitung und Herrschaft orientieren, in erster Linie als organisatorisch-technisches Problem und als Sache der mit seinen einzelnen Aspekten befaßten Fachleute erscheint. Diese technokratische Ideologie, die gesellschaftliche Probleme zu einer Frage der angemessenen Technik deformiert, ist nicht nur in einer neuen Qualität des technischen Fortschritts begründet, sondern auch mit der traditionellen, überwiegend formalen Einstellung der Mitglieder herrschaftsmächtiger Bürokratien gegenüber gesellschaftlichen Problemen verknüpft. Dieser letzte Umstand muß in einem Land, dessen Staatsbürokratie nach wie vor in starkem Maße obrigkeitsstaatlichen, autoritären Maximen verpflichtet ist, dessen akademische Führungsschicht zum großen Teil eine formal-juristische Ausbildung absolviert hat, besonderes Gewicht erlangen. Dem Bewußtsein eines großen Teils dieser sozialen Gruppe stellt sich der gesellschaftliche Entwicklungsprozeß als Naturprozeß dar, der systemimmanenten, technisch-rationalen Gesetzmäßigkeiten folge, denen sich gesellschaftliche Institutionen und die Individuen zum Zwecke einer optimalen Effektivität des zum Selbstzweck gewordenen Apparats anzupassen haben. Zwar wird die Existenz von Herrschenden und Beherrschten in unserer Gesellschaft von vielen Technokraten zugegeben, zugleich wird jedoch behauptet, daß es sich dabei um eine unabänderliche Naturgesetzlichkeit handle, die sozialwissenschaftlicher Einsicht und Analyse nur in beschränktem Maße zugänglich sei.

Damit sind einige der Faktoren skizziert, denen die weitgehende Unkenntnis über Struktur und gesellschaftliches Bewußtsein der Oberschichten geschuldet ist, eine Unkenntnis, die wie ein «mächtiges Abkommen des Stillschweigens auf der besitzbürgerlichen Seite der Gesellschaft» (Kogon) erscheint. Sie ist aber gleichermaßen der gesellschaftlichen Objektivität wie den Subjekten verdankt.

Eine Darstellung des Problems wird vor allem dadurch erschwert, daß eine Analyse des Gesellschaftsbildes der Oberschichten sich kaum auf bereits aufgearbeitetes empirisches Material und breite soziologische und sozialpsychologische Literatur, die vorliegende Daten interpretiert, stützen kann. Diese hätte die Struktur und Funktion der gesellschaftlichen Führungsgruppen im historischen Entwicklungsprozeß der Gesellschaft und ihre Einwirkungen auf diesen Prozeß in Vergangenheit und Gegenwart zu untersuchen und mit den schichtspezifischen Normen und Wertvorstellungen zu verknüpfen, an denen sich die Handlungsvollzüge der Oberschichten einerseits orientieren, die andererseits aber auch die allgemeinen und besonderen Bedingungen dieser Entwicklung selbst widerspiegeln.

Die folgende Skizze umreißt einzelne Aspekte der Struktur und des Gesellschaftsbildes dieser Schicht in Deutschland vornehmlich vor 1914. Unter dem Begriff «Oberschicht» werden hier soziale Gruppen zusammengefaßt, deren Funktion im Prozeß der gesellschaftlichen Produktion und Reproduktion ihnen erlaubt, Entscheidungen von gesamtgesellschaftlicher Tragweite regelmäßig zu fällen und die im Zusammenhang damit über relativ einheitliche Lebensweisen, -chancen und Gesellschaftsbilder verfügen.

Die Betonung der Zeit vor 1914 resultiert aus der Einsicht, daß es unmöglich ist, im Rahmen einer generellen Einführung in politisch-soziale Probleme das Gesellschaftsbild der Oberschichten und seiner Bedingungen historisch und systematisch umfassend darzustellen und zu analysieren.

Die Zeit vor 1914 ist von besonderer Wichtigkeit für die Analyse der Gesamtproblematik: Einsichten in Elemente des Gesellschaftsbildes, soziale Struktur und Praxis der Herrschenden in dieser Periode können helfen, wichtige, zum Teil ausschlaggebende Bedingungen der deutschen politisch-sozialen Entwicklung zu bezeichnen und somit zu deren Erklärung beizutragen.

Dabei erscheint von besonderer Bedeutung, daß die historischen Einschnitte der Jahre 1918, 1933 und 1945 keine grundsätzlichen Veränderungen im Bereich der Oberschichten markieren. Geändert haben sich Elemente der Oberschichtenstruktur – hier wäre z. B. der Bedeutungsverlust des alten Adels zu nennen – und Teile des gesamtgesellschaftlichen Rahmens, in dem die Oberschichten agieren. Die partielle sozial-strukturelle Kontinuität der Führungsgruppen der deutschen Gesellschaft rechtfertigt zumindest die Arbeitshypothese, daß das im monarchistischen Obrigkeitsstaat entstandene, durch die Feindschaft gegen die Weimarer Republik befestigte und durch die Anpassung an den NS-Staat nicht prinzipiell veränderte Gesellschaftsbild, in entsprechend modifizierter Form, auch heute noch wirksam ist.

Eine erfolgreiche politische Revolution hat das deutsche Bürgertum nicht durchgeführt. Seine ökonomische Emanzipation erfolgte, verglichen mit der des englischen und französischen Bürgertums, relativ spät in einer Zeit, in der sich der liberale Konkurrenzkapitalismus bereits zum imperialistischen Monopolkapitalismus entwickelte. So nahmen in Deutschland von vornherein die Vertreter der Montanindustrie, die aus produktionstechnischen Gründen zur vertikalen und horizontalen Konzentration drängt und des kapitalkräftigen Abnehmers (z. B. der verstaatlichten Eisenbahnen – später der Armee und Flotte) bedarf, innerhalb der Industriebourgeoisie die dominierende Position ein. Der hohe Kapitalbedarf, der zum Aufbau einer Schwerindustrie notwendig war und oft nur durch Zentralisation von Einzelkapitalien aufgebracht werden konnte, verlieh ferner den Banken als den Institutionen, die die Zentralisation vermittelten und forcierten, große Bedeutung.

Die ökonomische Emanzipation des Bürgertums ist also in Deutschland, im Gegensatz zu England und Frankreich, in erster Linie eine der Großbourgeoisie, die dem Wettbewerbsgedanken von Anbeginn nicht verhaftet ist und deren Interessen denen des übrigen Bürgertums zumindest partiell widerstreiten, was gemeinsames politisches Handeln nur zeitweilig möglich macht.

Vorherrschend war das Bedürfnis nach nationaler Einheit und staatlicher Machtentfaltung – auch auf Kosten des Kampfes um bürgerliche Freiheiten: «Wir dürfen auf die freiheitliche Entwicklung nicht verzichten, aber die Entwicklung der Macht unseres Vaterlandes, die Einigung Deutschlands, das ist die wahre, die höchste Grundlage, welche wir für die Entwicklung der Freiheit schaffen können, und an diesem Werk können wir jetzt mitwirken» (Der Liberale Westen während der Indemnitätsdebatte 1866; vgl. Pritzkoleit, *Wunder*, S. 164).

Allein ein «starker Staat» konnte den Schutz des deutschen Marktes vor den Produkten der weiter entwickelten Industrien Englands und Frankreichs garantieren und die Exapansionstendenzen des deutschen Kapitalismus, den Kampf um einen «Platz an der Sonne», wirksam unterstützen. Solange die staatliche Militärmaschinerie funktionierte und die Staatsbürokratie ein am Profitmotiv orientiertes, zweckrationales Handeln nicht allzusehr durch feudale Irrationalität behinderte, war man bereit, sich damit abzufinden, daß die politischen Schlüsselpositionen in starkem Maße von nichtbürgerlichen Kräften besetzt blieben.

Die Allianz von «Machtstaatskonzeption» und Kapitalinteressen war jedoch auch durch die Furcht vor den Ansprüchen der mit fortschreitender Industrialisierung und Konzentration des Kapitals sich mächtig entwickelnden Arbeiterschaft bedingt, die in Deutschland, entsprechend der auf vergleichsweise hohem technischen Niveau einsetzenden Industrialisierung, innerhalb weniger Jahrzehnte ein politischer Machtfaktor ersten Ranges wurde.

Der sich 1848 abzeichnende Gegensatz von liberaler und demokratischer Bewegung wurde in der Folgezeit bestimmend für das politische Verhalten des Großbürgertums. Das Recht, politische Entscheidungen mitzubestimmen, konnte nicht gegen die Klasse, die staatliche Bürokratie und Militärapparat beherrschte, nicht als revolutionäre Aktion des gesamten Bürgertums, sondern nur im engen Einvernehmen mit dieser herrschenden Klasse und nur im Sinne des politischen Machtgewinns eines Teils des Bürgertums, erreicht werden.

Zwischen Großbourgeoisie und Großgrundbesitz bestand eine weitreichende Interessenidentität, die über die gemeinsame Front gegen die sozial unterprivilegierten Schichten weit hinausreichte. Bekanntestes Beispiel dafür ist die Stellung von Großgrundbesitz und großem Industriekapital zum Freihandel, ihr gemeinsames Eintreten für eine umfassende Schutzzollpolitik. Schutzzölle hatten für die kapitalintensive Montanindustrie und die schon sehr früh von ihr abhängigen Zulieferer- und weiterverarbeitenden Industrien zunächst primär die Funktion des Schutzes des inländischen Marktes vor den Produkten der englischen und französischen Industrie. Später ermöglichte das «Schutzzoll»-System, Industriegüter in Deutschland über dem Weltmarktpreis zu verkaufen, auf dem Weltmarkt dagegen unter ihm - d.h. zugleich, ohne Schmälerung des Gesamtprofits, englische und französische Firmen, die zunächst überall dominierten, teilweise zu verdrängen.

Sowohl Großgrundbesitz als auch industrielles Großkapital erlangten durch die Schutzzollpolitik gegen die objektiven Interessen der Gesamtheit der agrarischen und gewerblichen Produzenten Vorteile, die im politisch-ökonomischen Sinne als Profitratenausgleich fungierten. Besonders in diesem Zusammenhang werden die Konsequenzen der relativ spät einsetzenden deutschen Industrialisierung und die damit vermittelte besondere soziale Struktur der ökonomisch emanzipierten Teile des deutschen Bürgertums im Gegensatz zu England deutlich. In England wurden die agrarischen Schutzzölle, vornehmlich der Einfuhrzoll auf Weizen, durch eine machtvolle, fast ein Jahrzehnt andauernde Bewegung des Bürgertums, in die auch Teile der Arbeiterschaft einbezogen waren («anticornlaw-league»), gegen den erbitterten Widerstand der Landlords beseitigt.

Der deutsche, in besonderem Maße allerdings der preußische Absolutismus hatte die soziale und politische Macht des Feudaladels nicht entscheidend geschwächt. Der ostelbische Großgrundbesitz, der aus der sogenannten Bauernbefreiung ökonomisch gestärkt hervorging, die den Hörigen nicht nur formal-rechtlich aus personaler Abhängigkeit, sondern auch von seinem Land befreite, das den großen Gütern zugeschlagen wurde, repräsentierte neben seiner politischen auch eine beträchtliche ökonomische Macht. Die nach rationalen kapitalistischen Methoden betriebene Großwirtschaft, in weiten Landstrichen oft die einzige Arbeitsmöglichkeit, verfügte auch über den Vorteil billiger Arbeitskräfte, die durch die erst 1918 aufgehobene preußische Gesindeordnung von 1810 und die allzeit bereiten Machtmittel der staatlichen Exekutive ebenso wie durch das «pädagogische Geschick» des die einklassigen Landschulen beherrschenden pensionierten preußischen Unteroffizierkorps auch ungemein diszipliniert waren.

Auf die Basis der agrarischen und forstwirtschaftlichen Produktion war häufig ein leichtindustrieller Überbau (Zuckerfabriken, Brennereien, Sägemühlen usw.) aufgestockt, in dem ein Teil der Grundrente investiert wurde. Grundrente wurde aber auch in industrielle Projekte transformiert, was u.a. seinen Ausdruck darin fand, daß viele Aufsichtsratsmandate der Aktiengesellschaften von Vertretern des Großgrundbesitzes wahrgenommen wurden, die allerdings nicht selten auch ihres klangvollen Namens und ihrer guten Beziehungen zur Staatsbürokratie und zum Militärapparat wegen aufgenommen wurden. Einem Teil der alten Feudalherren gelang der Aufstieg in das industrielle Großbürgertum infolge ihres Eigentums an Boden, der industriell verwertbare Bodenschätze barg.

Die deutsche Aristokratie, und vornehmlich die preußische, verfügte über ein nicht unerhebliches ökonomisches Potential und etablierte enge Beziehungen zwischen großem Grundbesitz und großem Industrie- und Bankkapital über die gemeinsamen politischen Interessen hinaus.

Nur unter Berücksichtigung dieses sozial-ökonomischen Hintergrundes – der nichtvollzogenen politischen Emanzipation des Bürgertums insgesamt und der weitreichenden Interessenidentität von Großgrundbesitz und großem Industrie- und Bankkapital – gewinnt das oft genannte Phänomen der «Feudal-Bourgeoisie» seinen Stellenwert. Partielle politische Emanzipation des Bürgertums war nur über den Weg einer rigorosen Adaption der Normen und Wertvorstellungen der in ihrer Macht ungebrochenen, alten feudalen Schichten möglich, die Militär und Verwaltungsbürokratie beherrschten. Noch im Jahre 1909 waren z.B. von 25 preußischen Oberpräsidenten 12, von 467 Landräten 271 Adlige (vgl. Pritzkoleit, *Deutschland?* S. 53). Die Landräte hatten als Wahlkommissare eine Schlüsselposition bei den öffentlichen Wahlen zur preußischen zweiten Kammer, die besonders in agrarischen Regionen zu unverhüllter Repression ausgenutzt wurde. Je weiter sich die Verwaltungshierarchie nach unten verbreiterte, desto größer wurde der Anteil der «Bürgerlichen», die aber Aufstiegschancen nur dann hatten, wenn sie das Gesellschaftsbild und die Verhaltensweisen derer, die die Führungspositionen besetzt hielten, akzeptierten. Die Tatsache, daß das deutsche Großbürgertum sich um Adelstitel geradezu «riß», Güter aufkaufte, Fideikommisse stiftete und im Zuge seiner Heiratspolitik ehrwürdige «Wappenschilder vergoldete», ist nur Abbild des Wesentlichen: der feudal-kapitalistischen Kooperation.

Das soziale Bewußtsein der Oberschichten, das Verständnis der eigenen gesellschaftlichen Position und die Prinzipien, nach denen man handelt, sind an die objektive gesellschaftliche Situation gebunden; die Widersprüche innerhalb der feudalkapitalistischen Kooperation spiegeln sich im Gesellschaftsbild der preußisch-deutschen Oberschichten deutlich wider.

Die Autoritätsstruktur des wilhelminischen Obrigkeitsstaates war Spiegelbild der gesamtgesellschaftlichen Wirklichkeit. Der auf den Großgrundbesitz gestützte Militär- und Verwaltungsadel beherrschte ebenso wie die Vertreter des Industrie- und Bankkapitals die politisch und sozial entscheidenden Institutionen, die sich vornehmlich an militärischer Organisationsstruktur und Herrschaftsausübung orientierten. Der autoritäre «Herr im Hause»-Standpunkt galt gleichermaßen für Industrie- und Gutsbetrieb.

Ein beträchtlicher Teil der institutionalisierten sozialen Beziehungen aus der Feudalzeit war in seiner Substanz kaum angegriffen, allenfalls in der Form modifiziert worden. Die industriellen Herrschaftsbeziehungen erschöpften sich nicht in denen, die aus der Tauschbeziehung Arbeitskraft gegen Lohn resultierten. Diese sachliche Beziehung war mannigfach verwoben mit Elementen patriarchalischer personaler Herrschaft.

Lange bevor die «human relations»-Ideologie in den angelsächsischen Ländern als industrielles Herrschaftsinstrument entdeckt wurde, beschworen die «Herrschenden» in Deutschland, anknüpfend an ständisch-feudale Ideologien, die «Schicksalsgemeinschaft» zwischen Unternehmern und Arbeitern, wurde der Arbeitsvertrag als gegenseitiges, quasi militärisches Treueverhältnis zwischen «Führer und Gefolgschaft» interpretiert. «Wenn ein Fabrikunternehmen gedeihen soll, so muß es militärisch, nicht parlamentarisch organisiert sein ... Wie der Soldatenstand alle Angehörigen des Heeres vom Feldmarschall bis zum jüngsten Rekruten umfaßt und alle gemeinsam gegen den Feind ziehen, wenn ihr König sie ruft, so stehen die Angehörigen des Neunkircher Werkes wie ein Mann zusammen, wenn es gilt, die Konkurrenz sowohl wie die finsteren Mächte des Umsturzes zu bekämpfen» (Freiherr von Stumm-Halberg, nach Schraepler, S. 100).

Das angedeutete genuin feudale Treueverhältnis legitimierte auch die umfassenden Eingriffe in das Privatleben der Abhängigen. Die Herren der großen Industrie versuchten nicht nur ihren Arbeitern die rechte Zeitungslektüre und das bekömmlichste Bierlokal vorzuschreiben, sondern sie erteilten im Extremfall sogar die Heiratserlaubnis, wie einst die Gutsherren ihren hörigen Bauern. Gegen die preußische Gesindeordnung von 1810, die am deutlichsten dokumentierte, wie man sich das ideale Verhältnis von Herrschaft und Untergebenen wünschte – durch Art. 95 des Ausführungsgesetzes zum BGB wurde dieser Anachronismus ausdrücklich sanktioniert –, opponierten nur Sozialdemokraten und Teile des kleinbürgerlichen Flügels der Liberalen.

Diese Form der Herrschaftsausübung wurde nicht selten durch den Hinweis auf die «Unmündigkeit der Beherrschten» («eigentlich sind sie alle wie Kinder») zynisch rationalisiert. Das angeblich bestehende enge persönliche Verhältnis zwischen «Arbeitgebern» und «Arbeitnehmern», das bis heute

u. a. durch typische, von Ständeideologien beeinflußten Praktiken der Unternehmer beschworen wird, wurde zugleich zur Waffe gegen die eigenständigen Organisationsbestrebungen der Arbeiterschaft. «‹Selbst ist der Mann›, ist der Grundsatz jedes tüchtigen Arbeiters, mit dem er auch seinem Arbeitgeber gegenüber am weitesten kommt, während sein Zusammenschließen zu Kampforganisationen, welche früher oder später immer unter die Botmäßigkeit fremder Agitatoren gelangen, seine Selbständigkeit vernichtet und ihn in einen Konflikt mit seinem Arbeitgeber setzt, welches jedes persönliche Verhältnis, das die beste Gewähr für das Wohl des Arbeiters bildet, vernichten muß ...» (Freiherr von Stumm-Halberg, nach Schraepler, S. 103).

Dem skizzierten Bewußtsein lag naturgemäß nahe, die Massenbewegung der Arbeiterschaft simpel als das Werk einiger weniger Demagogen zu begreifen, die es verstanden hätten, die Unmündigen aufzuhetzen und ihre «Begehrlichkeit» zu wekken. Unzufriedenheit entsteht dann nicht etwa aus objektiven Umständen, sie soll vielmehr von kriminellen Unruhestiftern, mit denen man gar nicht «hart» genug umspringen könne, «ins Werk gesetzt» sein.

Diese Agententheorie, die mit bemerkenswerter Persistenz, wenngleich mit variierter Etikettierung der «Agenten», auch in unserer Zeit noch zum Herrschafts-ABC gehört, ist Ausdruck des Wunsches, den erreichten Stand der gesellschaftlichen Entwicklung und damit die eigenen Privilegien zu zementieren. Die je vorhandenen objektiven Widersprüche in einer Gesellschaft werden im Bewußtsein der Herrschenden zu individualpsychologisch erklärbaren Ausnahmeerscheinungen, die durch «notorische Störenfriede» hervorgerufen werden. Die je bestehenden Zustände werden dann als «natürliche» und «ewige» verklärt; die Gesellschaft soll stets ein statisches Ordnungsgefüge, eine Hierarchie von militärischem Zuschnitt sein, an deren Spitze die Besten stehen. Dagegen kann die Mißachtung der feudal-militaristischen Tugenden wie «Zucht und Gehorsam» nur mit dem «Untergang des Abendlandes» enden. Dieses starre, jede historische Dynamik ignorierende Gesellschaftsbild war für das Selbstverständnis der deutschen, besonders der preußischen, feudal-kapitalistischen Besitz- und Bildungsschichten typisch.

Das gesellschaftliche Bewußtsein des englischen und französischen Bürgertums reflektierte dagegen die gesellschaftlichen Umwälzungen des 17. und 18. Jahrhunderts. Karl Marx charakterisierte Elemente dieses Selbstverständnisses wie folgt: «Es gibt für sie nur zwei Arten von Institutionen, künstliche und natürliche. Die Institutionen des Feudalismus sind künstliche Institutionen, die der Bourgeoisie natürliche. Sie gleichen darin den Theologen, die auch zwei Arten von Religion unterscheiden. Jede Religion, die nicht die ihre ist, ist eine Erfindung der Menschen, während ihre eigene Religion eine Offenbarung Gottes ist ... Es sind ewige Gesetze, welche stets die Gesellschaft zu regieren haben. Somit hat es eine Geschichte gegeben, aber es gibt keine mehr» («Das Elend der Philosophie», *MEW* 4, S. 139).

Der Prozeß der gesellschaftlichen Entwicklung erscheint hier als Kampf zwischen kapitalistischer Rationalität und feudaler Irrationalität, zwischen Vernunft und Unvernunft, der schließlich in der «natürlichen Ordnung» der Herrschaft des Bürgertums endet, in der der historische Prozeß überhaupt sein Ziel erreicht. Diese Ideologie ist also einerseits gegen die herrschende absolutistische Obrigkeit und die sie stützenden feudalen Schichten, andererseits gegen die Ansprüche der neuen proletarischen Klasse gerichtet –, sie ist revolutionär und reaktionär zugleich.

Der halb-feudalistische Charakter Deutschlands und die ambivalente Stellung seines Bürgertums, das partielle politische Emanzipation nicht im Kampf gegen die feudalen Gewalten, sondern nur in Kooperation mit ihnen und um den Preis weitgehender Anpassung an die herrschenden Normen und Werte erringen konnte, führte zu einem andersgearteten Verständnis der historischen Entwicklung. Die Interpretation des historischen Prozesses setzte nicht bei der Frage nach den Ursachen der politischen Niederlage der bürgerlichen Revolution in Deutschland ein, sondern kompensierte diese Niederlage mit der «Hohenzollernlegende», der Rede vom «sozialen Königtum», das «mit dem kühnsten Reformeifer» (Gustav

Schmoller) auch die bürgerlichen Interessen kräftig fördere, Adel und Bürgertum «organisch» vereine und so dem gesellschaftlichen Gesamtinteresse vortrefflich nütze. Den westlichen parlamentarischen Staaten wurde der preußisch-deutsche Obrigkeitsstaat als «Staat deutscher Art» (v. Seeckt) gegenübergestellt.

Solche Vorstellungen, darauf angelegt, die bestehende Ordnung, die etablierte Verteilung des Arbeitsertrages und der Macht, als natürlich und daher legitim auszuweisen, erhalten ihren ideologischen Stellenwert jedoch erst im Zusammenhang mit dem sie fundierenden Elite-Denken. Ein Land, das zwar «Reformen von oben» durch «weitsichtige Hohenzollernherrscher» und «einsichtigen Adel» kannte, eine bürgerliche Revolution aber nicht erlebt hatte, mußte einen ausgezeichneten Nährboden für Elitevorstellungen abgeben, die noch heute, wenngleich unter veränderter Akzentuierung, zum festen Bestand des Gesellschaftsbildes der Oberschichten gehören.

«Der Begriff der Elite als einer auserlesenen Minderheit von besonderer sozialer, geistiger und sittlicher Qualität bezeichnet im Sprachgebrauch die traditionelle, auf eben diese Qualitäten sich berufende, in sich geschlossene privilegierte Führungsschicht einer hierarchisch gegliederten Gesellschaft» (Stammer).

So ist der zentrale Gedanke der Elitekonzeption bei Gaetano Mosca der gesellschaftliche Dualismus von herrschender und beherrschter Klasse, wonach die jeweils herrschende Klasse sich durch hervorragende Eigenschaften auszeichnet. Elite ist für ihn «... eine Anzahl hochgesinnter Menschen, die alles Edle und Schöne lieben und einen großen Teil ihrer Tätigkeit dem Kampf gegen den Verfall der Gesellschaft widmen. Das ist jene kleine moralische und geistige Aristokratie, die die Menschheit hindert, im Sumpf des Egoismus und der materiellen Begierden zu verrotten. Dieser Aristokratie verdanken es die Völker, wenn sie der Barbarei entronnen und niemals wieder in sie zurückgefallen sind» (Gaetano Mosca, *Die herrschende Klasse*, Bern 1950, S. 394).

Diese Geistesaristokratie übt nach Moscas Konzeption zwar die politische Macht meist nicht unmittelbar aus; sie bestimmt aber die Normen und Werte einer Gesellschaft und, im Zusammenhang damit, auch die Handlungen der politisch herrschenden Klasse, die zwar numerisch klein ist, aber die Qualitäten des Wissens und Könnens besitzt.

Der hier angedeuteten Elitenkonzeption liegen zwei Prämissen zugrunde: einmal, daß die Menschen von Natur aus physisch und geistig ungleich seien, zum anderen, daß die Verteilung der politischen Herrschaft und der Anteil am gesellschaftlichen Gesamtprodukt adäquater Ausdruck der Differenzen der natürlichen Konstitution der Individuen sei. Die Vorrechte der Herrschenden erscheinen so als sinnvolle Entsprechung ihrer weit über dem gesellschaftlichen Durchschnittsniveau liegenden Talente, die sich in «Spitzenleistungen» ständig bewähren und die Privilegien legitimieren. Die beherrschte «Masse» ist zum Gehorchen geboren; ihre elende Lage beweist nur, daß sie die Qualitäten, über die die Herrschenden in so reichem Maße verfügen, nicht besitzt. Die Wendung, die «Elenden» hätten sich der harten natürlichen Auslese nicht gewachsen gezeigt, liegt dann nahe: eine Übertragung darwinistischer Konzeptionen auf das gesellschaftliche Leben (Sozialdarwinismus). Die Umformung dieses dichotomischen Gesellschaftsbildes vom natürlichen «Oben» und «Unten» zu einer «Theorie» der Beziehungen zwischen den Völkern ist eine sich ebenfalls anbietende Konsequenz. Noch die nazistische Rassentheorie ist eine – wenn auch besonders brutale – Variante dieser Ideologie.

Nicht zufällig wurden die ersten im engeren Sinne soziologischen Elitetheorien – etwa die von Mosca und Pareto – an der Wende zum 20. Jahrhundert formuliert. Vorformen lassen sich allerdings, besonders in Deutschland, bis weit ins 19. Jahrhundert zurückverfolgen. Der Übergang vom liberalen Konkurrenzkapitalismus zum imperialistischen Monokapitalismus – ein Prozeß, der sich auch im nationalökonomischen Werk Paretos widerspiegelt – war mit einer intensiven Expropriation großer Teile des Bürgertums verbunden, die entweder ihre Selbständigkeit völlig verloren oder in erheblichem Umfang in Abhängigkeit von mächtigen Kapitalgruppen gerieten. Der Elitetheorie kam hier die Funktion einer Rechtfertigungsideologie für die Übriggebliebenen zu.

Aus der Unveränderlichkeit der menschlichen Natur, die ein wesentliches Postulat jeglicher Elitetheorie darstellt, folgt, daß die natürliche Trennung der Individuen in Herrschende und Beherrschte in alle Ewigkeit - ebenso wie die tradierten sozialen Verhältnisse - fortbestehen. Der demokratischen «Gleichmacherei» der Arbeiterbewegung setzte die an der Erhaltung des sozialen Status quo interessierte feudal-bourgeoise Oberschicht die Ideologie einer, wie es heute heißen würde, «formierten Gesellschaft» entgegen, in der jeder seinen Platz habe und an deren Spitze eine «natürliche Elite» stehe.

Schließlich rechtfertigt die auf die Formen des Zusammenlebens der Völker übertragene Elitekonzeption die imperialistische Kolonialpolitik. Die Bourgeoisie der hochentwickelten Industrieländer überbringt den Unterworfenen die Segnungen der hochentwickeltenen Kultur und bezieht im Austausch dafür, gerechtfertigt durch das Bewußtsein von der «natürlichen Überlegenheit des weißen Mannes», Kolonialprofite.

Das Elitetheorem rechtfertigt aber nicht nur bestehende Privilegien, es erfüllt zugleich auch die Funktion einer Kompensationsideologie für weite Teile des deutschen Bildungsbürgertums. Durch die Unterscheidung von nichtregierender, politisch indifferenter und regierender, politischer Elite - erstere mit den geistigen und ideellen Werten verbunden, letztere überwiegend mit Machtausübung befaßt - kompensieren die «Gebildeten», aber von realer Macht Ausgeschlossenen, ihre Ohnmacht. Diese Kompensationsideologie von der «stillen Elite» der Gebildeten, die an Universitäten ausgebildet wurden, die der situationsbezogenen sozialen Idee «Einsamkeit und Freiheit» verpflichtet waren, ist auch in der gern produzierten Antithese von «Kultur und Zivilisation» stets präsent und reflektiert die Tatsache, daß es nur Teilen des deutschen Bürgertums gelungen ist, an der politischen Macht zu partizipieren. Politische Ohnmacht und soziales Ressentiment gegen die Demokratisierungsforderungen der Arbeiterbewegung lassen einzig den Rückzug aufs «Ideelle», die Verwirklichung der Autonomie des Menschen allein im privaten Bereich, offen. An die Stelle politischer Emanzipation tritt elitäre Eigenwertschätzung.

Die besondere Situation des Bürgertums in Deutschland spiegelt sich auch in der verbreiteten Vorstellung, daß alle gesellschaftlichen Vorgänge berufenen Fachleuten anheimgestellt bleiben müßten, während der schlichte Bürger jeglicher Sachkenntnis so sehr ermangle, daß er unfähig sei, die Tätigkeit der Experten auch nur zu kontrollieren. Die gesellschaftliche Arbeitsteilung wird als vereinzeltes, erstarrtes Phänomen aus dem sozialen Gesamtzusammenhang herausgelöst und nicht als dynamisches Element des gesellschaftlichen Entwicklungsprozesses reflektiert, der je vorherrschende Formen der gesellschaftlichen Arbeitsteilung und die damit verbundene Klassenstruktur immer wieder in Frage stellt.

Der Begriff der «Masse» ist dem der «Elite» strukturell und funktional zugeordnet. Die Vorstellungen der Oberschichten über die Massen sind geeignet, das Bewußtsein von ihrer eigenen Position in der Gesellschaft zu beleuchten. Dieses Bewußtsein reflektiert in ideologisch verformter Weise Elemente der objektiven Struktur und Funktion der Beherrschten in der kapitalistischen Gesellschaft und enthüllt die Ängste derer, die mehr zu verlieren haben als ihre sichtbaren oder unsichtbaren Ketten.

Der Verweis auf die «Masse» und ihre Diffamierung als «gestaltlose» Summe bloßer Arbeits- und Konsumroboter – «sie ist anspruchslos und verantwortungslos» (Gerhard Schröder, *Elitebildung und soziale Verpflichtung*, Bonn 1955, S. 10) – zeigt nicht nur das Unverständnis derer, die sich nicht lebenslang um ihr «täglich Brot» zu sorgen brauchen und daher in Führungsfunktionen «ideelle Werte» zu hüten vermeinen, dient nicht nur der Verklärung der eigenen Eliteposition und der Mobilisierung von «staatserhaltenden Kräften» aus den Mittelschichten, die auf Grund ihrer eigenen objektiven Position in der Gesellschaft mit dem Schlagwort «Vermassung» nur allzu leicht zu erschrecken sind, sondern ist zugleich wertgewordener, wenn auch uneingestandener Angsttraum. Denn nur «Anspruchslose» nehmen die gegebene Verteilung von Arbeitsertrag und Macht widerspruchslos hin und akzeptieren die «Verwirklichung der Arbeitsteilung in den ökonomisch-gesellschaftlich ausgebauten und gesicherten Verhältnissen von Herrschaft und Knechtschaft» (Marcuse, *Grundlagen*, S. 44).

Die Beschwörung der rein materiellen Bedürfnisse der «uniformen» Massen war in der Zeit vor 1914 wie auch heute zugleich ein Mittel, das Selbstbewußtsein derer, die den Herrschenden gefährlich werden könnten, systematisch zu schwächen und sie in der passiven, resignativen Position des «kleinen Mannes auf der Straße» zu fixieren; eine Position, die sich im Bewußtsein der Beherrschten selbst wiederum als Zweiteilung der Gesellschaft in «Macht» und «Ohnmacht» - «die da oben sind doch stärker» - wiederfindet. Im Bewußtsein der Oberschichten ist die Dichotomie von Macht und Ohnmacht, von Befehlen-können und Gehorchen-müssen, die natürliche und unaufhebbare Ausdrucksform der gesellschaftlichen Arbeitsteilung. «Genießt, was Euch beschieden ist. Nach getaner Arbeit verbleibt im Kreise der Eurigen, bei den Eltern, bei der Frau und den Kindern und sinnt über Haushalt und Erziehung. Das sei eure Politik, dabei werdet ihr frohe Stunden erleben. Aber für die große Landespolitik, erspart Euch die Aufregung. Höhere Politik treiben erfordert mehr freie Zeit und Einblick in die Verhältnisse, als dem Arbeiter verliehen ist. Ihr tut Eure Schuldigkeit, wenn Ihr durch Vertrauenspersonen empfohlene Leute erwählt» (Alfred Krupp, nach Schraepler, S. 98).

Jede wirkliche Demokratisierung der Gesellschaft, d.h. die Selbstbestimmung der Produzenten und Konsumenten in allen Bereichen des gesellschaftlichen Lebens, wurde bekämpft, die Bedrohung der eigenen Privilegien zu einer Krise der Gesamtgesellschaft umgedeutet. In diesem Kampf waren sich die Großgrundbesitzer und die großen Industrie- und Handelskapitalisten, die an den Vorteilen der feudal-bourgeoisen Koalition partizipierten, mit allen Schichten des Besitz- und Bildungsbürgertums vollkommen einig.

Differenzen gab es allerdings in bezug auf die Stellung verschiedener Gruppen des Bürgertums zum Parlamentarismus. Teile der Besitz- und Bildungsbourgeoisie, besonders in den süddeutschen Staaten, standen einer Ausweitung der formaldemokratischen Befugnisse der Parlamente auf Reichs- und Bundesstaatenebene nicht prinzipiell feindlich gegenüber und akzeptierten auch ein mehr oder weniger demokratisches

Wahlrecht für die Landesparlamente, nicht zuletzt, weil diese Institutionen ein gewisses Gegengewicht gegen die zentralistischen Bestrebungen Preußens bildeten. Im allgemeinen werden die geltenden formal-demokratischen Normen aber nur dann akzeptiert, wenn sie verbürgten, daß an den realen Machtverhältnissen nicht das geringste geändert wurde.

Für den größten Teil der Großgrundbesitzer ebenso wie für die politisch einflußreichen Teile der Bourgeoisie waren aber schon die bestehenden parlamentarischen Einrichtungen und geltenden formaldemokratischen Normen – besonders das Reichstagswahlrecht – ein zu weitgehendes Zugeständnis an den «Massengeist». Der von der Rednertribüne des Reichstages getätigte Ausspruch des Reichstagsabgeordneten v. Oldenburg-Januschau, Großgrundbesitzer und Mitglied der konservativen Partei, «der König von Preußen und der deutsche Kaiser muß jeden Moment imstande sein, zu einem Leutnant zu sagen: ‹Nehmen Sie zehn Mann und schließen Sie den Reichstag›» (Pritzkoleit, *Deutschland*, S. 35), ist nur ein besonders radikaler Ausdruck dieser Einstellung.

Besonders charakteristisch für Mentalität und Selbsteinschätzung der deutschen Feudalbourgeoisie sind ihre Kriegszielforderungen, die ab 1915 der Öffentlichkeit unterbreitet wurden. Zeitweilig wurde ernsthaft darüber diskutiert, und z.B. von prominenten Vertretern der rheinisch-westfälischen Schwerindustrie auch befürwortet, Belgien, große Teile Frankreichs und Polens nicht nur zu annektieren, sondern auch die dort ansässige Bevölkerung auszuweisen.

Diese Forderungen sind eine konsequente Übertragung der Eliteideologie auf den Bereich der Beziehungen zwischen verschiedenen Völkern und deren Umdeutung in das Theorem vom «deutschen Herrenvolk». Der Verlauf der Kriegszielbewegung zeigt einmal, wie eng die «Eliten» verschiedener Bereiche der Gesellschaft zusammengewachsen waren, und macht zum anderen deutlich, daß innerhalb der feudal bourgeoisen Koalition die Vertreter des Industriekapitals, vornehmlich die der Schwerindustrie, mehr und mehr die Führung übernahmen. Dieser bereits vor dem Kriege sichtbar werdende Entwicklungsprozeß wurde während des Krieges durch die Bedeutung der Waffenproduktion befördert, die nicht nur Riesenprofite erbrachte, sondern zugleich wachsenden Einfluß auf den Staatsapparat, z.B. über das Reichs-Waffen und Munitionsbeschaffungsamt (WUMBA), bedeutete. Die verstärkten staatlichen Eingriffe in den Wirtschaftsprozeß begünstigten die kriegswichtigen Betriebe (z.B. über Rohstoff- und Arbeitskräftelenkung) und daher besonders die Großindustrie. Die Konzentration und Zentralisation des Kapitals setzte bereits während des Krieges in einem bislang unbekannten Umfang ein.

Die Initiative für die Kriegszielforderungen ging vom «Alldeutschen Verband» aus, dessen führendes Mitglied Alfred Hugenberg zu dieser Zeit u.a. Generaldirektor des Krupp-Konzerns, Vorsitzender des «Vereins für bergbauliche Interessen in Rheinland und Westfalen», Vorsitzender des Zechenverbandes, Präsident der Industrie- und Handelskammer Essen war. Auf der Basis der «alldeutschen» Vorschläge wurde eine Kriegszieleingabe erarbeitet und von folgenden Verbänden unterzeichnet: Bund der Landwirte, Christliche deutsche Bauernvereine, Zentralverband deutscher Industrieller, Bund der Industriellen, Reichsdeutscher Mittelstandsverband. Etwas später schlossen sich 1200 deutsche Bildungsbürger – vornehmlich Professoren und prominente Akademiker – dieser Eingabe mit folgendem Aufruf an: «Sollen wir aber ein Wort über den deutschen Geist sagen, der uns allerdings der Wert aller nationalen Werte, das Gut aller nationalen Güter, der Sinn des Bestehens, Behauptens und Durchsetzens unseres Volkes in der Welt und die Ursache seiner Überlegenheit unter den Völkern ist, so betonen wir zunächst: Zuerst muß Deutschland politisch und wirtschaftlich gesichert leben können, ehe es seinem geistigen Beruf in Freiheit nachgehen kann» (vgl. Pritzkoleit, *Wunder*, S. 367).

Die Realität und Brutalität dieser Kriegszielforderungen zeigte sich im Friedensvertrag von Brest-Litowsk. Hier wurde deutlich, welches Schicksal die deutschen Oberschichten und die sozialen Gruppen, die in dieser Phase des Krieges jene unterstützten, den Völkern Europas zugedacht hatten.

Angesichts dieser nationalen Hybris waren die Novemberereignisse des Jahres 1918 für die deutschen Oberschichten ein völlig unverständliches, mit ihrem Welt- und Gesellschaftsbild unvereinbares Ereignis. Nicht nur hatte der «Staat deutscher Art» vor den «dekadenten Massendemokratien» des Westens faktisch bedingungslos kapitulieren müssen, sondern auch die verachteten «Massen» im eigenen Land hatten ihre «naturgegebenen» und «gottgewollten» Schranken durchbrochen und schickten sich an, mit der Demokratie ernst zu machen.

Vor diesem Hintergrund erhielt die Dolchstoßlegende – «nicht der Bankrotteur, der Liquidateur wurde schuldig gesprochen» (Bracher) – ihre doppelte Funktion: sie diente gleichzeitig als Kompensations- und als Verhüllungsideologie. Einerseits ermöglichte sie die Beibehaltung des Selbstverständnisses der Herrschenden und die Konservierung der Legitimationsbasis ihrer eigenen Position in der Gesellschaft. Andererseits konnte diese Legende die eigene Niederlage verschleiern und darüber hinaus den auf grundlegende Veränderung der Gesellschaft gerichteten Kampf der Arbeiterschaft abfangen, die Koalition von Unter- und Mittelschichten sprengen und partiell umleiten in einen Kampf gegen die, die angeblich den «Dolch» geführt hatten. Mit dieser Denunziationsfunktion der Legende, der Kampagne gegen die «Novemberverbrecher» und ihren «Parteienstaat», wird die Agententheorie wieder aufgegriffen und eine rationale Erklärung des Zusammenbruchs ersetzt.

Zugleich enthüllt sie die Strategie des Kampfes gegen die sozialen und politischen Errungenschaften der unterprivilegierten Schichten. Die Schwierigkeiten, mit denen der «Staat von Weimar» von Anbeginn seiner Existenz zu kämpfen hatte, wurden nicht als Konsequenz des verlorenen Krieges und der unvollendeten Demokratisierung gedeutet, sondern der parlamentarischen Demokratie – «der Krebsschaden unserer Zeit» (v. Seeckt) – an sich angelastet. Diese Schwierigkeiten resultierten überwiegend daraus, daß die parlamentarische Demokratie nicht zur sozialen Revolution fortgeführt und so die Obstruktionspolitik der in ihrer realen Macht ungebrochenen Oberschichten nicht verhindert werden konnte.

Der Kampf gegen die parlamentarische Demokratie hatte

allerdings zunächst hinter der Auseinandersetzung mit dem radikalen Flügel der Arbeiterbewegung zurückzustehen. Teile der Oberschichten gingen im Interesse der Erhaltung ihrer Machtpositionen – «um Schlimmeres zu verhüten» – einen taktischen Kompromiß mit den Spitzen des parlamentarisch-demokratischen Staates ein. Solange große Teile der Mittelschichten an den Normen der parlamentarischen Demokratie festhielten, mußte man sich darauf beschränken, die vorhandenen Machtpositionen zu festigen und auszubauen.

Zwar wurden mit dem Sturz der Erbmonarchien, der Liquidation der «Standeskammern», der Demokratisierung des Wahlrechts in den Ländern und durch die Ablösung der obersten Verwaltungsspitzen wesentliche institutionelle Grundlagen der feudalen Macht beseitigt. Unangetastet blieb jedoch der große Grundbesitz, der nicht nur ökonomische, sondern allemal auch kommunalpolitische Macht verbürgte (vgl. Häbich). Nach wie vor wurden die Spitzenpositionen des diplomatischen Dienstes und weithin auch der Reichswehr von Repräsentanten der agrarischen Oberschichten besetzt.

Das Führungskorps der Reichswehr bestand gänzlich aus Offizieren, die in den Traditionen des Obrigkeitsstaates aufgewachsen und in der alten Armee ihre Ausbildung erhalten hatten. Auch wenn sie dem Bürgertum entstammten, hatten sie die autoritäre Ideologie des Militäradels adaptiert und sahen in der Armee die «Schule der Nation», was umgekehrt zugleich heißt: in der Gesellschaft eine große Armee.

Trotz der antidemokratischen Grundhaltung des Offizierskorps der Reichswehr entwickelte dieses keine geschlossene und einheitliche Taktik des Kampfes gegen die parlamentarische Demokratie. Zwar waren die hohen Offiziere in der Mehrheit der Auffassung, daß die alten Verhältnisse restauriert werden müßten, wußten aber, daß dies nur gelingen konnte, wenn größere Teile der agrarischen und gewerblichen Mittelschichten ihre Option für die parlamentarische Demokratie revidierten und Organisationen und Kampfwille der Arbeiterschaft geschwächt waren. Die daraus abgeleitete taktische Linie der zeitweiligen passiven Anerkennung der Machtverhältnisse ließ sich auch mit dem traditionellen Selbstverständnis des Offizierskorps als «neutraler» nur dem «Dienst am Vaterland» verpflichteten Institution vereinbaren. Durch diesen Traditionalismus rationalisierte man einerseits die wohlwollende Neutralität gegenüber Monarchisten und Faschisten und legitimierte andererseits die faktisch betriebene Obstruktionspolitik gegen die «Novemberverbrecher».

Eine ähnliche Stellung bezog auch die höhere Beamtenschaft. Die Tatsache, daß die Staatsmaschinerie weitgehend unangetastet blieb - sowohl personell, auch in ihrer materiellen Praxis –, mußte sich angesichts des ständigen Ministerwechsels besonders im Bereich der Ministerialbürokratie verheerend auswirken.

Für Offizierskorps und höhere Beamtenschaft galt, daß die legale Autorität nur dann respektiert wurde, wenn sie nach ihrem Habitus dem Gesellschaftsbild dieser sozialen Gruppen nicht widersprach und es ihr gelang, stabile Verhältnisse und eine Ordnung zu garantieren, in deren Rahmen denen, die «vorurteilsfrei» dem «Ganzen» zu dienen meinten, Respekt und gesellschaftliche Anerkennung - u.a. in Form weit überdurchschnittlicher Einkommen - nicht versagt wurde. Instabile gesellschaftliche Verhältnisse hindern bürokratische Routine und mobilisieren antidemokratische Ressentiments sozialer Gruppen, die dem Wettbewerbsgedanken, für den in einer hierarchischen gegliederten Bürokratie kein Platz ist, nicht existentiell verhaftet sind. Das Gesellschaftsblid der höheren Armee-, Verwaltungs- und Justizbürokraten wirkte vor 1914 stabilisierend, legitimierte dagegen in den Jahren der Weimarer Republik eine gegen die legale Autorität gerichtete Obstruktionspolitik.

Die Praxis des Justizapparates war eine besonders markante Erscheinung dieses Sachverhalts. Von wenigen Ausnahmen abgesehen, wurde virtuos demonstriert, daß Recht nicht nur «gebrochen» - sondern auch «gebogen» werden kann. Neben der recht unterschiedlichen Behandlung politischer Straftaten, je nachdem, ob von «Rechten» oder «Linken» verübt, wurden z.B. Verleumdungsprozesse, die Regierungsmitglieder angestrengt hatten, in gegen die Kläger gerichtete Diffamierungskampagnen umgeleitet (vgl. Pross).

Zur mächtigsten Gruppe der Oberschichten waren die «Eliten» der Wirtschaft, Großeigentümer und verfügungsberechtigte Manager großer Unternehmen, im Zuge einer gewaltigen, einer horizontalen und vertikalen ökonomischen Konzentrationsbewegung geworden.

Die galoppierende Inflation der ersten Nachkriegsjahre, die forcierte Expropriation des alten Mittelstandes und großer Teile des Bildungsbürgertums, die der deutschen Großbourgeoisie beträchtliche Vorteile brachte und von ihr mit allen zur Verfügung stehenden Mitteln gefördert wurde, beschleunigte die angedeutete Entwicklung.

Im Zusammenhang mit der erbittert bekämpften, schließlich doch erfolgten Stabilisierung des Geldwertes sondierte die rheinisch-westfälische Schwerindustrie und mit ihr eng verflochten Kreise des Bank- und Versicherungskapitals – und das ist ein Indiz für ihre Macht – die Möglichkeit einer Lostrennung der Rheinlande vom Deutschen Reich – zumindest deren Lösung aus dem preußischen Staatsverband (vgl. Pritzkoleit, *Wunder*, S. 573ff.).

Die Konzernherren motivierten derartige Handlungen mit dem Hinweis auf das Interesse des «Volksganzen»: das, was man dem verhaßten «Gewerkschaftsstaat», der «Schieberrepublik», wie die Weimarer Republik kurioserweise vornehmlich von den Stinnes-Zeitungen bezeichnet wurde, an Wirtschaftskraft und an politischer Autorität entziehe, konzentriere man zwar privat, aber nicht dem eigenen Nutzen zuliebe, sondern nur um es über den allgemeinen Zusammenbruch hinwegzuretten und es später in ein neues, geordnetes Staatswesen heil und unversehrt wieder einzubringen. Diese Rettung der Wirtschaft könne aber nur dann gelingen, wenn alle Widrigkeiten, die der freien Entfaltung der Produktivität der deutschen Wirtschaft im Wege stünden, beseitigt würden.

Damit zielte man auf die Beseitigung der sozialen Verbesserungen, die die Arbeiterschaft im Zuge der politischen Umwälzungen von 1918 erkämpft hatte, und auf die Privatisierung des produktiven Staatsvermögens, die ein Mittel gewesen wäre, die staatliche Aktivität im Wirtschaftsprozeß einzudämmen und ungehindert von staatlicher Bevormundung die

Profitmaximierung zu intensivieren (vgl. Hallgarten, S. 13ff., 52ff.).

Die gegen die legale Autorität gerichtete Aktivität der Wirtschaftsgewaltigen, vornehmlich der Montanindustriellen, die auch in den zwanziger Jahren die Wortführer «der Industrie» blieben, beschränkte sich nicht auf die Zeiträume der Inflation und Machtergreifung der Nationalsozialisten. Die Hetze der Rechtspresse, allein die Erzeugnisse des Hugenbergkonzerns bestritten bzw. manipulierten etwa zwei Drittel der gesamten Tagespresse, gegen die «Novemberverbrecher» und ihren «Gewerkschaftsstaat» wurde auch in den Jahren relativer sozialökonomischer Stabilität fortgeführt. Das Beispiel des von der Industrie finanzierten Hugenbergkonzerns zeigt, mit Hilfe welcher Mittel die Herrschenden versuchen, ihre Vorstellungen durchzusetzen.

Die Tatsache, daß in den zwanziger Jahren materielle Unterstützung für die Nationalsozialisten von industrieller Seite nur zögernd zur Verfügung gestellt wurde, Mittel, die dann in der Zeit von 1930 bis 1933 um so reichlicher flossen, darf nicht vergessen machen, daß wesentliche Voraussetzungen für das Erstarken der faschistischen Bewegung bereits vor der großen Krise produziert wurden. Die in den Kriegsverbrecherprozessen der Nachkriegszeit von industrieller Seite aufgestellte Behauptung, kein Industrieller von einiger Bedeutung, von wenig Ausnahmen abgesehen, habe die NSDAP unterstützt, steht nicht nur zur historischen Realität in Widerspruch (vgl. dazu Hallgarten und Bracher), sondern ist auch ein Versuch, zu verschleiern, daß die deutsche Schwerindustrie im Einvernehmen mit Großagrariern, dem größten Teil des Offizierskorps der Reichswehr und einem Großteil der höheren Beamten des Justiz- und Verwaltungsapparates seit 1918 ununterbrochen objektiv alles getan hat, um die formal-demokratische, verfassungsmäßige Staatsform zugunsten einer autoritären Ordnung zu liquidieren.

Die nach dem Zusammenbruch von 1945 vorgetragene Rechtfertigung – Element der ähnliche Funktionen wie die Dolchstoßlegende erfüllenden Ideologie von der «Dämonie des Nationalsozialismus» –, man habe die Konsequenzen des

Faschismus nicht vorhersehen können, stellt der politischen Urteilsfähigkeit der «Wenigen», die sich zur Führung der «Vielen» legitimiert glauben, ein vernichtendes Zeugnis aus. Sie widerspricht zugleich den objektiven Tatsachen.

Literatur

BRACHER, KARL DIETRICH, *Die Auflösung der Weimarer Republik*, Stuttgart und Düsseldorf 1955

HÄBICH, THEODOR, *Deutsche Latifundien, Bericht und Mahnung*, Stuttgart 1947

HALLGARTEN, GEORGE W. F., *Hitler, Reichswehr und Industrie*, Frankfurt/M. 1955

HORKHEIMER, MAX, «Zum Rationalismusstreit in der gegenwärtigen Philosophie», *ZfS* 3, 1934, S. 41ff.

JANNOWITZ, M., «Soziale Schichtung und Mobilität in Westdeutschland», *Köln. Z.* 10, 1958

MARCUSE, HERBERT, «Der Kampf gegen den Liberalismus in der totalitären Staatsauffassung», *Kultur und Gesellschaft* I, Frankfurt/M. 1965, S. 17ff.

– «Über die philosophischen Grundlagen des wirtschaftswissenschaftlichen Arbeitsbegriffes», *Kultur und Gesellschaft* II, Frankfurt/M. 1965, S. 5ff.

MARX, KARL, «Das Elend der Philosophie», *MEW* 4, S. 63ff.

MILLS, C. WRIGHT, *Die amerikanische Elite, Gesellschaft und Macht in den Vereinigten Staaten*, Hamburg 1962

MOORE, M./KLEINING, K., «Das soziale Selbstbild der Gesellschaftsschichten in Deutschland», *Köln. Z.* 12, 1960, S. 86ff.

PRITZKOLEIT, KURT, *Das kommandierte Wunder*, Wien-München-Basel 1959

– *Wem gehört Deutschland?* Wien-München-Basel 1957

PROSS, HARRY, *Die Zerstörung der deutschen Politik*, Frankfurt/M. 1959

SCHRAEPLER, ERNST (Hrsg.), *Quellen zur Geschichte der sozialen Frage in Deutschland* II, Göttingen-Berlin-Frankfurt/M. [2]1964

STAMMER, OTTO, «Elite und Elitenbildung», *Wörterbuch der Soziologie*, hrsg. von W. Bernsdorf und F. Bülow, Stuttgart 1955

ZAPF, WOLFGANG (Hrsg.), *Beiträge zur Analyse der deutschen Oberschicht*, Tübingen 1964

– *Wandlungen der deutschen Elite*, München 1965

C
ÖFFENTLICHE MEINUNG UND MASSENMEDIEN
[SIEGFRIED PAUSEWANG]

Das Gundrecht der freien Meinungsäußerung gehört zur liberalen Entwicklungsphase des Kapitalismus. Es ist «für die freiheitlich demokratische Grundordnung schlechthin konstituierend, indem es den geistigen Kampf, die freie Auseinandersetzung der Ideen und Interessen gewährleistet, die für das Funktionieren dieser Staatsordnung lebensnotwendig ist ... Nur die freie öffentliche Diskussion über Gegenstände von allgemeiner Bedeutung sichert die freie Bildung der öffentlichen Meinung, die sich im freiheitlich demokratischen Staat notwendig ‹pluralistisch› im Widerstreit verschiedener und aus verschiedenen Motiven vertretener, aber jedenfalls in Freiheit vorgetragener Auffassungen, vor allem in Rede und Gegenrede vollzieht. Jedem Staatsbürger ist durch Art. 5 Abs. 1 Satz 1 GG das Recht gewährleistet, an dieser öffentlichen Diskussion teilzunehmen.» Diese Bestimmung des Begriffs «öffentliche Meinung», die das Bundesverfassungsgericht in einer Entscheidung am 25. 1. 61 (BVerfG 12, S. 125) gab, geht von der Voraussetzung aus, daß aus dem Streit von Meinung und Gegenmeinung, von Kritik und Gegenkritik schließlich die Meinung entstehen muß, die der Wahrheit am nächsten kommt. Sie fordert also den Pluralismus der Meinungen, sie verlangt, richtig verstanden, öffentliche Kritik und Diskussion als Mittel der Wahrheitsfindung. Die öffentliche Meinung stellt eine Art «unsichtbares Parlament» (Löffler, *Meinung*, S. 20) dar, das im Grunde erst die parlamentarische Demokratie sinnvoll möglich macht. Denn repräsentative Demokratie ist auch im liberal-demokratischen Systemdenken nur sinnvoll, wenn die Abgeordneten als Vertrauensleute dieser Öffentlichkeit im Parlament eine für die öffentliche Auseinandersetzung repräsentative Diskussion führen.

Wie das Parlament gleichzeitig die Kontrolle der Regierung ausübt, so muß die öffentliche Meinung die Kontrolle nicht nur über das Parlament, sondern über alle öffentlichen Angelegenheiten ausüben, damit das System funktioniert. Die «nichtorganisierte letzte Instanz der Demokratie» nennt Schindler (nach Löffler, *Meinung*, S. 18) deshalb die öffentliche Meinung.

Löffler nennt es «einen nicht beweisbaren Glaubenssatz der Demokratie, daß sich im freien Geisteskampf der Meinungen am Ende das Richtige und Vernünftige durchsetzen werde ... Das Richtige und Vernünftige kann sich aber ... nur dann im Kampf der Geister durchsetzen, wenn die Meinungsbildung in voller Freiheit erfolgt ... Nur die in freier, gründlicher und umfassender Diskussion sich bildende Meinung ist jene Vox Populi, die den Anspruch erheben darf, als öffentliches Gewissen, als Vox Dei, zu gelten» (Löffler, *Meinung*, S. 20f.).

Die öffentliche Meinung ist deshalb die Voraussetzung für den Verfassungsgrundsatz in Art. 20 Abs. 2 GG, daß alle Staatsgewalt vom Volke ausgeht: «Ohne öffentliche Meinung kann es keine Demokratie geben ... Wo die öffentliche Diskussion fehlt und die Meinung des Volkes sich nicht äußert, wird keine Regierung möglich sein, die dem Volkswillen entspricht» (Gleissberg, S. 37).

Öffentliche Meinung entsteht nicht von selbst. Das Bundesverfassungsgericht betont im Fernseh-Urteil (BVerfG 12, S. 113) die Aufgabe «aller bedeutsamen politischen, weltanschaulichen und gesellschaftlichen Gruppen», mitzuwirken an der Gestaltung der öffentlichen Meinung. Es nannte die «unentbehrlichen modernen Massenkommunikationsmittel» Medium und Faktor, Sprachrohr und Gestalter der öffentlichen Meinung.

Am Beispiel der Presse ist diese Aufgabe der Massenmedien, die öffentliche Meinung nicht nur zu spiegeln, sondern auch selbst zu gestalten, am genauesten untersucht und ihr gegenüber am schärfsten gefordert worden. Löffler nennt die Information, die Bildung der öffentlichen Meinung und die Kontrolle und Kritik als wichtigste in der Verfassung garantierte Rechte, aber auch durch die Verfassung geforderte

Pflichten der Presse. Aufgrund dieses Auftrags sieht er – unter Berufung auf Rousseau – die Presse als «Vierte Gewalt» im Sinne der Lehre von Montesquieu an, die ein Gegengewicht gegenüber den drei anderen inzwischen nicht mehr voneinander unabhängigen Gewalten zu bilden habe (Löffler, *Verfassungsauftrag*, S. 3–5). Mit der gleichen Begründung stellte das Bundesverfassungsgericht am 6. 10. 59 ausdrücklich fest: «Wenn das Grundrecht der freien Meinungsäußerung für die freiheitliche Demokratie schlechthin konstituierend ist, ... dann muß das ebenso für das Grundrecht der Pressefreiheit gelten, weil die Presse zur politischen Meinungsbildung entscheidend beiträgt.» Daraus folgert das Gericht, daß in Art. 5 GG über die Meinungsäußerung hinaus «die institutionelle Eigenständigkeit der Presse von der Beschaffung der Information bis zur Verbreitung der Nachricht und der Meinung gewährleistet ist» (BVerfG 10, S. 121).

Die Pressefreiheit als Garant der Demokratie impliziert eine dreifache Aufgabe. Um ihrem Verfassungsauftrag gerecht zu werden, muß die Presse des nötige Maß an Information für die Öffentlichkeit liefern, das eine öffentliche Diskussion erst sinnvoll macht. Sie muß also – erstens – möglichst vollständige, möglichst exakte und möglichst objektive Nachrichten über alle für die öffentliche Diskussion wichtigen Ereignisse geben. Sie hat zweitens die Aufgabe, als Forum und Sprachrohr der öffentlichen Meinung, die Meinungsbildung anzuregen, zu lenken und zu fördern. Die Kommentare der Zeitung sollen Zustimmung oder Kritik herausfordern, die Leserbriefspalten sollen die Öffentlichkeit auch direkt zu Wort kommen lassen. Die Presse soll drittens Medium der Kritik und Kontrolle der öffentlichen Gewalt sein: sie soll Mißstände aufdecken, z. B. Gesetzesübertretungen der Behörden öffentlich anprangern, soll öffentliche Gefahren aufzeigen und durch die Diskussion ihre Lösung ermöglichen. Durch diese dritte Aufgabe, «Vierte Gewalt», die Kontrollinstanz für Legislative, Exekutive und Judikatur zu sein, soll die öffentliche Meinung die Kontrolle auch über ihre repräsentative Vertretung, das Parlament, ausüben.

Unter den bestehenden gesellschaftlichen Bedingungen hat

die öffentliche Meinung jedoch längst ihre kritische Funktion der öffentlichen Kontrolle weitgehend verloren. Das liberale Modell der Öffentlichkeit ist auf die herrschenden Formen öffentlicher Bewußtseinsbildung nicht mehr in vollem Maße anwendbar, da die modernen Techniken der Massenbeeinflussung und der Interessenvertretung mit den Kategorien eines Modells der Wahrheitsfindung durch Diskussion nicht faßbar sind. Im Verlauf der Auseinandersetzungen der bürgerlichen Gesellschaft mit einer widersprechenden politischen Gesellschaftskonzeption sind längst neue Institutionen zur Durchsetzung partikularer Interessen an die Stelle der öffentlichen Diskussion getreten. Die Zielsetzungen der Verbände und Interessengruppen werden heute nicht von der Mitgliedschaft beschlossen, sondern unter den mächtigen Interessenten abgesprochen und von der Verbandsspitze aus durchgesetzt. Die wichtigen politischen Entscheidungen werden immer mehr aus den Parlamenten in Ausschüsse und nicht verantwortliche Gremien verlegt. Private Interessen werden auf dem Wege direkter Kontakte zur Exekutive ohne öffentliche Kenntnis und Einflußmöglichkeit durchgesetzt.

Die Konzentration der Presse in der Hand weniger mächtiger Konzerne erleichtert die Konzentration der öffentlichen «Diskussion», ermöglicht es, Kritik, Kontrolle und Alternativvorstellungen zu bestimmten Themen einzuschränken oder – mindestens in den massenwirksamen Publikationsmitteln – völlig auszuschalten und auf publizistische Außenseiter Druck auszuüben und sie an diese Tendenz anzupassen.

Damit erhält die Öffentlichkeitsarbeit der Presse eine dem liberalen Modell entgegengesetzte Funktion, wird zum Mittel der Beeinflussung des öffentlichen Bewußtseins und der unterbewußten Motivationen und Wünsche der Menschen. Diese Manipulationsmöglichkeiten werden einerseits durch Vertiefung und Reproduktion vorhandener Stereotype und Ideologien zur Stabilisierung des Status Quo ausgenützt, andererseits dienen sie auch der aktiven Meinungsmache oder der Weckung neuer Wünsche und Konsumgewohnheiten.

Die liberale Theorie der öffentlichen Meinung erweist sich in dieser Realität als ein Relikt aus der Zeit des liberalen Parlamentarismus, das in einer veränderten Gesellschaft eine neue Funktion erhalten hat und praktisch dazu dient, die neuen Manipulationstechniken zur Durchsetzung gesellschaftlicher Interessen zu verschleiern und dem Scheine nach mit einer demokratischen Legitimation zu versehen.

Während das liberale Modell öffentlicher Diskussion zur Durchsetzung des allgemeinen Besten in der Zeit des ausgehenden Absolutismus eine revolutionierende Zielsetzung war, ist es heute zu einer ideologischen Vorstellung einer relativ kleinen Schicht Gebildeter geworden, hinter deren Rücken das Feld des öffentlichen Bewußtseins den Meinungsmanipulatoren überlassen bleibt. Für diesen Verzicht tauscht sie die Bestätigung ihres Elitebewußtseins ein: Sie hebt sich tatsächlich ab von der «grauen Masse», die dann als zu politischem Denken unfähig erscheint und den Gedanken der Gebildeten nicht zu folgen vermag.

Solange das Bürgertum um die Teilhabe an der Herrschaft kämpfte, hatte es von der Vernunft, von rationaler Diskussion und daran anschließender demokratischer Abstimmung nur Positives zu erwarten. Sobald die Arbeiterklasse versuchte, ihrerseits in den Besitz dieser Rechte zu kommen, und die Demokratie begann, die Macht des Besitzbürgertums zu gefährden, wurde diese Funktion der öffentlichen Meinung ihm gefährlich. So beginnen beispielsweise in den ersten beiden Jahrzehnten des 20. Jahrhunderts die Unternehmerverbände mit systematischer Propaganda. Während noch bis 1910 die Argumentation, das offene Aussprechen und rationale Abwägen von Interessen vorherrscht, gehen sie danach zur ideologischen Verbrämung ihrer Interessen über. Man sagt nicht mehr «Wir sind Herr im Haus», sondern man spricht von «Betriebsarbeitsgemeinschaft»; statt die Forderungen der Gewerkschaften zurückzuweisen oder zu widerlegen, versucht man sie durch «Vaterlandstreue Arbeitervereine» zu ersetzen; und schließlich kommt die bis heute immer wiederholte Feststellung auf: die Unternehmer tun schon so viel für die Arbeiter, daß es jetzt nicht darauf ankommt, die Leistungen zu erhöhen, vielmehr den Arbeitern in plausibler Weise zu veranschaulichen, was alles man für sie tut.

Inzwischen hat diese kontinuierliche Arbeit in solchem Maße Früchte getragen, daß kein Demokrat mehr Protest erhebt und die öffentliche Meinung überhaupt keine Notiz davon nimmt, wenn eine angesehene, ihrem Image nach der kritischen Linken zuneigende liberal-demokratische Zeitung in der Bundesrepublik fordert: «Der Unternehmer muß auch im politischen Leben eine entsprechende Rolle spielen wie in der Wirtschaft, wenn er und die marktwirtschaftliche Ordnung sich behaupten sollen» («Die ungleichen Flügel», *Die Zeit*, 16. 7. 65). Man hat sich inzwischen daran gewöhnt, daß es in der Bundesrepublik keine einzige bedeutendere unabhängige Zeitung gibt, die einen auch nur annähernd fortschrittlichen Wirtschaftsteil hätte. Wie sollte sie das auch – angesichts der Tatsache, daß über die Hälfte aller Einnahmen einer Zeitung durch Annoncen aufgebracht wird, die vorwiegend aus der Großindustrie kommen.

Auch die geforderte strikte organisatorische Unabhängigkeit der Redakteure von der Anzeigenabteilung hilft hier wenig. Freilich kann sie den alltäglichen direkten Druck einzelner Interessentengruppen auf konkrete Bereiche weitgehend ausschalten und verhindern, daß der redaktionelle Teil als Mittel der Firmenwerbung mißbraucht wird. Aber wenn es um Fragen geht, die die Gesamtverfassung der Wirtschaft angehen, genügt dieser durchaus notwendige Schutz nicht, zumal die Tendenz gestützt wird durch die Tatsache, daß Zeitungen heute unvermeidlich moderne kapitalistische Großunternehmen sind, deren Verleger selbst unmittelbar materiell an der bestehenden Wirtschaftsverfassung interessiert sind.

So gibt es in der Bundesrepublik praktisch keine einzige größere Zeitung, in deren Wirtschaftsteil die gegenwärtige Struktur der Wirtschaft kritisiert oder die Parole der «nivellierten Mittelstandsgesellschaft» ideologiekritisch betrachtet würde. Keine einzige größere Zeitung wagt es, den Standpunkt der Gewerkschaften zu Lohnfragen, zur Eigentumspolitik oder zur Frage der Mitbestimmung mit der gleichen Ausführlichkeit und Sachlichkeit darzustellen und zu diskutieren, wie den der Unternehmerverbände. Bei den Zeitungen, die in der Bundesrepublik als liberal gelten, läßt sich deshalb ein deutlicher

Widerspruch zwischen dem politischen und literarischen Teil und dem Wirtschaftsteil feststellen. Aber dieser Widerspruch wird in der öffentlichen Diskussion nicht zur Kenntnis genommen, denn die Wirtschaftsverfassung ist in der Bundesrepublik weitgehend ausgenommen aus der öffentlichen Diskussion. So bestreiten die Nationalökonomen die wirtschaftliche Diskussion unter sich, unter (Selbst-)Ausschluß der Öffentlichkeit und ausschließlich auf dem Boden der unangezweifelten marktwirtschaftlichen Theorie oder ihrer Modifikationen. Dabei ist nicht zu übersehen, daß gerade der wirtschaftliche Bereich für die politische Öffentlichkeit von großer Bedeutung ist. «Politisches Verantwortungsbewußtsein kann sich nur dort entwickeln, wo der einzelne das Bewußtsein hat, daß es auf seine Meinung ankommt, daß er mit dem, was er denkt und sagt, die Öffentlichkeit, die Regierung, die Politik und damit das Schicksal eines Landes beeinflussen kann» (Gleissberg, S. 37). In diesem Sinne ist jedoch der gesamte Bereich der Wirtschaft aus der öffentlichen Diskussion der politischen Probleme und der demokratischen Willensbildung, auch soweit sie der Theorie nach noch funktionieren, ausgeklammert. Je mehr der Klassenkampf in die politischen Auseinandersetzungen der bürgerlichen Gesellschaft hineinwirkte, desto wichtiger wurde es für das Bürgertum, den Klassenkampf und die ihn hervorbringenden Produktionsverhältnisse auszulagern und der demokratischen Diskussion zu entziehen. Das war in der Bundesrepublik in diesem Ausmaß deshalb möglich, weil nach 1945 wegen der Lizenzierungspolitik der Besatzungsmächte, vor allem aber wegen der Verschiebung der Rentabilitätsverhältnisse der Presse durch die Weiterentwicklung der Technik eine Wiederherstellung der lokalen Parteipresse nicht denkbar war, wie sie bis zum Ende der Weimarer Republik bestanden hatte.

In Form der modernen Werbemethoden hat die Wirtschaft (unter der Führung der amerikanischen) sich demgegenüber das wissenschaftlich am besten ausgearbeitete und verfeinerte System zur Manipulation der Öffentlichkeit geschaffen. Moderne Werbemethoden zielen gerade darauf ab, das kritische Bewußtsein zu umgehen und tiefere, unbewußtere Schichten anzusprechen. Sie wenden sich an die geheimen Wünsche und Ziele der Menschen, versprechen Befriedigung ihrer unausgesprochenen Triebe und Bedürfnisse und Schutz gegenüber geheimen Ängsten. Aberglaube, Prestigebedürfnis, die Angst vor den bösen Blicken der Nachbarn und vor nicht konkretisierbaren Gefahren werden ausgenutzt, um ein Produkt an den Mann zu bringen. Je weniger bewußt die Umdeutung geheimer Wünsche in Kaufanreize erfolgt, desto wirksamer ist sie. Ein eigener Zweig der «Marktforschung» untersucht systematisch den Bereich des kollektiven Unterbewußtseins, um die besten Ansätze für solche Manipulationen aufzuspüren.

Gleichzeitig formt die Werbung das Menschenbild ihrer Adressaten. Immer wieder treten stereotyp die gleichen Leitbilder auf: Der Mann ist aktiv, tatkräftig und selbstsicher, während die Frau vor allem schön, anschmiegsam und mütterlich zu sein hat usw. An solche Leitbilder knüpft die Werbung an, um ihre Produkte als Wege zu diesen Zielen zu verkaufen.

So wird systematisch eine Konsumentenhaltung erzeugt. Man bildet Menschen heran, für deren Bewußtsein allen gegenwärtigen Schwierigkeiten nicht durch Aktivität, durch Entscheidungen und Initiativen abgeholfen werden kann, sondern durch erhöhten Konsum. Dies reproduziert sich notwendigerweise in der politischen Sphäre. So tritt neben die wirtschaftliche eine politische Marktforschung, auf deren Grundlage Parteien und Politiker den Wählern «verkauft» werden, getreu dem Schumpeter-Downs-Modell, das Demokratie als einen freien Wettbewerb um die Stimmen der Wählerschaft, analog dem wirtschaftlichen Kampf um den Käufer, ansieht (vgl. Konrad Littmann, «Wirtschaftwissenschaft und Wirtschaftspolitik», *Wissenschaft und Verantwortung*, Berlin 1962).

Politische Propaganda hat seit ihrer Entstehung – seit die politische Verfassung der Gesellschaft nicht mehr als naturwüchsig und durch geheiligte Traditionen sanktioniert empfunden wird, sondern Teile der Bevölkerung ihre Änderung verlangen – zwei mögliche Funktionen. Einerseits dient sie dazu, politische Zielsetzungen, Handlungen oder Institutionen zu erklären und mit rationalen Mitteln für sie zu werben; andererseits kann sie auch die Aufgabe übernehmen, Menschen auf eine bestimmte Politik festzulegen, die ihnen nicht als rational einsichtig und richtig erscheinen kann, weil ihre objektiven Interessen und deren politische Voraussetzungen andere Schlüsse näherlegen müßten. Propaganda kann auf die kritische Diskussion abzielen oder auf die unterschwellige Umgehung der öffentlichen Diskussion.

Jede Propaganda enthält notwendig beide Intentionen. Dennoch ist in der Geschichte Propaganda als Aufklärung und rationale Argumentation vorwiegend ein Mittel gewesen, eine als überholt und rückschrittlich erkannte Ordnung zu verändern, während Propaganda als Rechtfertigungsinstrument für eine angegriffene Ordnung um so mehr in irrationale Bereiche auswich, je weniger Hilfe sie von der kritischen Aufmerksamkeit der Bürger erwarten konnte.

Im vorfaschistischen Deutschland und gegenwärtig in manchen europäischen Ländern versucht das politische Plakat vielfach noch, die propagierten Ansichten Punkt für Punkt zu belegen und die angestrebten Ziele ausführlich zu begründen. In dem Maße, in dem Propaganda nur noch blinde Verteidigung der bestehenden politisch-gesellschaftlichen Verfassung ist, wird sie zunehmend irrational (vgl. dazu bes. *Anschläge. Deutsche Plakate 1900–1960*, hrsg. von F. Arnold, München 1963, und E. Wäscher, *Das deutsche illustrierte Flugblatt*, Dresden 1950).

Das Argument wird zunehmend ersetzt durch suggestive Bild- und Farbwirkungen und zugkräftige, aber aussageschwache Slogans. Auf dem Weg über das Unterbewußtsein wird «integriert», wird versucht, die Menschen zu emotionaler Identifizierung mit den gegebenen politischen Institutionen zu bewegen. Sie werden zu «Abnehmern» vorfabrizierter politischer Entscheidungen und «aufgebauter» politischer Führer (vgl. Habermas). Damit wird auch die politische Mitbestimmung in ihrer Effektivität zumindest stark eingeschränkt.

In diesem Zusammenhang muß die Pressefreiheit in der Bundesrepublik (und nicht nur hier) gesehen werden, will man ihre Funktion und ihre Gefährdung richtig beurteilen. Einige Fälle in den vergangenen Jahren haben gezeigt, daß die Presse trotz alledem als demokratisches Kontrollorgan nicht ganz machtlos ist. Die verfassungswidrigen Praktiken der Geheimdienste wären nie bekannt geworden, wenn nicht ein Pressebericht die «Abhör-Affäre» ausgelöst hätte. Und in der «Spiegel-Affäre» hat die in der Presse sich äußernde öffentliche Meinung einen Minister zum Rücktritt gezwungen.

Die Presse kann an einzelnen Maßnahmen und Entscheidungen Kritik üben, sie kann damit in der Öffentlichkeit Unruhe hervorrufen, die sogar bis zur Auswechslung einzelner exponierter Personen führen kann. Aber die Presse kann solche Unruhe nicht in positive politische Aktion umsetzen, sie ist nicht in der Lage, strukturelle Veränderungen der Gesellschaft zu erreichen. In ernsthaften Auseinandersetzungen mit den mächtigen Interessen in der Gesellschaft muß die Presse in der Regel den kürzeren ziehen. Kritische Journalisten wissen das freilich und lassen es deshalb nur selten dazu kommen.

Zudem ist die Presse eingebettet in eine bestimmte Gesellschaft, in der ein bestimmtes soziales Klima herrscht und bestimmte Praktiken der Massenbeeinflussung üblich sind. Innerhalb dieser Gesellschaft und ihres sozialen Klimas besteht freilich die grundsätzliche Möglichkeit für jede Zeitung, zu ihrem Teil und in dem begrenzten Spielraum, der ihr noch bleibt, das öffentliche Bewußtsein zu beeinflussen und auch zur Kritik anzuregen.

Deshalb sind die Versuche von Regierung und Parteien, Kirchen, Verbänden und Interessengruppen, Einfluß zu gewinnen auf die Presse, von großer Bedeutung. In der Bundestagsdebatte vom 9. Mai 1957 ist deutlich geworden, auf welche Summen sich allein die für die Öffentlichkeitsarbeit der Bundesregierung verwendeten Mittel aus dem «Reptilienfonds» des Bundeskanzlers belaufen, die der öffentlichen Kontrolle entzogen sind. Eine Erfüllungsklage der «Deutschen Soldatenzeitung» machte 1957 bekannt, daß die Bundesregierung aus diesem Titel beispielsweise dieser Zeitung 1954 Zuwendungen in Höhe von 13000 DM monatlich für ein Jahr zugesagt hatte, um die Werbung von Offizieren für die aufzubauende Bundeswehr psychologisch zu erleichtern (vgl. *Der Spiegel*, 29.5.57, S. 14–15).

Neben solchen geheimen Zuwendungen, die bestimmte Zeitungen und Leserkreise bestimmten Gedanken gegenüber freundlicher stimmen sollen, finanziert die Bundesregierung Auslandsreisen für Journalisten, sie finanziert oder unterstützt einige Organisationen, die Öffentlichkeitsarbeit in ihrem Sinne betreiben, wie z.B. die «Arbeitsgemeinschaft demokratischer Kreise», sie besitzt ein Bundespresseamt, das mit einem Etat von (im Jahre 1954/55) rund 16 Millionen DM Öffentlichkeitsarbeit betreibt; daneben besitzt die Bundeswehr einen eigenen Propagandaapparat.

Diese Bestrebungen sind nicht in erster Linie darauf gerichtet, eigene Publikationen zu fördern, sondern vor allem die eigenen Vorstellungen in fremden Publikationsmitteln zur Geltung zu bringen. Das gleiche versuchen natürlich auch andere Interessengruppen, mit unterschiedlichem Erfolg, je nach ihrer gesellschaftlichen und finanziellen Macht.

Diesen Gefährdungen der Pressefreiheit soll der Journalist – wie die liberalen Theoretiker fordern – durch die strikte Trennung von Nachricht und Kommentar begegnen. Journalistische Verantwortung soll ihn vor einseitiger Berichterstattung bewahren. Wie unvollkommen ein solches Schutzmittel bleiben muß, zeigt sich an einem einzigen Beispiel: Ob etwa eine Zeitung von der DDR oder von der «sogenannten DDR» schreibt, ist bereits eine Meinungsäußerung, die in Nachrichten nicht umgangen werden kann. Außerdem ist es von entscheidender Bedeutung, welche Nachrichten eine Zeitung überhaupt erreichen, wie sie formuliert sind, wer sie formuliert hat, und welche sie für wichtig genug hält, um sie ihren Lesern mitzuteilen.

Eine weitere Gefährdung droht der Pressefreiheit von den Bestimmungen der Pressegesetze her. Einige Bundesländer haben nach 1945 neue Pressegesetze geschaffen. Daneben gelten einige bundesgesetzliche Regelungen; die Lücke wird ausgefüllt durch das Reichspressegesetz von 1874 (mit Änderungen von 1883, 1914, 1924, 1931, 1935 und 1953), das als Bundesrecht weitergilt, soweit das Landespresserecht nicht andere Bestimmungen trifft. Nur Hessen hat bisher dieses kaiserliche Gesetz mit Weimarer, «tausendjährigen» und Bonner Ergänzungen durch ein eigenes Pressegesetz völlig ausgeschaltet.

Die wichtigsten bundesgesetzlichen Regelungen, die für die

Presse relevant sind, die Landesverratsbestimmungen und der Persönlichkeitsschutz, sind zugleich die umstrittensten, die in zahlreichen Verfahren ihre Fragwürdigkeit erwiesen haben. An ihnen läßt sich der Trend von der strengen Bindung des Richters an die genaue Tatbestandsdefinition im Gesetz hin zur Ermessensfreiheit des Richters verfolgen.

Gegen diese Gefährdung können journalistisches Berufsethos, Selbstkontrolle und Verantwortungsbewußtsein, die meist als Heilmittel der bedrohten Pressefreiheit angesehen werden, so wichtig sie sind, nur relativ wenig ausrichten. Hier kann allenfalls eine streng liberal-positivistische juristische Interpretation der Gesetze von Fall zu Fall die schlimmsten Auswirkungen vermeiden. Zwar ist eine solche liberale Auffassung der verfassungsmäßigen Garantie der Pressefreiheit heute höchst problematisch, weil sie nur den einen Teil der öffentlichen Meinung, die öffentliche Diskussion, sieht, nicht aber ihre strukturelle Abhängigkeit vom öffentlichen Bewußtsein und dessen ganz anderen Entstehungs- und Funktionsmechanismen. Aber sie wirkt doch, z.B. in der Rechtsprechung des Bundesverfassungsgerichtes, als Verteidigung einer noch relativ unabhängigen Position, von der aus Ansätze zu einer demokratischeren Beeinflussung des Volkes noch am ehesten mit Aussicht auf Erfolg ausgehen könnten.

Die Kritik an der «Massenpresse» wirft einer bestimmten Sparte der Presse vor, sich einseitig dem Geschmack der Leser oder der «Masse» zu unterwerfen und dadurch statt der Meinungsbildung eher einer Meinungsverbildung Vorschub zu leisten. Sie sieht in den Massenblättern einen Mißbrauch der Pressefreiheit, der zur Verrohung der Leser führe und ihre niederen Instinkte fördere. «Man will nicht das Denken und Urteilen anregen, sondern das Bedürfnis nach Sensation, die Unterwelt der Triebe und Instinkte, die Gegenwelt des Häßlichen, Verbrecherischen und Morbiden ...» (Walter Hagemann, *Dankt die Presse ab?* München 1957, S. 87). Gegen diesen Mißbrauch wird eine Selbstkontrolle der Presse durch berufsständische Ehrengerichte gefordert, die die «Kontrolle über die Kontrolleure» ausüben und so eine Selbstreinigung der Presse erreichen soll.

Wie unzureichend eine solche Methode sein müßte, ergibt sich schon aus der Tatsache, daß ja auch der Journalist, und also auch das Ehrengericht, nicht unabhängig von dem sozialen Klima sind.

So könnte ein Ehrengericht von Journalisten praktisch zusätzlich das Feld für das freie Spiel der Meinungen verkleinern. Es würde niemals die Erscheinungen, gegen die sich solche Kritik angeblich wendet, eindämmen können – wohl aber wahrscheinlich ernsthafte Reportagen und Untersuchungen über sexuelle Probleme und Tabus unserer Gesellschaft verhindern. Das gleiche gilt für den politischen Bereich. Die Erfahrungen mit der «Freiwilligen Selbstkontrolle» der Filmwirtschaft sind in dieser Hinsicht nicht ermutigend.

Der Inhalt der Massenmedien bestimmt das Verhalten und das Bewußtsein der Menschen nicht allein. Beides ist von einer Reihe anderer Faktoren abhängig, wie Familie, Schule und Erziehung, und schließlich bestimmt die objektive gesellschaftliche Lage, vor allem die Stellung im Arbeitsprozeß, den Horizont möglicher Erfahrungen, Einstellungen und Meinungen. Im Zusammenwirken solcher gesellschaftlicher Faktoren ist jedoch die Wirkung der Massenmedien nicht zu unterschätzen. Nicht nur ihre ausdrücklich politischen, sondern auch ihre scheinbar unpolitischen Inhalte sind dabei von Bedeutung; was von ihnen verschwiegen wird, ist oft ebenso wichtig wie das, was ausgesprochen wird. Es ist deshalb nötig, an einigen typischen Beispielen den Aufbau und die Wirkungsweise der Presse und anderer Medien in der Bundesrepublik kurz zu beleuchten.

Die Konzentration der Wirtschaft wirkt sich auch in der Presse der Bundesrepublik aus: eine Zeitung ist heute nur noch als wirtschaftlicher Großbetrieb denkbar, zu dessen Gründung einige Millionen investiert werden müssen. Dieser Kapitalbedarf führte dazu, daß in der Bundesrepublik in den letzten zwanzig Jahren immer mehr kleinere, insbesondere lokale Zeitungen gezwungen waren, sich zu Redaktionsgemeinschaften zusammenzuschließen oder ihre fertigen Zeitungen von gemeinsamen Materndiensten zu beziehen und nur noch den Kopf ihres Blattes und den lokalen Teil selbständig hinzuzufügen.

Die meisten größeren Zeitungen haben auf diese Weise einen ganzen Kranz von lokalen Kopfblättern in der Umgebung.

Damit verschwindet in der Bundesrepublik mehr und mehr die noch in der Weimarer Zeit sehr einflußreiche meinungsbildende Lokalpresse zugunsten weniger großer zentral redigierter Organe. Mit dieser Entwicklung verschwindet auch die lokale Parteipresse. Sie wird ersetzt durch zentrale Organe der Parteien (und Gewerkschaften und Verbände) und durch die Beteiligung der Parteien an größeren privaten Organen, wie es am deutlichsten an der «Konzentration GmbH», dem Pressekonzern der SPD, zu beobachten ist.

Neugründungen von Zeitungen sind praktisch nur noch durch bereits mächtige Pressekonzerne möglich. Deren größter ist der Konzern von Axel Springer, zu dem unter anderen die «Bild-Zeitung», «Die Welt», «Das neue Blatt», «Berliner Zeitung», «Berliner Abendblatt», «Berliner Morgenpost», «Kristall», «Hör Zu» und der gesamte Ullstein-Verlag gehören. Springer kontrollierte bis 1967 «47,4 Prozent aller Programmzeitschriften, 81,7 Prozent aller Straßenverkaufszeitungen, 85,8 Prozent aller Sonntagszeitungen und 44,8 Prozent aller Jugendzeitschriften» (Müller, S. 16).

«Sicher gibt es heute keinen zweiten Hugenberg in der Bundesrepublik und – gottlob – ist auch keiner in Sicht», sagte Richard Schmidt 1964 (*Die Zeit*, 31.1.64). In der Tat: mit Hugenberg, der mit seiner Pressemacht und ihrem Einsatz für die Deutschnationale Volkspartei wesentlich dazu beitrug, Hitler den Weg in die Reichskanzlei zu ebnen, braucht sich Axel Springer nicht vergleichen zu lassen. Die Macht seines Konzerns ist ungleich größer als die Hugenbergs, der sich immerhin noch gegen einige gleichstarke Konkurrenzunternehmen behaupten mußte; und Springer verwendet die seine viel geschickter, ohne viel Aufsehen zu erregen. Wer verfolgt hat, wie «Bild» ein halbes Jahr lang eine systematische Kampagne gegen den damaligen Bundesaußenminister Schröder führte, wie «Bild» Franz Josef Strauß den Weg zurück ins Kabinett ebnete, wie «Bild» systematisch den Antikommunismus schürt, der wird kaum bestreiten können, daß hier private wirtschaftliche Macht für politische Zwecke mißbraucht wird.

Aber «die Freiheit der Presse setzt ja voraus, daß diese privatwirtschaftlich organisiert ist», meint Senator Helmut Schmidt (*Die Zeit* 31.1.64). Nach dieser Voraussetzung könnte in der Bundesrepublik der Rundfunk allerdings nicht frei sein.

Das Beispiel Rundfunk zeigt, daß dieses Prinzip – aus gutem Grund – bei uns selbst durchbrochen ist. In einem Gutachten hat Herbert Krüger den marktwirtschaftlichen Wettbewerb im Bereich der Massenmedien untersucht. Er schließt aus seiner eingehenden Analyse des Marktgeschehens: «Aus alledem hat sich ergeben, daß die Antinomie zwischen öffentlicher Aufgabe und erwerbswirtschaftlicher Betätigung im Bereich der Massenmedien von keinem der Marktbeteiligten aufzuheben ist. Ein auf Gewinnerzielung gerichteter Wettbewerb ist notwendigerweise nicht imstande, denjenigen Leistungsstand der Massenmedien zu bewirken, den Gesellschaft und Staat vor allem unter dem Gesichtspunkt ‹öffentliche Meinung› ebenso fordern wie voraussetzen» (Herbert Krüger: «Die öffentlichen Massenmedien als notwendige Ergänzung der privaten Massenmedien», *Rundfunkanstalten und Tageszeitungen*, III, Frankfurt/M. 1965, S. 207–310, S. 276).

Die Bild-Zeitung ist mit fast 4,5 Millionen täglicher Auflage die weitaus verbreitetste Zeitung in Deutschland und das Vorbild anderer Boulevard-Blätter. Schon durch ihre spezifische Darstellungsform, Bilder mit möglichst kurzen, aber wirkungsvollen Texten zu kombinieren, isoliert sie die Ereignisse des Tagesgeschehens von ihren politischen und historischen Zusammenhängen und stellt stattdessen die Seite des ‹human interest› in den Vordergrund. Mit der Rechtfertigung, daß eben dies den Leser interessiere, treten die persönlichen Charakterzüge, das Äußere und die privaten Umstände hochgestellter Persönlichkeiten an die Stelle ihrer politischen Handlungen und Beziehungen. Entsprechend findet man im Unterhaltungsteil vorwiegend Berichte von Stars und Romane, die in gehobenen gesellschaftlichen Sphären spielen. Daneben wird in Darstellungen von empörenden Skandalen und Verbrechen die Gegen-Welt des Bösen gezeigt. Die moralische Identifikation mit dem Guten, die durch die Empörung des Lesers erreicht wird, schafft gleichzeitig eine Art Gemeinschaft aller «Bild»-

Leser. So tritt an die Stelle des rationalen Urteils die moralische Empörung über das Böse und die Bösen und an die Stelle der kritischen Analyse die Identifikation mit den Hochgestellten und der Traum vom besseren Leben.

Das gleiche Denkschema ergibt sich auch im politischen Teil – soweit man davon überhaupt reden kann. Wer erkannt hat, wo das Gute und wo das Böse steht (und «Bild» verhilft zu dieser Erkenntnis), der durchschaut die Handlungen der Politiker und versteht das Geschehen. Wenn die Bild-Zeitung dann als das böse Prinzip den Kommunismus anprangert, als die Bösen im Innern Verbrecher, Spione und «nützliche Idioten», Intellektuelle, die dem Kommunismus durch ihre arglose, von moralischen Werten abgelöste, wurzellose und kalte Verstandesarbeit den Weg bereiten, dann sind alle Probleme gelöst (vgl. Wilke Thomssen, *Die Öffentlichkeit der Bild-Zeitung*, 1960, unveröff. Ms. [Soziologische Diplomarbeit]). Auf diese Sündenböcke läßt sich alles Unheil zurückführen, alle Schuld abladen, wenn man gleichzeitig unter sich, in der ‹Ingroup›, Frieden und Einigkeit bewahrt und «im Schatten der Mauer» nicht um halbe Prozente im Tarifvertrag feilscht und schon gar nicht darum streikt. Auf der Basis eines solchen Einverständnisses läßt sich dann die Leserschaft leicht auf bestimmte politische Urteile festlegen.

Die Voraussetzung für eine solche Haltung der Bild-Leser, die durch die Zeitung verstärkt und ständig reproduziert wird, ist eine Mentalität, die den Vorstellungen der Nationalsozialisten in der Weimarer Zeit in ihrer Struktur beängstigend ähnelt. Da man die Probleme dieser Gesellschaft rational nicht erkennen, geschweige denn beherrschen kann, sucht man sich einen Sündenbock, der an allem Schuld ist. Was damals die «jüdisch-bolschewistische Weltverschwörung» war, das sind heute die «Kommunisten» und speziell «Ulbrichts KZ-Wächter» oder in Berlin die «bärtigen Studenten». Hand in Hand mit vielen anderen Organen der Massenbeeinflussung erzeugt die Bild-Zeitung so eine gesellschaftliche höchst gefährliche Blindheit.

Trotzdem gibt es in der Bundesrepublik wohl Proteste gegen den Mißbrauch der Meinungsfreiheit durch die «Nationalzeitung», niemand aber wagt es, gegen die viel gefährlichere Bild-Zeitung zu protestieren.

Die «Deutsche Nationalzeitung», 1950 unter dem Titel «Deutsche Soldatenzeitung» gegründet, hat es verstanden, nach und nach zum führenden Sprachrohr und Sammelbecken der rechten Opposition in der Bundesrepublik zu werden. Seit 1963 gibt der Verlag der Nationalzeitung auch die «Schlesische Rundschau» und die Landesausgabe «Der Sudetendeutsche» heraus.

Die DNZSZ ist nicht offen antisemitisch; dagegen vertritt sie einen betont völkisch-nationalen Standpunkt und betont das Soldatische, das «echte Preußentum» als Grundlage politischer Ordnung und Gestaltung. Sie tritt für die Rehabilitierung der ehemaligen Nazis ein und versucht die Verbrechen der Deutschen im Zweiten Weltkrieg durch die anderer Völker, besonders der Russen, zu rechtfertigen. Daß sie extrem antikommunistisch ist, bedarf kaum der Erwähnung (zur genaueren Analyse vgl. H.-H. Knütter, «Geistige Grundlagen und politische Richtung der Deutschen Nationalzeitung und Soldatenzeitung», Sonderheft *Für die Demokratie*, April 1964).

Die DNZSZ macht als Sammelbecken der Rechten nur sichtbar, was ohne sie verstreut an unbelehrbaren Ganz-Rechten in der Bundesrepublik ebenso weiterexistieren könnte und würde. Ihre gefährliche Bedeutung liegt vor allem in ihrer Alibi-Funktion zur Absicherung nach rechts. Jede Zeitung, die wie die Bild-Zeitung eine irrational-autoritäre Mentalität vertritt, kann selbstgefällig auf die Nationalzeitung hinweisen und sich so gegen den Vorwurf, selbst rechts zu sein, absichern.

Wie weitgehend auch «seriöse» bürgerliche Zeitungen die Meinung der Bundesbürger durch die Art und Auswahl ihrer Berichterstattung einseitig beeinflussen, hat H. M. Enzensberger in einer Analyse der «Frankfurter Allgemeinen Zeitung» beispielhaft bewiesen. Anhand einer Gegenüberstellung der Ausgaben der FAZ vom 7. bis 16. Dezember 1961 mit elf anderen in- und ausländischen Tageszeitungen weist diese Untersuchung nach, daß die FAZ bestimmte Nachrichten und Ereignisse, die in ihr politisches Weltbild und Selbstverständnis passen, besonders hervorhebt, andere dagegen auf kleine

Randnotizen beschränkt oder ganz fallen läßt. Insbesondere stellt sie anhand verschiedener Beispiele den Trend fest, von Handlungen der verbündeten Länder vorwiegend nur die positiven Seiten zu berichten, aus dem Osten dagegen die negativen Meldungen zu bevorzugen, und eine patriotisch-regierungstreue Sprachregelung zu praktizieren, die kritischem demokratischem Denken durchaus abträglich sein muß. Jedoch glaubt Enzensberger der Beteuerung der Unabhängigkeit der FAZ: «Sie bedarf keiner Hintermänner; jeder ihrer Verantwortlichen ist sein eigener Hintermann. Wer die Sprache der Herrschaft spricht, braucht um seine Unabhängigkeit nicht zu bangen; keine Macht wird ihn dessen berauben, was ihr ohnehin zugute kommt» (Enzensberger, S. 70).

Unter den gesellschaftlichen Verhältnissen, die in der Bundesrepublik bestehen, ist es kein Wunder, daß die wenigen noch verhältnismäßig kritischen Tageszeitungen, wie die «Frankfurter Rundschau» und die «Süddeutsche Zeitung» nur schwer zu einer überregionalen Verbreitung gelangen können und der FAZ und Springers antikommunistischer «Welt» kein gleichstarkes Gegengewicht entgegenzusetzen imstande sind. Die «Zeit», als Wochenzeitung, beschränkt sich auf den liberalen Flügel des Bildungsbürgertums und dessen Vorstellung von öffentlicher Meinung, und der «Spiegel» durchläuft (ebenso wie die anderen genannten Organe) Perioden der Orientierungslosigkeit und der Anpassung, die deutlich machen, wie viel mehr in einer anderen sozialen Umwelt an politischer Information und Diskussion und kritischer Bewußtseinsbildung möglich wäre. Über ein bestimmtes Maß wohldosierter Kritik geht wohlweislich keines dieser Organe hinaus.

Ein Vergleich mit der ausländischen Presse zeigt, daß die Bundesrepublik einen Tiefpunkt in den westlichen demokratischen Staaten darstellt. Wer etwa ein Boulevardblatt einer skandinavischen Hauptstadt mit der Bild-Zeitung vergleicht, ist überrascht von dem unvergleichlich höheren politischen Niveau der Auslandszeitungen. Ein Vergleich der «Welt» und der FAZ, aber auch der oben als kritisch genannten Blätter mit den größten ausländischen Tageszeitungen, «The Times», «Neue Zürcher Zeitung», «Le Monde», «New York Herald

Tribune», «New York Times», «Dagens Nyheter» und anderen offenbart das gleiche Gefälle, sowohl in Bezug auf die Menge und Qualität der gebotenen Nachrichten als auch auf das intellektuelle Niveau und die Reichweite der politischen Diskussion.

Der Rundfunk (einschließlich des als Beeinflussungsmittel wichtigeren Fernsehens) ist in der Bundesrepublik in Form von Anstalten des öffentlichen Rechts organisiert und untersteht der Kulturhoheit der Länder. Der Rundfunkrat, der entsprechend dem Herausgeber einer Zeitung die politische Linie und die generelle Programmpolitik bestimmt, der den Intendanten und die Redakteure bestellt, ist zusammengesetzt aus Vertretern der Regierung, der Parteien, der Kirchen und verschiedener anderer am Programm interessierter Organisationen. Diese Organisationsform soll verhindern, daß einzelne Interessengruppen die Öffentlichkeitsarbeit des Rundfunks einseitig bestimmen. Der Rundfunk ist z.B. verpflichtet, vor Wahlen jeder Partei einen im Verhältnis zu ihrer Bedeutung gleichen Anteil an der Sendezeit zur Verfügung zu stellen. Um negative Einflüsse durch die Werbung auszuschalten, ist die Rundfunkwerbung privaten Gesellschaften vorbehalten, die zu festgesetzten Preisen Sendezeiten zugeteilt bekommen.

Diese Regelungen sind bedingt durch negative Erfahrungen im Ausland, vor allem in den USA. Die privaten Rundfunk- und Fernsehanstalten sind dort zum Teil so abhängig von den Werbeagenturen, daß einige Programme ausschließlich, die meisten weitgehend von einzelnen Agenturen beaufsichtigt oder gestaltet werden. Das Eindringen der Werbung in Unterhaltungsprogramme und Nachrichten ist nichts Ungewöhnliches und unterschwellige Werbung in Fernsehfilmen keine Seltenheit.

Die Regelung in der Bundesrepublik führt praktisch zu einer vorsichtigen Proporz-Abwägungspolitik der verantwortlichen Redakteure. Dieses System verhindert weitgehend eine kritische Auseinandersetzung mit Fragen, in denen Einigkeit zwischen den wichtigsten Interessengruppen besteht. Kritische Sendungen werden häufig in Sondersendereihen mit ungünstigen Sendezeiten (Drittes Programm) abgedrängt. Daß die einzelnen Sender je nach Bundesland leichte Verschiedenheiten aufweisen, kann die angeführten Tendenzen nicht neutralisieren.

Seit das Bundesverfassungsgericht 1961 den Versuch des Bundeskanzlers Adenauer, ein zweites Fernsehprogramm im Besitz des Bundes zu organisieren, als verfassungswidrig zurückgewiesen hat, ist auch das Fernsehen allein den Rundfunkanstalten der Länder übertragen. Damit ist der Versuch der Bundesregierung, sich ein eigenes Organ der Massenbeeinflussung großen Stils zu schaffen, vorläufig gescheitert. Allerdings bleibt auch in Rundfunk und Fernsehen die Tendenz zu kritischer Information und Diskussion relativ schwach (und häufig rückläufig), weil der Einfluß der institutionalisierten Machtgruppen, die die Rundfunkräte beherrschen, deren Entwicklung Schranken setzt.

Schließlich muß noch auf die Filmzensur hingewiesen werden, die trotz des verfassungsrechtlichen Verbots in Art. 5 Abs. 1 Satz 3 GG, gestützt auf eine fragwürdige Rechtsgüterabwägung innerhalb des Grundrechtskatalogs des GG und getarnt als freiwillig, in der Bundesrepublik praktiziert wird. Der «Interministerielle Ausschuß» in Bonn, dem alle ausländischen Spielfilme vorzulegen sind - ausgenommen sind durch Erlaß Filme aus den westlichen verbündeten Ländern -, macht die Einfuhr eines Filmes von der Prüfung seiner Unbedenklichkeit im Sinne des Verfassungsschutzes abhängig. Die «Freiwillige Selbstkontrolle der Filmwirtschaft» bestimmt die Zulassung eines Films für die westdeutschen Filmtheater. Sie gibt Filme für Jugendliche frei, sie kann Schnitte zur Voraussetzung für die öffentliche Aufführung überhaupt machen oder Filme wegen sittlicher Gefährdung, Rassen- und Völkerhetze oder militaristischer Propaganda zurückweisen. Die «Filmbewertungsstelle der Länder» erteilt Prädikate, die für einen Film wirtschaftlich von entscheidender Bedeutung sein können.

Die wichtigste dieser drei Prüfstellen, die freiwillige Selbstkontrolle, ist je zur Hälfte aus Vertretern der Interessengruppen, ähnlich den Rundfunkräten, zur anderen Hälfte aus Vertretern der Filmwirtschaft zusammengesetzt, die anderen beiden Gremien aus Vertretern der Ministerien bzw. der Länder.

Auch die besten Prüfer sind ihren Interessengruppen gegenüber verpflichtet; zudem sind sie ihrer gesellschaftlichen Umwelt verhaftet. So kann auch diese theoretisch nicht existente, aber doch praktizierte Filmzensur weniger als Ausschaltung der Gefahren der Meinungsfreiheit wirken, als vielmehr zur Festlegung der Filme auf den ‹common sense› beitragen. Die Gefahr dieser Institutionen liegt vielleicht mehr noch als in ihrer Spruchpraxis heute in der abschreckenden Wirkung.

Die Praxis der Filmzensur ist verfassungswidrig, weil laut Art. 5 Abs. 1 Satz 1 GG jeder Bürger das Recht hat, sich «aus allgemein zugänglichen Quellen ungehindert zu unterrichten». Auch über Filme, die eine Mehrheit der Prüfer des FSK oder des interministeriellen Ausschusses für verderblich hält, die aber im Ausland ungekürzt jedem Erwachsenen zugänglich sind.

Die «Bürgeraktion saubere Leinwand», die seit einiger Zeit das «gesunde Volksempfinden» zum Sturm auf die Filmtheater ansetzt, zeigt die letzte Konsequenz, die das Schwarz-Weiß-Denken der Bild-Zeitung und ähnlicher Meinungsbildner erzeugt.

Im Zusammenwirken dieser Organe und Institutionen der Meinungsbildung ist in der Bundesrepublik ein besonderes Meinungsklima entstanden, das der Journalist Walter Gollbach folgendermaßen charakterisiert: «. . . Die Freiheit wird unter dem Hinweis auf die Notwendigkeit ihrer Verteidigung planmäßig von innen her zersetzt. Das geschieht in der Form, daß man vor ihrem ‹zügellosen› Gebrauch warnt, daß Begriffe wie ‹Defaitist›, ‹Nihilist› und ‹Verzichtpolitiker› wieder zum Wortschatz der Deutschen gehören. Aus Illusionen werden Nationalheiligtümer gemacht, die von der Dummheit anzubeten sind, und die Nachbarschaft der roten Herren muß als Argument dafür herhalten, daß über gewisse Dinge nicht gesprochen werden sollte, es sei denn, man spricht über sie so, wie es die offizielle Sprachregelung wünscht.

Eine halbe Nation krankt an dem Mangel nur unzureichender Unterrichtung über ihre wirkliche Lage durch ihre Offiziellen ... Gemeinsamkeit wird konstruiert und angestrebt, wo es keine Gemeinsamkeit geben kann. Verbrüderung wird gefeiert, wo echte Gegnerschaft aus Gründen der politischen Ehrlichkeit bitter not täte ...» («Neuss als Symptom», *Fuldaer Volkszeitung*, 12. 2. 66).

Es kam darauf an zu zeigen, daß alle diese Veränderungen und Mißbräuche der ursprünglich als freie Diskussion gedachten öffentlichen Meinung nicht zufällig sind und nicht isoliert nebeneinander stehen, sondern im Wandlungsprozeß der Gesellschaft aus der liberal-kapitalistischen Wirtschaftsgesellschaft der freien Konkurrenz in diejenige des organisierten Kapitalismus der nur noch beschränkten Konkurrenz zwischen wirtschaftlichen Großgebilden notwendig entstehen mußten. Die Unterschiede gegenüber dem Ausland zeigen nur Variationen in einem ähnlichen Entwicklungsprozeß. (Die Beispiele Skandinaviens und Englands zeigen freilich auch, daß ohne eine grundlegende Änderung der Herrschaftsformen ein größeres Maß an rationaler öffentlicher Diskussion und Information möglich ist.) Die Massenmedien sind einerseits ausführende Organe in diesem Prozeß, von dem sie selbst wieder bestimmt werden, andererseits sind sie die deutlichsten Gradmesser, wie weit das unkritische Bewußtsein und der Konformismus in einer Gesellschaft fortgeschritten sind.

Es fragt sich, welche Chancen Öffentlichkeitsarbeit in unserer Gesellschaft noch haben kann, zur Bildung einer rationaleren und damit demokratischeren Struktur der Gesellschaft beizutragen. «Pressefreiheit ist [heute] die Freiheit von zweihundert reichen Leuten, ihre Meinung zu verbreiten ... Aber wer nun anders denkt, hat der nicht auch das Recht, seine Meinung auszudrücken? Die Verfassung gibt ihm das Recht, die ökonomische Wirklichkeit zerstört es» (Paul Sethe, *Die Zeit*, 9. 7. 65).

Demgegenüber muß betont werden, daß Pressefreiheit heute nicht mehr allein als Meinungsäußerungsfreiheit definiert werden kann: «The press must know that its faults and errors have ceased to be private vagaries and have become public dangers», schrieb eine amerikanische «Commission on Freedom of the Press» (S. 131). Die ‹Commission› betont, daß Pressefreiheit «is a function within a society and must vary with the social context» (S. 132).

Der Mensch in der heutigen Gesellschaft ist, um menschenwürdig leben zu können, angewiesen auf eine ausreichende und unverfälschte Versorgung mit Nachrichten. Deshalb stellt die ‹Commission› die Umfunktionierung der Pressefreiheit in einen Rechtsanspruch des Lesers auf Unterrichtung fest: «his interest becomes the status of a *right*. It becomes legitimate to speak of the moral right of men to the news they can use ... The general policy of laissez faire in this field must be reconsidered ...» (S. 125 - vgl. auch Gleissberg, S. 5). Aus einer so gefaßten Meinungsfreiheit als Rechtsanspruch auf volle Information würde sich z.B. auch die Informationspflicht der Behörden gegenüber der Presse ableiten. Ein einklagbarer Rechtsanspruch auf vollständige und sachliche Berichterstattung durch die Presse wird auf dieser Grundlage denkbar.

Freilich würde ein solcher Anspruch allein wenig nützen, solange das gesellschaftliche Klima nicht grundlegend verändert würde. Unter den gegebenen gesellschaftlichen Voraussetzungen ist das höchste, was erreichbar scheint, jedem zumindest die Chance zu politischer Informiertheit und kritischem Denken zu geben, um wenigstens einige kleine Gruppen zu erhalten, die in der Lage sind, sich kritisch mit dieser Gesellschaft auseinanderzusetzen und, auf sie gestützt, wenigstens einige kritische Gedanken weiter zu verbreiten und den schlimmsten Konformismus ein wenig aufzuhalten. Kritische Öffentlichkeitsarbeit ist somit heute nur denkbar als politische Bildungsarbeit durch die Massenmedien, im Verein mit anderen, besonders mit Erziehungseinrichtungen.

Zu ausreichender politischer Information, die kritisches Bewußtsein und rationales Urteilen ermöglichen soll, gehört unbedingt die Einordnung der Fakten und Ereignisse in ihren historischen, politischen und gesellschaftlichen Zusammenhang, um eine historische und dialektische Beurteilung durch den Leser oder Hörer möglich zu machen. H. M. Enzensberger hat in einem Aufsatz über die Wochenschau («Scherbenwelt», S. 106–133) ein Modell einer solchen publizistischen Arbeit entworfen. Schließlich müßte die Presse sich selbst in die kritische öffentliche Diskussion einbeziehen: gegenseitige Kritik der Presseorgane wäre die notwendige Ergänzung; sie ist zugleich die einzige sinnvolle Form der Selbstkontrolle. Ideologiekritik müßte als eines der wichtigsten Prinzipien der Öffentlichkeitsarbeit die gesamte publizistische politische Bildungsarbeit durchziehen und bestimmen. Nur so könnte, in mühevoller Kleinarbeit, wenigstens ein kleiner Teil kritischen Bewußtseins erhalten werden.

Literatur

BAUMERT, GERHARD, «Meinungsbildung und öffentliche Meinung in der Demokratie», *Die politische Urteilsbildung in der Demokratie*, Hannover 1961, S. 13–28

COMMISSION ON FREEDOM OF THE PRESS, *A Free and Responsible Press*, Chicago/Ill. 1947

ENZENSBERGER, HANS MAGNUS, *Einzelheiten I. Bewußtseins-Industrie*, Frankfurt/M. 1963

GLEISSBERG, GERHARD, *Die Presse in England*, München 1948

GRASS, GÜNTER, *Der Fall Axel C. Springer am Beispiel Arnold Zweig*, Berlin 1967

HABERMAS, JÜRGEN, *Strukturwandel der Öffentlichkeit*. Neuwied 1962

– «Verwissenschaftlichte Politik und öffentliche Meinung», *Humanität und politische Verantwortung*, Zürich und Stuttgart 1964

– «Von den kritischen und konservativen Aufgaben der Soziologie», *Theorie und Praxis. Sozialphilosophische Studien*, Neuwied 1963

HAGEMANN, WALTER, *Die soziale Lage des deutschen Journalistenstandes*, Düsseldorf 1956

LENZ, FRIEDRICH, *Werden und Wesen der öffentlichen Meinung, Ein Beitrag zur politischen Soziologie*. München 1956

LÖFFLER, MARTIN (Hrsg.), *Die öffentliche Meinung*, München und Berlin 1962

– *Der Verfassungsauftrag der Presse. Modellfall Spiegel*, Karlsruhe 1963

MÜLLER, HANS DIETER, *Der Springer-Konzern*, München 1968

PROSS, HARRY, *Deutsche Presse seit 1945*, München 1965

D

DIE BEDEUTUNG SOZIALER NORMEN IM ERZIEHUNGSPROZESS

[INGRID SCHMIEDERER]

Die Soziologie und die Wissenschaft von der Politik verdanken vor allem den Ergebnissen der modernen Ethnologie gesicherte Daten über Bedeutung und Umfang sozio-kultureller Normen für die Entwicklungs- und Entfaltungsmöglichkeiten des Individuums innerhalb eines vorgefundenen gesellschaftlichen Systems. Erbbiologische Begründungen und Argumentationen mit Naturkonstanten für die Erfassung individueller und nationaler Besonderheiten treten immer stärker zurück hinter der Erkenntnis, daß es primär die materielle und soziale Umwelt ist, von der das Einzelschicksal abhängt, daß vor allem Art und Umfang der Erlernung und Verinnerlichung der durch die spezifische Kultur vorgegebenen Normen und Werte den Vorgang bestimmen, den man allgemein als Persönlichkeitsentwicklung bezeichnet. Diese Betrachtungsweise gründet zum einen in detailliertem Wissen um die historische Relativität kultureller Formen, zum anderen in der Erkenntnis einer unauflösbaren Wechselbeziehung zwischen Individuum und Gesellschaft. Sie stellt zwar den Menschen als ein gesellschaftliches Wesen in den Mittelpunkt, leugnet jedoch nicht seine durch Veranlagung bedingte je unterschiedliche Ausgangsposition. Sie hält jedoch die sozio-kulturellen Determinanten individueller Entwicklung für so überwältigend, daß die anlagemäßige Ausstattung des Menschen dahinter relativ bedeutungslos wird. So zieht Ruth Benedict aus ihren umfangreichen ethnologischen Untersuchungen das Fazit, daß bei den meisten Menschen die ursprüngliche Veranlagung derartig bildsam sei, «daß sie sich mit Leichtigkeit den Formen der Kultur anpassen. Sie sind Ton in den Händen des Töpfers, den die Gesellschaft, in die sie hineingeboren werden, darstellt» (Ruth Benedict, *Urformen der Kultur*, Reinbek 1955, S. 194).

Der gesamte menschliche Entwicklungsprozeß kann also weitgehend als ein Anpassungsvorgang an sozial vorgeprägte Verhaltensmuster und Normen angesehen werden, die entfaltete menschliche Persönlichkeit als Ergebnis eines Sozialisierungsprozesses, der durch die unterschiedlichen sozialen Mittler, d.h. durch die verschiedenen gesellschaftlichen Gruppen, an denen der Mensch «funktionale Teilhabe» (Hartley) erwirbt, bestimmt ist.

Im Zentrum der Betrachtung soll eine eingehendere Analyse der für unsere Gesellschaftsordnung relevanten Erziehungsfunktionen von Familie und Schule als der am kontinuierlichsten wirkenden Sozialisierungsinstanzen stehen, derjenigen Institutionen also, die das heranwachsende Kind am nachhaltigsten nach den gültigen sozialen Normen formen und damit den Hauptanteil an seiner Integration in die bestehende Gesellschaft übernehmen. – Neben diesen beiden wichtigsten Sozialisierungsinstitutionen bietet die Gesellschaft eine Fülle weiterer Möglichkeiten von intensiver und lockerer Gruppenteilhabe an, die für die Persönlichkeitsentwicklung eine erhebliche Rolle spielen. Wir beschränken uns jedoch zur Verdeutlichung nur auf die beiden wichtigsten Grundtypen der Normenvermittlung, in vollem Bewußtsein, die Komplexität der möglichen Sozialisierungsformen in unserer Gesellschaft nicht annähernd zu berühren.

Jede Gesellschaft besitzt einen Grundkanon an gesellschaftlich verbindlichen Normen und Wertsetzungen, deren Funktion es ist, die bestehende Gesellschaftsordnung zu rechtfertigen und ihren Weiterbestand zu sichern. Sie bilden einen festen Bestand an Verbindlichkeiten, die jedes in der Gesellschaft lebende Individuum unabhängig von seiner spezifischen gesellschaftlichen Position als selbstverständlich und «naturgegeben» hinnehmen soll.

Die Übermittlung und Verinnerlichung dieser die Gesellschaft tradierenden Normen und Werte bezeichnet Erich Fromm als die Formung des von der Gesellschaft geforderten Sozialcharakters. Er versteht darunter jenen «Kern der Charakterstruktur, der von den meisten Angehörigen einer Gesellschaft geteilt wird, im Gegensatz zum individuellen Charakter, in dem die Menschen sich voneinander unterscheiden» (Fromm, S. 73).

Die Struktur und Funktion jeder Gesellschaft – und damit auch ihr spezifisches Normen- und Wertsystem – ist von einer Reihe objektiver Faktoren abhängig. Hierzu gehören vor allem die jeweiligen Produktionsmethoden und das Verteilungssystem. Die Funktion des Sozialcharakters besteht darin, «die menschlichen Energien innerhalb einer gegebenen Gesellschaft so zu formen und zu kanalisieren, daß sie das kontinuierliche Funktionieren eben dieser Gesellschaft verbürgen» (Fromm, S. 74).

Der Kapitalismus des 20. Jahrhunderts, gekennzeichnet durch ein Höchstmaß an technischen Möglichkeiten, Kapitalkonzentration, Marktbeherrschung und Bürokratisierung, benötigt Menschen ganz anderer Charakterstruktur als der sich im Aufbau befindliche Kapitalismus des 19. Jahrhunderts, in dem Marktpositionen in freier Konkurrenz nur durch brutale Ausbeutung menschlicher Arbeitskraft erreicht werden konnten. Die unverhüllte Autorität ist im Zeitalter der Massenproduktion und des Massenkonsums einer verschleierten Herrschaftsausübung von Menschen über Menschen gewichen. Durch die immer weiter fortschreitende Arbeitsteilung in allen Bereichen der Gesellschaft wird die Zahl der Menschen, die das Ganze übersehen, immer kleiner und ihre Möglichkeit zur Manipulation der übrigen immer größer. Ziel solcher Manipulation ist das reibungslose Funktionieren der Menschen sowohl im Produktions- wie im Konsumbereich, um die Expansion der Wirtschaft im Rahmen der kapitalistischen Eigentumsordnung zu garantieren. Dabei wird dem einzelnen suggeriert, er besäße ein hohes Maß an persönlicher Freiheit, sowohl als «Partner» im Betrieb wie auch allgemein als «Mitbürger» eines demokratischen Staatswesens.

Das am häufigsten zitierte Prinzip der bürgerlichen Gesellschaft – das Postulat der individuellen Freiheit – kann jedoch in seinem ursprünglichen aufklärerischen Sinn kein die bürgerlich-kapitalistische Gesellschaft stabilisierender Wert sein, denn seine Realisierung müßte unreflektierte Übernahme der ökonomischen Grundprinzipien verhindern und damit das

Gesellschaftssystem der Kritik seiner Mitglieder ausliefern und möglicherweise zu seiner Überwindung durch sie führen. So steht «Freiheit» als ideologische Wertsetzung neben anderen Werten der Gesellschaft, und als solche wird sie durch die sozialen Mittler an die kommenden Generationen weitergegeben. Der Kapitalismus des 20. Jahrhunderts braucht Menschen, «die sich für frei und unabhängig halten, keiner Autorität untertan, keinem Prinzip, keinem Gewissensbefehl verpflichtet - und dennoch bereit, sich befehlen zu lassen, zu tun, was erwartet wird, sich reibungslos in die gesellschaftliche Maschine einzufügen» (Fromm, S. 101). Unsere Gesellschaft fordert zur Aufrechterhaltung ihrer Ordnung die Formung eines Menschen, der sich den gesellschaftlichen Autoritätsverhältnissen anpaßt und sich dabei im Besitz individueller Freiheit wähnt. Die Betonung des Prinzips der Freiheit muß immer mehr Raum greifen, je stärker das Gesellschaftssystem als System von Unfreiheiten durch die Freiheitsforderungen der Unfreien potentiell bedroht ist. Solange der objektiv Unfreie sich aber subjektiv frei fühlt, wird er auf diese Forderungen verzichten - die Gesellschaft bleibt also in ihren Grundzügen erhalten. «Freiheit selbst wirkt als Vehikel von Anpassung und Beschränkung» (Marcuse, S. 160).

Der Grundkanon gesellschaftsstabilisierender Normen und Wertsetzungen, der für alle Mitglieder der Gesellschaft verbindlich gemacht werden muß, reicht zur Analyse der Sozialisierungsvorgänge in unserer Gesellschaft jedoch allein nicht aus. Mit ihm werden lediglich die Grundprinzipien der gültigen Herrschaftsverhältnisse vermittelt, deren Hauptkennzeichen die weitgehende Identität von wirtschaftlicher und politischer Macht bei einer Minorität gegenüber wirtschaftlicher und politischer Abhängigkeit der Mehrheit ist.

Die objektiv antagonistische Struktur auch der spätkapitalistischen Gesellschaft produziert auf der Ebene subjektiver Bewußtseinsinhalte eine schichtenspezifische Differenzierung, die sich zum einen aus dem unterschiedlichen Bezug zur Sachwelt, besonders aus dem verschieden stark empfundenen Erlebnis unmittelbarer Herrschaft herleitet, zum anderen durch bewußte Manipulation erzeugt wird.

Diesen unterschiedlichen Bewußtseinsstrukturen entsprechen spezifische Wertvorstellungen und Normen, die vor allem im primären Sozialisierungsprozeß, der Erziehung im Elternhaus, weitergegeben werden.

Das häufig zitierte dichotomische («proletarische») Bewußtsein der Arbeiter, dem ein in ein «Oben» und «Unten» geteiltes Bild von der Gesellschaft zugrunde liegt, und das ihm gegenüberstehende hierarchische, stärker auf Integration in das bestehende Gesellschaftssystem gerichtete («mittelständische») Bewußtsein der kleinen und mittleren Angestellten findet daher seine Begründung nicht allein in dem mehr oder weniger fühlbaren Abhängigkeitsverhältnis, in dem einerseits die Arbeiter und andererseits die Angestellten stehen. Neuere Untersuchungen haben nachgewiesen, daß es zumindest in den Qualifikationsvoraussetzungen für die Funktionen der Arbeiten im unmittelbaren Produktionsprozeß und denen der unteren und mittleren Verwaltungsebene keine relevanten Unterschiede mehr gibt. Auch das objektive Abhängigkeitsverhältnis, das ablesbar ist an dem Ausmaß der Dispositionsbefugnis, das mit einer bestimmten Funktion verbunden ist, ist für Arbeiter und kleine und mittlere Angestellte gleich stark. Trotzdem wird die anachronistisch gewordene arbeits- und sozialrechtliche Trennung in «Arbeiter» und «Angestellte» weiter aufrechterhalten, bestünde doch bei einer objektiven Gleichstellung dieser beiden großen Arbeitnehmergruppen die Gefahr einer Solidarisierung der Angestellten mit den Arbeitern und also ihrer «Proletarisierung». Man geht deshalb den umgekehrten Weg. Man erhebt besonders verdiente Arbeiter in den Rang von «Ehrenangestellten», zieht sie also in die besser integrierte Schicht hinein, was von zahlreichen Arbeitern so sehr als Vorzug empfunden wird, daß sie dafür sogar eine finanzielle Einbuße hinnehmen würden.

Die Aufrechterhaltung unterschiedlicher schichtspezifischer Bewußtseinsstrukturen kann also – neben dem Anspruch an einen einheitlichen Sozialcharakter – zumindest vorübergehend eine durchaus gesellschaftsstabilisierende Funktion haben. Die spätkapitalistische Gesellschaft wird so lange diese Trennung aufrechterhalten müssen, bis für alle Mitglieder der Gesellschaft die «Formierung» einer integrativen Bewußtseinsstruktur erreicht ist.

Über die Bedeutung der Familie als einer der wichtigsten sozialen Mittler unserer Gesellschaft sind sich alle Soziologen und Psychologen einig. «So wie im Medium dieses Kreises die Wirklichkeit sich spiegelt, erfährt das Kind, das in ihm aufwächst, ihren Einfluß. Die Familie besorgt, als eine der wichtigsten erzieherischen Mächte, die Reproduktion der menschlichen Charaktere, wie sie das gesellschaftliche Leben erfordert, und gibt ihnen die unerläßliche Fähigkeit zu dem besonders gearteten autoritären Verhalten, von dem der Bestand der bürgerlichen Ordnung in hohem Maße abhängt» (Horkheimer, S. 50). In höheren wie in niederen Schichten übt der Charakter der Eltern, der bereits mehr oder weniger stark ausgeprägter Ausdruck des geforderten Sozialcharakters ist, Einfluß auf das Kind aus und vermittelt so «die wesentlichen Züge des gesellschaftlich wünschenswerten Charakters» (Fromm, S. 76).

Die gegenwärtige Familie wird – im Gegensatz zu der bürgerlich-partriarchalischen Familie des 19. und des beginnenden 20. Jahrhunderts – als «partnerschaftlich» oder zumindest als sich auf dem Wege zu partnerschaftlichen Formen befindlich bezeichnet. Das bedeutet, daß die charakteristischen Über- und Unterordnungsverhältnisse der patriarchalischen Familie, deren augenfälligster Ausdruck die uneingeschränkte Autorität des Vaters über Frau und Kinder war, abgelöst werden von einer Familienstruktur, die durch die Einebnung sichtbarer Rangunterschiede zwischen ihren Mitgliedern gekennzeichnet ist. Diese scheinbar richtige Feststellung führt häufig zu der Behauptung, der autoritäre Erziehungsstil sei durch einen demokratischen abgelöst worden. Dagegen behauptet Horkheimer zu Recht, daß die Familie durch den weitgehenden Verlust materieller Funktionen auch keine in der Sache begründete Autorität mehr über ihre Mitglieder ausüben kann, daß sie damit aber nicht demokratisch, sondern «zum Übungsfeld von Autorität schlechthin» geworden sei (vgl. Max Horkheimer, «Autorität und Familie in der Gegenwart», *Erkenntnis und Verantwortung, Festschrift für Theodor Litt*, Düsseldorf 1960, S. 158).

Der von unserer heutigen Gesellschaft geforderte Sozialcharakter, der das Gefühl individueller Freiheit mit der Fähigkeit und Bereitschaft reibungsloser Ein- und Unterordnung verknüpft, ist mit den Mitteln der autoritär-patriarchalischen Erziehung nicht mehr zu erreichen. Diese Mittel führen vielmehr über den Weg der absoluten Identifikation mit dem übermächtigen Vater zu uneingeschränkter Anerkennung von Herrschaft, d. h. ihrer Ausübung über Schwächere bei gleichzeitiger Bereitschaft, sich mächtigeren Herrschaftsansprüchen zu beugen. Diese Form des «Untertanencharakters» wird einer Gesellschaft, in der Herrschaft so weit abstrakt geworden ist, daß sie als solche nicht mehr erkennbar und unmittelbar zu erfahren ist, nicht mehr gerecht.

Eine neuere Studie über das Elternverhalten in den USA und in der Bundesrepublik kommt zu dem Ergebnis, daß amerikanische Kinder im Gegensatz zu den deutschen, die noch mehr im patriarchalisch-autoritären Stil erzogen werden, stärkeren psychischen Repressionen und größerem Leistungsdruck unterliegen (Devereux / Bonfenbrenner / Suci, «Patterns of Parent Behaviour in the United States of America and the Federal Republic of Germany», *International Social Science Journal*, XIV, 1962/63, S. 488 ff.). An die Stelle von körperlichen Strafen tritt mehr und mehr der moralische Appell, der manipulative psychische Druck, zumeist durch das Mittel des Liebesentzugs, um das Kind zu «richtigem» Sozialverhalten zu veranlassen. Der relativ weite Ermessensspielraum, der dem Kind zugestanden wird, ist nur ein scheinbarer, die «Partnerschaft» in der Familie ebenso ideologischer Natur wie die «Partnerschaft» im Industriebetrieb oder im politischen Bereich. Die Folge dieser Sozialisierungspraktiken ist die Erzeugung einer permanenten Unsicherheit, einer «diffusen Angst» (Riesman), denn wo für das Kind der Zusammenhang zwischen Vergehen und Sanktion nicht mehr durchschaubar ist, verliert es die Maßstäbe für das verlangte Verhalten, für ein für alle Mal gültige Normen, und sieht einen Ausweg nur in einer flexiblen Anpassung von Fall zu Fall, aus Furcht, es könnte etwas «falsch» machen. Herbert Marcuse drückt in der Sprache der Psychoanalyse diese Entwicklung zum Verlust der Ich-Identität durch die Ansprüche einer auf «Verwaltung von Sachen» gerichteten Herrschaftsbürokratie so aus: «Die Vermittlung zwischen dem Selbst und dem anderen weicht unmittelbarer Identifikation. In der Gesellschaftsstruktur wird das Individuum zum bewußten und unbewußten Verwaltungsobjekt und erlangt Freiheit und Befriedigung in seiner Rolle als solches Objekt; in der psychischen Struktur schrumpft das Ich dermaßen, daß es nicht mehr imstande scheint, sich als ein Selbst, unterschieden von Es und Über-Ich, zu erhalten. Die vieldimensionale Dynamik, aufgrund derer das Individuum sein Gleichgewicht zwischen Autonomie und Heteronomie, Freiheit und Unterdrückung, Lust und Schmerz erlangte und erhielt, ist einer eindimensionalen Identifikation des Individuums mit seinesgleichen und dem verwalteten Realitätsprinzip gewichen» (Marcuse, S. 89).

Man kann Ernst Fischer daher durchaus Recht geben, wenn er feststellt: «Diese moderne Partnerschaftsfamilie ist in hohem Grade versachlicht und verdinglicht ... Im Kampf der Generationen wird geschmeidiges Ausweichen bevorzugt, kühle Höflichkeit, beziehungsloses Aneinander-Vorbeisehen» (Ernst Fischer, *Probleme der jungen Generation. Ohnmacht oder Verantwortung?* Wien-Köln-Stuttgart-Zürich 1963, S. 96f.). Diese Haltung führt u.a. zu einer vollständigen Ausschaltung weltanschaulich-politischer Auseinandersetzungen innerhalb der Familie und damit später zu einem ausgeprägten Desinteresse an politischen Fragen, sobald sie über aktuelle Tagesfragen hinausgehen.

Diese allgemeinen Feststellungen über gegenwärtige Erziehungspraktiken müssen jedoch schichtspezifisch differenziert und modifiziert werden. Detaillierte Untersuchungen liegen zu dieser Frage bisher kaum vor. Wenn von Schichten die Rede ist, wird fast immer grob in «Mittelschicht» und «Unterschicht» unterteilt, eine scheinbar an objektiven Kriterien orientierte Unterscheidung, die sich jedoch im oben angedeuteten Sinne nur auf unterschiedliche Bewußtseinsstrukturen berufen kann. Die Erörterung der hier relevant werdenden unterschiedlichen Erziehungsstile vermögen jedoch wichtige Hinweise für die Analyse gegenwärtiger Sozialisierungspraktiken zu geben.

Die Mittelschichten einer hochindustrialisierten bürgerlich-kapitalistischen Gesellschaft sind die Träger jener Erziehungsformen, die wir oben als typisch für diese Gesellschaft gekennzeichnet haben. Hier sind die gültigen Normen und Werte am stärksten verankert, und daher sind es auch diese Schichten, die am erfolgreichsten in der Erzeugung des von der Gesellschaft geforderten Sozialcharakters sind. Die Sozialisierung in den Unterschichten verläuft dagegen meist in etwas anderer Form. Generell läßt sich sagen, daß das Kind aus den niederen Sozialschichten weniger stark dem Leistungsdruck unterliegt als ein Kind aus den Mittelschichten. Seine Erziehung verläuft viel spontaner. Daraus ergibt sich eine häufig später liegende Entwöhnung und Reinlichkeitserziehung, ein größerer Spielraum, «was Essen, Schlafen, Reinlichkeit, Kleidung, Arbeit, Schule und Spiel angeht» (Cohen, S. 74), ein höheres Maß an körperlichen Strafen, aber dafür weniger Dohung mit Liebesentzug bei Versagen. «Es liegt in der Struktur der Unterklassenfamilie, daß das Kind dort normalerweise keine so überwältigende emotionale Abhängigkeit von der Liebe eines oder zweier Erwachsener entwickelt, die für das Mittelklassenkind so typisch ist. Die Liebe selbst ist wiederum keine systematische Vorbedingung der Leistung, wie das in der Mittelklassenfamilie der Fall ist» (Cohen, S. 75).

Das führt dazu, daß ein Kind aus den Unterschichten selbst viel spontaner reagiert, wenn es frustriert wird, daß es eher geneigt sein wird, sich handgreiflich zur Wehr zu setzen, wenn es seine Rechte verletzt glaubt, wo ein Kind der Mittelschicht gelernt hat, «vernünftig,» «besonnen» und «diplomatisch» zu reagieren.

Die Grenzen zwischen den Bewußtseins- und Erziehungsformen der beiden großen Sozialgruppen der Unter- und Mittelschicht sind in der Realität weniger scharf als sie hier beschrieben wurden. Auch die Unterschicht hat heute bereits einen großen Teil der Werte der Mittelschichten assimiliert und ihre Sozialisierungspraktiken übernommen. (In diesem Zusammenhang wäre eine Untersuchung über die Verhaltens- und damit auch Sozialisierungsdifferenzierungen innerhalb der Unterschicht besonders interessant.) Es handelt sich also zumeist nur um graduelle Unterschiede, die jedoch später im Bereich der Schule häufig noch stark zum Tragen kommen.

Die Sozialisierung in der Familie wird vom siebten Lebensjahr des Kindes an zum großen Teil abgelöst von den Sozialisierungsansprüchen der Schule. Jedes Kind unserer hochentwickelten Industriegesellschaft ist dieser Erziehungsinstanz unterworfen, die als soziale Institution die Funktionen der «Erhaltung und Vermittlung des kulturellen Erbes an die Jungen und die Übung des sozialen Erbes durch die Herausführung aus der reinen primary group der Familie in die zunehmend unter anderen Aspekten stehende Welt der Erwachsenen, der secondary groups» besitzt (Lütkens, S. 26). Sie ist darüber hinaus der Ort, an dem nach Leistungskriterien ausgewählt werden soll, wer einmal die entscheidenden Funktionen in der Gesellschaft übernehmen soll. Dieses Ausleseprinzip nach den Maßstäben individueller Leistung und Begabung (statt nach Einkommen und Stand) scheint auf den ersten Blick das einzig mögliche für eine Gesellschaft, die Gleichheit der Bildungs- und damit Sozialchancen postuliert. Hierbei werden aber stillschweigend zwei Voraussetzungen gemacht; einmal, daß die Schule eine neutrale Entscheidungsinstanz ist, zum anderen, daß Begabung und Leistung objektiv meßbare Größen seien. Beide Voraussetzungen berücksichtigen jedoch nicht die Funktion der Schule als sozialer Institution und nicht die Abhängigkeit der individuellen Begabung von gesellschaftlichen Faktoren.

Die Schule in unserer bestehenden Gesellschaft ist eine «Mittelklasseninstitution» (Lütkens), d.h. die Normen und Werte, die sie vermittelt, sind primär diejenigen, die wir als die gesellschaftsstabilisierenden bezeichnet haben, deren Träger und Vermittler vor allem die bürgerlichen Mittelschichten sind. Zudem gehören die Lehrer zum größten Teil selbst den Mittelschichten an, was weiter zu einer Verfestigung der mittelständischen Normen innerhalb des Erziehungsprozesses in der Schule beiträgt. Eine besonders wichtige Rolle spielt in diesem Zusammenhang der schichtenspezifische Gebrauch der Sprache. Basil Bernstein hat in seinen umfangreichen Untersuchungen über unterschiedliche Sprachstile festgestellt, daß die soziale

Struktur der Mittel- und Unterschichten «so beschaffen sei, daß die Betonung auf verschiedenartige Möglichkeiten der Sprache gelegt wird, so daß sich daraus zwei verschiedene Typen des Sprachgebrauchs ergeben, welche die Sprechenden auf verschiedene Arten von Beziehungen zu Objekten und Personen verweisen, und zwar unabhängig vom Niveau der gemessenen Intelligenz» (Bernstein, S. 64f.). Sowohl der Lehrer als auch die Schüler aus den Mittelschichten werden die für diese Schichten charakteristische formale Sprache sprechen, d.h. sich einer Sprache bedienen, mit deren Hilfe Sachverhalte «explizit und genau differenziert» werden können, während der Sprachstil der unteren Schichten, die Bernstein «öffentliche» Sprache nennt, «implizit und wenig differenziert» ist. Sie bewegt sich vorwiegend in Schlagworten und stereotypen Redewendungen, bedient sich kurzer Sätze meist deskriptiven Charakters und zeugt von nur geringer Abstraktionsfähigkeit ihres Sprechers. Da das Kind der Unterschicht nur diese Sprache kennt (während das Kind aus der Mittelschicht neben seiner symbolreichen formalen Sprache sich, wenn es die Situation erfordert, auch der öffentlichen Sprache bedienen kann), wird es diese auch in Situationen anwenden, für die sie nicht paßt; «... und das expressive Verhalten sowie die Unmittelbarkeit der Reaktion, welche die Verwendung dieser Sprache zu begleiten pflegt, kann vom Lehrer falsch gedeutet werden. Das kann dazu führen, daß beide, Schüler und Lehrer, die Welt des anderen herabsetzen, so daß die Kommunikation schließlich nur dazu benutzt wird, die Unterschiede hervorzuheben» (Bernstein, S. 70).

Neben diesen unterschiedlichen Formen des Sprachgebrauchs führen viele andere, durch unterschiedliche Sozialisierungspraktiken hervorgerufene Verhaltensdifferenzierungen zwischen Mittel- und Unterschichtenkindern zu Diskriminierungen. «Das Unterklassekind tritt also mit einem Handicap in das Statusspiel ein, und in dem Maße, als es ihm etwas ausmacht, was die Leute aus der Mittelklasse von ihm denken oder es die herrschende Einstellung der Mittelklasse zur Frage der sozialen Stellung verinnerlicht hat, kann man annehmen, daß es sich in gewisser Weise schämt oder sich mit einer

Schande behaftet sieht» (Cohen, S. 83). Zu diesen Inferioritätsgefühlen des Unterschichtenkindes tritt verstärkend die subjektive Beurteilung des Lehrers. Amerikanische Untersuchungen haben eindeutig ergeben, daß Lehrer diejenigen Kinder als «gute» Schüler ansehen, die «fleißig, gehorsam und gelehrig» sind, während sie jene Kinder als problematisch betrachten, «die unruhig und widerspenstig sind, die sich ständig bewegen und hin- und herrutschen, die andere ärgern und ablenken und Disziplinprobleme verursachen» (Cohen, S. 87). So kommen in der Tat die meisten «Versager» aus disziplinären Gründen aus der Unterschicht, wo in der Vorschulerziehung nicht so großer Wert auf Selbstbeherrschung und höfliche Umgangsformen gelegt wurde.

Ein fast noch ernsteres Problem ist die feststellbar niedrigere Leistungsfähigkeit und die scheinbar niedrigere Begabung der Kinder aus den Unterschichten, die dann endgültig dazu führen, solche Kinder von der Teilhabe an höherer Bildung auszuschließen. Selbst wenn man annimmt, daß die oberen Grenzen für die intellektuelle Entwicklung eines Kindes genetisch festliegen, so muß betont werden, daß es allein von den Umweltfaktoren abhängt, wie weit sich ein Kind diesen seinen Grenzen nähern kann. Die Unterschiede im Gebrauch der Sprache beispielsweise diskriminieren nicht allein wegen ihres Abweichens von dem Sprachstil der Mittelschichten, sondern sie behindern die intellektuelle Entwicklung des Kindes.

Ein Kind aus der Mittelschicht, das schon durch seine Sprache zu logischen Verbindungen mehrerer Sachverhalte miteinander und zu einem höheren Abstraktionsgrad veranlaßt wird, ist bei der Bewältigung jedes Stoffes, der in der Schule angeboten wird, dem Kind aus den unteren Schichten überlegen, das sich einem neuen Gegenstand vorwiegend deskriptiv nähert. So spielt das intellektuelle Klima, in dem ein Kind im Vorschulalter aufgewachsen ist, eine entscheidende Rolle für die Entwicklung seiner Fähigkeiten, wie sie in unseren Schulen gefordert und angestrebt wird. Es ist häufig mit Intelligenztests festgestellt worden, daß Kinder aus den Unterschichten durchschnittlich einen weit niedrigeren Intelligenzquotienten besitzen als Kinder aus höheren Schichten. Das führte lange Zeit zu der Behauptung, daß das Begabungspotential in den niederen Schichten aus erbbiologischen Gründen niedriger läge als bei den höheren Schichten. Diese Behauptung ist heute teilweise durchlöchert, da man nachgewiesen hat, daß sich die Fragen in diesen Intelligenztests eben jener formalen Sprache bedienten und auf das Erfassen der damit zusammenhängenden Denkformen gerichtet waren, die für die Bewältigung der Leistungsanforderungen der höheren Schulen Voraussetzung sind. Begabungstests, die die milieubedingten Nachteile des Unterschichtenkindes durch neue Untersuchungstechniken weitgehend eliminieren können, sind bisher noch nicht zufriedenstellend entwickelt worden. Auch die Daten über den Anteil von Arbeiterkindern an höheren Schulen und Universitäten lassen nicht darauf schließen, daß wirklich ernsthafte Bemühungen zum Ausgleich der unterschiedlichen Startchancen der Kinder verschiedener Sozialschichten unternommen worden sind. Die bundesrepublikanischen Verhältnisse sind in dieser Hinsicht besonders rückständig, und selbst in den USA, wo man versucht hat, durch ein Schulsystem, das sich durch eine verhältnismäßig lange gemeinsame Ausbildung der Kinder aller Sozialschichten auszeichnet, einen gewissen Ausgleich zu schaffen, zeigt es sich, daß nach Abschluß der gemeinsamen high-school-Ausbildung unverhältnismäßig viel mehr Kinder aus den mittleren und oberen Schichten ein College besuchen als Kinder aus Arbeiterfamilien. Hierbei spielen sicherlich geringerer Anreiz und Ehrgeiz zum sozialen Aufstieg in diesen Schichten eine Rolle, entscheidend sind jedoch meist das Gefühl sozialer und intellektueller Minderwertigkeit den Mitschülern gegenüber, die aus höheren Sozialschichten stammen, ein Gefühl, das durch die Schule eher gefördert als bekämpft wird.

Sozialisierung heißt also Übermittlung sozialer Normen und Wertvorstellungen durch die Erziehungsinstanzen einer Gesellschaft an die nachfolgende Generation, Erzeugung von Verhaltensweisen, die einer gegebenen Gesellschaftsverfassung adäquat und ihrer Aufrechterhaltung nützlich sein sollen. Alle Erziehung kann immer nur auf dem Hintergrund jeweils bestehender Herrschaftsverhältnisse gesehen werden, sie dient der

Vermittlung gesellschaftlicher Ansprüche an das in ihr lebende Individuum. Diese unauflösliche Wechselbeziehung zwischen Erziehung und gesellschaftlicher Organisation sollte am Beispiel der gegenwärtigen spätkapitalistischen Gesellschaft verdeutlicht werden.

Zusammenfassend läßt sich sagen, daß beispielsweise Schelskys äußerst populäre Definition der Funktion der Schule «als erster und entscheidender sozialer Dirigierungsstelle» durch die nachweisbaren Tatsachen eindeutig widerlegt werden kann. Eine solche Definition ist der sehr häufig gemachte Versuch, durch Scheinpostulate Freiheit zu suggerieren, wo sich Autorität weiter verfestigt. Daß solche Versuche heute in hohem Grade Erfolg haben, daß diese Gesellschaft mit ihren Normen und Wertsetzungen als unantastbar auch von denen betrachtet wird, die sich autoritärer Herrschaft zu unterwerfen haben, ist ein Zeichen für die wachsende Verdinglichung des allgemeinen Bewußtseins. Die Sozialisierungsinstitutionen Familie und Schule tragen das ihre dazu bei, um diese Bewußtseinsstruktur und damit die gesellschaftliche Ordnung weiter zu verfestigen.

Literatur

Adam, Heribert, «Bildungsprivileg und Chancengleichheit», *Das Argument* 6, 1964, S. 203ff.

Bernstein, Basil, «Sozio-kulturelle Determinanten des Lernens», *Soziologie der Schule*, hrsg. von P. Heintz, Köln und Opladen 1959, S. 52ff.

Cohen, Albert K., *Kriminelle Jugend*, Reinbek 1961

Davis, A., *Social Class Influences upon Learning*, Harvard 1948

Floud, Jean (Hrsg.), *Social Class and Educational Opportunity*, London 1956

– «Die Schule als eine selektive Institution», *Soziologie der Schule*, hrsg. von P. Heintz, Köln und Opladen 1959, S. 40ff.

Fromm, Erich, *Der moderne Mensch und seine Zukunft*, Frankfurt/M 1960

Horkheimer Max (Hrsg.), *Studien über Autorität und Familie, Forschungsberichte aus dem Institut für Sozialforschung*, Paris 1936

LÜTKENS, CHARLOTTE, «Die Schule als Mittelklasseninstitution», *Soziologie der Schule*, hrsg. von P. Heintz, Köln und Opladen 1959, S. 22ff.

MARCUSE, HERBERT, «Das Veralten der Psychoanalyse», *Kultur und Gesellschaft* II, Frankfurt/M. 1965, S. 85ff.

MITSCHERLICH, ALEXANDER, *Die vaterlose Gesellschaft*, München 1963

TOMBERG, FRIEDRICH, «Autoritäre Erziehung unter dem Mantel der Freiheit», *Das Argument* 6, 1964, S. 193ff.

E

WÄHLERVERHALTEN

[URSULA SCHMIEDERER]

Der Wahlakt unterscheidet sich formal von anderen sozialen Handlungen «durch die Universalität des Zugangs (allgemeines Wahlrecht), die Gleichheit des Einflusses des Handelns (gleiches Stimmrecht) und die Individualität und ‹Nicht-Verantwortlichkeit› des Akts der Teilnahme (geheime Wahl)» (vgl. Diederich, S. 11). Die Wahl ist «jeglicher formalen Kontrolle entzogen ... und damit auch nicht direkten, individuell-spezifischen Sanktionen unterworfen» und erscheint deshalb als «ein System der sozialen Selbststeuerung», bei dem der Wähler aus dem Netz seiner sozialen Rollen des Alltags befreit ist (vgl. Diederich, S. 205).

Diese technische Auffassung der Wahl abstrahiert von dem allgemeinen politischen Klima. Dafür, daß der Wähler seine politischen Entscheidungen nicht in einem gleichsam sanktionsleeren Raum trifft, spricht, daß auch bei bestimmten anderen individuellen Verhaltensbereichen (z.B. dem religiösen oder dem sexuellen) schon die Neigung zu «abweichendem» Verhalten der eigenen Zensur unterworfen werden kann (vgl. Scheuch, S. 170). Unterliegt das politische Verhalten solchen Mechanismen, muß es «als alltägliches und nicht (wie üblich) als funktional verselbständigtes Verhalten» (Scheuch, S. 171) verstanden werden. Die Wahl verliert dann den besonderen Stellenwert, den ihr Partei- und Wissenschaftsideologen gerne zuordnen. Wählerverhalten und Wahlbeteiligung sind dann beeinflußt von der gesellschaftlichen Bedeutung von Normen und Sanktionsdrohungen.

Tatsächlich führte die Erforschung der vielfältigen individual- und sozialpsychologischen Komponenten, die das politische Verhalten und die Wahlentscheidung mitbestimmen, zur Revision der Vorstellung vom politisch autonomen Staatsbürger als rational sich entscheidendem Wähler. Ebenso erwies sich die Auffassung von der Wahl als persönlicher Entscheidung, deren Motive zu suchen seien in den psychologischen Einwirkungen auf das Individuum (vgl. Campbell, S. 17), als nicht haltbar. Lazarsfeld mußte seine Hypothese revidieren, die «das Wahlverhalten als individuellen Akt begriff. Dieses Konzept war stark an einem ins Politische transponierten Begriff der Konsumentenhaltung orientiert. Das Konzept ... wurde zugunsten einer Betonung des sozialbestimmten Charakters des Wählers aufgegeben» (Diederich, S. 195f.).

Wenn Parteien – besonders in den USA und der Bundesrepublik – aufgrund der vorgeblichen «Konsumentenhaltung» der Wähler Klassenstrukturen und Klasseninteressen negieren und die Austauschbarkeit der Wähler als einer amorphen Masse ohne Präferenzen und Prädispositionen suggerieren, so fallen sie tendenziell ihrer eigenen Ideologie zum Opfer. Die parteipolitischen Befürchtungen, daß dezidierte Opposition in entscheidenden Fragen den Verlust von Wählern bedeutet, weil das Schwinden von klassenorientierter Politik und die wachsende Übereinstimmung aller Parteien sie zunehmend austauschbar mache und also den Parteiwechsel erleichtere, führen aus «strategischen Überlegungen zu einer Minimierung der programmatischen Unterschiede zwischen den konkurrierenden Parteien» (Zohlnhöfer, S. 164). Tatsächlich jedoch ist die «Distanz zwischen sozialen Schichten in Deutschland größer ... als ... zwischen politischen Parteien» (Scheuch, S. 202), das Wahlverhalten vom sozio-ökonomischen Status weit mehr geprägt, als es Konsum- und Konsumentenideologie wahrhaben will. Diesen Tatbestand bestätigen – für eine gegebene soziale Umwelt, mit ihren besonderen nationalen und sozialen Traditionen – die auch in der Wahlforschung beliebten Untersuchungen nach Merkmalen wie Einkommen, Bildung, Beruf, Alter, Geschlecht und Religion: «a person thinks, politically, as he is, socially. Social characteristics determine political preference» (Lazarsfeld, S. 27). Die mechanische Konstatierung von Fakten, daß etwa hohe Schulbildung, hohes Einkommen, akademischer Beruf mit konservativem Wahlverhalten korreliert und damit Interesse an der Aufrechterhaltung des Status quo bezeichnet, während niedriges Einkommen, wenig Schulbildung, unqualifizierter Beruf zu «linkem» Wahlverhalten disponieren, also zu Reformen und Veränderungen sozialer und politischer Verhältnissen tendiert, besagt schließlich, daß politische Teilung und Klassenspaltung tendenziell parallel gehen (Diederich, S. 137). So werden beispielsweise Aussagen über die Wahlbeteiligung nach Altersstufen (die bei den Jungen niedrig ist, bis zu einem Maximum bei 50 Jahren steigt und wieder abfällt) erst relevant im Zusammenhang mit Berufs- und Klassenzugehörigkeit, bestätigen dann aber die These, daß die Stellung im Produktionsprozeß mit politischer Einstellung und Wahlverhalten zusammenhängt (Tingsten, S. 115).

Unvollständige Integration in die bestehende Gesellschaft erhöht die Friktionen mit den Herrschaftsverhältnissen, mit deren Normen- und Wertsystem, und erhöht das Interesse an ihrer Änderung. Die geltenden Normen einer Klassengesellschaft dienen nicht zuletzt zur Verschleierung ihrer sozialen Konflikte, zur Verhinderung des Bewußtwerdens ökonomischer und politischer Antagonismen und dadurch zur Erhaltung der Herrschaft von Menschen über Menschen. Besonders die Sozialisierungs-Institutionen wie Familie und Schule fungieren als Träger und Übermittler der Werte, die im Interesse der herrschenden Klasse für das bestehende System konservierend und stabilisierend wirken; aber auch Machtträger wie Kirche, Presse und Massenmedien reproduzieren weitgehend die bestehenden Herrschaftsstrukturen.

Diesen Einwirkungen im Sinne der Erhaltung des ökonomischen, politischen und sozialen Status quo stehen die Erfahrungen im Produktionsprozeß und in der Gesellschaft und die materiellen und sozialen Interessen gegenüber. Wenn die aus dem Widerspruch von Klassenlage und sozialer Pression entstehende Konfliktsituation als nur individuelle erfahren wird, besteht die Neigung, sich ihr durch Passivität, politische Apathie und Wahlenthaltung zu entziehen. Die größere Wahlenthaltung bei Arbeiterfrauen kann z.B. Reaktion sein auf die «cross-pressures», die einerseits durch den Mann (anti-klerikale Einstellung oder klassengebundene Normen) und andererseits durch soziale Institutionen (Kirche oder Orientierung an den Normen der «höheren» Sozialschicht) verursacht werden (vgl. Lipset, S. 228). Die niedrige Wahlbeteiligung der unteren Einkommensschichten und der Neger in den USA läßt sich interpretieren als individuelle Resignation in der Einsicht, daß die Erfüllung der staatsbürgerlichen Norm an der diskriminierten Stellung nichts ändert (Lipset, S. 219).

Daß die Wahlbeteiligung dagegen in vergleichbaren sozialen Schichten in europäischen Ländern beträchtlich höher ist, zeigt, daß die Wirkung solcher Widersprüche durch die Stärke anderer (Gruppen-)Normen aufgehoben wird. Die Entwicklung von Klasseninstitutionen und eigenen politischen Normen in den europäischen Arbeiterparteien und die Integration der Anhängerschaft durch eigene soziale und kulturelle Einrichtungen begünstigen die Wahlbeteiligung im Sinne einer kollektiven Anstrengung für gemeinsame Ziele. Die Homogenität der sozialen Umgebung erhöht den Gruppenzwang. In Arbeitervierteln in Berlin ist die Wahlbeteiligung von jungen Arbeitern (entgegen der allgemeinen Tendenz) überproportional hoch, während in sozial gemischten Gegenden oder dort, wo die Mittel- oder Oberschichten dominieren, die jungen Arbeiter eher durch Wahlenthaltung reagieren (Münke, S. 254f.).

Das politische Verhalten wird über die Klassenmerkmale hinaus durch andere Faktoren determiniert und oft entscheidend modifiziert. Die Intensität religiöser Bindungen wird beeinflußt durch die Stellung der Kirche (die in einem religiös homogenen Land oder in einer Konkurrenz- oder Diaspora-Situation besonders stark sind) und kann ihrerseits im Wahlverhalten die Klassenkriterien überlagern. In der Bundesrepublik Deutschland bevorzugen regelmäßige Kirchenbesucher beider Konfessionen die CDU (die Katholiken in noch stärkerem Maße als die Protestanten, vgl. Friedrich Tennstädt, *Der Wähler*, Allensbach 1957, S. 46). Streng katholische Arbeiter in Frankreich wählen eher konservative und katholische Parteien (Lipset, S. 269f.). Die Lockerung religiöser Bindungen führt zu linken Parteipräferenzen. In der Bundesrepublik hat «die SPD in keiner Gruppe so viele Anhänger ... wie unter den nominellen Katholiken, die nie in die Kirche gehen» (Tennstädt, S. 47). In Frankreich neigen nicht-praktizierende und indifferente Katholiken ganz erheblich zur sozialistischen bzw. kommunistischen Partei, denen – als laizistischen oder antiklerikalen Parteien – sich auch die überwiegende Mehrheit der Religionslosen anschließt: 49% wählen die Kommunistische Partei, 30% die SFIO (in den Niederlanden wählen 75% der Konfessionslosen die Sozialdemokraten und 7% die Kommunisten) (Lipset, S. 270f.). Wenn die Konfessionszugehörigkeit Sozialprestige und materielle Interessen fördert, bedeutet die Distanzierung von Kirche und Religion einen Akt der Emanzipation vom Status quo. Die Konfrontation mit dem System selbst sowie mögliche soziale Diskriminierungen führen zur Option für systemnegierende oder -kritisierende Parteien. Wenn andererseits streng religiöse Minoritäten «linke» Parteien wählen (die Katholiken in den USA und in Großbritannien, die Christen in Syrien), so gilt für sie, was auch andere – ethnische oder soziale – Minoritäten charakterisiert: ökonomische und soziale Diskriminierungen können den realen Status überlagern und das Wahlverhalten radikalisieren (die Juden in verschiedenen Ländern, die Neger in den USA, die Inder in Ceylon usw.) (Lipset, S. 268, 273f.).

In einer Gesellschaft, deren herrschende Normen und deren Wertsystem weitgehend mittelständisch orientiert sind, sind gerade die Mittelschichten am besten geeignet, die meist unbewußte, aber umso wirksamere Beeinflussung der politischen Meinungsbildung und der Wahlentscheidung beispielhaft darzustellen. Denn einerseits wird normgerechtes Verhalten durch die Androhung von Sanktionen erreicht, andererseits verspricht aber die Befolgung der Normen dort am meisten Honorierung, wo sie am meisten verinnerlicht und damit Maßstab des allgemeinen Verhaltens sind. Die konfliktlose Verinnerlichung dieser Normen, die Identifizierung mit dem System, ist möglich, wenn individuelle und ökonomische Interessen identisch sind (also bei den herrschenden Schichten); sie gelingt, wenn soziale Stellung und psychische Autoritätsstrukturen zur Anpassung an die Werte der Herrschenden und zu konformem Verhalten disponieren wie bei den Mittelschichten.

Das vergleichsweise vage politische Bewußtsein der Mittelschichten ermöglicht ihnen die Ausbildung «optimaler Verhaltensstile» im Sinne der Anpassung an die je vorherrschenden Bedingungen und Strukturen eines politischen Systems (vgl. Scheuch, S. 209). Da sich im spätkapitalistischen System die politischen Institutionen in ihren Manipulationstechniken weitgehend an «mittelständischen» Normen und Ideologien orientieren, entsteht eine gleichsam wechselseitige Anpassung, die Manipulation und Konsumentenhaltung steigert und kontradiktorische Interessen als Anomien oder Gefahr zu bezeichnen geneigt ist. Die Mittelschichten entwickeln in politischen Meinungsäußerungen eine «situationsspezifische Wahrhaftigkeit» (Scheuch, S. 196) – Ausdruck ihrer sozialen Orientierung an den Werten und Normen der Oberschichten und ihrer Abhängigkeit im Produktionsprozeß («Weniger qualifizierte Angestellte und Beamte sind nun einmal abhängiger vom guten Willen ihrer Vorgesetzten als die meisten anderen Berufe» und: «Strategien, die in der Arbeits- und Berufssituation im Umgang mit anderen Menschen üblich sind oder sich bewährt haben, (werden) auf andere Situationen ... generalisiert») (Scheuch, S. 198). «Selektive Wahrheit in politischen Gesprächen findet sich am häufigsten bei wenig qualifizierten Angestellten und unteren Beamten. Die Beziehung zu mittleren Statuspositionen läßt sich damit spezifischer ausdrücken: ‹situationsspezifische Wahrhaftigkeit› ist eine charakteristische Strategie für Akteure in Positionen mit umstrittenem sozialem Status, wobei die Aspirationen den realen Status übersteigen» (Scheuch, S. 197).

Daß der Mittelstand zur Zerstörung der parlamentarischen Demokratie in den zwanziger und dreißiger Jahren wesentlich beitrug, ist erwiesen. Wenn «die charakterliche Struktur ... erstarrter [sozialer] Prozeß einer bestimmten Epoche» ist (Wilhelm Reich, *Charakteranalyse*, Wien 1933, S. 16), Verinnerlichung von gesamtgesellschaftlichen und gruppenspezifischen Normen und damit von Herrschaftsverhältnissen; wenn «die Struktur einer Führerpersönlichkeit mit massenindividuellen Strukturen breiter Kreise zusammenkling[en]» muß, damit «ein ‹Führer› Geschichte machen kann» (Wilhelm Reich, *Massenpsychologie des Faschismus*, Kopenhagen 1933, S. 58), dann reflektieren sich noch im individuellen politischen Verhalten sozioökonomische Strukturen und soziale Herrschaft.

Die desparate ökonomische Situation in der Weltwirtschaftskrise der dreißiger Jahre allein erklärt nicht die besondere Affinität des deutschen Mittelstandes zum Nationalsozialismus und die Wendung seines sozialen Bewußtseins ins Autoritär-Irrationale.

Eher bestimmte die besondere Stellung des «alten Mittelstandes» (der kleinen Unternehmer und Selbständigen) im Sozialgefüge und des «neuen Mittelstandes» (der Angestellten und Beamten) (Geiger, S. 87ff.) im Produktionsprozeß die Entwicklung von zuerst latent und in der Krisensituation manifest undemokratischen Verhaltensmustern. Diese Entwicklung war eine Konsequenz der Transformation objektiver Herrschaftsstrukturen in solche des subjektiven Bewußtseins, die – trotz der Heterogenität der Interessen – eine den Mittelschichten eigene Mentalität schuf. Das politische Verhalten des deutschen Mittelstandes trug gleichsam Resultantencharakter: objektive Zwänge – auf dem Hintergrund der eigentümlichen ökonomischen und politischen Entwicklung in Deutschland (vgl. Helmuth Plessner, *Die verspätete Nation*, Stuttgart 1959, und Ernst Bloch, *Erbschaft dieser Zeit*, Zürich 1935) –, Mentalitätsstrukturen und psychische Dispositionen flossen zusammen zu einem irrationalen Protest gegen die ökonomische und soziale Bedrohung durch eine sich polarisierende kapitalistische Klassengesellschaft.

Trotz ökonomischer und sozialer Interessendivergenz war dem alten und neuen Mittelstand gemeinsam die Konkurrenzstellung gegenüber den Angehörigen der eigenen Schicht und die doppelte Frontstellung gegen «oben» (Großkapital oder Betriebshierarchie) und «unten» (die Arbeiterklasse). Beruhte die Orientierung am starken Staat beim alten Mittelstand auf dem durch staatliche Unterstützung möglichen Glauben an die eigene Funktion als «staatstragende Kraft», die die pessimistische Erkenntnis der Grenzen ökonomischer Expansion kompensiert, so spiegelte die Identifikation mit staatlicher Autorität im neuen Mittelstand die Stellung zwischen «Chef» und «Arbeiter» (beim Angestellten) und die direkte Abhängigkeit vom Staat (beim Beamten) wider. Diese Abhängigkeit reproduzierte sich in der Familie, in der patriarchalischen Stellung des Vaters, der «seine Untertanenstellung zur Obrigkeit ... neu in seinen Kindern [erzeugte]» (Reich, *Faschismus*, S. 84). Eine solche Einstellung verursachte «neben einer untertänigen Stellung zur Autorität gleichzeitig eine starke Identifizierung mit dem Vater, die später zur gefühlsbetonten Identifizierung mit jeder Obrigkeit [wurde]» (Reich, *Faschismus*, S. 85).

Die Weltwirtschaftskrise hatte die ökonomische Labilität des alten Mittelstandes betont, die Bedrohung seiner Existenz durch wirtschaftlichen Konzentrationsprozeß und technologischen Wandel erhöht und seine grundsätzlich prekäre Lage zwischen den beiden großen Klassen der modernen kapitalistischen Industriegesellschaft akzentuiert. Dem neuen Mittelstand drohte mit der Arbeitslosigkeit die «Proletarisierung» und damit der Verlust des Sozialprestiges, das ihm die Abgrenzung nach «unten» gegen die Arbeiter erlaubte. Im Kampf gegen die Interessenorganisationen der beiden großen Klassen, gegen die «Einebnungstendenzen der Klassengesellschaft» (Geiger, S. 121), gegen die drohende «Macht des Sozialismus» von links und den «beängstigende[n] Druck der wirtschaftlichen Großorganisation» von rechts (Geiger, S. 120) flüchtete sich der Mittelstand in die nationalsozialistische Ideologie einer ständischen Ordnung, die neue ökonomische Sicherheit und neues Sozialprestige versprach, wenn ein starker Staat die Macht von Großkapital und Gewerkschaften eindämmte und «mittlere» Interessen schützte. Das Eintreten für «Volksgemeinschaft», und «staatsnationale Gesinnung», gegen den «mammonistische[n] und proletarische[n] Materialismus» (Geiger, S. 109), schien die Sicherung der Interessen zu verbürgen. Die Identifikation mit dem starken Staat und nationaler Macht half dem Mittelstand, die eigene Schwäche zu verdecken. Die Bereitschaft zur Unterwerfung unter staatliche Autorität und Ordnung hatte das deutsche Bürgertum erworben als eine Folge von Arrangements mit dem Feudaladel und dessen Staat, die bei politischer Abhängigkeit zu ökonomischer Macht verhalfen. Allerdings bedarf es besonderer individueller psychischer Strukturen, die zu einer solchen Identifikationsfähigkeit disponieren. Der der familiären und beruflichen Situation der Mittelschichten entsprechende Moralkodex von Disziplin, Fleiß und Strebsamkeit erleichterte die Unterordnung unter den Herrschaftsanspruch des «Führers». Diese Unterordnung förderte andererseits die Repressivität der Familienstruktur und erzeugte ein erhebliches Maß an Triebstauung und unterdrückter Aggressivität, eine unterdrückte Lust, «alles kurz und klein zu schlagen, wenn nicht die Kräfte durch moralische Mächte ... unterbunden» werden (Reich, *Charakteranalyse*, S. 196). Die faschistische Ideologie bot dieser Aggressionslust durch eine moralistische Verzerrung der bürgerlichen Tugenden und durch die Reduktion der ökonomisch-politischen Prozesse auf scheinbar simple Sachverhalte sanktionierte Ventile: im Freund-Feind-Denken, in sozialdarwinistischen Macht-Ohnmacht-Vorstellungen, im Antisemitismus (vgl. dazu Th. W. Adorno et al., *The Authoritarian Personality*, New York 1950). Der nationalsozialistische Hexensabbat des Sadismus war das extreme Sich-Austoben einer antidemokratischen Tendenz, die sich als politischer Ausdruck divergenter objektiver Strukturen und subjektiver Dispositionen entwickelt hatte.

Auch in der hochindustrialisierten spätkapitalistischen Gesellschaft hat sich die Situation der Mittelklassen nicht wesentlich geändert. Die Unabhängigkeit der kleinen und mittleren Selbständigen (Kaufleute, Gewerbetreibende) droht noch immer der ökonomischen Konzentrationsdynamik des Spätkapitalismus zum Opfer zu fallen. Die Forderung der Interessenverbände des alten Mittelstandes nach Subventionen, Preisbindungen, Steuererleichterungen etc. sind wie die staatliche «Mittelstandspolitik» Indiz für die prekäre Situation. Die Stellung von Beamten und Angestellten im Arbeitsprozeß fördert die Entwicklung eines «hierarchischen» Bewußtseins mit der Orientierung nach oben und der Distanzierung nach unten. Politische Ansichten und Meinungen reproduzieren trotz formalen Bekenntnisses zur demokratischen Verfassung daher noch immer Leitbilder, Stereotype und Züge der für den Mittelstand in den dreißiger Jahren typischen Ideologien. Als wichtige politische Kategorie gilt die «Ordnung», zu deren Erhaltung jeder sich in seinen Forderungen an den Staat und die «Gemeinschaft» einschränken solle. Die Unterordnung der divergierenden sozialen Interessen unter das «Gemeinwohl» und die «Interessen des Staates» garantiere die Dominanz der Interessen des staatserhaltenden, sich mit dem Staat identifizierenden Mittelstandes gegenüber dem Kampf von Interessengruppen um Macht und Einfluß. In der politischen Demokratie werde zu viel geredet und «zerredet», es fehle an «Anstand» und «Sauberkeit» im Staat, die Demokratie drohe zum «Kuhhandel» zu werden (vgl. dazu Werner Mangold, *Gegenstand und Methode des Gruppendiskussionsverfahrens*, Frankfurt/M. 1960, S. 91ff. und Jürgen Habermas, *Student und Politik*, Neuwied 1961, S. 136ff.). Wo die Arbeiter im demokratischen Staat und in den Parteien Möglichkeiten sehen, ihre Interessen kollektiv zu vertreten, bleibt bei den Mittelschichten eher die Resignation: sie sehen wenig Chancen zur Realisierung ihrer Interessen. Der Glaube an den individuellen Aufstieg, die Konkurrenzsituation in der eigenen Schicht und die Frontstellung gegen oben und unten (vgl. Heinrich Popitz, H.-P. Bahrdt, E.-A. Jüres, H. Kesting, *Das Gesellschaftsbild des Arbeiters*, Tübingen 1957, S. 24), führen so einerseits eher zum Ruf nach dem «starken Staat» und dem «starken Mann» der das «Gemeinwohl» schützt, andererseits zu einem statusspezifischen Anpassungsvermögen, das sich die Erfüllung von Ansprüchen leichter durch Adaption an die Verhaltensweisen von Vorgesetzten und Autoritäten verspricht, als durch die Stärke der Interessenidentität der eigenen Schicht und deren organisierter Interessenvertretung.

Neuere Untersuchungen bestätigen auch für das demokratische System, daß die Anhängerschaft rechtsextremistischer oder faschistischer Bewegungen (wie der Poujadismus in Frankreich oder der McCarthyismus in den USA) in der Mehrheit aus den Mittelschichten kommen (vorwiegend aus dem alten Mittelstand) (vgl. Lipset, S. 164ff., S. 176ff.).

Zur Determinierung des Wählerverhaltens tragen neben sozialen und psychologischen Faktoren auch politische bei. Wahl- und Regierungssystem spielen ebenso eine Rolle wie das Parteiensystem. Die Möglichkeiten für die Wähler, im Mehr- oder Vielparteiensystem (in Italien, Frankreich und Skandinavien) eine vergleichsweise klare Programmatik und adäquate politische Interessenvertretung in einer Partei zu finden, beeinflußt die Wahlentscheidung anders, als im realen oder tendenziellen Zweiparteiensystem (wie in den USA oder der Bundesrepublik), in dem die «pragmatische» Orientierung zu einer möglichst zahlreichen, heterogenen Anhänger- und Wählerschaft verhelfen soll. Ähnlich bestimmt das gesamte politische Klima einer Gesellschaft und die Breite des als demokratisch geltenden Spektrums politischen Verhaltens die Wahlentscheidung. Gesellschaftliche Pression und Diskriminierung für nonkonformes Verhalten mißt sich beispielsweise in einer von irrationalem Antikommunismus geprägten Umgebung (wie der Bundesrepublik) an anderen Kriterien von der «Normalität» und «Respektabilität» der politischen Ansichten und Präferenzen (vgl. Scheuch, S. 186, S. 200), als in einem politischen Milieu, in dem kommunistische Parteien selbstverständlich sind und ihre Legitimation nicht bezweifelt wird (z.B. in Frankreich, Italien oder Schweden).

Trotz der notwendigen Abstraktion von den im nationalen Rahmen besonderen sozialen und politischen Bedingungen zeigt die vergleichende Analyse der Wähler in der spätkapitalistischen Gesellschaft spezifische Ähnlichkeiten des politischen Verhaltens. Linksgerichtetes Wahlverhalten (vgl. im folgenden: Lipset, S. 255ff.) wird durch die Verhältnisse in größeren Städten, in großen Fabriken und in wirtschaftlich entwickelten Gebieten gefördert. Die Konflikte und Antagonismen einer hochindustrialisierten Klassengesellschaft materialisieren sich in industriellen Ballungszentren zweifelsohne eher als in agrarisch strukturierten Regionen. Die Beschränkung sozialer Kontakte (besonders bei den Arbeitern) auf die eigene Schicht wird im urbanen Milieu gefördert, die Homogenität von Einstellungen wird verstärkt durch die Limitierung der Kommunikation auf die Gruppe (vgl. Lazarsfeld, S. 142ff; Diederich, S. 100f.). Als Stabilisatoren von Klassensolidarität wirken etwa sozial homogene (Arbeiter-) Wohnviertel, in denen sich politische Verhaltensmuster ausbilden (Diederich, S. 119). In den Großbetrieben erfordert der Arbeitsprozeß oft die Kooperation unter Gleichgestellten (die horizontale Kooperation) und trägt damit zur Entwicklung eines Kollektivbewußtseins bei (vgl.

Popitz, S. 243f.). Im Zusammenhang mit dem gewerkschaftlichen Organisationsgrad schafft dieses Kollektivbewußtsein eine (wenn auch formale) Solidarität und prägt durch die politischen Kommunikationsmöglichkeiten das Wahlverhalten zugunsten sozialreformerischer oder sozialrevolutionärer (also linker) Parteien.

Zu radikalem linkem Wahlverhalten neigen innerhalb der Arbeiterklasse besonders ungelernte Arbeiter und solche in saisonalen und von Arbeitslosigkeit und Konjunkturschwankungen stark bedrohten Berufen (z.B. Bergleute, Fischer, Seeleute, Hafen- und Waldarbeiter). Dieser Trend wird allerdings durch gravierende Ausnahmen durchbrochen: in Deutschland und Schweden wählen die qualifizierten Arbeiter vorzugsweise linke Parteien, während die unqualifizierten Arbeiter eher zur Wahl von Nicht-Arbeiterparteien neigen: 1957 optierten in der Bundesrepublik 62% der Facharbeiter gegenüber 43% der angelernten und ungelernten Arbeiter für die SPD (vgl. Lipset, S. 365f.). Es bleibt fraglich, ob die an Mittelklassenstandards sich anlehnende hypothetische Erklärung dieses Wahlverhaltens ausreicht, daß es sich nämlich in beiden Ländern um Gesellschaften mit einer scharf abgegrenzten Status-Hierarchie handelt, die – trotz individueller sozialer Mobilität – soziale Anerkennung und Prestigebefriedigung verweigert und damit Frustrationen schafft, die sich in oppositionelles Wahlverhalten umsetzen.

Einleuchtender scheint die These, daß mangelndes politisches Bewußtsein, Simplifizierung politischer Sachverhalte und autoritäre Dispositionen die Wahl einer starken Partei begünstigen, deren Machtposition eine Realisierung von Interessen absehbar macht, während eine vergleichsweise unbedeutende linke Partei größere Ansprüche an politische Reflexion und Argumentation stellt. Wo die reformistische sozialdemokratische Arbeiterbewegung stark, die kommunistische Partei schwach ist (in England, Schweden, Norwegen etc.), rekrutieren die kommunistischen Parteien mehr Anhänger aus den qualifizierten Arbeitern als aus den unqualifizierten. Wo die kommunistische Partei – wie in Frankreich, Italien oder Finnland – die stärkste linke Partei ist, wächst in der Arbeiterklasse der Anteil kommunistischer Stimmen mit sinkendem Einkommen (Lipset, S. 121f.). Auch diese These muß jedoch modifiziert werden: eine Umfrage von 1952 unter den Wählern der Kommunistischen Partei Frankreichs in der IV. Republik ergab, daß nur 46% der KPF-Wähler Arbeiter sind und 54% sich zusammensetzen aus Angestellten, Handwerkern, Bauern und Angehörigen freier Berufe (Max Lange, *Politische Soziologie*, Berlin/Frankfurt 1961, S. 119).

Wenn Wahlen als «Ausdruck des demokratischen Klassenkampfes» gelten (Lipset, S. 242), wird die Wahlbeteiligung Barometer der Lebendigkeit des demokratischen Systems und Indiz für die Art der Umsetzung des politischen Systems an der Basis, für seine Verbindlichkeit und Relevanz beim Wahlvolk.

Unter diesem Aspekt verlagerte sich in der Wahlforschung zunehmend das Interesse von den «Stammwählern» der Parteien, deren Wahlverhalten traditionell bestimmt erscheint als Konsequenz einer einmal getroffenen Entscheidung, zu den Nicht- und Wechselwählern (der «floating vote») als Indikatoren des politischen Klimas. Für die Parteien wurden sie als Wählerreservoir bedeutsam; und schließlich erschien der Wechselwähler noch am ehesten als Verkörperung des sich autonom entscheidenden rationalen Wählers. Diese Vorstellung wurde (vor allem durch amerikanische Untersuchungen) entscheidend modifiziert. Der interessierte, von einseitig fixierter Parteibindung unabhängige Wähler erwies sich als Ausnahme (als «deviant case», vgl. Berelson, S. 27). Intensives politisches Interesse und dezidierte Option für eine Partei entsprechen einander; geringes politisches Interesse und lose Parteienorientierung gehen – oft als Folge von cross-pressures – zusammen mit schwankendem Wahlverhalten. Starke persönliche Konflikte und Konflikte zwischen individueller politischer Einstellung und den Einflüssen der Umwelt reduzieren das Interesse an Wahl und Wahlausgang, der unwichtig und irrelevant für die Lösung der Konflikte wird (Lazarsfeld, *People's*, S. 62ff.) oder von vornherein für entschieden gilt, wenn etwa die Hoffnung aufgegeben wird, das Kräfteverhältnis in Hochburgen gewisser Parteien durch die Stimmabgabe zu ändern (vgl. Diederich, S. 43). Der habituelle Nichtwähler insbesondere schlägt keine

Brücke zwischen politischem Geschehen und der eigenen Situation, solange er nicht unmittelbar betroffen ist.

Es sind vor allem diese Schichten der schwankenden oder Nicht-Wähler, die mobilisiert werden, wenn die allgemeine Wahlbeteiligung sprunghaft ansteigt, also bei «Kampf»- und «Krisen»wahlen in Zeiten starker sozialer und politischer Spannungen mit brisanten Streitfragen und Problemen, die von den Parteien dezidierte Stellungnahmen und Entscheidungen verlangen (Siegfried, *Géographie*, S. 103ff. und *Tableau*, S. 499ff.); in Frankreich etwa während der Boulanger-Krise (1889/90), der Dreyfuß-Affäre (um 1900) oder der «Volksfront-Wahl» (1936); in Deutschland z.B. während des Kulturkampfes (1874–77), nach der Aufhebung des Sozialistengesetzes (1887), bei den Wahlen zur Nationalversammlung in einer revolutionären Situation (1919) oder in der Weltwirtschaftskrise (ab 1930) (Lange, S. 114). Die je vorherrschenden Problemkreise solcher Kampfwahlen berühren meist besondere soziale Gruppen, können also demokratiestabilisierend oder -gefährdend wirken. Die durch Ausdehnung des Wahlrechts oder nach Aufhebung des Sozialistengesetzes neu aktivierten Wählergruppen haben für ein demokratisches System eine andere Bedeutung als etwa durch moralische Streitfragen oder Appelle (wie der Prohibitionsfrage in Skandinavien) angesprochene Wähler, oder als die im Zeichen der «Corruption and Communism»-Kampagne McCarthys und die durch den Nationalsozialismus mobilisierten Schichten.

Von solchen Unterschieden abstrahiert die undifferenzierte Behauptung, daß der Grad der Wahlbeteiligung kein Maßstab für die Stabilität des politischen Systems sei, daß vielmehr politische Apathie auch systemstabilisierend wirke, da das Fehlen von fanatischer Gebundenheit an Prinzipien zur Erhaltung des systemnotwendigen Konsensus beitrügen (vgl. Diederich, S. 107). Die Annahme, daß bei Wahlen ohne Krisencharakter vorwiegend die politisch interessierten Staatsbürger pflichtbewußt abstimmen, während die weniger informierten und interessierten sich enthalten, führt zu der Interpretation, Wahlenthaltung sei Ausdruck für die Zufriedenheit mit dem Status quo und die Apathie ein Zeichen dafür, daß die

Wähler einen besseren Zeitvertreib fänden als die Beschäftigung mit Politik (Riesman).

Diese Auffassung reflektiert den Funktionswandel der Wahlen selbst: sie werden Akklamationsveranstaltungen, die Abstimmungsergebnisse verändern kaum die soziale Machtstruktur. Die Verselbständigung der politischen Institutionen (vor allem der Parteien und des Parlaments) von ihrem nominellen Träger, dem Wahlvolk, verkehrt den Sinn und die Bedeutung von Wahlen: aus einer Demonstration des politischen Willens der Staatsbürger und der Bestimmung ihrer Interessenvertretung wurden sie weitgehend zu Manipulationsveranstaltungen von Parteien, die mit den Methoden des wirtschaftlichen Marktes um die Zustimmung der Wähler konkurrieren und ihre Waren mit Reklametricks und Werbemethoden dem Verbraucher anbieten.

Der Bedeutungsschwund des Wahlaktes entspricht der allgemeinen Entfunktionalisierung des Parlaments als politischer Interessenvertretung des Volkes durch den Machtzuwachs von Exekutive und von Interessenverbänden und durch die Isolierung des ökonomischen Klassenkampfes von der direkten Einflußmöglichkeit durch das Wahlvolk. Mit der wachsenden Integration der Parteien in das Machtgefüge und mit ihrer Adaption an dessen «Spielregeln» werden Politik und politische Repräsentation wesentlich Repressionsmittel gegen die Repräsentierten. Die ideologische Hypostasierung des Wahlaktes verdeckt seine sinkende praktische Bedeutung, seine Wandlung von einem Akt politischer Mitbestimmung in eine formale Veranstaltung und seine reale Machtlosigkeit trotz des Scheins der Macht. Politische Theorie, die mit dem zynischen Argument auftritt, auch bei politischer Apathie der Wähler funktionierten doch die politischen Institutionen (vgl. Lipset, S. 239f.), dient mit ihrer formalen Demokratieauffassung apologetisch der Verschleierung eines Systems, in dem Demokratie zur ideologischen Fassade geworden ist, hinter der sich der Herrschafts- und Machtvollzug der «power-elite» von Kontrolle und Einfluß durch das Wahlvolk weitgehend unbehelligt abspielt.

Eine inhaltliche Bestimmung von Demokratie als fortschreitender Selbstbestimmung der Gesellschaftsmitglieder und als angestrebte Herstellung der Identität von Herrschenden und Beherrschten impliziert den Abbau der Herrschaft von Menschen über Menschen und ihrer Irrationalität zugunsten rationaler Organisationsformen im Interesse der Bedürfnisbefriedigung aller. Der hier skizzierten Vorstellung erscheint Demokratie dagegen als eine «Ordnung von Institutionen zur Erreichung politischer Entscheidungen» (Joseph Schumpeter, *Kapitalismus, Sozialismus und Demokratie*, Bern 1946, S. 428) und als «politische Methode». Diese «sozial-technische» Auffassung versteht die politischen Institutionen «als ein System möglichen Gleichgewichts», das nach einem «Set von Spielregeln» funktioniert (vgl. Habermas, S. 14f.). Ein solcher Demokratiebegriff spiegelt allerdings das politische Erscheinungsbild der spätkapitalistischen Gesellschaft (besonders in den USA), die auf eine solche Demokratie zu ihrer Erhaltung und Reproduktion angewiesen ist. Solange ökonomische und soziale Antagonismen die Gesellschaftsstruktur bestimmen, ist ihre Verschleierung zur Aufrechterhaltung der Klassenherrschaft notwendig. Die entsprechende politische Demokratie spielt sich – als Machtkampf konkurrierender politischer Institutionen – vorwiegend im etablierten Rahmen ab und in Grenzen, die die Grundlagen des bestehenden Machtgefüges nicht gefährden.

In einem solchen System können Wahlen als Ausdruck des auf nicht-antagonistische Formen beschränkten institutionalisierten Klassenkampfes begriffen und «demokratisches Verhalten» an seiner stabilisierenden Wirkung gemessen werden. Eine «stabile Demokratie» zeichnet sich demgemäß dadurch aus, daß die Parteien Zugang zu allen Schichten des Volkes und Anhänger in ihnen haben. Gefährdet wird diese Stabilität, wenn die Parteien die sozialen Antagonismen reproduzieren (Lipset, S. 18). Interessengegensätze sind legitim, solange sie einen auf der Basis der bestehenden Herrschaftsverhältnisse definierten Konsensus nicht in Frage stellen. Als unangepaßt («deviant») gilt, was die Neutralisierung der Interessengegensätze erschwert, ihren antagonistischen Charakter aufdeckt und den Rahmen dieser Integrationsideologie sprengt. Wählerverhalten gilt als «normal», solange es systemintegrierend wirkt.

Bei der Mobilisierung neuer Wählerschichten handelt es sich nach diesem Maßstab vorweg um die Aktivierung von Wählern, deren «ungesunde» Einstellungen (Lipset, S. 241) die Einhaltung der «demokratischen Spielregeln» nicht mehr garantiert, weil ihnen die Angepaßtheit fehlt, die als Garant des Systems gilt und die charakteristisch ist für die Art, in der Mittelschichten sich die herrschenden und herrschaftsstabilisierenden Normen aneignen. Als Bedrohung der Demokratie werden tendenziell alle das Bestehende transzendierenden Interessen empfunden, unabhängig davon (das verweist auf den gemeinsamen Ursprung dieses Demokratiebegriffs und verschiedener Totalitarismustheorien und bezeichnet die Qualität einer solchen Demokratieauffassung), ob sie auf eine Erweiterung der politischen zur ökonomischen und sozialen Demokratie oder auf die Abschaffung jeder Demokratie abzielen.

Nicht zufällig wurde diese Theorie der Demokratie und der Funktion des Wählers in ihr in einem demokratischen System entwickelt, in dem die ökonomische Machtkonzentration in wenigen Gruppen besonders fortgeschritten ist und sich der demokratischen Kontrolle weitgehend entzieht, und in dem die Entpolitisierung des politischen Lebens und der Wählermassen und das mangelnde Angebot politischer Alternativen durch die Parteien besonders markant sind: in den USA. Die vergleichsweise unbefangene Übertragung dieser Vorstellungen auf die Bundesrepublik Deutschland verweist auf ähnliche Tendenzen. Vor allem die Parteien nehmen diese Vorstellung auf, die sich in ihrem Verhalten im Wahlkampf an einem bestimmten Wählertyp orientieren, den die Wahlforschung in den USA herausgestellt hat und der möglicherweise in dem durch das Regierungs- und Parteiensystem geprägten politischen Klima spezifische Formen des Wahlverhaltens entwickelt, dessen Existenz in der BRD jedoch fragwürdig ist. Die Wechselwähler etwa, die auch hier im wesentlichen die Adressaten der Wahlpropaganda sind, scheinen – im Gegensatz zu den amerikanischen – eher noch dem Bild des interessierten und politisch sich nach seinen Interessen entscheidenden Wählers zu entsprechen (Kaase, S. 119), als es die Parteien vermuten lassen, wenn sie in einem von politischen Argumenten weitgehend befreiten Wahlkampf den vermeintlich der Konsumentenhaltung verfallenen Wähler mit Parolen, die sich durch ein Minimum an intellektuellem Aufwand auszeichnen, zu gewinnen versuchen («sicher ist sicher» u.a.).

Die Generalisierbarkeit und Übertragbarkeit der Ergebnisse der amerikanischen Wahlforschung und der auf ihnen beruhenden Theorien auf ein Vielparteiensystem oder eine traditionell funktionierende Demokratie erscheint ohne erhebliche Modifikation nicht legitim. Ob beispielsweise die «Entziehung aus der Wahlentscheidung bei Konflikt (cross-pressures) auf dem europäischen Kontinent ebenso üblich ist wie in den Vereinigten Staaten, und ob nicht überhaupt andere Formen des Konfliktes beim Wähler in Vielparteienstaaten auftreten» (Diederich, S. 202), wäre zu prüfen. Sicherlich nicht zufällig und unabhängig vom politischen Klima und den Vorstellungen von Demokratie wird z.B. als Erklärung für Wahlenthaltung in der französischen Wahlforschung die «freie, politisch motivierte Entscheidung des Wählers» angeführt und nicht die Einwirkung von cross-pressures (Diederich, S. 46f.); dem Wähler wird also durchaus rationales politisches Entscheidungsvermögen zugebilligt. Wenn nicht nur (oder in der Hauptsache) eine pseudoalternative Entscheidung zwischen kaum differierenden Programmen erwartet wird, sondern eine echte Wahl zwischen mehreren Möglichkeiten besteht, ändern sich die Kriterien des Wahlverhaltens. Wenn innerhalb des der Klasseneinteilung entsprechenden politischen Bereichs jeweils mehrere Parteien um die Gefolgschaft und die Stimmen nahezu identischer Wählerschichten kämpfen (die Anzahl bürgerlicher Parteien in Frankreich, oder die vier Arbeiterparteien in Italien), können die Parteien sich nicht mit Allerweltsslogans oder unpolitischen Trivialitäten begnügen, sondern sind zu differenzierter und rationaler, also politischer Argumentation gezwungen, um sich gegen den Konkurrenten abzugrenzen. Dann wird aber auch beim Wähler politisches Interesse und Unterscheidungsvermögen vorausgesetzt und entwickelt.

In diesem Zusammenhang stellt sich ohnehin die Frage, ob – mindestens im Mehr- und Vielparteiensystem – Wählerverhalten erschöpfend erklärt werden kann ohne Berücksichtigung des rationalen Entscheidungsvermögens der Wähler für eine adäquate politische Vertretung ihrer eigenen Interessen. Ob sich beispielsweise die Motivationsstruktur hinreichend durch sozial- und individualpsychologische Faktoren wie cross-pressures und Frustrationen erklären läßt bei den Wählern einer Partei, die, wie die Sozialistische Volkspartei Dänemarks (SVP), bei ihrem ersten Auftritt auf der Wahlbühne 1960 zur viertgrößten Partei avancierte, scheint ebenso zweifelhaft wie der Versuch, die erwiesenermaßen für diese Partei mobilisierten Nicht- und Wechselwähler (vgl. Aksel Lassen, *Folkevilje eller Vaelgerlune*, Kopenhagen 1961) durch mangelnde Informiertheit und mangelndes politisches Entscheidungsvermögen zu definieren. Neben der Betonung der Klassenbestimmtheit der politischen Einstellungen und den sozial- und individualpsychologischen Determinierungskomponenten müßte für die Erklärung eines bestimmten Wahlverhaltens in bestimmten Situationen auch das rationale und durch Interessen rational motivierte politische Entscheidungsvermögen Bedeutung erhalten.

Literatur

BERELSON, BERNARD R./LAZARSFELD, F./MCPHEE, W. N., *Voting*, Chicago 1954

BLÜCHER, VIGGO GRAF, *Der Prozeß der Meinungsbildung, dargestellt am Beispiel der Bundestagswahl 1961*, Bielefeld 1962

BURDICK, EUGENE/BRODBECK, A. J. (Hrsg.), *American Voting Behavior*, Glencoe (Ill.) 1959

BUTLER, DAVID E., *The British General Election of 1955*, London 1955

– /ROSE, R., *The British General Election of 1959*, London 1960

CAMPBELL, ANGUS/CONVERSE, PH. E./MILLER, W. E./STOKES, D. E., *The American Voter*, New York und London 1960

DIEDERICH, NIELS, *Empirische Wahlforschung*, Köln und Opladen 1965

DUVERGER, MAURICE/GOGUEL, F./TOUCHARD, J., *Les élections du 2 Janvier 1956*, Paris 1957

FAUL, E. (Hrsg.), *Wahlen und Wähler in Westdeutschland*, Villingen 1960

GEIGER, THEODOR, *Die soziale Schichtung des deutschen Volkes*, Stuttgart 1932

GOGUEL, FRANCOIS, *Géographie des élections françaises de 1870–1951*, Paris 1952

HEBERLE, RUDOLF, *Landbevölkerung und Nationalsozialismus*, Stuttgart 1963

HIRSCH-WEBER, WOLFGANG/SCHÜTZ, K., *Wähler und Gewählte*, Berlin und Frankfurt/M. 1957

KAASE, MAX, «Analyse der Wechselwähler in der Bundesrepublik», *Zur Soziologie der Wahl*, hrsg. von E.K. Scheuch und R. Wildenmann, Köln und Opladen 1965, S. 112ff.

KITZINGER, UWE W., *Wahlkampf in Westdeutschland*, Göttingen 1960

LAZARSFELD, PAUL F./BERELSON, B./GAUDET, H., *The People's Choice, How the Voter makes up his Mind in a Presidential Campaign*, New York 1949

LIPSET, SEYMOUR M., *Soziologie der Demokratie*, Neuwied 1963

MORAZÉ, CHARLES / MCCALLUM, R. B. / LES BRAS, G. / GEORGE, P., *Etudes de la Sociologie Electorale*, Paris 1947

MÜNKE, STEPHANIE, *Wahlkampf und Machtverschiebung*, Berlin 1952

SCHEUCH, ERWIN K., «Die Sichtbarkeit politischer Einstellungen im alltäglichen Verhalten», *Zur Soziologie der Wahl*, hrsg. von E.K. Scheuch und R. Wildenmann, Köln und Opladen 1965, S. 169ff.

SCHMIDTCHEN, GERHARD, *Die befragte Nation*, Freiburg i.Br. 1959

SIEGFRIED, ANDRÉ, *Tableau politique de la France de l'Ouest sous la Troisième République*, Paris 1913

– *Géographie électorale de l'Ardèche sous la IIIe Republique*, Paris 1949

TINGSTEN, HERBERT, *Political Behaviour*, London 1937

ZOHLNHÖFER, WERNER, «Parteiidentifizierung in der Bundesrepublik und den Vereinigten Staaten», *Zur Soziologie der Wahl*, hrsg. von E.K. Scheuch und R. Wildenmann, Köln und Opladen 1965, S. 126ff.

INHALT